中国法律史教程

马小红 柴　荣 孙季萍
春　杨 姜晓敏 马建红　著

2020年·北京

图书在版编目(CIP)数据

中国法律史教程/马小红等著. —北京:商务印书馆,2020
ISBN 978-7-100-18006-1

Ⅰ.①中… Ⅱ.①马… Ⅲ.①法制史—中国—教材 Ⅳ.①D929

中国版本图书馆 CIP 数据核字(2019)第 281489 号

权利保留,侵权必究。

中国法律史教程

马小红 柴 荣 孙季萍
春 杨 姜晓敏 马建红 著

商 务 印 书 馆 出 版
(北京王府井大街36号 邮政编码100710)
商 务 印 书 馆 发 行
北京艺辉伊航图文有限公司印刷
ISBN 978-7-100-18006-1

2020年1月第1版　　　开本 880×1230 1/32
2020年1月北京第1次印刷　印张 15½
定价:78.00元

前　　言

《中国法律史教程》是学者学术思想冲撞和交流不期而遇的成果。熟悉作者的读者一看便知，参加这本教程的编写者都是在中国法律史教学与研究领域中辛勤耕耘20余年，甚至30余年的女教授。女教授多，是中国法律史领域的一个特点，由于这个特点，女教授们聚在一起的交流机会也多。由于专业相同、志趣相投，学科研究及教学中的一些问题常常是交流的主要内容。这样一来二去，便有了各自结合自己擅长的学科研究专题合编一本通俗易懂的教材的想法。这个想法得到了商务印书馆王兰萍编审的大力支持，于是从起意到书稿完成，一年之内便有了这本教程。在书稿即将付梓之时，在前言中还需要就以下问题对读者做一个说明。

本教程的撰稿人在各自的教学岗位上教授中国法制史与中国法律思想史数十年，在通讲课程的基础上又有各自擅长的学术研究领域，每一章撰稿人结合着自己的研究领域，将制度史与思想史融为一体，将自己多年专题研究的成果与基础知识融为一体，力求做到深入浅出。制度史与思想史融为一体，并不是两者简单的"合并"，而是寻求两者有机的结合。我们期待读者通过对教程的阅读能够明了制度与思想的关系。

本教程第一章专设"皇帝制度"，改变了民国以来将皇帝制度归于政治史研究，法律史研究将皇帝制度排除在外的做法。以往的法律史教材，由于缺乏皇帝制度的描述与分析，容易使人将中国古代的"有限皇权"误认为是无限的、为所欲为的皇权。本教程通过对皇帝制度的描述与分析,不仅说明了中国古代法律对皇权的维护,也论证了中国古代法律对皇权的有效约束。

本教程前五章为古代法律,最后一章为近代法律,并非是厚古薄今。这是因为近代中国法律的变革中断了数千年一脉相承的古代法的发展,对古代法不花费更多的笔墨而无法透彻说明,所以本教程在描述与分析古代法时所用篇幅较多。我们期盼本教程能为当代法律发展提供可资利用的原汁原味的"中国元素",期盼着当代法律能受到深厚的中国古代法律智慧的滋养。

本教程既重视基础知识,也注重学习能力的培养。每一章都是在基础知识的基础上,撰写者根据自己多年的研究体会对重点问题进行了专题研究。所以其既适合本科阶段基础知识积累的学习,也适合研究生阶段专题研究的学习。

本教程排名是根据与出版社的签约及撰写章节的先后而排列的,即代表撰稿人与出版社签约的作者排在了前面,然后是按撰写章节的先后而排序。实际上,本教程的排名不分先后,故可以说每一位作者都是第一作者。

最后,我们将每一位撰写者就自己撰写章节的特点列于下,权且为读者阅读本书时提供一个指南:

第一章　皇帝制度:中国古代的皇权是"有限皇权",皇帝在享有最高立法权与司法权的同时,也要受到法律(礼)的严格约束。皇帝不是可以凭借最高权力而为所欲为的独裁者——"有限皇权"是中国古代法律文明的显著特征。由中国人民大学法学院马小红教授撰稿。

第二章　官制官规:中国古代官制官规内容丰富,历代王朝通过合理的分官设职、标准化的官员选任及严密的权力监督规则设计,构建起规范化的以君权政治为核心的权力体系,在这个体系内部,权力与权力之间层级节制,集中统一,权力行使基本纳入法制轨道。由烟台大学法学院孙季萍教授撰稿。

第三章　民事法律：中国古代社会基于调整财产关系和人身关系的需要，一直存在着实质意义上的民法，并被学者称为"固有民法"。它存在于礼、国家法律规范以及民事习惯之中。"固有民法"与近现代民法的思想内涵并未断裂，一直为近现代民法的发展完善提供着重要的本土法律文化资源。由北京师范大学法学院柴荣教授撰稿。

第四章　刑事法律：传统中国人认为，理想的社会必定是没有争讼的社会，法律存在一日即表明社会并非尽善尽美。所以"刑措不用"即刑罚因无用武之地而被弃置不用，成为了太平盛世的标志和一代又一代中国人为之奋斗的理想。在"重德轻刑"、"德主刑辅"的思想影响下，直至今日，人们仍很难确立"法律至上"的观念以及对"法治"本身的信仰。由中国政法大学法学院姜晓敏教授撰稿。

第五章　诉讼法律：中国古代具有完备的诉讼审判制度，其发展演变自成规律，诉讼文化内涵丰富、特点鲜明。在"息讼止争"的主流意识形态下，社会民众仍然为了追求和维护自身合法权益而据理力争，体现着古人心目中公正司法的价值追求。由中南财经政法大学春杨教授撰稿。

第六章　近代中国法律的转型：近代以来，随着中西方的接触与碰撞，中国传统法律文化在被动应对中不断进行调适和变革，并最终发生了彻底转型。本章以清末新政与预备立宪为起点，以南京国民政府结束在大陆的统治为终点，与古代部分相对应，梳理了宪法、行政法、民商法、刑法及诉讼法等各部门法在近代发展变迁的脉络，在比较中西方法律文化的异同中，探索法律文化从传统向现代转型的基本路径。由山东大学法学院马建红教授撰稿。

全体著者
2019年3月

目　　录

第一章　皇帝制度 …………………………………………………… 1
　内容提要 …………………………………………………………… 1
　第一节　皇帝制度的渊源与沿革 ………………………………… 2
　　一、"皇"、"帝"、"王"、"天子"、"君"字义 ……………………… 3
　　二、皇帝与皇帝制度 …………………………………………… 8
　第二节　皇帝权力合法性的思想来源 …………………………… 11
　　一、夏商西周关于"王权"合法性的思想与制度 ……………… 11
　　　（一）王权神授 ……………………………………………… 12
　　　　1. 夏 ………………………………………………………… 12
　　　　2. 商 ………………………………………………………… 13
　　　　3. 西周 ……………………………………………………… 15
　　　（二）"以德配天" …………………………………………… 15
　　　（三）祖先崇拜，标榜血统高贵 …………………………… 17
　　　　1. 神化祖先 ………………………………………………… 18
　　　　2. 隆重祭祀祖先 …………………………………………… 19
　　　　3. 继承制度 ………………………………………………… 21
　　二、春秋战国诸子关于"君权"合法性的论述 ………………… 24
　　　（一）王权神授思想的动摇与"民本"思想的发展 ………… 25
　　　　1. 从王权到君权 …………………………………………… 25
　　　　2. 君权统治的合法性基础 ………………………………… 26

（二）墨家、道家、阴阳家论君权的合法性 …………………… 28
　　1. 墨家的"天"与"鬼神" ……………………………………… 29
　　2. 道家的"道" ………………………………………………… 33
　　3. 阴阳家的"五德终始" ……………………………………… 37
（三）儒家、法家论君权的合法性 ………………………………… 39
　　1. 儒家的"唯天为大,唯尧则之"与"为政以德" …………… 39
　　2. 法家的"力多则人朝,力寡则朝于人" …………………… 43
　　3. "王道"与"霸道"之争 ……………………………………… 44

三、自秦至清,关于皇权合法性的理论基础 …………………………… 47
（一）主流思想论皇权的合法性 …………………………………… 47
　　1. "上天"与皇权 ……………………………………………… 48
　　2. "君德"、"人心"与皇权 …………………………………… 49
（二）非主流思想对"皇权神授"的质疑 ………………………… 51
（三）启蒙思想家论皇权的合法性 ………………………………… 52
　　1. "天下之法"与"一家之法"的概念 ……………………… 53
　　2. "天下为主,君为客"的君权民授思想 …………………… 54
　　3. 对"一家之法"的批判 …………………………………… 55
　　4. 以"天下之法"取代"一家之法" ………………………… 57

第三节　皇帝的地位与权限 ……………………………………………… 60
一、皇帝的至尊地位 ……………………………………………………… 62
二、皇帝的权力 …………………………………………………………… 64
（一）皇帝拥有最高权力 …………………………………………… 64
（二）皇帝拥有最高的立法权 ……………………………………… 65
（三）皇帝拥有最高的司法权 ……………………………………… 66
三、皇帝权力的制约 ……………………………………………………… 68
（一）天意 …………………………………………………………… 68

（二）祖宗之法 …………………………………………………… 70
　　（三）礼的约束 …………………………………………………… 71
　　（四）制度的约束 ………………………………………………… 73

第二章　官制官规 ……………………………………………………… 78
　内容提要 …………………………………………………………… 78
　第一节　中国古代官制官规学术史 ……………………………… 79
　　一、前学科时代的研究 ………………………………………… 79
　　二、近代研究成果 ……………………………………………… 80
　　（一）成果丰富 …………………………………………………… 80
　　（二）新方法的初步尝试 ………………………………………… 81
　　（三）"经世致用"的"实学"特质 ……………………………… 82
　　（四）局限与不足 ………………………………………………… 82
　　三、现代研究成果 ……………………………………………… 83
　　（一）多学科共同参与 …………………………………………… 84
　　（二）研究方法多元，思考更加理性 …………………………… 85
　　（三）问题意识增强，研究空间拓展 …………………………… 86
　　（四）局限与不足 ………………………………………………… 87
　第二节　中国古代官制官规理念 ………………………………… 87
　　一、君主专制的政体理念 ……………………………………… 87
　　（一）儒家的"礼乐征伐自天子出" ……………………………… 88
　　（二）墨家的"尚同" ……………………………………………… 88
　　（三）法家的"王者独行" ………………………………………… 89
　　（四）秦汉以后，中央与地方关系之讨论 ……………………… 90
　　二、集权官僚制的行政组织思想 ……………………………… 91
　　（一）法家的官僚制理论 ………………………………………… 91

（二）儒家对"官僚士大夫政治"的期待 ………………………… 92
　　　（三）墨家"职级分明"的官僚组织理想 ……………………… 93
　二、严于吏治的权力监督意识 …………………………………… 94
　　　（一）儒家的"以德治官"思想 …………………………………… 94
　　　（二）法家的吏治之道：法、术结合 ……………………………… 94
第三节　中国古代官制架构 ………………………………………… 96
　一、中央决策与执行系统 ………………………………………… 97
　　　（一）秦汉"三公九卿制" ………………………………………… 97
　　　（二）魏晋隋唐"三省六部制"的形成 …………………………… 99
　　　（三）宋代"二府三司制"与元代"一省制" ……………………… 100
　　　（四）明代"内阁制" ……………………………………………… 101
　　　（五）清代军机处与六部 ………………………………………… 102
　二、地方行政区划设置 …………………………………………… 102
　　　（一）由分封制到郡县制 ………………………………………… 103
　　　（二）郡县制下地方行政层级 …………………………………… 105
　三、地方行政事权分配 …………………………………………… 107
　　　（一）中央与地方事权分配 ……………………………………… 107
　　　　1. 用人权 …………………………………………………………… 107
　　　　2. 财政权 …………………………………………………………… 107
　　　　3. 军事权 …………………………………………………………… 109
　　　　4. 司法权 …………………………………………………………… 110
　　　（二）地方行政机构内部事权分配 ……………………………… 110
第四节　中国古代官员选任制度 …………………………………… 113
　一、官员选拔途径 ………………………………………………… 114
　　　（一）西周"世卿世禄"制度 ……………………………………… 114
　　　（二）秦汉"察举制" ……………………………………………… 114

（三）魏晋南北朝"九品中正制" ……………………………… 115
　　（四）隋唐以后的"科举制" …………………………………… 115
二、官员选用标准 ……………………………………………………… 117
　　（一）春秋战国"功绩制"选官原则 …………………………… 117
　　（二）汉代以降"德才并重，以德为先" ……………………… 118
三、官员任用制度 ……………………………………………………… 120
　　（一）官员任用程序 …………………………………………… 120
　　（二）任职试用制度 …………………………………………… 123
　　（三）任职回避制度 …………………………………………… 124
　　　　1.亲属回避 ………………………………………………… 125
　　　　2.地区回避 ………………………………………………… 125
　　　　3.职务回避 ………………………………………………… 127

第五节　中国古代官员考课与监察制度 …………………………… 128
一、官员考课制度 ……………………………………………………… 128
　　（一）考课方式与程序 ………………………………………… 128
　　（二）考课内容与标准 ………………………………………… 130
　　（三）依据考课结果，奖优罚劣 ……………………………… 133
二、官员监察制度 ……………………………………………………… 134
　　（一）相对独立的监察体制 …………………………………… 135
　　（二）监察职责与权能 ………………………………………… 138
　　（三）多样化的监察方式和手段 ……………………………… 141
　　（四）对监察权的管理 ………………………………………… 143
　　　　1.严格监察官的选任 ……………………………………… 143
　　　　2.规范监察权的行使 ……………………………………… 143
　　　　3.考核殿最，重罚重奖 …………………………………… 144

第三章 民事法律 …… 146

内容提要 …… 146

第一节 中国"固有"民法思想研究 …… 147

一、"固有"民法一词的由来 …… 147

二、"固有"民法形态之讨论 …… 149

第二节 中国"固有"民法表达形式 …… 152

一、礼 …… 153

二、散见于正式律令中的民商事活动规则：唐宋律为例 …… 154

（一）唐律中的民商事活动规则 …… 154

1. 关于物的法律规范 …… 155
2. 关于债的法律规范 …… 158
3. 关于婚姻的法律规范 …… 162
4. 关于继承的法律规范 …… 164

（二）宋代民事法律规范 …… 168

1. 关于物的法律规范 …… 168
2. 关于债的法律规范 …… 170
3. 关于婚姻继承的法律规范 …… 172

三、民间习惯是中国多样化民事规范表达方式之一 …… 174

（一）民事习惯的含义 …… 174

（二）近代民商事习惯调查 …… 175

第三节 民事案件审理的价值追求与实现路径："息讼"与"教化" …… 180

一、官员的身份定位与价值观塑造 …… 181

（一）民事司法中官员的身份定位："调者"与"判者" …… 183

（二）官员的儒家化知识结构及其价值观 …… 184

二、民事诉讼中"息讼"的思想基础和实践 …… 187

（一）"息讼"的思想基础：儒家的"中和"与"无讼" …………… 187
　　（二）官府息讼的实践目的：减少讼累 …………………………… 190
　三、民事诉讼"息讼"的主要路径：调停与裁判中的教育感化 …… 192
　　（一）基于"调者"身份的教化 ……………………………………… 193
　　（二）基于"判者"身份的教化 ……………………………………… 195
第四节　中国古代民事案件解析：未成年人的国家监护案 ………… 198

第四章　刑事法律 ……………………………………………………… 201
内容提要 …………………………………………………………………… 201
第一节　思想观念 ………………………………………………………… 202
　一、有关刑法起源的几种观点 ………………………………………… 202
　　（一）刑"始于兵"说 ………………………………………………… 202
　　（二）苗民创制五刑说 ……………………………………………… 203
　　（三）象刑说 ………………………………………………………… 203
　二、夏商的"天罚神判"与西周的"明德慎罚"思想 …………………… 204
　　（一）夏商的"天罚神判" …………………………………………… 204
　　（二）周初的"明德慎罚" …………………………………………… 204
　三、先秦儒家的"以德去刑"与法家的"以刑去刑" …………………… 205
　　（一）"以德去刑"观 ………………………………………………… 205
　　（二）"以刑去刑"观 ………………………………………………… 207
　四、汉代"德主刑辅"正统思想的确立 ………………………………… 210
　五、唐代"德本刑用"思想的法典化 …………………………………… 212
　六、对于肉刑、秋冬行刑以及复仇问题的争论 ……………………… 213
　　（一）肉刑 …………………………………………………………… 213
　　（二）秋冬行刑 ……………………………………………………… 214
　　（三）复仇 …………………………………………………………… 216

第二节 法律规范 ………………………………………… 217
一、夏商的"禹刑"、"汤刑"与西周的"九刑"、《吕刑》 … 217
  (一) 夏商的"禹刑"、"汤刑" ……………………………… 217
  (二) 西周的"九刑"、《吕刑》 ……………………………… 218
二、春秋子产"铸刑书于鼎"与战国《法经》的制定 ……… 219
  (一) 春秋子产"铸刑书于鼎" …………………………… 219
  (二) 战国《法经》的制定 ………………………………… 220
三、秦汉的刑事法律规范 ……………………………………… 220
  (一) 秦代的刑事法律规范 ………………………………… 220
    1. 商鞅变法 …………………………………………… 220
    2. 睡虎地秦墓竹简 …………………………………… 222
  (二) 汉代的刑事法律规范 ………………………………… 223
    1. "约法三章"与《九章律》的制定 ……………………… 223
    2. "汉律六十篇" ……………………………………… 223
四、魏晋南北朝到隋唐的刑事法律规范 …………………… 224
  (一) 魏晋南北朝的刑事法律规范 ………………………… 224
    1. 三国时期曹魏的《新律》 …………………………… 224
    2. 西晋的《晋律》 ……………………………………… 224
    3. 北朝的立法 ………………………………………… 225
  (二) 隋唐的刑事法律规范 ………………………………… 225
    1. 隋代的《开皇律》、《大业律》 ……………………… 225
    2. 唐代的主要刑事法律 ……………………………… 226
五、宋元至明清的刑事法律规范 …………………………… 226
  (一) 宋元的刑事立法 ……………………………………… 226
    1. 《宋刑统》 …………………………………………… 226
    2. 惩治贼盗的刑事特别法 …………………………… 227

3. 元代的立法 ·· 228
　（二）明清的刑事立法 ·· 228
　　　1.《大明律》·· 228
　　　2. 明《大诰》··· 229
　　　3. 明《问刑条例》·· 229
　　　4.《大清律例》·· 230

第三节　刑法原则 ·· 231
　一、维护贵族官僚特权的刑法原则 ····················· 231
　　（一）刑不上大夫 ·· 231
　　（二）上请 ··· 231
　　（三）八议 ··· 232
　　（四）官当 ··· 232
　二、维护宗法伦理的刑法原则 ··························· 233
　　（一）从"亲亲得相首匿"到"同居相为隐" ······· 234
　　　1. 汉代的"亲亲得相首匿"原则 ··················· 234
　　　2. 唐代的"同居相为隐"原则 ······················· 234
　　（二）"准五服以制罪" ·································· 235
　　（三）从"存留养亲"到"留养承嗣" ·················· 235
　三、区分主观恶性的刑法原则 ··························· 236
　　（一）故意犯罪与过失犯罪、惯犯与偶犯 ········· 236
　　（二）共同犯罪区分首犯与从犯 ······················ 238
　　（三）自首减免刑 ·· 238
　　（四）官员犯罪划分公罪与私罪 ······················ 239
　四、矜老恤幼的刑法原则 ································ 240
　五、比附类推的刑法原则 ································ 242
　六、涉外案件的处理原则 ································ 243

第四节 犯罪形态 … 243

一、违反纲常的重罪"十恶" … 244

（一）《北齐律》首创"重罪十条" … 244

（二）《开皇律》确立"十恶"重罪 … 244

（三）《唐律疏议》对"十恶"严惩 … 245

二、危害政权的犯罪 … 247

（一）诽谤与腹诽 … 247

（二）犯跸 … 247

（三）酎金不如法 … 247

（四）阿党附益与奸党 … 248

（五）投书 … 248

三、侵害人身的犯罪 … 249

（一）杀人罪 … 249

（二）保辜制度 … 251

（三）伤害罪和强奸罪 … 251

四、侵夺财产的犯罪 … 252

（一）唐代的"六赃" … 253

（二）明清的"六赃" … 254

第五节 刑罚体系 … 257

一、早期以肉刑为主的"五刑" … 257

（一）肉刑 … 257

1. 墨刑 … 258

2. 劓刑 … 258

3. 剕刑 … 259

4. 宫刑 … 260

5. 鞭刑 … 260

6.杖刑	261
7.笞刑	262
（二）死刑	262
（三）"五刑"	263
（四）劳役刑	264
1.西周的"圜土之制"与"嘉石之制"	264
2.秦代的劳役刑	265
（五）财产刑	266
1.赎刑	266
2.赀刑	266
（六）耻辱刑	266
1.髡刑	266
2.耐刑	267
（七）放逐刑	267
（八）身份刑	268
1.禁锢	268
2.废	269
3.夺爵	269
二、西汉文景时期的刑制改革	269
三、隋唐时期新"五刑"的确立	271
（一）隋唐的"五刑"制	271
（二）宫刑的废止	273
（三）族刑范围的变化	273
（四）官员的除免制度	275
四、宋元以后刑罚的演变	275
（一）墨刑的演变	275

1. 北宋的刺配刑 ·················· 275
　　　2. 宋代以后的变化 ················ 276
　（二）笞、杖刑的演变 ·················· 277
　　　1. 宋代的折杖法 ················ 277
　　　2. 元代笞、杖刑，以"七"为尾数 ········ 277
　　　3. 明代的廷杖 ················ 278
　　　4. 清代的"四折除零" ············ 278
　（三）充军刑和发遣刑 ·················· 279
　　　1. 充军刑 ·················· 279
　　　2. 发遣刑 ·················· 279
　（四）枷号刑 ························ 279
　（五）死刑的演变 ···················· 280
　　　1. 立决和监候 ················ 280
　　　2. 真犯死罪和杂犯死罪 ············ 280
　　　3. 凌迟刑 ·················· 281

第五章　诉讼法律 ························ 283
　内容提要 ·························· 283
　第一节　"息讼"与"健讼"：官方诉讼观念与民间诉讼对策 ···· 284
　　一、官方的选择："息讼"，"大事化小、小事化了" ······ 284
　　（一）传统的"无讼"价值观 ·············· 284
　　（二）官方"息讼"策略 ················ 285
　　　1. 主张调解"息讼"的指导思想 ········ 286
　　　2. 地方立法和告谕，推行禁讼措施 ······ 287
　　　3. 判词、批词、息词，宣传"息讼"思想 ···· 288
　　　4. 在乡规民约和家法族规中"息讼" ······ 291

二、民间诉讼意识与策略："健讼"，"小事闹大" …………… 291
　第二节　司法机构与司法官 ……………………………………… 293
　　一、中央司法机构 ………………………………………………… 294
　　　（一）西周雏形时期 …………………………………………… 294
　　　（二）秦汉塑型时期 …………………………………………… 295
　　　（三）隋唐宋定型时期 ………………………………………… 297
　　　（四）明清固型时期 …………………………………………… 299
　　　（五）清末变形时期 …………………………………………… 300
　　二、地方司法机构 ………………………………………………… 301
　　　（一）司法权力分散时期 ……………………………………… 301
　　　（二）司法权力整合时期 ……………………………………… 301
　　　（三）司法权力调整时期 ……………………………………… 302
　　　（四）司法权力集中时期 ……………………………………… 303
　　三、特殊司法机构 ………………………………………………… 304
　　　（一）军事司法机构 …………………………………………… 304
　　　（二）民族司法机构 …………………………………………… 304
　　　（三）特务司法机构 …………………………………………… 305
　第三节　刑名幕友与讼师 ………………………………………… 305
　　一、刑名幕友的身份地位 ………………………………………… 305
　　　（一）刑名幕友的产生 ………………………………………… 306
　　　（二）刑名幕友的身份地位 …………………………………… 307
　　二、刑名幕友在司法过程中的作用 ……………………………… 308
　　　（一）审拟控词 ………………………………………………… 308
　　　（二）庭审与断案 ……………………………………………… 308
　　　（三）拟定司法文书 …………………………………………… 309
　　　（四）审转复核 ………………………………………………… 309

（五）评价 ······ 310
三、讼师的身份地位和作用 ······ 311
（一）讼师的起源与发展 ······ 311
（二）讼师的两面性 ······ 313
（三）讼师的地位 ······ 315

第四节 诉讼基本制度 ······ 316
一、案件的管辖与回避 ······ 316
（一）民事案件的管辖 ······ 316
（二）级别管辖 ······ 319
（三）回避制度 ······ 319
二、强制措施 ······ 321
（一）拘传与逮捕 ······ 321
（二）囚禁 ······ 323
三、期间的法律制度 ······ 324
四、辩护与代理 ······ 325

第五节 诉讼与审判程序 ······ 326
一、起诉与受理 ······ 326
（一）起诉的方式 ······ 326
（二）起诉的原则 ······ 330
二、一审程序 ······ 332
三、上诉程序 ······ 332
四、复审程序 ······ 334
五、判决与执行 ······ 335
（一）判决 ······ 335
（二）执行 ······ 336

第六节 调解制度 ······ 337

一、调解制度的来源 ·· 338
　（一）调解的乡土社会条件 ································ 338
　　1. 自给自足的农耕社会 ······························· 338
　　2. 家国一体的宗法家族制 ····························· 339
　　3. 礼治的社会根基 ··································· 339
　（二）调解的哲学基础 ···································· 340
　　1. 崇尚和谐 ··· 340
　　2. 崇尚中庸 ··· 341

二、调解的类型、依据与方式 ·································· 341
　（一）民间调解 ·· 342
　（二）半官方性质的调解 ·································· 343
　（三）州县官诉讼内调处 ·································· 343
　　1. "当堂问讯",当堂结案 ····························· 344
　　2. 官批民调 ··· 344
　　3. 既判既息,调判结合 ······························· 344
　　4. 自行和解,达成协议 ······························· 345
　（四）调解的依据 ·· 345
　　1. 依据礼仪与情理调解 ······························· 346
　　2. 依据家法族规与乡规民约调解 ······················· 346
　　3. 依据民事习惯调解 ································· 347

三、调解制度的功能与局限性 ·································· 347
　（一）调解的功能 ·· 347
　　1. 维护或恢复人际、家际、族际秩序 ··················· 347
　　2. 息事宁人,推行道德教化 ··························· 348
　　3. 预防纠纷发生 ····································· 349
　（二）调解的局限性 ······································ 349

1. 纠纷调解的执行效力不强 ……………………………… 350
　　2. 调解人可能从中渔利 …………………………………… 350
　　3. 调解可能忽视是非 ……………………………………… 350

第六章　近代中国法律的转型 ……………………………………… 352
内容提要 ……………………………………………………………… 352
第一节　从"万世一系"到主权在民 ………………………………… 354
一、民主宪法政治思想的发萌与完善 ……………………………… 354
（一）从"民权之义"到"君民不隔" …………………………… 355
（二）早期改良派的"君民共主"与"设议院" ………………… 357
（三）维新派的"君主立宪"及其民主理论 …………………… 360
　　1. 变法思想 ………………………………………………… 360
　　2. 在民主理论上维新派有所提高 ………………………… 362
（四）革命派"建立民国"的主张与权力分划方案 …………… 366
　　1. 主张"建立民国" ………………………………………… 367
　　2. 关于国家权力结构的规划 ……………………………… 370
　　3. "为一般平民所共有的"民权 …………………………… 372
（五）人权派的人权保障思想 …………………………………… 373
二、近现代以来的制宪活动 ………………………………………… 376
（一）清末预备立宪 ……………………………………………… 376
　　1. 《钦定宪法大纲》的制定 ………………………………… 377
　　2. 咨议局、资政院的设立与《宪法重大信条十九条》 …… 381
（二）南京临时政府的立宪与《临时约法》 …………………… 382
（三）北洋政府的立宪及其宪法文本 …………………………… 385
　　1. 形神皆备却胎死腹中的"天坛宪草" …………………… 385
　　2. 袁氏印记的《中华民国约法》 …………………………… 386

3. 名声欠佳的《中华民国宪法》("贿选宪法") …………… 387
(四) 南京国民政府的制宪实践 …………………………… 389
1.《中华民国训政时期约法》 …………………………… 389
2.《中华民国宪法》 ……………………………………… 391

第二节 以官制改革为起点的现代行政法制的构建 …………… 393
一、清末的官制改革与现代行政法制的开端 ………………… 393
二、北洋政府时期的行政法制 ………………………………… 396
三、南京国民政府时期的行政法制 …………………………… 398

第三节 近现代刑事法律制度的变革 …………………………… 400
一、清末修律及《大清新刑律》的制定 ……………………… 401
(一) 清末修律过程 ……………………………………… 401
1. 翻译东西各国法律 …………………………………… 402
2. 修改旧律 ……………………………………………… 404
3. 制定新律 ……………………………………………… 405
(二)《大清新刑律》的制定及其内容 ………………… 407
(三) 礼法之争 …………………………………………… 409
二、北洋政府的刑事法律制度 ………………………………… 413
三、南京国民政府的刑事法律制度 …………………………… 417
(一) 1928年《中华民国刑法》 ………………………… 417
(二) 1935年《中华民国刑法》与《刑法施行法》 …… 418
(三) 刑事特别法 ………………………………………… 421

第四节 近现代民商事法律制度的变革 ………………………… 422
一、清末民商律的纂修 ………………………………………… 422
(一)《大清民律草案》的编纂及其特点 ……………… 423
1.《大清民律草案》的编纂 …………………………… 423
2.《大清民律草案》的特点 …………………………… 424

（二）清末商事立法 …………………………………… 426
　　　　1.商事单行法 ……………………………………… 427
　　　　2.《大清商律草案》………………………………… 428
　二、北洋政府的民事法源 ………………………………… 429
　　（一）《大清现行刑律》的"民事有效部分" ……………… 430
　　（二）1926年"第二次民律草案" ……………………… 431
　　（三）单行商事法规 …………………………………… 432
　三、南京国民政府的民事立法 …………………………… 432
　　（一）《中华民国民法》各编 …………………………… 433
　　（二）《中华民国民法》的基本特点 …………………… 434
　　　　1."民商合一"的编纂体例 ……………………… 434
　　　　2."社会本位"的立法原则 ……………………… 435
　　　　3.吸收更多现代国家的民法原则 ……………… 436
　　　　4.保留中国固有法 ……………………………… 437
　　（三）民事特别法 ……………………………………… 439
第五节　近现代司法诉讼制度的变革 ………………………… 439
　一、近现代司法机构的创立与完善 ……………………… 440
　　（一）清末官制改革与近代司法机构的创制 ………… 440
　　（二）民国时期司法机构的发展与完善 ……………… 443
　　　　1.南京临时政府的司法机构及其制度 ………… 444
　　　　2.北洋政府的司法机构 ………………………… 444
　　　　3.南京国民政府的司法体制 …………………… 449
　二、近现代刑事诉讼制度的确立与发展 ………………… 451
　　（一）清末刑事诉讼制度的确立 ……………………… 451
　　　　1.《刑事民事诉讼法》草案 ……………………… 451
　　　　2.《大清刑事诉讼律草案》的制定 ……………… 453

（二）北洋政府刑事诉讼律的纂修 ………………………… 454
　　（三）南京国民政府刑事诉讼法 …………………………… 455
　三、近现代民事诉讼制度的确立与发展 ……………………… 456
　　（一）《大清民事诉讼律草案》…………………………… 456
　　（二）北洋政府民事诉讼法律 ……………………………… 457
　　（三）南京国民政府民事诉讼法 …………………………… 458

参考书目 …………………………………………………………… 461
人名表 ……………………………………………………………… 464

第一章　皇帝制度

内容提要

秦统一以来,最高统治者皇帝与法律的关系是中国古代法律制度与思想发展中的一个核心问题,但以往的"中国法制史"与"中国法律思想史"教材基本将皇帝置于法外,极少涉及到皇帝制度,认为皇权至上,皇帝不受制度或法律的约束。这是因为中国人对实施了两千余年的皇帝制度中的皇帝虽然无人不知,但对"皇帝制度"却是陌生的,即使说到皇帝制度,也往往认为对皇权的约束多是一些意识形态与道德自律方面的"软"要求。其实,如果把存在了两千多年的"皇帝"作为一项制度加以考察,可以看到拥有最高立法权、司法权的皇帝也在法的约束之中,中国古代的皇权不是为所欲为的独裁,而是"有限皇权"。皇帝制度的出现有历史的必然性,其与当时人们对自然、人类、政治等认识有关。从"皇""帝""王""天子""君"等最高统治者称号出现,到秦统一后以"皇帝"作为最高统治者的称号反映了最高统治者权力的逐渐强大和集中,标志着中国"精致专制主义"的形成。不同时代的思想家、政治家对最高统治权力合法性的不同论述,表明不同阶层和集团的人对皇权的理解与设计。皇帝制度在将皇权置于至高无上地位的同时,也将皇权纳入到了制度的制约之中。

自秦始皇二十六年，也就是公元前221年起，至公元1911年辛亥革命，推翻帝制时止，"皇帝"作为中国古代最高统治者的称号存续了两千一百余年。历朝历代的皇帝，无论其品德、性格、才能如何，都是万人瞩目的对象。因此，我们这里所言的"皇帝"，不仅仅是指历代王朝中的一个个具体的最高统治者而言，更重要的是指一种延续了两千一百多年的制度，或可以称之为"皇帝制度"。

从制度的角度来研究皇帝，则可以发现古代社会所面临的许多问题如同近世一样，比如权力的合法性问题、人治与法治孰重的问题、最高权力与法的关系问题等。不同的社会，人们对这些问题的解释有不同的方式和途径，由此而产生的制度也各有差异。本章所要阐述的主要问题是：首先厘清皇帝制度产生的历程，从历史发展的角度解释皇帝制度产生的必然性；其次，梳理中国古代的思想家、政治家对皇帝权力——皇权合法性的论述，探究皇帝制度在中国古人心目中的正当性；再次，分析皇权与法的关系，客观地描述古代法律对皇权的维护与制约。

第一节 皇帝制度的渊源与沿革

在秦朝建立皇帝制度之前，据汉代史学家司马迁的《史记》记载，中华文明经历了五帝[①]、夏、商、周[②]时期；东汉史学家班固在《白虎通义》

[①] 五帝，据《史记·五帝纪》《世本·五帝谱》及《大戴礼·五帝德》记载为黄帝、颛顼、帝喾、帝尧、帝舜。但亦有不同的记载，比如《易·系辞》记，五帝为伏羲、炎帝（神农）、黄帝、帝尧、帝舜。本书取一家之言，从《史记·五帝纪》等记载。

[②] 据方诗铭编著：《中国历史纪年表》，上海书店出版社2013年版。夏，约前2070—前1600年，自禹至桀传17帝，约近五百年。商，约前1600—前1046年，自汤至纣传31帝，约五百余年。周，前1046—前256年，自武王至赧王传36帝，约近八百余年。

中,则在五帝之前又加上了三皇①,三皇五帝②就成了传说中的中国古代社会的开端。夏、商、周时期最高统治者的尊号为"王",古人将夏、商、周三代的开国天子称为"三王",三王之后,也就是周的后期,又有春秋五霸与战国七雄③。由此可知,秦朝的"皇帝制度"是历史发展的积累与总结。自秦始皇建立皇帝制度,至清宣统(溥仪)逊位,皇帝作为历朝历代最高统治者的称号相沿不变,据专家统计,在两千一百余年的统治中,共有280多人以皇帝的身份登上历史舞台④。这280多人虽有着相同的"皇帝"名号,但却在历史中扮演着不同的角色:有垂范后世的开国之君、中兴之主,也有平庸之辈及足以为后世之戒的昏庸、奢靡、懦弱、刚愎自用的亡国之君。

一、"皇"、"帝"、"王"、"天子"、"君"字义

上古时期,也许是地域之别,也许是不同部落不同习俗的原因所致,最高统治者的称号是多种多样的。据《尔雅·释诂》解释,人们对最高统治者的称号有林、蒸、天、帝、皇、王、后、辟、君等⑤。与后世"皇帝"有关的几个关键字是"皇"、"帝"、"王"、"天子"、"君",下面一一释之,以明皇帝制度之渊源。

---

① 三皇,据[东汉]应劭撰:《风俗通义》第一卷《皇霸·三皇》记,或为伏羲、女娲、神农;或为伏羲、祝融、神农;或为伏羲、燧人、神农。其他文献亦有不同的记载,比如《世本》记为伏羲、神农、黄帝。本书取伏羲、燧人、神农说。

② 三皇五帝的各种传说,参见吕思勉:《中国社会史》,上海古籍出版社2007年版,第345—349页。

③ 《商君书·错法》记:"三王五霸,其所道不过爵禄。"此处"三王"便指夏商周最高统治者;五霸则指春秋时期(公元前770—前476年)"挟天子以令诸侯"的诸侯之长,又称"五伯"。《荀子·王霸》中记为齐桓公、晋文公、楚庄王、吴王阖闾与越王勾践。战国(公元前476—前221年)七雄指战国时国力最强盛的七个诸侯国,分别是齐、楚、韩、赵、魏、燕、秦。

④ 参见木水吉:"封建政体的核心——帝王制度(代序)",载徐连达、朱子彦:《中国皇帝制度》,广东教育出版社1996年版,第16页。

⑤ 《尔雅·释诂》:"林、蒸、天、帝、皇、王、后、辟、公、侯,君也。"

皇，据东汉许慎的《说文解字》记，其写法本应是上部为"自"，下部为"王"。其意为"大"及"王者之始"；"三皇"之意为"最大的统治者"①。

帝、王，是天下统治者的尊号，但帝与王相比，更具有唯一性，其是统治天下的尊号②。帝与王都具有神秘性，《艺文类聚》引古书言，五帝为天所立，而王则是通天、地、人三者之事的统治者，其为众人所拥戴③；但帝与王又有所不同，帝是上天赐予的称号，而王则是众人的赞誉④。帝，一般来说就是指天下最高的统治者，而王有时指天下最高统治者，比如夏王、商王、周王，但有时也指一地域、一氏族的最高统治者，比如诸侯王。

天子，面对"天"而言，天子与公、侯、伯、子、男一样，是一种等级爵位的称号⑤，不过这是古代社会的最高等级，也是独有的仅有一个人的等级，即独一无二的最高统治者。如果东汉经学家应劭的《白虎通义》记载可信的话，"天子"这个词应该是从夏商周时期开始流行起来的，其原因是当时各个部落首领或诸侯皆自称为"王"，于是天下有了很多的王。但是统治天下，对"百王"亦有统治权的夏王、商王、周王的地位显然高于数不清的"百王"，为了明确自己是天下之王的身份，为了区别与部落、诸侯之王的不同，夏商周三代最高统治者在称王的同时也自号

---

① ［东汉］许慎：《说文解字》："皇，大也。从自。自，始也，始王者，三皇，大君也。"
② ［东汉］班固：《白虎通义》卷二《号》："帝王者何？号也。"许慎：《说文解字》："帝，谛也，王天下之号也"。
③ ［东汉］许慎：《说文解字》"王，天下所归往也。董仲舒曰：古之造文者，三画而连其中谓之王。三者，天地人也，而参通之者，王也。"［唐］欧阳询：《艺文类聚》卷十一《帝王部一》："天有五帝，人有三王。"
④ ［唐］欧阳询：《艺文类聚》卷十一《帝王部一》："《尚书刑德放》曰：帝者，天号也；王者，人称也。"
⑤ 同④书，"天子，爵称也。"又言："接上称天子者，明以爵事天也。"

"天子",以表明自己承受天命、统治天下的独一无二的地位①。所以可以说天子是至高无上的天所选定的人间最高统治者,其地位是唯一独大的②。古人认为,夏商周的天子,相当于上古时期的"皇",即掌握统治天下的最高权力③。

君,"君"的含义比较复杂,综合《白虎通义》《艺文类聚》的解释,君与君子相通,是对有品行修养的人的称号。"君"的意思为"群",指君是能与自然与社会友好相处,并能为公除害的人;"子"是古代男子的通称④。所以古代社会,尤其是夏商周的各级统治者,天子、诸侯、大夫、士都可以被称为"君"或"君子",甚至普通人之间相互表示敬意,如对朋友、对尊长、妻子对丈夫等皆可以称"君"或"君子"⑤。此外,"君"还常常作为动词使用,意为主宰、统治。《荀子·王霸》中说"合天下而君之。"此处的"君"便为统治之意。

以上为皇、帝、王、天子、君的古意。综合之,有以下几点:

第一,皆为称号,"号"意为表达功绩与品德,功绩与品德是统治者统治的资本⑥。

第二,皇、帝、王分别代表了三个时代,即三皇、五帝、三王时期。皇、帝时代,天下最高的统治者就是皇与帝。王的时代,天下最高统治

---

① [东汉]班固:《白虎通义》卷二《号》:"夏、商、周者,有天下之大号也。百王同天下,无以相别,改制天子大礼,号以自别于前,所以表著己之功业也。必改号者,所以明天命已著,欲显扬己于天下也。"
② [东汉]许慎:《说文解字》:"天,颠也,至高无上,从一大。"
③ [唐]欧阳询:《艺文类聚》卷十一《帝王部一》:"《汉杂事》曰:古者,天子称皇。"
④ 同①书,"君子者何?道德之称也。君之为言群也。子者,丈夫之通称也。"[唐]欧阳询:《艺文类聚》卷十一《帝王部一》:"《韩诗外传》曰:君者何?曰群也。敢群天下万物而除其害者谓之君。"
⑤ [清]陈立:《白虎通疏证》卷二《号》:"《疏》:是其通称自天子至于民也。《诗》见《泂酌》,《毛诗序》谓召公戒成王诗,是谓天子也。《论语》见《公冶长》篇,是谓弟子,弟子即民,此上举天子,下举民,以见君子为通称也。"
⑥ 同①书,"号者,功之表也,所以表功明德,号令臣下者也。"

者称王,但是一地域或一氏族的最高统治者也可以称王。为了区别天下之王与一地域或一氏族之王的不同,于是又了"天子"之称。天子为天下之王。君,则是对有德、有位的男子的尊称。君可以是天子,也可以是匹夫。天子与君作为最高统治者的通称代代相沿,秦以后历代王朝的最高统治者皇帝又都可以称为天子或君(主)。

第三,皇、帝、王虽然都有大功德,但其盛德又呈现出递减的趋势。三皇时,伏羲创八卦,演化天下运行的法则;燧人钻木取火,使人类与禽兽相别;神农制作了耒耜,教民耕种①。五帝时,黄帝发明了冠冕衣裳、建筑房屋、创设礼法;颛顼以诚信教导天下;帝喾辨明法度;帝尧推行道德;帝舜遵循尧之道②。三王时,禹王(夏)治水,平水土,建立夏朝;汤王(商)革命,攘除不轨,建立商朝;文王、武王(周)天下归顺,伐商灭纣,建立周朝③。三皇使人类有了生活文明,在物质方面与其他的动物区别开来,可以说是发人类文明之端,比如用火、制作农具。五帝使人类物质文明进一步发展,并有了制度文明,比如穿衣盖房,制定礼法,推行道德。三王则进入了"国家时代",商汤与周文王、武王皆通过暴力建立了王朝。对于后人来说,三皇五帝的功绩显然更为卓著,建功立业的路径更为理想(没有暴力)。通过汉人对三皇五帝三王的叙述,我们可以看到中国社会对"古"的崇尚由来已久,三王虽然是汉代以后人们心目中的理想时代,但其功绩及建功立业的方式远不能与三皇五帝相比。愈古的"祖宗之法"在人们心目中愈美好,三皇五帝的时代成为后人向往但却无法企及的时代。古书中有"三皇步,五帝趋,三王驰,五伯骤,七雄僵"的谚语,意思是说自远古三皇到战国七雄,世风日下,一代不如一代。三皇时期道德兴盛,风调雨顺;五帝时期时事顺畅,国泰民安;三

---

① 参见[东汉]应劭:《风俗通义》,第一卷《皇霸·三皇》。
② 同①书,第一卷《皇霸·五帝》。
③ 同①书,第一卷《皇霸·三王》。

王时期,勤政爱民,政令通达;春秋五伯时期,局面扰乱;战国七雄时期,事事停滞难进①。春秋五霸、战国七雄积弊未扫,又增秦弊,这就是汉以后人们只能将三王之世视为追求目标,不敢奢望三皇五帝之世重现的原因。汉人对三皇五帝三王功绩的追述反映了"古制"在人们的心目中所具有的天然的正当性。

第四,三皇五帝三王无一不处在神权法时代,三皇五帝三王都是身负天命的半神半人的英雄,他们或承上天的安排,统治并造福人类,如三皇五帝;或上通天意,下合人意,如三王。但,三王时代与三皇五帝时代有着本质的区别,这就是,三皇五帝时期,人类社会的发展尚处在血缘社会时期,人们的权力意识并不发达,氏族部落首领的权威是人们在长期共同生活中自然形成的,氏族部落的首领的功绩多表现在建设方面,比如伏羲创八卦、黄帝筑房屋等。而三王时期,国家形成,权力观念激增,三王的功绩表现在用革命、暴力的手段"惩恶",夺取最高统治权。而三王各自的后代,首要的任务就是维持"家天下"统治的延续。因此,我们可以说,三王时已经进入了"王权"时代。

用近代以来考古、社会、人类学研究取得的成果来分析,三皇应该是人类伊始的氏族社会时期,五帝应该是部落时代,考古学上也称为石器时代,这一时期,权力的观念尚在萌芽状态,并缓慢的发展,氏族部落首领的权威建立在自身的道德魅力及众人拥戴的基础上,他与众人的地位是平等的。众人拥戴首领的主要原因源自首领自身的品德与才能,而首领的品德与才能是氏族部落生存与发展的关键。夏商周三王时期人类已经进入了"王权时代","王族"高高在上,人们有了"贵贱"的观念,考古学则称为青铜器时代。在这一时期,人们通过暴力推翻旧政

---

① [清]陈立:《白虎通疏证》卷二《号》注:"'道德隆备,日月为步;时事弥顺,日月为骤;勤思不已,日月乃驰。'盖谓世愈降,德愈卑,政愈促也。"

权的统治,建立新王朝,"权力"的意识越来越强烈。而到春秋五霸、战国七雄时期,天下逐鹿,"最高权力"已经成为人们角逐的对象。皇帝制度便是在这种权力越来越受到崇尚的历史背景中产生的。

二、皇帝与皇帝制度

公元前221年秦王嬴政依恃秦国自商鞅变法后积累的强大国力平定了关东六国,统一了天下,建立了中国历史上第一个中央集权制的王朝,这个王朝是以法家理论为指导建立的。在法家理论指导下,秦一直采取集权政策。统一后的秦朝,地方郡县官吏由中央直接委派,权力由地方集于中央,中央集于皇帝,皇帝成为王朝权力的核心。

据《史记》记载,秦王嬴政在统一天下后下的第一道令,就是令丞相、御史议定最高统治者的"帝号"。号是对统治者道德功绩的历史评价,最高统治者的号,也就是"帝号",是将最高统治者的功绩德行昭告天下。议定"帝号",实际上是向世人宣称最高统治者地位的合法性,从而确定王朝的合法性。秦王嬴政在诏书中对韩王、赵王、魏王、荆(楚)王、燕王、齐王降秦复又叛秦的行径进行了指责,宣告了秦兴兵讨伐、剿灭六国的正当性。秦王嬴政宣告:"六王都已伏罪,天下大定,进入了一个新时代。如果不更改帝号,仍然称王的话,不足以表达我的功绩,我的功绩也无法传至后世,现在叫你们来议定一下帝号。"[1]接到诏书后,丞相王绾、御史大夫冯劫、廷尉李斯等与诸位博士商议,认为秦王嬴政的功绩是五帝所不能及的,而三皇之前的"泰皇"最为尊贵,故为秦王嬴政上了一个"泰皇"的尊号[2]。秦王嬴政集众人之言,认为自己的功劳综合了三皇五帝的功绩,甚至比三皇五帝的综合功绩还要大,所以最后

---

[1] 《史记·秦始皇本纪》:"秦初并天下,令丞相、御史曰:'寡人以眇眇之身,兴兵诛暴乱,赖宗庙之灵,六王咸伏其辜,天下大定。今名号不改,无以称成功传后世,其议帝号。'"
[2] 同①书,注:"盖三皇已前称泰皇。"

自己定夺,将最高统治者的尊号定为"皇帝"①,并宣布自己为"始皇帝",后世按数字排列"二世、三世至于万世,传之无穷。"②至此,秦王嬴政不再是诸王中的一位,而是天下独一无二的皇帝嬴政。也不仅仅是上古皇或帝,更不仅仅是王的继承者,而是兼三皇、五帝之功于一身的第一位"皇帝",历史上千古一帝的"秦始皇"。

随着"皇帝"尊号的出现,皇帝制度也由此建立,并在两千多年的历史中不断完善。皇帝制度强调的是皇帝权力的"独尊",独尊的皇权将皇帝凌驾于一切人之上,而成为具有神性的"天子"。在皇帝尊号议定的同时,秦始皇还将皇帝的命令制度化,称为"制""诏",以往人人可以自称为"朕",此时也成为皇帝独有的自称③。秦始皇以后,一直到清代,"朕"都是皇帝独有的自称,如果其他人用"朕"自称,无疑是犯上作乱。皇帝的尊号与其独尊的地位,非常恰当地适合了秦统一后的中央集权制的专制体制,所以自秦后,历代最高统治者都沿用了这一尊号,并将皇帝制度日益完善。需要注意的是,自秦以后皇帝制度的发展有两个方面:

一是不断地加强皇帝的权力,诸如祭祀天地日月的权力、对朝臣与地方权力的控制、设立监察机构充当皇帝的耳目以牵制百官、具有最高的决策权与行政权、最高的军事统帅权、最高的立法权与司法权等。皇帝的衣食住行也有着严密的制度以保持其唯一性,凡御用品皆独一无二,不得随意借用、仿制④。汉代学者蔡邕曾作《独断》,记述皇帝的"独一无二"性。他说,秦始皇自以为功劳盖过三皇五帝,所以改尊号为"皇

---

① 《史记·秦始皇本纪》:"王曰:'去泰著皇,采上古帝位号,号曰皇帝。'"
② 同①书。
③ 同①书,皇帝"命为'制',令为'诏',天子自称曰'朕'。"
④ 参见《大清律例·礼律》及喻大华:《帝制往事》,商务印书馆2015年版,第一章、第十三章。

帝",汉高祖刘邦灭秦后,功劳德行正适合皇帝这个尊号,所以因袭未改。汉天子与秦一样,正号也称为"皇帝",自称为"朕"。臣民称皇帝为"陛下",史官记载历史称皇帝为"上",皇帝的车马衣服器械百物称"乘舆",皇帝所在之地称"行在所",所居住的地方称"禁中",后改为"省中",皇帝的印章称为玺,皇帝的命令称为策书、制书、诏书和戒书等。蔡邕进一步解释道:皇帝,是至尊之称。"皇"的意思为"煌",表示盛德光大,无处不照,"帝"的意思为谛,表示能行天道,体察天意[①]。

  皇帝制度另一方面的内容则是对皇权的有限制约。这一点以往的研究关注较少。皇帝的地位至高无上,但并非是为所欲为,言行不受任何约束。法国古典政治经济学的主要代表人物、重农主义学派的创始人魁奈将专制制度分为两种,即"合法的君主"与"为所欲为或不合法的君主"。前一种君主专制是大权独揽,但其权力却受到各种法律的限制或制约;后一种君主实行的是独裁专制,其意为残暴专横的统治者。魁奈从有关中国的报告中得出结论,认为"中国皇帝是专制君主",但中华帝国的专制制度,其核心也就是皇帝制度则是"建立于明智和确定不移的法律之上,皇帝执行这些法律,而他自己也审慎地遵守这些法律。"[②]自秦至清的皇帝制度发展,可以看出皇权在不断加强的同时也受到越

---

  ① [东汉]蔡邕:《独断》卷上:"汉天子正号曰皇帝,自称曰朕,臣民称之曰陛下。其言曰制诏。史官记事曰上。车马衣服器械百物曰乘舆。所在曰行在所,所居曰禁中,后曰省中。印曰玺。所至曰幸。所进曰御。其命令一曰策书、二曰制书、三曰诏书、四曰戒书。""秦承周末,为汉驱除。自以德兼三皇、功包五帝,故并以为号。汉高祖受命,功德宜之,因而不改。""皇帝,至尊之称。皇者,煌煌也。盛德煌煌,无所不照。帝者,谛也。能行天道,事天审谛,故称皇帝。"
  ② 〔法〕佛朗斯瓦·魁奈:《中华帝国的专制制度》,谈敏译,商务印书馆1992年版,第24页。但应该明确的是魁奈此处所说的"法律",若回到中国皇帝制度下的古代语境中,也许将"法律"置换成"礼"或"礼义"更为贴切。中国古代对皇权的制约主要来自于礼,礼在中国古代具有法的性质。

来越严格的制约和限制①。皇权的加强与制约并不是非此即彼的关系,有时两者甚至是互相促进的关系,制度对皇权制约的越严格,皇权就越稳固。

关于中国古代社会对皇权的维护与制约,将在第三节中详细论述。

第二节 皇帝权力合法性的思想来源

秦以后关于皇帝权力(以下简称皇权)合法性的论述与夏商周一脉相承,这就是君权神授、以德配天与血统论。因此,在介绍皇帝制度建立后有关"皇权"合法性的思想观念时,首先要追溯到夏商西周时期对"王权"合法性的论述。在此要说明的是,为了叙述脉络的清晰,本节将夏商周的历史分为两个时期,一为夏商西周②时期,二为春秋战国时期。

一、夏商西周关于"王权"合法性的思想与制度

人类社会发展的初期,认为神是人类社会的主宰,人世间的生老病死、祸福兴衰无不由神掌握。当人类社会进入到王权时代,神意也自然而然地成为统治者权力来源与合法性的解释。中国历史的发展也是如此,夏商西周统治者无一例外都以神意证明"王"统治权的神圣性与合法性。与世界其他国家和地区不同的是,在中国神意的笼罩气氛在王权时代的中期,也就是周人取代商的统治后,便开始淡化。在周人统治的时代,天子,也就是王统治权的合法性除了神意的解释外,还出现了

---

① 关于皇帝制度对皇权的制约,参见祝总斌:《试论我国封建君主专制权力发展的总趋势——附论古代的人治与法治》,《北京大学学报》1988年第2期;刘静贞:《皇帝和他们的权力》,稻香出版社2006年版,"绪论——人与制度"。

② 西周始于周武王伐纣胜利的公元前1046年,终于公元前770年平王东迁,这期间周人建都于镐(今陕西省西安市西南),平王迁都于洛邑(今河南省洛阳市),因洛邑位于镐之东,故史称东周。

"德"的解释,即天子最高权力合法性来源于两个方面,一是神意,一是王自身可以与天命相匹配的美好德行。因此,自周初开始,最高权力合法性的解释由唯一源于神授,变成源于神授与最高统治者德行二者的结合,合法性的解释由一元变成二元。此外,最高权力合法性来源的另一个渠道也不容忽视,这就是"血统"或"出身",因为最高权力的继承是世袭制的,在夺取天下之后,具有嫡系的王族血统是取得最高权力的前提。

(一)王权神授

1. 夏

禹是三王时代之始,其对鬼神虔诚礼敬的态度深受孔子的赞扬。孔子说:"对于禹,我没有任何的批评,他自己吃得很糟糕,却用丰盛的祭品祭祀鬼神;他自己穿得很朴素,却把祭祀的服装制作得很华丽;他自己住得很简陋,却对建筑沟渠水利十分尽力。禹,我对他没有任何的批评。"[1]《史记·宋世家》记周武王向商的遗民箕子请教为政之道,箕子用"夏政"九条大法告诫武王,史官将其记录下来,这就是《尚书》中的《洪范》篇[2]。"洪"意为"大","范"意为"法"。箕子向周武王呈献的夏政大法有三点值得我们注意:其一,《洪范》这部大法非人所制定,乃上天所赐,夏禹是《洪范》的执行者,《洪范》中这样说:"天乃锡禹洪范九畴",即"上天赐给禹治国的九条大法"。其二,天对违背"大法"的人能给予处罚。禹之父鲧就是因为不明大法,"帝(上天)乃震怒","殛死"(处死)了鲧。其三,《洪范》以自然界的演化规律为法。天意与自然法则的结

---

[1] 《论语·泰伯》:"禹,吾无间然矣。菲饮食而致孝于鬼神;恶衣服而致美乎黻冕;卑宫室而尽力乎沟洫。"

[2] 《尚书·洪范》的成书时间尚无定论。郭沫若认为其成文于周幽王,"总不会是伪书。"参见《中国古代社会研究》,人民出版社1977年版,第113页。柳诒徵认为《洪范》是后人对夏代大法的追记,参见柳诒徵:《中国文化史》,中国大百科出版社1987年版,第83页。

合,正是中国古代神权思想的特点,即宗教意义的"天"与哲学意义的"天"相互结合而构成的"上天"的概念。法律是上天所赐,也是自然运化的结果。禹对上天的恭敬与上天赐给禹大法的记载,证明了禹王的权力来自上天,证明了禹统治天下的合法性。

2. 商

夏人对王权合法性的论述,我们只能根据后人追记的材料进行上述的推断。而商人关于商王统治的合法性观念则有了实物证明,即在甲骨卜辞中充分地表现出来。虽然迄今为止发现的甲骨卜辞对商代社会的反映十分有限,但是在这有限的资料中我们可以看到商人对鬼神的崇拜可以说达到了极致。甲骨文中有相当一部分是商王占卜的记录。无论是从甲骨文来看,还是从文献记载来看,商人有了"至尊神"是无疑的。商人称至尊神为"帝"。著名考古学家张光直认为,商代的政权已经统一,与以往不同的是商代表"一个地方群对其他地方群的王权统治。"也就是说,商王不同于以往的氏族部落之王,而是天下之王。正因为有了天下之王,所以才出现了"至尊神"。张光直指出:"根据商代卜辞研究当时宗教信仰的学者都同意,上帝至尊神的观念在商代已经充分发展,而商代及其子姓王朝之统治一定在这种观念的发展上起到过很大的促进作用。商代的上帝不但是自然界的首脑,也是人间的主宰,对水旱灾害有收降的力量,影响人王的祸福,并统辖一个由自然界诸神与使者所组成的帝廷。"[①]宗教史专家朱天顺也指出:"殷墟卜辞可靠地证明,殷商时期已经完成了天上最高权威神上帝的创造,并迷信他有广泛的神力。"但与西方不同的是"西方造出了上帝以后,就把宇宙上的一切权威都交给了上帝,消除了众神的存在和发挥作用的前提。殷

---

① 张光直:《青铜挥尘》,上海文艺出版社 2000 年版,第 175 页。

人造出来的上帝是'大权独揽,小权分散',因此,众神还能在上帝的支配下存在并发挥作用。"①神界权力的统一为人间权力的统一提供了理论基础,帝的"大权独揽"与"小权分散"也顺理成章的解释了商王与各地方氏族部落"百王"之间的关系,因此在商代,也只有人间至尊王商王,才有与至尊神"帝"沟通的权力,而帝所护佑的也只是商王及其氏族。商王在人间至高无上的统治权由于帝的护佑而神圣、合法。为了加强王权,商王不仅宣扬自己的统治权来源于帝,而且认为自己制定的制度也是帝之所赐,以至告诫人们商王的一切举动都是受帝之意而行的。即使对统治者内部成员,甚至贵族,商王也会借帝之名推行自己的意志。盘庚迁殷,遭到许多部族内贵族和平民的反对。于是盘庚告诫道:"我的祖先曾劳累过你们的祖先,你们现在也是我的臣民。但如果你们心怀不轨,我的先王就会告诉你们的祖先,你们的祖先就会抛弃你们,不救你们,使你们犯下死罪。我有能够通帝的大臣,有可以通帝的神器,如果我到你们祖先那里告你们,他们一定会说:快用重刑严惩我的子孙,而我的祖先也会将不祥降临到你们身上。"②对于被统治者,商王更不需要作过多的解释或劝说,只要对王权形成威胁,商王在占卜帝意之后,便可以合法的实施刑罚。甲骨文中许多卜辞反映了通过占卜帝意决定刑罚的事情。如:"兹人井(刑)不(否)?"——这是商王在占卜对"罪人"是否可以用刑罚惩处,意为:对这个人可以用刑吗?"贞其刖?"③——这也是商王在占卜对罪人究竟适用什么刑罚,意为:用刖刑可以吗?商王从帝那里取得了统治人间的权力,而且笃信这种获得帝

---

① 朱天顺:《中国古代宗教初探》,上海人民出版社1982年版,第255、256页。
② 《尚书·盘庚》:"古我先王既劳乃祖乃父,汝共作我畜民,汝有戕则在乃心,我先王绥乃祖乃父。乃祖乃父乃断弃汝,不救乃死。兹予有乱政同位,具乃贝玉,乃祖乃父还,乃告我高后曰:'作丕刑于朕孙。'迪高后丕乃崇降费祥。"
③ 《考古》1973年3期第114页图。

支持的权力神圣不可侵犯,《诗经·商颂》中说到商人是上帝的子民,生而不凡,即"天命玄鸟,降而生商。"直到周人讨伐商纣王,纣王命在旦夕之时,仍发出了"我生不有命在天乎"之问①。

3.西周

周人将至尊神称为"天",虽然他们有时也沿用商人"帝"的称呼。在取代了商人的统治后,周人宣扬王权来源于"天命",神权是王权的后盾。借天命实行统治是当时社会发展的总体水平所决定的,所以与夏、商统治者一样,周统治者也宣扬上天的权威至上,而周人正是秉承了上天的旨意来统治人间的。周人统治的合法性在于上天对文王的赏识。周公在《大诰》中说:"天赏识我文王,使我小邦周兴盛。文王通过占卜而知天意,行事敬天,于是得天之命。天公正威严,助我小邦周扩大基业。"②因此,在周人看来,小邦周取代大邦殷是"天命"所致,周文王、周武王对商的讨伐与取代是遵循天意而行的结果。在用至尊神的无敌权威解释周王权力来源这一点上,周人与商人并无二致。

(二)"以德配天"

强调王权合法性来源于"天子自身的品德与天相配"则是周人的创造。这一创造与周人夺取统治权的背景有关。周人在灭商时,社会发展的总体形态要远远落后于商。所以在《尚书》中我们常常可以看到周人总是自称"小邦周",而对商则称"大邦殷"。商王宣称自己受帝之命而统治天下,商又是天下公认的"大邦"。对于刚取代商王而统治天下的周人来说,要维持长治久安就必须要解释这样两个问题:第一,上天为什么抛弃了笃信帝的商王?第二,"小邦周"为什么能取代"大邦殷"

---

① 《史记·殷本纪》。
② 《尚书·大诰》:"天休于宁王,兴我小邦周;宁王惟卜用,克绥受兹命。今天其相民,矧亦惟卜用。呜呼!天明畏,弼我丕丕基。"

而统治天下？

在对这两个问题的解释中，周人提出了"德"的概念，这里的"德"指的是最高统治者的品德，而不是我们现在所理解的普通人的道德。周人认为主宰一切的至上神——天，是根据人的品德而委以"天命"的，因此最高统治者的品德决定了天命的得失。后人将这种思想概括为"以德配天"说[1]。以德配天说，重在说明"王"或"天子"的统治权不仅来源于上天，而且也来源于自身的品德。其主要有以下内容：

第一，"天"是公正无私的，是天下人的保护者，为天下人所共尊。因此，天所降之"天命"不会一成不变，也不会偏袒任何人，不会专归于某一族或某一人。天命是会发生变化和转移的[2]。

第二，"天命"的转移是有规律的，这就是有"德"的人才能获得"天命"，而无德的人则失去天命。天是公正的，天对人无远近亲疏之别，只是辅佐有德的人统治天下，这就是所谓的"皇天无亲，惟德是辅。"[3]

所以，王权来源于上天，也来源于王自身的"德"，只像商王那样敬天地鬼神并不足以"受天命"，只有在敬天地鬼神同时又有德的人才能"受天命"而成王。

第三，"德"的主要内容是"保民"，民心的向背是最高统治者有德失德的标尺，民心直接反映了天意。考察王的品德从民心向背上就可以知晓，因此，周公言"人无于水鉴，当于民鉴。"[4]

周人"王权神授"与"以德配天"解释了商所以失天下与周所得天下的原因，这种王权源于上天所授与王的品德的二元论突破了商人王权神授的一元论，所以有的学者认为周人对"天命"并不是真的信奉，而只

---

[1] 参见张国华：《中国法律思想史新编》，北京大学出版社1991年版，第22—25页。
[2] 参见《诗经·大雅·文王》："天命靡常"；《尚书·康诰》："惟命不于常。"
[3] 《左传·僖公五年》引《周书》。
[4] 《尚书·酒诰》。

是一种利用，并由此认为西周是神权法思想的动摇时期。这种观点有一定的道理，因为周人在强调王"德"的同时，提高了"民"的地位，产生出了重民的思想。春秋战国神权法思想的瓦解即肇始于此。但这种观点亦有偏颇之处。因为无论是从当时社会生产力发展的水平看，还是从周人当时的生活状况看，人对神的崇拜都是必然的，难以动摇。所以周人的"以德配天"说只能是对神权法思想的补充，这些补充在后世所产生的影响并不是周人所能预料的。另外，还有一点需要注意：中国古代神权法思想缺乏完整的理论形态，其现实性很强。神权与王权是高度统一的，而不是分离的，更不是对立的。到了周定天下时，这个"统一"达到了更深的层次，即民心——天意——王权都是统一的。也许正是由于这种"现实性"与"统一性"的高度结合，使中国社会的发展难以形成其他古文明中所具有的那种宗教信念，同时，现实政治也难以完全摆脱"上天"及"神"的羁绊。

(三)祖先崇拜，标榜血统高贵

夏商西周王权合法性的基石还建立在血统上，这就是王族血统的高贵。为了证实这一点，夏商西周统治者无不神化自己的祖先，将自己的祖先奉为天意所属的神人。同时，为了维持自身高贵的血统，最高统治者按制经常祭祀祖先并不断完善世袭继承制度。祭祀与继承是当时最重要的制度，称之为"礼"。

在叙述夏商西周礼时，有必要说明的是由于资料的匮乏，叙述也许是不完整的。早在春秋时期，孔子就感叹夏商流传于世的文献太少，但孔子也认为殷礼是在改革夏礼的基础上形成的，周礼又是在改革殷礼的基础上形成的，夏商西周的礼是一脉相承的[1]，所以可以以周礼为基

---

[1] 参见《论语·八佾》："子曰：夏礼，吾能言之，杞不足征也；殷礼，吾能言之，宋不足征也。文献不足故也。足，则吾能征之矣。"《论语·为政》："殷因于夏礼，所损益可知也；周因于殷礼，所损益可知也。其或继周者，虽百世，可知也。"

础来推测夏商之礼。

夏商西周统治者以神化祖先、祭祀祖先及完善世袭制来强调自己血统高贵。

1.神化祖先

如前文所述,以"天子"称呼最高统治者是在夏商西周时流行起来的。这个称号的流行一方面是为了区别天下之王与一氏族或一地域之王的不同,而更重要的作用还在于拉近了至尊神"帝"或"天"与人王之间的关系,最高统治者成为了天之"子"。在笃信神权的时代,天子作为与神最接近的人王便也有了神性,而这种神性在当时正是统治权合法性的前提。"天子"这个称号表明了王族血统是承蒙上天所赐的,这种天所赐的高贵血统正是王统治天下的资本。

为了证明王族血统的高贵,夏商西周都竭尽所能崇敬并神化自己的祖先。夏人的祖先是五帝之一的大禹,《史记·夏本纪》追记,禹是黄帝的玄孙,大禹治水的功绩在华夏也广为流传[1],时至今日也是家喻户晓的美谈。凭借高贵的出身及治水的功绩,大禹自然而然地成为百王之王。商人的祖先则是"天命玄鸟"而生,《史记·殷本纪》记:商人的祖先是契。传说,契的母亲简狄吞了玄鸟蛋而生契[2]。契因天意而生,真可谓名副其实的"天子"了。周人的祖先弃也是天意所生,弃的母亲姜原在出行中见到巨人的脚印,心有所动,脚踏巨人的脚印,而身体就如同怀孕一般,后来果然生下了弃[3]。

---

[1] 《史记·夏本纪》:"禹者,黄帝之玄孙而帝颛顼之孙也。"
[2] 《史记·殷本纪》:"殷契,母曰简狄……三人行浴,见玄鸟堕其卵,简狄取吞之,因孕生契。"
[3] 《史记·周本纪》:"周后稷,名弃。其母有邰氏,曰姜原。姜原为帝喾元妃。姜原出野,见巨人迹,心忻然说,欲践之,践之而身动如孕者。居期而生子。"

由此观之,夏、商、周人的始祖或出身于帝胄,或天意所生,无不具备统治天下的高贵血统。

2. 隆重祭祀祖先

祭祀是王"政事"中的重中之重。《礼记》言,王的首要职责是以礼统治下民,而礼有吉、凶、宾、军、嘉五种,吉礼之中的祭礼又是最为重要的[①]。对祖先的祭祀既然与政权的合法性相联系,那么祭祀的对象一般也会是在本族的历史上具有特殊功绩的祖先,而非本族的祖先即使有大功劳也不在祭祀之列[②]。因此,冯友兰赞同荀子所言,祭祀祖先,在君子看来是"人道",而在百姓看来是"鬼事"[③]。

从甲骨文与考古发现的资料来看,商人十分重视祭祀。一年之中,商王几乎是每旬必祀。在日常的生活中,也几乎无事不卜,无日不卜。在商人的观念中,王是与帝最近的人,因而王是帝在人间的代言人。墨子说,商汤自身贵为天子,仍不惜以身祭祀上帝鬼神[④]。商人的至上神是"帝"(或天),而保护神则是可以经常到帝那里去做客或可以与帝"匹配"祭祀的本族的祖先[⑤]。《诗经·商颂》记述了商人子孙对始祖及有功于本族壮大发展的商汤、武丁等王的祭祀与颂扬。比如《玄鸟》中说:"天命玄鸟,降而生商,居住在殷宽阔广大的土地上;成汤奉帝命,治理四方;四方诸侯听命,汤拥有九州而称王;商的先人与子孙,奉帝命不敢

---

① 《礼记》第二十五《祭统》:"凡治人之道,莫急于礼。礼有五经,莫重于祭。"
② 《国语·鲁语》:"非是族也,不在祀典。"
③ 冯友兰:《三松堂全集》,河南人民出版社1988年版,第二册,第49—50页。
④ 《墨子·兼爱》:"商(汤)贵为天子,然且不惮以身为牺牲,以词说于上帝鬼神。"
⑤ 商人认为自己已逝的祖先,经常可以"宾于帝",即到帝那里做客。因此在祭祀帝时,便也同时祭祀到帝那里做客的祖先。有关解释参见吴浩坤、潘悠:《中国甲骨学史》,上海人民出版社1985年版,第297页。

怠慢,直到其孙武丁;武丁无往不胜,王业强盛……殷受天命,承享世间的福禄。"①由此可以看出,商王通过对祖先的祭祀,不仅标榜了自身血统的高贵,而且垄断了祭祀至上神帝的权力,在对祖先的祭祀中,商王的权力具有了帝命与祖先所赐这样双重的神圣性——这个神圣性就如同我们今日所说的"合法性",甚至较"合法性"更为有力。隆重祭祀祖先向世人证明了商王统治的合法性,证明了汤之子孙统驭万民的合理。考古学家郭宝钧在《中国青铜器时代》中写道:"殷人所祀鬼神对象有风雨、有星辰、有河岳、有土神……等,而主要的则为祖先。"②祖先崇拜是商殷较其他氏族部落进步的一个表现。侯外庐等认为:"崇拜祖先的宗教形态,是由自然物类的图腾崇拜变革而来的","殷人在当时是一个进步的氏族,万方还在图腾信仰的时候,殷人就有了祖先的宗教。"③在世的商王在统治中,凡遇有大事都会求助于祖先,进行祭祀和占卜。侯外庐指出,不要小看了这种占卜,因为这是先民的"宪章"④。

周人对至上神"天"的解释是"维新"的,即强调至上神天对下民没有亲疏远近,而是一视同仁、公正无私的。但是在崇拜自己的祖先与夸耀自己的血统高贵方面,周人与商人则如出一辙,毫不逊色。周人对自己祖先的祭祀同样隆重,在对祖先的颂扬中,周人格外注重颂扬祖先之"德",因为周人的"天命观"是"皇天无亲,惟德是辅"的。《诗经·周颂》记述了周人对祖先及开国天子文王、武王等的歌颂。与商人单纯夸耀

---

① 《诗经·商颂·玄鸟》:"天命玄鸟,降而生商,宅殷土茫茫。古帝命武汤,正域彼四方。方命厥后,奄有九有。商之先后,受命不殆,在武丁子孙。武丁子孙,武王靡不胜……殷受命咸宜,百禄是何。"译文参见樊树云:《诗经全译注》,黑龙江人民出版社1986年版,第606—607页。

② 郭宝钧:《中国青铜器时代》,生活·读书·新知三联书店1978年版,第228页。

③④ 侯外庐、赵纪斌、杜国庠:《中国思想通史》,人民出版社1995年版,第一卷,第68页。

祖先承天之命不同,周人颂扬自己祖先有两项重要内容,一是祖先承天之命的传奇,二是祖先之德的深广。比如《清庙》中有"呵,宗庙美而清净,诸侯助祭多恭敬,祭祀的人多又多,把文王德教秉承。颂扬文王在天之灵,急速奔走在庙中。大承大显文王德,人们从不厌供奉。"① 再如《维天之命》:"天道是多么伟奇,美呵,它运转不息。啊,这岂不是光明吗!文王之德纯无疵。假以溢我,我其收之。积极顺我文王德,曾孙躬身来实践。"②

周人不但在祭祀时夸耀自己的祖先,而且还制定了"谥号"(谥法)的制度,即在王去世后,根据其一生的行状而以一两个字来概括他的一生,比如文王、武王、成王等。文王之"文"意为"经天纬地""道德博文""学勤好问""慈惠爱民""悯民惠礼""锡民爵位"。③ 传说谥号制度产生于文王、武王或周公制礼作乐时期,但据专家考证谥号产生于周恭王、周懿王时期,是周晚期的制度,谥号之法不只限于天子,诸侯、大夫、士等亦可用之。其是"人们对已死的尊者、亲者、贤者表示尊重,对他们不称本名,而是以其生前行事立定谥号称呼,这是为了尊祖重讳。"④

3.继承制度

夏商西周的继承制度对于禹之前而言是一场全新的变革,自禹开

---

① 《诗经·周颂·清庙》:"於穆清庙,肃雝显相。济济多士,秉文之德。对越在天,骏奔走在庙。不显不承,无射于人斯。"译文见樊树云:《诗经全译注》,黑龙江人民出版社1986年版,第551页。

② 《诗经·周颂·清庙》:"维天之命,於穆不已。于乎不显,文王之德之纯。假以溢我,我其收之。骏惠我文王,曾孙笃之。"译文见樊树云:《诗经全译注》,黑龙江人民出版社1986年版,第552页。

③ 《逸周书·谥法解》。

④ 徐连达:《帝国宫廷的深处:中国古代皇帝制度解读》,香港中和出版有限公司2012年版,第79页。

始,王位的继承从"选贤与能"的禅让制①变为"传子"②的世袭制。《礼记·礼运》托孔子之言,总结了夏禹前后社会的巨变。夏以前"大道之行""天下为公",而被夏代"大道既隐""天下为家"所代替;"人不独亲其亲,不独子其子"的氏族大家庭被"各亲其亲,各子其子"的小家庭所代替;"选贤与能"的氏族民主制被"大人世及以为礼"的世袭制所代替;"城郭沟池以为固""谋用是作"的状况代替了"谋闭而不兴、盗窃乱贼而不作""外户而不闭"的田园式社会;君臣、父子、兄弟、夫妇之礼代替了男、女、老、幼、壮、弱的自然分工。由此可见,王位禅让变为王位世袭不是单纯或偶然出现的,其与社会的整体变化相呼应。

王位世袭制的出现与王垄断对天及祖先的祭祀权有关。从夏到周,王族血统内部也逐渐等级分明,至周时,最高贵的血统完全是以天子嫡系为核心的。与天子的血缘关系越近者,血统就越高贵,地位也就越尊贵。"世袭制是宗法制的直接根源。""若无世袭制,自然不会有宗法。"③

商代王族内部的尊卑等级尚不完善,宗法制度也不严密,具有王位继承权的人很多,根据《史记·殷本纪》记载先是"父死子继"与"兄终弟及"并行使用,后逐渐改为嫡长子继承制。这一改变显然是因为父死子继与兄终弟及并行的王位继承制度有明显的缺陷,即容易引起兄弟叔

---

① 关于尧舜禹"禅让",先秦史料亦有不同的记载,《韩非子·说疑》记:"舜偪尧,禹偪舜,汤放桀。武王伐纣,此四王者,人臣弑君者也,而天下誉之。"

② 先秦关于禹传位于启有两种说法,《孟子·万章上》记,孟子回答万章问"人有言:'至于禹而德衰,不传于贤而传于子。'有诸?"即万章根据传言认为禹破坏了王位传贤的禅让制度,而将王位传于自己的儿子。孟子断然否认此说,回答万章道:"否,不然也。天与贤,则与贤;天与子,则与子。"孟子认为,禹的儿子继承王位是天意与民意的结合。因为,禹去世后,其推荐的王位继承者益无法获得民心,人们有事情愿意找禹的儿子启:"朝觐狱讼者不之益而之启,曰'吾君之子也。'讴歌者不讴歌益而讴歌启,曰'吾君之子也。'""启贤,能敬承禹之道。"无论是禹主动传子,还是被动传子,都说明禹时世袭制已经出现。

③ 陈戍国:《先秦礼制研究》,湖南教育出版社1991年版,第105页。

伯之间的王位争夺之乱。《史记·殷本纪》记载,自仲丁至阳甲之间,有九位殷王因为争立为王,而发生了九世之乱,诸侯纷纷离商而去,不再朝拜①。在分析商代继承制时,考古学家郭宝钧指出:"因殷距男系氏族未远,由男系氏族共有的继承制,一变而为男系亲生儿子的继承制,其范围已经缩小得许多;若再从亲生儿子中只择定一人继承,余自不得分享其益,恐难为诸子所承认,故不得不采取兄终弟及的办法使诸子轮流承受其父的遗产和权力,这是时代演进的过程,有不得不然之势。"②说明商王采取兄终弟及的继承方法实属无奈。但九世之乱给商王改革继承制以最好的借口,故自康丁以后,商王的继承制度便改为嫡长子继承制,这实际上是将王位继承人的选择权交给了上天,嫡长子的地位因此而在宗族中仅次于王。

周初建国,便在宗法中确立了嫡长子的身份继承权,即由嫡长子继承天子之位,在天下大宗的周宗族中,天子地位最尊,与天子血缘关系最为亲近的嫡子的地位较其他诸子地位为尊,而嫡子中,又以嫡长子的地位最尊。嫡长子继承制,确定了王位的继承原则是"立嫡以长不以贤,立子以贵不以长。"③这种嫡庶长幼之别,不仅使宗族的血统更为纯粹,而且使宗族内部血统的等级更为清晰。王的诸妻中有一妻为正,称"嫡",嫡妻的宗族应为显赫的贵族。其余则为"庶"。嫡妻所生之子称"嫡子",庶妻之子称"庶子"。嫡子为宗族之正统,庶子无论如何贤能都不得与嫡子相争,因为嫡子之位高于庶子;嫡子中又以长子最贵,是王位的天然继承者。若嫡妻无子,则取次嫡妻一等的庶妻之子继承王位。

在周人的苦心经营下,以血缘为纽带的宗法等级制终于完善。周

---

① 《史记·殷本纪》:"自仲丁以来,废适而更立诸弟子,弟子或争相代立,比九世乱,于是诸侯莫朝。"
② 郭宝钧:《中国青铜器时代》,生活·读书·新知三联书店1978年版,第201页。
③ 《公羊传·隐公元年》。

人的宗法,一是维护族人的亲情,二是体现等级的威严。其特点在于合"君统"与"宗统"为一体,以嫡长子继承制为核心,依据与天子血统的亲疏来确定等级的贵贱。简单地说就是:天子是天下"大宗"之长,同时又是国家的元首。天子之位传于嫡长子,其他儿子则被分封到各地建立并统治诸侯国。诸侯相对天子而言,处"小宗"地位,而在诸侯国中,诸侯为国之"大宗"之长,同时也是一国之君。君之位传于嫡长子,其他儿子被封为大夫。大夫相对诸侯而言,处"小宗"地位,而在采邑中(大夫的封地称为采邑)是"大宗"之长,又是采邑中的行政首领。大夫之位传于嫡长子,其他儿子为士。通过这种分封,天下的统治权皆置于周人之手,一些异姓功臣贵族则通过联姻成为周室的亲戚。如此,在统治者集团中,非本族贵族,即异性亲家,真可谓"天下一家"。

嫡长子继承制的完善,一方面以"天意"确定了王位的继承人,杜绝了夺位之乱;另一方面也维护了宗族血统的纯粹。

在叙述皇帝合法性来源之前,之所以要对夏商西周王位合法性来源进行如此详细的阐述,是因为这一时期的诸多制度皆为后世皇帝制度所继承,可以说夏商西周的王权制度是皇帝制度的基础。正如张光直所言:"在中国早期的历史上,夏商周三代显然是关键性的一段:中国文字记载的信史是在这一段时间里开始的,中国这个国家是在这一段时期里形成的,整个中国历史时代的许多文物制度是在这个时期里奠定的。"[①]

二、春秋战国诸子关于"君权"合法性的论述

春秋战国是社会大变革时期,这场变革表现在社会发展的方方面面。就经济而言,铁器在农业生产中的广泛使用使生产力的发展水平

[①] 张光直:《青铜挥尘》,上海文艺出版社2000年版,第15页。

进入了新的阶段;就政治而言,周天子"天下宗主"的合法地位从动摇到瓦解,社会由天子统治的"王权"时代进入到强大的诸侯国"挟天子以令诸侯"的"君权"时代;就思想学术而言,这一时期从"学在官府"的官学唯一进入到了"有教无类"的官学、私学并行阶段,出现了百家争鸣的局面。春秋战国"王权神授"的思想动摇,诸子百家代之而起的君权合法性来源的论述更为丰富。其主要表现在儒法两家的"王霸"之争,与墨、道、阴阳家对"天道"的不同论述上。对中央集权制背景下君权的论述为秦统一后确定的皇帝制度奠定了理论基础。

(一) 王权神授思想的动摇与"民本"思想的发展

春秋时期,崇敬天命、迷信鬼神的思想虽然依然存在,但更多的政治家、思想家对周人提出的"德"更感兴趣,而对"上天""上帝"或鬼神能主宰人间的一切提出了怀疑。伴随着这种怀疑而来的是君权合法性来源解释的改变与发展。这就是从西周的"以德配天"发展出了"民本"的思想。

1. 从王权到君权

春秋时期王权思想的动摇有三方面的原因:

一是天子式微,权力下移。比如,季孙在自己的庭院中竟然观看了天子才有资格观看的"八佾"之舞,仲孙、叔孙、季孙三位大夫在祭祀自己的祖先时竟然僭越用了天子之礼[①],诸如此类的僭越之事在春秋不可胜计。诸侯、大夫的僭越,使天子被边缘化,人们对诸侯国中君权的关注甚于对天子王权的关注。春秋时期的"君权"是诸侯国最高权力之所在,而天子所具有的天下最高的王权已经被架空。"王权神授"的思想动摇。

---

① 《论语·八佾》。

二是天子虽然式微,但毕竟存在。强大起来的诸侯国在论述"君权"来源时尚有所顾忌。政治家、思想家在论述君权合法性来源时,多用神祇,有意无意避讳使用天、帝,这有别于夏商西周时对天子权力合法性来源的论述。

三是在"礼崩乐坏"的背景下,兼并战争加强了君主在自己所辖地区内的权力。大夫、士的等级已经模糊,而新的等级制正在形成,国君在自己所辖的范围内已经逐渐废弃了贵族制,而实行集权制。比如齐国齐桓公时期管仲提出并实施的"相地而衰争"①、鲁宣公时期在鲁国实施的"初税亩"及其他各诸侯国的田制改革,都在经济上加强了国君的实力。

春秋时期的君权不同于夏商西周时期的王权,因为其在名义上并不是天下的最高权力,更重要的是其是贵族制度削弱时产生的集权制的权力,其虽然不是天下的最高权力,但却是皇权产生的萌芽,所以如前文所述,秦统一后王朝的最高权力也可以称为君权。

2.君权统治的合法性基础

《左传》《国语》等文献中,记载了春秋时期思想家、政治家对"民"与"神"关系的认识。西周天子"以德配天"的思想,虽然强调了天子之德与民的重要,但其不仅不否认天的重要性,而且在天、德、民的关系上,往往把天意天命放在首位。春秋时期,"民"则被放到了更重要的地位,民是国的基础,君权统治的合法性来源主要是民的拥戴与否。

据《国语》记,周惠王时,有神从天降于虢国的一个名之为"莘"的地方(今河南三门峡一带)。周惠王问内史过神降于莘的原因及以往是否也发生过神降临的这种事情。内史过答道:"历史上也曾经有此类事情

---

① 《国语·齐语》。

发生。国将兴旺时,君主英明、中正、精洁、慈爱和睦,君主的德足以使天神欢喜,君主的恩惠足以使民众感激。神有供奉而民顺从,民神无怨,所以神降临人间而考察君主的德行,以福泽民。国将亡时,君主贪婪、淫佚、荒殆、污秽,其所行之政恶臭不堪,神灵不享;其所用之刑加之无辜之人,民众叛离。供奉神的食物器皿不洁净,民众也离心离德,民神共愤,没有归心,神也前往观察君主的恶行而降祸。因此,神从天而降,可能是兴国的征兆,也可能是亡国的征兆。"①内史过对周惠王的回答,显然表明了君权的取得与维系,主要系于国君自身的德行。《左传》更完整地记载道,内史过在回答周惠王之问后,前往虢国。而虢国的国君因为神的降临而要求周惠王赐给自己田土,内史过返回周廷,告诉周王:"虢国一定会灭亡。因为其国君暴虐,只敬神祇,无视民心。"而另一位贵族史嚚则说得更为直截了当:"虢国将要灭亡了! 我听说,国将要兴旺,听命于民;将要灭亡,听命于神。神听于民而依民的好恶降临福祸。虢国的君主少德,难道还希望得到周王赐的田土吗?"②史嚚的话更是直接说出了国的兴旺完全在民心的向背上。

《左传》中记载了很多类似的事情,人们经常引用的春秋时期著名的政治家子产的话,叫做"天道远,人道迩。"③即天道离我们很远,也很难知晓,而人心的向背却近在眼前。这实际上是否定了天对人间的支配权。由于重视君主之"德",相对上天而言,春秋时"人"(民)的地位就有了前所未有的提高,重民成了当时的时尚,民本思想由此而有了深厚

---

① 《国语·周语上》:"有神降于莘。王问内史过:'是何故? 固有之乎?'对曰:'有之。国之将兴,其君齐明、衷正、精洁、惠和,其德足以昭其馨香,其惠足以同其民人,故明神降之,观其政德而均布福焉。国之将亡,其君贪冒、辟邪、淫佚、荒殆、粝秽、暴虐;其政腥臊,馨香不登;其刑矫诬,百姓携二。明神不蠲,而民有远志,民神怨痛,无所依怀。故神亦往焉,观其苛慝而降之祸。是以或见神以兴,亦或以亡。'"

② 《左传·庄公三十二年》:"史嚚曰:'虢其亡乎! 吾闻之:国将兴,听于民;将亡,听于神。神,聪明正直而一者也,依人而行,虢多凉德,其何土之能得?'"

③ 《左传·昭公十八年》。

的基础。创立了道家学派的老子以"道"为万物之母,否认了有好恶、有喜怒、有意志的超自然的人格神的存在。儒家的创始者孔子对上天的态度也是敬而远之,《论语·述而》记载,孔子"不谈怪异、勇力、叛乱和鬼神之事。"[1]从老子与孔子这两位伟大的思想家的学说体系中,可以看出春秋时期人们已经从痴迷于天命鬼神的状态中逐渐解脱出来,君权的合法性来源已集中于"人事"上。如果说西周统治者对"上天"与"民"采取的是一个维持平衡的作法的话,春秋时的政治家、思想家在"神"与"民"之间则明显地倾向"民"。这就是《管子·牧民》中所言:"政之所行,在顺民心;政之所废,在逆民心。"

(二) 墨家、道家、阴阳家论君权的合法性

墨家、道家、阴阳家在诸子中属于对"天"及"鬼神"论述的较多的学派。从继承西周"王权神授"思想的程度来看,墨家最墨守成规,基本保守了夏商西周时期至尊神决定一切的观点,视天为有人格的宗教意义上的最高神,强调天报不爽与"鬼神之诛"。道家对天的阐释却完全突破了夏商西周思想的束缚,道家的天是哲学意义上的自然之天。有专家评论,道家的自然观"不仅使天帝退位,也使'鬼''神'无灵。"[2]阴阳家的天则是由物质的阴阳五行组成,这个天是按一定规律不断变化的天。

尽管对天的认识不同,但天与统治权的关系密切则是各家一致的地方。只不过,墨家强调的是君主须敬畏上天并讨取上天的欢喜;而道家与阴阳家则强调明智的君主须按自然规律行事,以保持政权的长久。鉴于对天的不同认识,各家献给君主的救世"药方"也不相同,道家以道

---

[1] 《论语·述而》:"子不语怪、力、乱、神。"白话翻译见杨伯峻《论语译注》,中华书局2009年版,第71页。

[2] 参见詹剑锋:《老子其人其书及其道论》,湖北人民出版社1982年版,第222—226页。

为最高法则,希望人们回归并顺应自然,按自然法则生活。而阴阳家与墨家则强调恢复人们的敬畏之心,虽然阴阳家的敬畏是对自然演化规律的敬畏,而墨家的敬畏则是对拟人化的天之敬畏。

1. 墨家的"天"与"鬼神"

墨家是春秋末战国初期以墨翟即墨子(约前490—前403年)为创始人的一个学派,墨子早年"学儒者之业,受孔子之术。"① 后来,墨子认为儒家所崇尚的周礼过于"烦扰"且等级森严,因此放弃了对周政的推崇转而推崇夏政②,并创立了墨家学派。

墨家认为自己所处的时代是一个以强凌弱、以众暴寡、以富侮贫、以贵傲贱的大乱之世。天下大乱的原因在墨子看来是由于人们怀疑上天,不信鬼神。墨子对时政的批判,颇有些像现代人批评社会"信仰失落"的意味。墨子的救世良方,是恢复以往对天帝鬼神的信仰,人人互利互爱。将天与鬼神信仰的缺失视为天下大乱的原因,在先秦诸子中仅有墨家。

(1) 关于"天"

墨子对夏商西周时期人们所信仰的拟人化的至尊神——天的存在确信不疑。但与夏商西周不同的是,墨子认为在上天面前,人人平等。墨子说:"天下的诸侯国不分大小,都是上天所赐;人也没有高低贵贱长幼之分,都是天的臣民。"③

有关"天"的信仰,墨子更多地接受了夏商西周时期的思想,即认为天不仅是公正无私、有喜怒哀乐的,并且也是明辨是非善恶的。墨子

---

① 《淮南子·要略训》。
② 同①书,"背周道而用夏政。"
③ 《墨子·法仪》:"天下无大小国,皆天之邑也,人无长幼贵贱,皆天之臣也。"

言：天喜欢有"义"之人，而厌恶"不义"之人[1]；希望人们"相爱相利"，而不喜欢人们"相恶相贱"[2]。墨子坚信天对于按天意行事的人会加以奖赏，而对于违背天意的人会降临惩罚[3]。在《天志》中，墨子列举夏商周三代兴替之事，认为禹、汤、周文王、周武王等圣王能取得统治权成为天下的统治者，关键在能体察天意，顺从天意。而夏桀、商纣、周幽王、周厉王之所以丧失了统治权，原因在于违背天意，遭到了天罚。墨子甚至代天写下了对天子的"赏罚书"，他说："夏、商、周兴起时的圣王大禹、商汤、文王、武王上敬天意，中侍奉鬼神，下爱民众。所以天说：'我所爱者，他们也爱，我所利者，他们也利。爱人利人者积累了深厚的德行。'因为他们遵从了天意，所以上天使他们贵为天子，富有天下，人们传颂他们的美德遍及天下，至今称为圣王。"又说：致使夏亡的夏桀、商亡的纣王、周衰的幽王、厉王"上不敬天，中不敬鬼神，下不爱民，所以天说：'我所爱者，他们却相互厌恶，我所利者，他们却彼此交恶。相互厌恶与交恶积累得太多了。'因此，上天便夺了他们的天命，至今天下都谴责他们，称他们为暴王。"[4]

墨子的"天"，至高无上，有好有恶，奖善罚恶。墨子谈天，基本是夏商西周的延续，或可说老生常谈。但其破除了宗法制下等级的约束，认为上天面前人人平等则是一个不小的进步。也许这正是中国古"人命关天"传统思想的渊源。

---

[1] 《墨子·天志上》："然则天亦何欲何恶？天欲义而恶不义。"

[2] 《墨子·法仪》。

[3] 《墨子·天志上》："顺天意者，兼相爱，交相利，必得赏。反天意者，别相恶，交相贱，必得罚。"

[4] 《墨子·天志上》：禹、汤、文王、武王"上敬天，中事鬼神，下爱人，故天意曰：'此之我所爱，兼而爱之；我所利，兼而利之。爱人者此为博焉，利人者此为厚焉。'故使贵为天子，富有天下，业万世子孙，传称其善，方施天下，至今称之，谓之圣王。"而桀、纣、幽、厉"上诟天，中诟鬼，下贼人，故天意曰：'此之我所爱，别而恶之；我所利，交而贱之。恶人者此为之博也，贱人者此为之厚也。'故使不得其寿，不殁其世，至今毁之，谓之暴王。"

(2)关于鬼神

墨子不仅继承了夏商西周对天的崇拜,而且也继承了对鬼神的敬畏。在《明鬼》中,墨子直截了当地痛斥那些不信鬼神,即"执无鬼者"的言论,并认为不信鬼神是天下混乱的原因,他说:"当今持无鬼论的人说:'鬼神,原本是没有的。'并以此迷惑众人,因为天下的人不坚信鬼神的存在,所以天下大乱。"①墨子认为鬼神不仅确有,而且也能赏贤罚暴,安定天下。墨子言:"如果天下人都相信鬼神能对德才兼备的人进行奖赏,对暴虐的人进行惩罚,天下还能乱吗?"②

墨子所言的鬼神,是多种多样的,在《明鬼》中,墨子举了一个例子,说明鬼神的存在:周宣王冤杀其臣子杜伯。临刑前,杜伯说,我是无罪的。若死后无知(鬼神不存在)也就罢了,但若有鬼神,我死后有知,不出三年我一定会让你知道我是冤枉的。三年后,周宣王在一次与诸侯的田猎中被杜伯鬼魂射杀,这件事被当时人称为"鬼神之诛",并记载在了周的《春秋》(史书)上,君告诫其臣,父训诫其子:"一定要以此为戒,谨慎用刑。凡冤杀无罪之人,一定不祥,鬼神的报应是这样的悲惨迅速。"③墨子在《明鬼》中举了许多这样的例子,重在说明天子也好,国君也好,为政都必须要心存畏惧,因为天与鬼神的态度直接影响到天子、国君的政权,甚至是性命。

(3)关于"天法"

墨子言圣王死后,"天下失义",国君不知以天意与鬼神的信仰匡正时弊,反而企图以武力夺取天下,也就是所谓"力正"。"力正"的结果导致战争,而战争是人间相恶相贱之"巨恶",是不具正当性的,所以在诸

---

① 《墨子·明鬼》:"今执无鬼者曰'鬼神者,固无有。'旦暮以教诲乎天下,疑天下之众,使天下之众皆疑惑乎鬼神有无之别,是以天下乱。"
② 《墨子·明鬼》:"尽若天下之人,皆信鬼神之能赏贤而罚暴也,则夫天下其乱哉?"
③ 《墨子·明鬼》:"戒之慎之,凡杀不辜者,其得不祥,鬼神之诛,若此之憯遬也。"

侯称霸的时代,天下大乱。墨子认为,具有统治正当性的君主所行之法一定是符合天意的"天法",而符合天意的法一定是使人"相爱相利"的法[1]。

墨子也是以法救世论者,不过与法家不同的是,墨家的法,一定是统一的以上天之意为准的。在《法仪》中,墨子认为父母不可立法,学者不可立法,君主也不可立法,因为在众多的父母、学者、君主中,很少有仁者,而"法不仁不可以为法"[2]。使人相爱相利的仁法的唯一来源是天,我们暂且称其为"天法",墨子将天法说成是普遍、公正、无私、永恒的[3],谨遵天法,是天子、君主维系统治的根本之道。

天法的具体内容,墨子认为是圣人考察乱世之源并在治理乱世的过程中确定的。圣人认为天下大乱之因在于人们违背了天意,而不知相爱相利。父子兄弟不相爱相利,是家庭不和的原因;君臣不相爱相利,是国家混乱的原因;诸侯国之间不相爱相利,是战争的原因[4]。犯罪同样是不知天意欲使人相爱相利的结果:偷盗的人只知自家的利益而不爱惜别人家的利益,所以去偷别人家的东西;杀人越货的人只知爱惜自己的生命而不知爱护他人的生命,所以才去杀人越货[5]。总之,天下所有的"乱"无不起源于人们对天意"相爱相利"的背离。

如何顺应天意,建立"相爱相利"的法,是墨子思想的重中之重。首先,墨家认为立法者——天子,应"以天为法,动作有为,必度于天。天

---

[1] 《墨子·天志上》:"当天意而不可不顺,顺天意者,兼相爱,交相利,必得赏。反天意者,别相恶,交相贼,必得罚。"
[2] 《墨子·法仪》:"凡国之万民,上同乎天子,而不敢下比。天子之所是,亦必是之,天子之所非,亦必非之。"
[3] 《墨子·法仪》:"天之行广而无私,其施厚而不德,其明久而不衰。"
[4] 《墨子·兼爱》言:"圣人以治天下为事者也,不可不察乱之所自起,当察乱何自起?起不相爱。"
[5] 《墨子·兼爱》:"虽至天下之为盗贼者亦然,盗爱其室不爱其异室,故窃异室以利其室;贼爱其身不爱人,故贼人以利其身。"

之所欲则为之,天之所不欲则止。"①其次,墨家认为天子"以天为法",而臣民则应以天子为法②。再次,在法律的具体实施中,墨家强调以公正来体现"天志",威慑犯罪。

可以肯定,墨家在春秋战国诸子中是最为保守夏商西周"王权神授""以德配天"思想的学派,但由于当时的社会变化也决定了墨家的天命观与以往有不同之处。首先,墨家学说更具有宗教性,对天、鬼神、天法的阐释较以往更有体系。第二,在墨子的论述中,天对君形成了强有力的制约。立法者是天或能体察天意的圣王(人),而且只有"天法"才是真正的法。"天子为善,天必赏之;天子为恶,天必罚之"③,以及"鬼神之诛"不仅为王权、君权提供了合法性的解释,而且有力地制约了统治者滥杀无辜和发动战争。保守、平等、约束力也许正是墨家在秦统一后始终无法登入庙堂,成为统治者倚重的学说而只在民间流传的原因。

2. 道家的"道"

道家的创始人是老子,老子姓李名耳字聃,又称老聃。生卒年不详。司马迁作《史记》认为老子即李聃,时代略早于孔子,后世学界也基本以此为通说。战国时期的庄子(约公元前 369—前 286 年)继承了老子的思想,庄子名周,是战国时道家思想的集大成者。

冯友兰认为:"古代所谓天,乃主宰之天。孔子因之,墨子提倡之。至孟子则所谓天,有时已为义理之天。所谓义理之天,常含有道德的唯心的意义,特非主持道德律之有人格的上帝耳。《老子》则直谓'天地不仁',不但取消天之道德意义,且取消其唯心的意义。"④道家有两个显

---

① 《墨子·法仪》。
② 《墨子·尚同》。
③ 《墨子·天志》。
④ 冯友兰:《三松堂全集》第二卷,河南人民出版社 1988 年版,第 168 页。

著的特点,一是崇尚自然,以自然法则为至上,在道家思想体系中,"天"并非高高在上,而是自然的产物,而自然又可以谓之"道",故老子说:"人以地为法则,地以天为法则,天以道为法则,道以它自己的样子(自然)为法则。"①因此,可以说道生万物,也是万事万物生存运行的法则。二是道家对社会现实具有极强的批判性,认为儒家、法家、墨家学说背离自然"大道"(自然)。而背离自然,正是天下大乱的原因。基于这两个特点,道家对君主与君权合法性来源的论述既不强调"君权神授",也不强调君主的德行,而强调君主为政若要保持国泰民安就应效法自然无为而治的法则,因此老子告诫统治者:"圣人言:我无为,人民自然顺化;我好静,人民自然端正;我无事,人民自然富足;我无欲,人民自然纯朴。"②

由"道"而产生出的自然法则,在道家看来是最为完美最为权威的。这是因为:第一,自然法则是最公正无私的,老子说:"天道对人无所偏爱,永远帮助善人。"③但这个"善人"并不是儒家所言的有德的君主,而是指能体悟顺应自然的人。因为老子同时还指出:"天地是无所谓仁慈的,(它)听任万物自己生灭;圣人是无所谓仁慈的,(它)听任百姓自己生灭。"④庄子对自然法则的公正无私做了言简意赅的概括,这就是"天无私覆,地无私载。"⑤第二,自然法则能使万物和谐相处,平衡发展:

---

① 《老子·二十五章》:"人法地,地法天,天法道,道法自然"。译文见任继愈译著:《老子新译》,上海古籍出版社1985年版,第114页。此处的天,指自然之道。

② 《老子·五十七章》:"故圣人云:'我无为而民自化,我好静而民自正,我无事而民自富,我无欲而民自朴。'"译文见任继愈译著:《老子新译》,上海古籍出版社1985年版,第184页。

③ 《老子·七十九章》:"天道无亲,常与善人。"译文见 任继愈译著:《老子新译》,上海古籍出版社1985年版,第231页。

④ 《老子·五章》:"天地不仁,以万物为刍狗;圣人不仁,以百姓为刍狗。"译文见任继愈译著:《老子新译》,上海古籍出版社1985年版,第70页。

⑤ 《庄子·大宗师》。

"高了就把它压低一些,低了就把它升高一些,过满了就把它减少一些,不够满就补足一些。"①老子认为,天下混乱的原因在于君主不能奉行"损有余而补不足"的自然之道,而是"损不足以奉有余。"②第三,自然法则永恒持久,广大无边,万事万物无不受其约束,其是人为法所无法比拟的。因此"道"虽然无声无形,却具有最高的权威:"天的'道',不斗争而善于获胜,不说话而善于回答,不召唤而自动到来,虽迟缓而善于谋划。天网极为广大,网孔虽稀,而从没有漏失。"③

道家强调"道"的权威,主张为政者效法自然,认为人类的出路在于"返璞归真"。在道家看来,儒家对君主道德的要求、墨家对君主敬畏天地鬼神的要求及法家对君主追逐实力的要求都是背离"道"的,是不具合理性并无法长久的。

首先,道家认为儒家提倡的仁、义、礼、智、信是病态社会中的反常现象,因为它既不符合人之本性,更不符合道的宗旨。老子说:"大'道'被废弃,才有所谓'仁义'。出现了聪明智慧,才有严重的虚伪。家庭陷于纠纷,才有所谓孝慈。国家陷于昏乱,才有所谓忠臣。"④儒家提倡的仁义,在道家看来是迷失人的本性的东西,儒家的说教就如同人体上的"骈拇枝指"(六指)⑤一样:多余并令人生厌。更为重要的是道家还认为"仁义"并不真实地存在,它只是一种虚伪地、掩饰大罪恶的工具。以仁义为法,会造成社会的不公。《庄子·胠箧》中指出:"小偷小摸受到

---

① 《老子·七十七章》:"高者抑之,下者举之,有余者损之,不足者补之。"
② 同上书。
③ 《老子·七十三章》:"天之道,不争而善胜,不言而善应,不召而自来,繟然而善谋。天网恢恢,疏而不漏。"译文见任继愈译著:《老子新译》,上海古籍出版社1985年版,第219页。
④ 《老子·十八章》:"大道废,有仁义;慧智出,有大伪;六亲不和,有孝慈;国家昏乱,有忠臣。"译文见任继愈译著:《老子新译》,上海古籍出版社1985年版,第98页。
⑤ 《庄子·骈拇》。

制裁,而将国家窃为己有却成了诸侯。仁义成为诸侯之门的标榜。"①因此,儒家所崇尚的仁义君主不但不是理想的君主,而且是不合法(道)的君主。

其次,道家对墨家的崇尚天与鬼神也持有否定态度。道家的思想体系中人格意义上的"天"是不存在的。不仅如此,道家进一步将天视为是与人无二的"自然"产物,"域中有四大,而人居其一焉。人法地,地法天,天法道,道法自然。"②可见,道家的天之上,尚有"道"。那么道是什么呢?老子说,虽然"道"先天地而生,为万物之母,但却无法用语言来描述或定义,因为"道,可道,非常道。"③用"道"这个名称来表达它也是不得已的事情,因为"吾不知其名,字之曰道。"④但道家这个无所不能、无处无时不在的道,没有喜怒哀乐,没有对下界君王的监督,也没有对人们刻意的奖惩。它只是按照自己的规律运行:"独立不改,周行而不怠。"⑤因此,将天与鬼神作为君权合法性的来源,在道家看来是无稽之谈。

再次,道家反对法家提倡的"法治"。法家的法治是"力"的表现,"力"的多寡是法家论证君主权力合法性来源的重要内容。韩非明言:"有实力者,诸侯奉为霸主而朝拜;无实力者,去朝拜别人。"⑥而道家认为,法家企图以法治"力正"天下,正是天下大乱的原因。老子这样抨击了"法治":"天下的禁令越多,人民越陷于贫穷;民间的武器越多,国家越陷于昏乱;人们的技术越巧,奇怪的物品越多;法令越分明,盗贼反倒

---

① 《庄子·胠箧》:"彼窃钩者诛,窃国者为诸侯。诸侯之门,而仁义存焉。"
②④ 《老子·二十五章》。
③ 《老子·一章》。
⑤ 《老子·二十五章》:"有物混成,先天地生。寂兮寥兮,独立不改,周行而不殆。可以为天下母。吾不知其名,字之曰道,强为之名曰大。"
⑥ 《韩非子·显学》:"力多者人朝,力寡者朝于人,故明君务力。"

越多。"①不仅如此,老子运用辩证的方法论述了法家法治理论在实践中会适得其反,即以法威吓民众的结果会造成政权的颠覆与国家的灭亡②。这就深刻地指出了将"力"作为君主权力的后盾,将会激化社会矛盾。

道家在对儒墨法君权观念的批判中阐述了自己对君权合法性来源的认识,那就是孕育万物的"道"。道家认为最好的统治者既不是儒家、墨家的仁义之主,更不是法家的建功立业之君,而是"下知有之"的无为君主③。道家对君主无为的要求,实际是基于对现实社会的不满而提出的,其中包含着原始民主的成分,是遏制统治者贪婪和权力滥用的有力武器。

3.阴阳家的"五德终始"

阴阳家,或称阴阳五行家是战国时期的一个重要学派。其代表人物是邹衍(约公元前305—前240年)。据《汉书·艺文志》载,阴阳家是由掌管天文历法的官吏演变而来。阴阳家以阴阳五行的演变解释"天象"及自然界的变化。阴阳五行家也用阴阳五行的消长解释王朝的兴替并检验君主为政的得失。

"阴阳"是中国古代哲学的基本范畴,其是古人用来表示普遍存在的两种互相对立又互相依赖并不断发展变化中的事物。如天地、日月、

---

① 《老子·五十七章》:"天下多忌讳而民弥贫;民多利器,国家滋昏;人多伎巧,奇物滋起;法令滋彰,盗贼多有。"译文见任继愈译著:《老子新译》,上海古籍出版社1985年版,第183—184页。
② 《老子·七十二章》:"民不畏威,则大威至。"
③ 《老子·十七章》:"太上,下知有之;其次亲而誉之,其次畏之,其次侮之。信不足焉,有不信焉。悠兮,其贵言,功成事遂,百姓皆谓我自然。"大意为:最好的君主,民众只知道他的存在。次一等的是得到民众的爱戴与赞美。再次一等的是使民众畏惧。最次等的是被民众轻蔑。君主不值得民众的信任,是因为有不值得民众信任的事情发生。最好的君主是悠闲的,他不发号施令,却功成事遂,而民众都认为,我们原本就是如此。

昼夜、寒暑、水火、雄雌、男女，等等。五行指土、木、金、火、水五种自然界初始的五大元素，古人认为此五种物质是构成世间万物的基本元素，这五种元素的变化，即"相生相胜（克）"配以阴阳二气的"消长"，使自然界运行有常，诸如春生夏长秋收冬藏，等等。若阴阳五行运行不畅，就会出现天灾，诸如"阴伏而不能出，阴迫而不能丞，于是有地震，"[①]等等。

邹衍将人类社会的祸福、王朝的兴替用阴阳五行的变化加以解释，于是形成了"五德终始"[②]说。"五德终始"说的主要内容是认为与自然界五行相对应的人类社会中有"五德"相互消长、相生相胜（克）。邹衍以此解释了舜、夏、商、周的兴替："五德相胜（克）表现在舜、夏、商、周的王朝替代上。舜有土德，夏有木德，与自然界中木胜土相对应，夏禹代舜而成为统治者；商为金德，金胜木，故夏为商所灭；周有火德，火胜金，故商为周所灭。"[③]这种五德终始的理论，给王朝的兴衰赋予了神秘的色彩，赋予新王朝统治的合法性。秦始皇统一天下后，也按照五德相胜（克）的理论，自认为有"水德"，故能代周[④]。在古代社会中，每当王朝兴替之际，新建王朝莫不依据"五德终始"的理论证明旧王朝气数已尽，新王朝应运而生，具有不争的正当性。

《汉书·艺文志》对阴阳五行理论的评价是："如果拘谨者为之，则受自然界变化的牵制，禁忌过度，拘泥于细节末梢，常常会忽视人事而崇信鬼神。"[⑤]阴阳五行理论的初衷是以物质的演变规律解释自然与人事，但由于拘泥的禁忌过多，反而陷入了神秘主义。秦汉以后，以儒家为基础的主流思想对天、鬼神采取的态度基本是敬而远之，所以阴阳五

---

① 《国语·周语》。
② 参见《吕氏春秋·应同》。
③ 《文选》卷六，沈休文《故安陆昭王碑》，李善注引《邹子》："五德从所不胜：虞土、夏木、商金、周火。"
④ 参见《史记·秦始皇本纪》。
⑤ 《汉书·艺文志》："及拘者为之，则牵于禁忌，泥于小数，舍人事而任鬼神。"

行这种神秘的理论虽可以为统治权披上神秘的外衣,但终无法独成流派而登大雅之堂,其理论被主流思想改造纳入到主流思想中。《礼记·月令》及正史中的《五行志》便是被主流思想改造了的阴阳五行思想,其在神化统治者权力的同时,也起着约束权力的作用。

(三) 儒家、法家论君权的合法性

对西周的传统,儒家有着全面的继承与发展,如孔子自己所言:"周借鉴夏商二代的历史,是多么丰富多彩,我继承周的传统。"①在王权合法性的论述方面,西周"王权神授"与"以德配天"的思想也被儒家理论化。在儒家思想体系中,"德"占据了君主权力合法性来源的核心位置,周人的"天",在儒家思想体系中成为宗教与自然合二为一的"天"。

1. 儒家的"唯天为大,唯尧则之"与"为政以德"

儒家认为掌握最高权力的天子、君主应该"法先王"(效法先王),即遵循尧、舜、周文王、武王的为政之道,治理国家。这就是《礼记·中庸》所记的孔子"祖述尧舜,宪章文武。"孟子总结道,先王之道在行仁政,得民心。在儒家思想体系中,只有得民心的仁政才具有正当性与合法性。

(1) 儒家的"天"与圣人

儒家自形成之日起,对天的态度就是敬而远之的。孔子盛赞尧为天子时谈到天:"唯天为大,唯尧则之。"②上天的法则,只有尧作天子时,才能体悟并将其制定为人类的规章。那么什么是上天的法则呢?上天的法则又是怎样传递给尧的呢?孔子说:"难道天说过什么吗?四季运行,万物生长,天说过什么吗?"③要注意,这是孔子在回答子贡的

---

① 《论语·八佾》:"周监于二代,郁郁乎文哉,吾从周。"
② 《论语·泰伯》:"大哉尧之为君也!巍巍乎!唯天为大,唯尧则之。荡荡乎,民无能名焉。巍巍乎其有成功也,焕乎其有文章。"
③ 《论语·阳货》:"天何言哉?四时行焉,百物生焉。天何言哉?"

提问。当时的场景是：孔子说："我不想再说什么了。"子贡问："您不说，学生们怎么理解和传承呢？"孔子就说了上述的话以作回答。如果我们只看"唯天为大，唯尧则之"一语，可以理解孔子对天的理解尚未完全脱离夏商西周的窠臼，但联系"天何言哉"一段看，更可以完整地理解孔子已经开始将天视作是体现不可抗拒的自然规律之天。在孔子的思想体系中，人格意义上的天与哲学意义上的天是并存的。孔子这种宗教意义与哲学意义并存的天被后世的儒家继承，这就是汉代董仲舒阐述的"天人感应"。

　　就君主权力合法性的问题，儒学重在继承西周"以德配天"的思想，而与天及诸神渐行渐远。一是孔子断言天意、天法只有尧那样伟大的君主才能体悟、遵循，所以后世敬天，只能通过效法先王来实现。而先王之道在重民心。孔子在回答季路如何侍奉鬼神的问题时说："未能事人，焉能事鬼？"①对不知道的事情，不肯定也不否定，这正是儒家实事求是的智慧。樊迟曾问孔子什么是智慧，孔子说：努力服务于民众，对鬼神敬而远之②。二是与天相比，儒家更强调敬祖。这也许是农业社会注重经验的必然结果。儒家推崇的礼治，强调的就是继承广大祖先之德，遵守完善祖宗之法。战国时期的荀子明言："天是按规律运行的，不会因为出现了人间出现了尧那样贤德的君主而存在，也不会因为出现了桀那样昏暴的君主而消亡。"③这几乎是完全否认了宗教意义的

---

① 《论语·先进》。
② 《论语·雍也》："樊迟问知。子曰：'务民之义，敬鬼神而远之，可谓知矣。'"
③ 《荀子·天论》："天行有常，不为尧存，不为桀亡。"荀子的学派归属在学界有争论，有人认为荀子赞扬商鞅变法后的秦国，主张法后王，批判儒家"天命论"，提出"制天命而用之"等，故以为荀子为法家。见章诗同注：《荀子简注》，上海人民出版社1974年版，"出版说明"。本书从司马迁《史记》。《史记》卷七十四，以孟子、荀子同传。清经学家王先谦言："国朝儒学昌明，钦定《四库全书提要》首列《荀子》儒家。"参见王先谦集解：《荀子集解》，中华书局1988年版，"序"。

天,从而也就否认了"王权神授"。宋代大儒朱熹则以"理"来解释"天",虽然这种解释因为违背了儒家"知之为知之,不知为不知"的原则而遭到许多儒生的反对,许多儒者认为可以"祷(祭祀)于天",无法"祷(祭祀)于理"。但由此也说明了天在儒家思想体系中的地位和发展过程——其从未完全摆脱人格化意义之神(宗教)的羁绊,但其自然化、理性化、非人格化的比重却是在日益增加的①。

(2)"为政以德"

儒家确认权力,尤其是一国的最高权力——君权有合法非法之分。合法的权力以理为基础,收服的是人心,得到的是天下。而非法的权力,尤其是君权往往以力为后盾,可以使人们表面顺从但却心存怨恨,虽然可以占据高位,甚至成为一国的君主,但却得不到天下人心的顺服。

孔子认为,以德统治的君主是合法的,其可以得到天下的公认。《论语·为政》开篇便言:"用德来治理国家,君主的地位就像居于众星之中的北极星一样,被众星围绕。"②这里的"德"主要是指统治者——君主应该具有的美德,比如仁义、忠恕等。在孔子看来,君主自身的品质修养较其发布建立的政令制度要重要的多。一切政令制度的合法性与可行性都与君主的"身正"息息相关。所谓"其身正,不令而行;其身不正,虽令不从。"③孔子"为政以德"的思想被孟子则进一步阐发。他首先提出了"惟仁者宜在高位,"④即只有仁者掌握的君权才有合法性。如果不仁的人掌握了君权,就会将他的恶行传播于天下⑤。孟子"君仁

---

① 参见李泽厚:《论语今读》,安徽文艺出版社1998年版,第89页。
② 《论语·为政》:"子曰:'为政以德,譬如北辰,居其所而众星共之。'"
③ 《论语·子路》。
④ 《孟子·离娄上》。
⑤ 《孟子·离娄上》:"是以唯仁者宜在高位,不仁而在高位,是播其恶于天下。"

莫不仁，君义莫不义，君正莫不正，一正君而国定矣"①的论断与上引孔子"身正令行"的论断完全相同。其次，孟子提出的"民贵君轻"及"诛暴君"的思想更是将西周以来的民本思想发挥到了极致。在孟子看来，君主权力的合法性根植于"民心所向"："桀纣之失天下也，失其民也；失其民者，失其心也。得天下有道，得其民斯得天下矣；得其民有道，得其心斯得民矣；得其心有道：所欲与之聚之，所恶勿施尔也。"②当齐宣王问商汤流放夏桀、周武王讨伐商纣是不是可以理解为臣下犯上而杀了自己的君主时，孟子回答道：我们称破坏仁爱的人为"贼"，破坏道义的人为"残"，又贼又残的人称为"一夫"（独夫），我只听说周武王诛杀的是与民作对的独夫，未听说犯上弑君③。孟子对武王伐纣这段历史的解说，将最高权力的合法性根植在了民心之中。夏桀也好，商纣也罢，只要不行仁政，成为民众的公敌，成为"独夫民贼"，他们的权力便失去了合法性，也就不配作天子。所以孟子说，商汤与周武王流放与诛杀的是"独夫民贼"，这种行为是正当的。《孟子·尽心下》所记孟子之言更为清晰地表达了最高权力合法性来源于"民"："孟子曰：民为贵，社稷次之，君为轻。"孟子对统治权层级的分配是：得到民众拥护的人为天子，掌握最高的统治权；得到天子欢心的人为诸侯，得到诸侯欢心的人做大夫④。孟子断言：有不行仁义而掌管一国权力的人，但没有不行仁义就能得到天下的人⑤。因为得天下不仅需要天命，而且需要民意，民意来自最高统治者的仁政。

---

①② 《孟子·离娄上》。
③ 《孟子·梁惠王下》："齐宣王问曰：'汤放桀，武王伐纣，有诸？'孟子对曰：'于传有之。'曰：'臣弑其君，可乎？'曰：'贼仁者谓之贼，贼义者谓之残。残贼之人谓之一夫。闻诛一夫纣矣，未闻弑君也。'"
④ 《孟子·尽心下》："是故得乎丘民而为天子，得乎天子为诸侯，得乎诸侯为大夫。"
⑤ 《孟子·尽心下》："不仁而得国者，有之矣；不仁而得天下者，未之有也。"

2. 法家的"力多则人朝,力寡则朝于人"

与儒家相比,法家对最高权力合法性来源的认识要简单得多,那就是实力就是权力合法性的基础。用《韩非子·显学》中的名言就是"力多则人朝,力寡则朝于人。"①人们朝拜的是有权势的天子,没有权势的人则去朝拜他人。在法家的眼中,君主的权力没有什么正当不正当,也没有什么合法不合法,只要有实力,权力就是正当的。无论是儒家的仁政,还是墨家的鬼神,法家都不以为意,因为法家认为君主的权力既不是上天所赐,也不是人之品格所能博取,其完全出自君主自身的实力,出自君主对权力的把控能力。儒家崇尚的先王尧,道德高尚,但如果他只是一个普通的百姓,就连三个人也无法治理;而道德败坏的夏桀,作为天子,却可以使天下大乱②,这说明儒家所崇尚的道德并不能成为获取君主权力的资本,君主也并不能凭借自身的道德使天下达到治理。提倡"为政以德"是"乱国之俗"③。

法家将"力"作为权力合法性的依据④来自其变化着的历史观。法家从历史发展的必然性方面论证了"尚力"时代的到来。《韩非子·五蠹》将人类社会的发展分为上古、中古、近古、当今之世,不同的时代,有不同的圣人,他们的贡献也不相同。上古之世的圣人有巢氏教民构木为巢躲避野兽的侵害;燧人氏教民钻燧取火以除去食物的腥臊之气味。中古之世,洪水滔天,鲧、禹疏通河道,使民安居乐业。近古之世,夏桀、商纣暴乱,而商汤、周武讨伐,建立商、周,安定天下。如果在夏朝(中古之世)还有人仿效上古圣人,于树上筑巢而居,钻木取火,一定会被中古

---

① 《韩非子·显学》。
② 《韩非子·难势》:"尧为匹夫,不能治三人;而桀为天子,能乱天下。"
③ 《韩非子·五蠹》:"是故乱国之俗:其学者,则称先王之道以籍仁义,盛容服而饰辩说,以疑当世之法,而二人主之心。"
④ 《韩非子·显学》:"是故力多则人朝,力寡则朝于人,故明君务力。"

的鲧、禹所嘲笑。如果商、周之世(近古之世)还有人像鲧、禹那样治水一定会被近古的圣人商汤、周武所嘲笑。同样,在当今之世(战国),那些赞美并效法上古、中古、近古圣人之道的人,必然会受到当代圣人的嘲笑①。因此,君主权力的合法性在不同的时代有不同的内涵,即"论世之事,因为之备。"②

3."王道"与"霸道"之争

春秋战国的"王""霸"或"王道"与"霸道"之争,实质上源于儒法对最高权力合法性来源的不同认识,其也是儒法两家不同的治国方策、不同的社会理想之争。

王道是指古圣王所行之道。如儒家崇尚的尧、舜、禹、汤、文、武王等。霸道则是指春秋以来,强大的诸侯把持王政,"挟天子以令诸侯"之道。因此,王道崇尚的是君主之"德"和"理",霸道崇尚的是君主之"力"。

孟子对"王道"与"霸道"作了十分精辟的概括:王道的特征在于行德,以德服人,使东西南北的人心悦诚服而有天下。霸道的特征在依恃实力而假行仁义,以力服人。所以霸者即使有大国,但民心不服,"力"也不得长久并会因此不足。鉴于此,行王道者即使无大国,但终会获取天下,如汤王、文王。而行霸道者即使有大国,也终会因力之不足

---

① 《韩非子·五蠹》:"上古之世,人民少而禽兽众,人民不胜禽兽虫蛇。有圣人作,构木为巢以避群害,而民说之,使王天下,号曰有巢氏。民食蓏蛤,腥臊恶臭而伤害腹胃,民多疾病。有圣人作,钻木取火以化腥臊,而民说之,使王天下,号之曰燧人氏。中古之世,天下大水,而鲧、禹决渎。近古之世,桀、纣暴乱,而汤、武征伐。今有构木钻燧于夏后氏者,必为鲧、禹笑矣;有决渎于殷、周之世者,必为汤、武笑矣。然则今有美尧、舜、汤、武之道于当今之世者,必为新圣笑矣。"

② 同上书。

而衰亡①。

儒家推崇的王道始于亲亲间的相亲相爱——主要是"孝",而成于统治者的仁政德化②。在儒家的理论中,君主的道德、仁政力量是战无不胜的。儒家的理想社会是建立一个教化流行、人人自律的道德君子国。

法家对儒家的理论并不以为然,尤其对道德和仁政毫无信心。他们崇尚的是"力"。法家对人性赤裸裸的剖析令天下道德君子汗颜。韩非子认为人与人的关系系于"利"、"害"二字:家庭中,父母子女的关系是"利"、"害"关系,所以才有生儿子则庆贺,生女孩则将之杀于襁褓之中的习俗③。社会上,人与人之间的关系是"利"、"害"关系:制作轿子的人希望人们富贵;制作棺材的人希望人们夭折。并非是制轿子的人仁义而制棺材的人险恶,而是因为制轿子的人"利"在人们发达富贵,只有人们发达富贵了,轿子才能卖出去。制作棺材的人"利"在人死,人死得越多,其制作的棺材越好卖④。朝廷上,君臣关系更是由"利"、"害"相连:"臣子为了得到君主赏赐的官禄而出卖气力生命,君主使用官爵利禄换取臣子的效力。"⑤在如此看待人性的法家思想体系中,何有道德仁政?又哪有什么孝子、慈父、忠臣、仁君?将君权的合法性建立在

---

① 《孟子·公孙丑》:"孟子曰:以力假仁者霸,霸必有大国;以德行仁者王,王不待大:汤以七十里,文王以百里。以力服人者,非心服也,力不赡也;以德服人者,中心悦而诚服也。如七十子之服孔子也。《诗》云:'自西自东,自南自北,无思不服。'此之谓也。"

② 《孟子·梁惠王上》:"养生丧死无憾,王道之始也。"又言:"王如施仁政于民——省刑罚、薄税敛、深耕易耨,壮者以暇日修其孝悌忠信,入以事其父兄,出以事其长上,可使制梃以挞秦楚之坚甲利兵矣。"

③ 参见《韩非子·六反》:"且父母之于子也,产男则相贺,产女则杀之。此俱出父母之怀衽,然男子受贺,女子杀之者,虑其后便,计之长利也。"

④ 《韩非子·备内》:"故舆人成舆,则欲人之富贵;匠人成棺,则欲人之夭死也。非舆人仁而匠人贼也,人不贵,则舆不售;人不死,则棺不买。情非憎人也,利在人死也。"

⑤ 《韩非子·难一》:"臣尽死力以与君市,君垂爵禄以与臣市。"

君主的道德、仁政基础上,在法家看来不过是迂阔之论。

如同不信任伦理道德可以治天下一样,法家对儒家竭力赞美的教化也持完全的否定态度。他们认为,教化是一种事倍功半甚至劳而无功的治国方法。教化所要达到的"重义轻利"的目的是无法实现的空想,因为其与人性是完全背离的。法家认为,治理国家最好的手段,是顺应"趋利避害"的人性,利用刑赏。法律不仅比教化更现实,而且更有力。"严家无悍虏,而慈母有败子"①——是法家献给新时代君主的箴言。温存的教化,将会使百姓成为慈母手中的不肖子孙一般,犯上作乱。法家维护制度的手段唯有刑赏:对为国建功立业者施以厚赏,以重利诱人为国尽力;对违背法令者施以重罚,以重刑禁止人们作不利于国家的事情。商鞅毫不迟疑地告诉君王:"禁奸止过,莫若重刑。"②

春秋战国时期,传统的"王权神授"思想虽然依然存在并发挥着作用,但也受到质疑或被边缘。儒、墨、道、法、阴阳各家在提出各自治国主张的同时,也对君主也提出了自己的希望,对君权合法性的来源进行了探索。总起来说,儒家发展了西周"以德配天"的思想,认为遵循先王之道的君主才配有天下的统治权,所以儒家强调君主的自律与施恩于民,即以德获取天命,以"仁政"维系统治权力。而墨家更多地继承了夏商西周的"王权神授",认为天命才是天子取得统治权的关键,效法上天进行统治的天子才是正当的统治者。道家心目中理想的君主是顺其自然,无为而治的,君主统治权的合法性也来源于顺应自然。阴阳家则将统治权的更替附会于自然界五行相生相胜的消长变化中,认为君权的获得与阴阳五行的演变息息相关,而君主地位的维持也应该注重应合

---

① 《韩非子·显学》。
② 《商君书·赏刑》。

阴阳五行的变化。法家与儒家思想针锋相对,认为不同的时代,君主权力合法性的来源不同,但惟有实力才是君主取得并保有统治权的根本,所以法家崇尚以实力说话的诸侯霸主。

三、自秦至清,关于皇权合法性的理论基础

秦统一后,秦始皇建立皇帝制度,春秋战国时的君权拓展为皇权。皇帝、天子、君主都成了王朝最高统治者的专有称号。中央集权制下的"皇权"比夏商西周贵族分封制下的"王权"更为强大。汉中期形成的主流思想对皇权合法性来源的论述基本以儒家为本,并综合了春秋战国时期的诸子思想。在任何一个社会中,制度与思想的关系总是错综复杂的。一般来说,制度是主流思想的体现,是被实践了的思想,与思想相比,制度是单一的,而思想是多层次的,即主流思想之外,还存在着其它诸如非主流思想、异端思想,等等。汉之后,在主流思想之外,也存在着其它一些思想及主张,这些思想与主张主要是对主流思想中的"皇权神授"观点进行了质疑与批判。

(一) 主流思想论皇权的合法性

主流思想形成于汉武帝时期,其理论奠基者是汉中期的大儒董仲舒。董仲舒(约公元前179—前104年)河北广川(今河北枣强县)人,汉景帝时任博士,武帝即位后,以贤良对策得到赏识,任诸侯王相。董仲舒以阴阳的理论证明儒家的君权思想符合阴阳五行的变化,是为政的长久之道。其将儒家倡导的尊卑贵贱的秩序总结为"君为臣纲,父为子纲,夫为妇纲"的"三纲"[1],在将皇帝的权力推向至高无上地位的同

---

[1] 《春秋繁露》卷五三《基义》:"君臣、父子、夫妇之义,皆取诸阴阳之道。君为阳,臣为阴;父为阳,子为阴;夫为阳,妻为阴。"《白虎通》卷八《三纲六纪》:三纲者,何谓也?"谓君臣、父子、夫妇也。故《含文嘉》曰:'君为臣纲,父为子纲,夫为妇纲。'"

时,也用天意、君德与民心约束着皇权的膨胀。自汉中期至清代一脉相承的主流思想,继承了先秦儒家的主张,强调皇权的合法性来源于"上天""君德"与"民心"。

1."上天"与皇权

在主流思想中,"上天"具有两个方面的含义,一是有意志、有奖惩能力的人格意义上的天;一是反映无处不在、无往不胜的自然规律演化意义上的天。更多的时候,这两种意义上的天是合二为一的。当新的王朝创建时,上天——无所不能的人格意义上的上天成为新王朝皇帝权力来源的有力支撑,新王朝在创建时一般都会沿用商殷"天命玄鸟,降而生商"的故事,赋予开创新王朝的皇帝以神秘色彩。比如,汉高祖刘邦的母亲怀孕时梦见到了神,而其父见到了龙。刘邦出生时,"雷电晦冥"①。唐高祖李渊身体异相,性格宽仁;而唐太宗李世民四岁时便有神人赞叹:"龙凤之姿,天日之表。"并预言太宗年轻有为,能"济世安民"。高祖李渊于是采用神人之语,为太宗起名为"李世民"②。明太祖朱元璋的母亲怀孕时,梦见神给了一丸发光的药,服下后梦醒,口中尚有余香。在朱元璋出生时,满屋红光。其后的几天,其屋在夜里都发出光亮,邻里以为起火,奔跑去救火,到达发光处,则光亮熄灭③。二十五史的皇帝本纪中,王朝的开创者基本都称"祖"称"宗",无不打上神的烙印。他们的传奇"故事",往往赋予王朝统治权的神圣,正因为开创王朝

---

① 《汉书·高祖本纪》:"高祖,沛丰邑中阳里人也,姓刘氏。母媪尝息大泽之陂,梦与神遇。是时,雷电晦冥,父太公往视,则见交龙于上,已而有娠,遂产高祖。"

② 《新唐书·高祖本纪》:"仁公生高祖于长安,体有三乳,性宽仁,袭封唐公。"《新唐书》卷二《太宗本纪》:"(太宗)方四岁,有书生谒高祖曰:'公在相法,贵人也,然必有贵子。'及见太宗,曰:'龙凤之姿,天日之表,其年几冠,必能济世安民。'书生已辞去,高祖惧其语泄,使人追杀之,而不知其所往,因以为神。乃采其语,名之曰'世民'。"

③ 《明史·太祖本纪》:"母陈氏,方娠,梦神授药一丸,置掌中有光,吞之寤,口有余香。及产,红光满室。自是,夜数有光起。邻里望见,惊以为火,辄奔救,至则无有。"

的祖先被赋予了神一样的传奇,所以,祖宗崇拜也成为中国古代历朝历代统治的应有之义。

在王朝的继续发展中,世袭的皇帝,其为政的作为也与上天有着密切的关系——这时候的天往往是自然演化的规律或人格神与自然规律的两者合一。当皇帝的统治顺应自然时,上天便以风调雨顺及各种祥瑞的天象加以褒赏;相反,当皇帝的统治有违自然时,上天便以灾异,如地震、水灾、旱灾等天象"谴告"之。正史中《五行志》常常以自然界的"祥瑞"与"灾异"之象,阐述天意。若有祥瑞出现,比如出现风调雨顺、黄河水清、瑞兽灵草时,便被称为"休征"。休,为善,休征即为好的预兆。休征的出现,表示皇帝为政顺应了天意,是天对皇帝的奖赏。而有灾异出现,比如逆时冷暖、地震日食等,便被称为"咎征",咎,意为过失、凶、惩处,咎征即为不祥之兆。咎征的出现,意味着皇帝为政有违犯天意之处,皇帝须匡正过失,否者便会有失去权力的危险。遇有这样的天谴,皇帝应该闭门思过,自省自察,甚至下诏罪己,举行祷告上天的仪式,以祈求上天的原谅。

以往,我们只关注中国古代"上天"的崇拜将皇权神秘化,并赋予皇帝以至高无上的权力。但我们同时也应关注"上天"的信念在赋予至高无上的皇权以合法化的同时,也起着制约皇权的作用。

2."君德"、"人心"与皇权

与以天意阐述皇权的合法性相比,汉以后的儒家更注重弘扬的是西周"以德配天"与孔子"为政以德"的思想,强调君主自身的道德——即"君德",与人心所向,即"人心"——为皇权合法性的依据是中国古代社会"权力"思想的一大特色。

汉以后的主流思想对君德与人心的强调表现在对秦政的反思中。汉初以来,政治家与思想家对秦失天下的教训进行了反思。南宋洪迈在其著作《容斋续笔》中对汉人的总结做了辑录①,总的意思是说,汉人认为秦失天下的原因在于皇帝实行"暴政"失德,严刑峻法,失去了民心。善于总结历史经验的太史公马迁一语道破了秦兴秦亡的关键皆在于皇帝独裁暴政而使百姓心存怨恨,他说:"故秦之盛也,繁法严刑而天下振;及其衰也,百姓怨望而海内畔矣。"②与"上天"一样,君德与民心也是王朝统治合法性的基石,而这一基石比天意更清晰可见,且有着人类社会自身发展的逻辑。

汉人对秦政的反思,使儒家的民本思想再一次引起人们的高度关注。人们在认可皇帝至高无上权威的同时,也要求皇帝以儒家思想统治国家,尊礼自律,仁慈爱民。汉主流思想确立后,历代皇帝无不受到儒家学说的熏陶,无不受到礼制的约束。人们可以按照儒家的标准评论皇帝的品行与作为。德国思想家黑格尔作为旁观者发现中国的皇帝为了保住自己的权力所必须付出的努力:"天子应该享有最高度的崇敬,他因为地位的关系,不得不亲自处理政事;虽然有司法衙门的帮助,他必须亲自知道并且指导全国的立法事务。他的职权虽然大,但是他没有行使他个人意志的余地。因为他的随时督察固然必要,全部行政却以国中许多古训为准则。"③黑格尔又言:"假如皇帝的个性竟不是上述的那一流——就是,彻底地道德的、辛勤的、既不失掉他的威仪而又充满了精力的——那末,一切都将废弛,政府全部解体,变成麻木不仁的状态。"④

---

① [宋]洪迈:《容斋续笔·卷五》:"张耳曰:'秦为乱政虐刑,残灭天下,北为长城之役,南有五岭之戍,外内骚动,头会箕敛,重以苛法,使父子不相聊。'""陆贾曰:'秦任刑法不变,卒灭赢氏。'""张释之曰:'秦任刀笔之吏,争以亟疾苛察相高,以故不闻其过,陵夷至于二世,天下土崩。'""贾谊曰:'置天下于法令刑罚,德泽亡一有,而怨毒盈于世,下憎恶之如仇雠。'""晁错曰:'法令烦憯,刑罚暴酷,亲疏皆危,内外咸怨,绝祀亡世。'"
② 《史记·秦始皇纪》。
③ 〔德〕黑格尔:《历史哲学》,王造时译,商务印书馆1963年版,第167页。
④ 同上书,第171页。

自身品德的修养与民心的收揽是皇帝为政必须关注的,因为其关系到政权的兴替。

(二) 非主流思想对"皇权神授"的质疑

在皇权合法性来源问题的认识上,自主流思想形成时期就存在着不同的观点,比如东汉的王充对主流思想中"皇权神授"的质疑与否定。

王充(公元27—97年)生活于东汉前期,曾就读于京师洛阳太学,师从当时著名大儒班彪。王充精通诸子之说,反对流行于当时的谶纬神学。从无神论的立场出发,王充对主流思想中的皇权神授进行了批判。东汉时,谶纬神学盛行,许多思想家、政治家以"天意"对皇权的合法性进行解释。他们认为皇帝至尊之位与至高无上的权力是上天所赐予的,因而是神圣的,不可动摇的。王充以为这种将人间的权力、制度附会于上天之意的观点是无稽之谈。王充认为,儒者(主流思想家)说"人是由天地有意识创造出来的",这是没有根据的。在王充看来,天地是由气组成的,人与世间的万物一样,是天地之气运行中无意间自然而然的产物。夫妇之"气"合,则会生下孩子,并非是夫妇有意要生孩子。从孩子并非是夫妇故意所生可以知道,人也并非是天地故意而生①。从人与万物生而相同的道理出发,王充否定了人与人之间的差异,认为人没有尊卑贵贱之分,而是平等的,主流思想所推崇并维持的等级制是人意而非"天意"的产物。他断言:"虽贵为王侯,性不异于物。"②这样也就否定的皇帝的神圣性。王充举汉高祖刘邦的例子,说明主流思想对皇帝的神化是荒诞无稽的:儒者认为皇帝喜,则天象应该是和煦温暖的;皇帝怒,则天象应该是雷电交加的,因为"雷电之日,天必寒也。"汉

---

① [汉]王充:《论衡·物势篇》:"儒者论曰:'天地故生人。'此言妄也。夫天地合气,人偶自生也,犹夫合气,子则自生也。夫妇合气,非当时欲得子,情欲动而合,合而生子矣。且夫妇不故生子,以知天地不故生人也。""万物生天地之间,皆一实也。"

② [汉]王充:《论衡·道虚篇》。

高祖既然是天所选定的"天子",天子的出生应该是"喜",天应该现温暖和煦之象才对,但史籍的记载,汉高祖出生时却"雷电晦冥"①。

王充在否定皇权神授的同时,也否定了当时流行的"上天谴告"和"天人感应"说,以董仲舒为代表的主流思想家在阐释君主政治与自然现象的关系时认为:上天对君主的为政之道是有奖惩的。当政治清明时,上天便会用风调雨顺奖赏天子;当政治昏庸腐败时,上天便会用冷暖非时、旱涝、地震、失火等灾害以示惩罚。王充认为这是"虚而无验"的臆测。在王充看来,天有"天道",其按自然的规律发展变化,"灾变时至,气自为之。"②自然灾难是自然之气郁结不畅所至,与人事无关联。人有"人道",其亦按自己的规律发展变化,君主为政的清明与否,也与天地自然的变化无关③,他举例说明天与人各行其是:尧、舜、商汤是儒者竭力赞扬的"圣君",但在尧、舜、商汤时既有过旱灾,又有过涝灾,难道能说上天是在用灾难谴告"圣君"吗?因此,王充的结论是"人不晓天所为,天安知人所行?"④

王充对"皇权神授"与"上天谴告""天人感应"的质疑与批判,是以朴素的唯物主义削弱、甚至否定了皇权的神圣性。王充思想的渊源,是战国荀子思想的继承和发展⑤,虽然王充的思想主张在古代社会中从未跻身于主流的地位,但其对后世影响深远。

(三) 启蒙思想家论皇权的合法性

明末清初是中国历史上"天崩地解"的时代,这一时期的经济发展,刺激了社会矛盾、民族矛盾、朝野矛盾的集中爆发,历史处于转折的关

---

① [汉]王充:《论衡·雷虚篇》:"高祖之先刘媪曾息大泽之陂,梦与神遇,此时雷电晦冥。天方施气,宜喜之时也,何怒而雷?"
② [汉]王充:《论衡·自然篇》。
③ [汉]王充:《论衡·明雩篇》:"人不能以行感天,天亦不随行而应人。"
④ [汉]王充:《论衡·变虚篇》。
⑤ 《荀子·天论》中言:"天行有常,不为尧存,不为桀亡。"

头。在这样一个发展与矛盾交织的时代中,以黄宗羲、顾炎武、王夫之为代表的启蒙思想家对历史,尤其对秦以来的集权制度进行了深刻的反思。他们在继承儒家思想的同时,许多见解也冲破了主流思想的束缚,体现了新兴市民阶层的要求。在关于君主起源与君权合法性的问题上,黄宗羲在其具有划时代意义的著作《明夷待访录》中有着深刻的论述。

黄宗羲(1610—1695年)字太冲,号南雷,世称梨洲先生。黄宗羲的父亲黄尊素是著名的东林党人,因抨击时弊被宦官杀害。黄宗羲曾至京为父伸冤。清兵南下,又组织义兵抗清,此后隐居著述。《明夷待访录》(又称《待访录》)是黄宗羲总结分析历史经验教训而作,虽然仅两万余言,但其对君主社会的政治机制、财经贸易与文化教育等方面的总结却发前人所未有,同时代的顾炎武称得到此书时,读之再三,知道了天下不是没有能人,若按《待访录》所言的道理治国,美好的"百王之道"可以重现于世,三代盛世也可以逐渐恢复①。在书中黄宗羲直截了当地提出"三代以后"君主的权力服务于一家一姓,是不合理的。

1."天下之法"与"一家之法"的概念

黄宗羲认为:三代以上的法是"天下之法"。"天下之法"的特点是将天下之利归于天下之人,因而法律虽然疏阔,但越疏阔的法律越有利于国家社会的治理,即"法愈疏而乱愈不作",故又可称为"无法之法"②。三代以下的法是"一家之法",一家之法的特点在于将天下之利归于君主一家一人,天下之害推诸百姓,因而立法设制不得不繁密,但严密的法律却成为祸乱之源,这就是"法不得不密,法愈密而天下之乱

---

① "顾宁人书",载[明]黄宗羲:《明夷待访录》,中华书局1981年版。其中有言:"因出大著《待访录》,读之再三,于是知天下之未尝无人,百王之敝可以复起,而三代之盛可以徐还也。"

② [清]黄宗羲:《明夷待访录·原法》。

即生于法之中",故又可称为"非法之法"①,即不具有合法性的法。"一家之法"维护的君主制也是非法的。

黄宗羲进而论述道,以"天下之法"取代"一家之法"方可称谓"法治"。可见黄宗羲的"法治"观从根本上有别于先秦法家的"法治"观,其带有明显的近代气息。先秦法家的"法治"观是与君主集权密切相关的,其目的在于加强君权。而黄宗羲的"法治"观却与民众,即"天下之人"的利益密切相关,"法治"的目的在于限制君权。

2."天下为主,君为客"的君权民授思想

"天下为主,君为客"的观点是黄宗羲"法治"思想的政治理论基础,也是黄宗羲要求以"天下之法"取代"一家之法"的政治原因。

黄宗羲认为:无论是从君主制度的产生来说,还是从君主的职责来说,君与民的关系都应是"客"与"主"的关系,民才是天下之主。因为君主的权力是民授予的,君主的职责也是为民服务的,即"兴公利""除公害"。君与天下,或君与民的关系是设君以为天下(民),而不是将天下归于君。故而,黄宗羲说:"古代的时候,天下是天下人的天下,君主是为天下人服务的。君主所致力于的事业也是为了天下。"②

"天下为主,君为客"的思想变主流思想中的"皇权神授"为"君权民授",变"君权至上"为"设君以为天下"。其表明了黄宗羲思想中的"民主""民权"因素。鉴于"天下为主,君为客",黄宗羲认为,只有以体现天下人意志的"天下之法"取代"一家之法",君权的合法性才能得以恢复。

黄宗羲是从人之本性及君主制度的起源上否认皇权神授的。在黄

---

① [清]黄宗羲:《明夷待访录·原法》。
② [清]黄宗羲:《明夷待访录·原君》:"古者,以天下为主,君为客;凡君之所以毕世而经营者,为天下也。"

宗羲看来,"以私利为依归的个人主义是人类的本性,无论所谓圣人或帝王都是如此。"[1]在《明夷待访录》首篇《原君》中,黄宗羲开宗明义地指出:人类社会伊始,人们的本性是自私自利。因此,公利不兴,公害不除。这样就产生了君主制度,即要求君主以天下的利益为利益,而放弃自己的私利。因此,上古之世,大禹之前,人们出于自私自利的本性并不愿意作君主。黄宗羲举例道:许由、务光从一开始就表明了态度,坚决不做天子;尧、舜做了天子又辞掉天子之位;大禹不得已做了天子,想辞却辞不掉[2]。因此,在黄宗羲看来,古之圣贤明君也是好逸恶劳的。在阐述人性的同时,黄宗羲也道出了合法的君主应该是尧舜禹这样的较天下人辛劳却又不享天下之利的人。但后世的君主,却违反了君主原本该有的特性,即"以千万倍之勤劳而己又不享其利",反而是用君主之权,将天下的利益归于己,将天下的祸害归于别人。这样的君主及君主的权力,黄宗羲认为是非法的。围绕着君主权力的合法性问题,黄宗羲论述了理想中的制度——天下之法对君权应有的约束。

3. 对"一家之法"的批判

黄宗羲认为"一家之法"违背了"天下为主,君为客"的君民关系准则,其对君主私利无微不至地予以呵护,而视天下皆为草芥。为了维护一家一姓的利益,"一家之法"不惜剥夺天下人之利归于君主,而将天下之害推诿予他人。"一家之法"使本末倒置的君民关系"合法化",从而

---

[1] 吕振羽:《中国政治思想史》,生活·读书·新知三联书店1949年版,第584页。
[2] [清]黄宗羲:《明夷待访录·原君》:"有生之初,人各自私也,人各自利也;天下有公利而莫或兴之,有公害而莫或除之。有人者出,不以一己之利为利,而使天下受其利;不以一己之害为害,而使天下释其害。此其人之勤劳必千万于天下之人。夫以千万倍之勤劳而己又不享其利,必非天下之人情所欲居也。故古之人君,去之而不欲入者,许由、务光是也;入而又去之者,尧、舜是也;初不欲入而不得去者,禹是也。"

造成了中国自秦以后的君主独裁统治。在黄宗羲看来,"一家之法"所竭力维护的君主集权制度不仅不具合法性,而且是人世间的"万恶之源"。

首先,君主集权是造成天下苦乐不均的根源。君主制将天下人的天下变为君主的私产,成为君主一家一姓的"家天下"。君主既然视天下为私产,便会占尽天下之利,而将天下之害推给他人①。于是,君主制下,终日劳作的民众饥不得食,寒不得衣,劳不得息。而无所事事的君王贵戚却为所欲为,享尽荣华富贵。天下劳逸不均,苦乐不等。君主用世袭的方式,世世代代"合法"地统治着人民,本应享天下之利的天下之民反成为君主"家天下"的奴隶。黄宗羲认为这种君民关系显然是不合理的,"一家之法"所维护的是一种本末倒置的不合理的君民关系,因而是"非法之法"。

其次,君主集权是造成天下战乱不息的根源。黄宗羲指出"一家之法"是将天下人的利益藏于君主的"筐箧"之中②,其利所在天下人共知。为了争夺"筐箧",占据天下之利,战事延绵不断,民不聊生。君主为了争夺或保住自己的天下,而不惜使天下人肝脑涂地,妻离子散。君主集权制下,被视为神圣不可侵犯的君主,实际上是独夫民贼,是天下百姓不共戴天的"寇仇"③。黄宗羲认为"一家之法"所维护的是没有"一毫为天下之心"的君主的私利,对天下之人只有束缚,没有保护,故称为"非法之法"。

再次,君主集权是造成宫廷政变、宦官专权等政治黑暗的根源。集权制下,皇帝将政治、经济、军事、司法大权集于一身。造成了君主的独

---

① [清]黄宗羲:《明夷待访录·原君》:君主"视天下为莫大产业","以为天下之权皆出于我,我以天下之利尽归于己,以天下之害尽归于人","以我之大私为天下之大公。"

② 参见[清]黄宗羲:《明夷待访录·原法》。

③ 参见[清]黄宗羲:《明夷待访录·原君》。

断与专横。黄宗羲认为,一人独尊的局面使天下人成为"人君囊中之私物"①,官吏成为君主之"仆妾"。君主选官以私利为准,谁能讨取君主的欢心便可以平步青云,而对君主有异议者则被淘汰②。任人为私,有才能的人无用武之地。而接近皇帝的人只要讨取了皇帝的欢心,无才无德亦可掌管大权。如此便给宦官专权创造了条件,造成"奄臣之祸"。黄宗羲总结道:"奄臣之祸,历汉、唐、宋而相寻无已,然未有若有明之为烈也。"③此外,权力的高度集中,容易引发骨肉相残的宫廷斗争。历朝历代,皇位之争不息。皇帝的宗族,"远者数世,近者及身,其血肉之崩溃在其子孙矣。"④因而,君主制下的政治黑暗,不仅使天下人生灵涂炭,而且君主自身及其宗族也往往饱尝其苦。"一家之法"最终连君主自身都无法保全,故称"非法之法"。

"一家之法"不仅是君主统治失去了合法性,而且使法律本身产生了不可克服的弊病。如:法网烦密,有法不依,压抑人才,鱼肉百姓,等等。这些弊病是君主集权制度下的必然产物。黄宗羲在批判"一家之法"的弊端时,实际上也论证了秦以来君主集权制度的非法性。

4. 以"天下之法"取代"一家之法"

黄宗羲认为,"一家之法"在明末清初这个"天崩地解"的时代已走上了末路。局部的改良已无济于事,只要法律仍以维护君主一家一姓的利益为宗旨,无论其条款内容如何改变,都不足扭转天下颓势。而君主制下,"一家之法"的弊端无论如何改良都无法克服,因为法律以维护君主利益为宗旨,而就不得不以天下人为敌。法律将君主置于至高无

---

① ④ [清]黄宗羲:《明夷待访录·原君》。
② [清]黄宗羲:《明夷待访录·置相》:"能事我者贤之,不能事我者否之。"
③ [清]黄宗羲:《明夷待访录·阉宦》。

上的地位,君主可以因私欲而毁法坏法。由于立法、司法的最高权力皆掌握于君主手中,有法不依就在所难免。由于法律以"桎梏天下人之手足"①为目的,天下贤才则难免受到压抑。君主谋取"大私"于上,官吏便会营小利于下。上行下效,狱吏以法律作为获取私利的工具便是理所当然之事②。

克服"一家之法"弊端的唯一出路在于立"天下之法"以取代"一家之法",以天下之法作为君主统治合法性的基础。

黄宗羲的"天下之法"有以下几个特征:

首先,立法须体现"天下为主,君为客"的原则。将"一家之法"颠倒的君民关系再颠倒过来。将天下之利归于天下之人。将一家一姓的"家天下"变为天下人的天下。君主与官吏不得视天下为私产,而应为天下人服务。在"天下之法"的环境中,官吏出仕的目的是为民而不是为君服务。官吏不是君主治国的工具,而是忧民之忧,乐民之乐的公仆。黄宗羲批判了三纲中的"君为臣纲",以为其所提倡的愚忠是为君主一人利益服务的工具。黄宗羲号召官吏出仕便应有"为天下,非为君也"③的抱负。将民视为"寇仇"的暴君,民众可以起而推翻之。这种思想是孟子的"民贵君轻"说思想的继承,是民本思想的发展。

其次,"天下之法"以平等为宗旨。黄宗羲认为三代之时是"天下之法"盛行之时。当时人人有权利享用自然山泽之利;刑赏公正,朝廷官吏不为贵,草莽布衣不为贱,人人平等。这种法是"藏天下于天下也。"④天下人依法享有天下之利,于是避免了战乱、残杀,天下达到太平境地。

---

①④ [清]黄宗羲:《明夷待访录·原法》。
② [清]黄宗羲:《明夷待访录·胥吏》:"创为文网以济其私。"
③ [清]黄宗羲:《明夷待访录·原臣》。

再次,"天下之法"必须要反映"民意"。黄宗羲认为"天下之法"保护天下人的利益,还须体现天下人的意志。为了保障民意的体现,他提出了"学校议政"的方案。黄宗羲认为,应该发扬中国古代学校议政的传统,使学校不但成为"养士"之所,而且成为表达民意的机构。"天下之法"须根据民意而制定,"天子之所是,未必是;天子之所非,未必非。"①是非须公布于学校,民意以为是者,法以为是;民意以为非者,法以为非。

"天下之法"维护天下人的利益,保护天下人的平等权利,体现天下人的意志。黄宗羲认为只有这样的法律,才能称其为"法"。由于天下人皆可从"法"中得到应得之利益,所以法律条文不必烦苛,人人都能自觉地遵守。在"天下之法"的背景下,君主权力合理合法,所以也不必终日恐其大权旁落。"天下之法"流行,战乱自息,宫廷政变自灭,人人以"兴利除害"为务,天下大治。以"天下之法"取代"一家之法"是黄宗羲献给统治者拯救时弊的良药。

启蒙思想家的影响虽然在清中叶后逐渐减弱,但其影响了两百年之后的中国近代社会。启蒙思想家"法治"理论由于种种原因而夭折,延缓了中国历史发展的进程,中国由古代法向近代的转折也因此未能展开,这确实是历史留给人们的遗憾。但启蒙思想的出现证明了中国社会的自我更新能力。因而,梁启超论道:启蒙思想"不独近世之光,即置诸周秦以后二千年之学界,亦罕或能先也。"②

---

① [清]黄宗羲:《明夷待访录·学校》。
② 梁启超:《饮冰室合集》第1册,《文集之七·论中国学术思想变迁之大势》,中华书局1989年版,第84页。

第三节　皇帝的地位与权限

皇帝的统治无疑是专制的统治。但"专制"制度在世界各种文明的发展中呈现的模式却是有差别的。马克垚在"古代专制制度的理论"中根据各国专制主义的特点将专制分为罗马帝国的"掠夺专制主义"、西欧的"封建专制主义"、俄国的"贵族专制主义"与中国的"精致专制主义"[①]。专制制度下,君主地位是至高无上的,但应该明白的是,君主,包括中国的皇帝权力在受到法律维护的同时,也是受到一定限制的,即"专制主义不是无限王权,而是有限王权。"[②]法国启蒙思想家魁奈将专制君主分为两种,一种是"合法的专制君主",一种是"为所欲为的或不合法的专制君主"[③]。而他认为,中国的皇帝在一般情况下,属于"合法的专制君主",在特殊的情况下,也会出现破坏法律,一人独裁并将权力推向极致的"暴君"。魁奈对中国皇帝的论述基本是符合实际情况的,他说:"中国皇帝是专制君主,但这个名词适用于哪种含义呢? 在我们看来,好像我们欧洲人常对中国政府怀有一种不好的印象;但是我从有关中国的报告中得出结论,中国的制度系建立于明智和确定不移的法律之上,皇帝执行这些法律,而他自己也审慎地遵守这些法律。"[④]

与夏商西周天子的王权相比,皇权首先摆脱了与自己血缘关系密切的宗室贵族集团的制约,其次也摆脱了分封到各地的强大的地方诸侯王的制约。自秦皇帝制度建立后,中央集权制的格局是大权集于中央,郡县制取代了分封制,地方的权力被削弱;在中央,权力集中于皇

[①]　参见马克垚:《古代专制制度的考察》,北京大学出版社 2017 年版,第 43—45 页。
[②]　同上书,第 40 页。
[③][④]　参见〔法〕佛朗斯瓦·魁奈:《中华帝国的专制制度》,谈敏译,商务印书馆 1992 年版,第 24 页。

帝,朝廷上的"臣"已经不再是与皇帝有着血缘关系,有时甚至可以分庭抗礼的贵族,而是通过各种渠道从不同阶层中选拔上来的官僚。这些官僚大部分出身于布衣,经济、社会、政治地位与势力都无法与夏商西周时的贵族相比。因此,自秦统一后开始实行的皇帝制度,对皇权的制约,显然比宗法分封制度下贵族对王权的制约力要弱得多。但这并非意味着皇权不受到任何的制约,在大权独揽的同时,皇帝也受到各个方面的制约,比如,天意天谴、祖宗之法、史官言官、谥号等。至高无上的皇权除非是在暴君或皇权旁落的情况下,一般来说是很难为所欲为的,皇权确实是"有限"的。从发展的趋势来看,皇权在两千余年的发展演变中,总体的趋势是受到的制度限制越来越多。正如祝总斌所总结的那样:"一种是君主按照通行的具体政治制度行使权力,这种政治制度,是在长期统治中经过无数政治家、思想家反复总结经验教训,逐步固定下来的。另一种情况是君主享有至高无上的权力,在实际行使中,他不但可以超越任何前代君主、大臣留下来的政治制度,而且也可以随时扬弃他自己和大臣制定的任何政治制度。换言之,他的权力不受任何制度、法律的约束。他可以'任心而行'。"[①]这就是说,如果一个皇帝不顾身前身后的名声,不顾王朝的长治久安,他可以是一个独裁者,可以破坏制度、践踏法律。但必须指出的是这是一种非正常的状况,这些皇帝往往会被冠之以"暴君""昏君"的恶名而名留史册。在国家权力正常运转的情况下,皇帝在行使权力时也必须遵循制度,皇帝的言行也须受到各方面的制约,这就是"有限皇权"的意思。

以往的教材,很少论及皇帝制度,关于皇权的制约更是很少提及,

---

① 祝总斌:《试论我国封建君主专制权力发展的总趋势——附论古代的人治与法治》,《北京大学学报》(哲学社会科学版)1988年第2期。

或者将皇帝制度完全省略，划归于政治史的研究领域中[①]。在这极少的研究中，也存在着一种倾向，似乎皇权不受制度的制约。如李启成认为：皇权受到天、祖宗成法、官僚集团、改朝换代的约束，但"前两个是理论上的约束，即'敬天法祖'，后两个是事实上的约束。"[②]又言："综合看来，帝制中国终究没能在理论上解决对皇权的有效制约问题，从而更没能产生一套有效的制度。既有制约皇权的这几种因素，其功效的发挥在很大程度上取决于皇帝的自我认识和道德自觉。"[③]韦庆远、柏桦亦认为："在皇权专制制度下，皇帝的权力被宣称是无限的。"[④]由于近代以来，中国思想家、政治家或学者或因为社会变革的需要，或习惯于以现代的权力观念反思中国古代社会的制度，往往有意无意地将中国古代皇帝的权力放大，误解为古代皇权不受制度的约束。

从皇帝制度在中国实行两千余年来看，皇帝在获得至尊无二地位的同时，也受到种种制度的有效限制。可以说，皇帝制度能在中国延续两千余年正是限制皇权制度在实践中有效地发挥了作用的结果。

一、皇帝的至尊地位

皇帝，又称天子，处于至尊的地位。在中国人的心目中，皇帝不仅是王朝的最高统治者，而且还是应天意而生具有神性的独一无二的"神人"。

[①] 自上世纪初中国法律史学科形成以来，"中国法制史"与"中国法律思想史"教材中几乎没有涉及到皇帝制度，就笔者所见，在"中国法律史"教材中唯有李启成著《中国法律史讲义》涉及到皇帝制度，该讲义的第四讲为"皇帝制度与传统法制"，分为三节：第一节皇帝制度的建立与变迁；第二节皇帝与立法；第三节皇帝与司法。此外，在韦庆远、柏桦编著的《中国政治制度史》中有"王权和皇权制度"专门一章，分为三节：第一节王权制度；第二节霸主和集权制度；第三节皇帝制度。

[②] 李启成：《中国法律史讲义》，北京大学出版社2018年版，第117页。

[③] 同上书，第120页。

[④] 韦庆远、柏桦编著：《中国政治制度史》，中国人民大学出版社2005年版，第116页。

我们从一些古代官制的记载中可以看出皇帝的至高无上。皇帝的一元统治是中国古代行政制度的核心。成书于战国至汉的《周礼》,记载了天官、地官、春官、夏官、秋官、冬官"六官"的不同职责。简言之,天官负责总体的政务并统领百官,地官负责田土户口赋税及教化百姓,礼官负责国家祭祀等大典及协和外邦,夏官负责军事以保障国家的安全及地方的治安,秋官负责刑律以约束百官万民,冬官负责土木工程及民生事务。在记述六官职责时,《周礼》都明确道,六官是在协助"王"(天子或皇帝)来统治国家,六官在不同的领域中遇到重大或疑难之事,最终的决定权在王(天子或皇帝)。《周礼》是后人托周公之作,在中国古代王朝官制的发展中具有重要的地位。成书于唐玄宗时期的官修官制之书《唐六典》就是仿《周礼》而作,有学者称《唐六典》为唐代的行政法典,其对唐朝廷及地方的政权机构职能与编制进行了详细的记载,毫无疑问这些机构也都是皇帝的辅佐机构。虽然在记载中国古代官制的典籍中,没有皇帝职责的规定,但是正是这种将皇帝置于"官"外的官制,才充分显示了皇帝受命于天的至上权威和权力,皇帝实为官制中最为核心的部分,王朝一切机构的权力最终都在皇帝的掌握中,"天无二日,民无二主"是中国古代社会人们心目中天经地义的秩序。

我们从一些古代记载帝王(皇帝)的文献中,也能看到皇帝独一无二的神性,编纂于宋代的《册府元龟》开篇便设"帝王部",以表明帝王的核心地位。在"帝王部"中,编纂者历数历代王朝,认为王朝无不应天运而兴,因气数尽而亡。帝王,尤其是在历史上功劳卓著的帝王从降生到登基再到治国理政,冥冥之中似乎都有如神助。有些"故事"在我们看来确实有些荒诞不经,但在古代却恰恰是皇帝地位合法性的显示。

皇帝独一无二的至尊地位还通过饮食起居、服饰车马、出行仪仗、祭祀朝仪等表现出来。法律从衣食住行到威仪尊严全方位地维护皇帝独一无二的地位。《唐律》中有"造御膳有误"、"御幸舟船有误"、"乘舆服御物持护修整不如法"、"主司私借服御物"、"监当主食有犯"等诸条,这些条文便规定了对冒犯皇帝尊严、威胁皇帝安全及对皇帝御用物保管、使用不当、对皇帝侍候不周者的处罚。比如"造御膳有误"条规定:为皇帝做饭,如果在主食方面误犯了《食经》规定的食禁,则处以绞刑。如果在御膳中发现有不洁物,处以徒二年的刑罚。"御幸舟船有误"条规定:皇帝所用的舟船,如果建造的不牢靠,处工匠绞刑。应该整修而没有整修及缺少船篙等物件,徒两年。

二、皇帝的权力

(一) 皇帝拥有最高权力

在中国古代,皇帝不仅以无人可以僭越的神性具有人间至尊的地位,而且也拥有最高的权力。维护皇帝一元化的至高权力,是中国古代以儒家为本、杂糅法家等各家观点的主流思想的主要内容。在当时的历史与制度背景下,国家的兴衰确实系于皇帝一身。有了英明的皇帝和强有力的皇权,国家就统一,社会就太平,民生就安定。"天无二日,民无二主"是中国古代社会的共识,"精致的专制主义"的一切制度都围绕着维护皇权而设置。

秦汉是皇帝制度的创立时期,秦始皇以法家的专制集权理论赋予皇帝独断一切的权力。而汉武帝确立"独尊儒术"以来,皇帝的权力并没有削弱,"君为臣纲,父为子纲,夫为妇纲"的"三纲"成为历代王朝相沿不变的主导思想,这种思想也得到社会的广泛认同,皇帝制度更加巩固。"君为臣纲"为三纲之首,宗旨与法家的君主集权思想并无二致,也在于强调皇帝统治一切的权力。自秦至清,皇帝的权力都是王朝权力的核心所在,王朝所有的官员都须向皇帝负责,听命于皇帝。虽然在政治、经济、军事、文化等所有的领域中,不同的王朝也都设立了相同或不同名称的专门机构进行日常的工作和管理,但这些机构最终都服务于皇权,皇帝权力的至高无上则是各王朝一脉相承的。

皇帝的权力与法律的关系,则是皇帝具有最高的立法权与司法权。

(二) 皇帝拥有最高的立法权

皇帝具有最高的立法权,表现在历代由王朝统一颁行的律令等皆由皇帝下诏修订,修订后再由皇帝下诏颁行,有时皇帝甚至亲自参与律令的修订。以唐为例。《新唐书·刑法志》记载,唐开国时,高祖李渊诏刘文静等对前朝的律令进行修改,后又诏裴寂等十五人"更撰律令"。太宗李世民即位,诏长孙无忌、房玄龄等修订旧令。高宗李治即位,诏律学家撰写《律疏》,又诏长孙无忌等修订格敕。皇帝不仅统筹国家法律的修订颁行,而且可以随时下诏修改他认为有违天理人情的条文制度。唐太宗阅读《明堂针灸图》,见五脏离背部很近,因而感叹道:背部针灸如果不慎都会致人死亡,而鞭笞犯人背部的笞杖刑,原本是刑罚中的轻刑,因为击打的是罪犯的背部,也很容易致犯人死亡。这岂不成了人犯轻罪而动用了死刑? 于是下诏,鞭打罪犯不可以打背部。①

皇帝具有最高的立法权还表现在自秦至汉的法律形式方面。纵观中国古代法律形式,大致可以分为两类,即稳定的法律形式与变通的法律形式。稳定的法律形式包括自秦至清一脉相承的律及自秦至唐的令、明清时期的典,律的内容由刑名罪名构成,以刑事法律为主,而令典则是编纂王朝机构与职能的行政方面的法律规范。稳定的法律形式一旦颁行或基本不变,或按规定的时间修订。变通的法律形式则包括秦汉时期的科,隋唐的格,宋代以后的编敕、例等。这些法律形式可以根据时势随时变通律令典,而这个"时势",很重要的一部分就是皇帝的意志。变通的法律形式可以将皇帝的意志及时的法律化,变为科、格、编敕、例等。

---

① 参见《新唐书·刑法志》。

(三) 皇帝拥有最高的司法权

皇帝具有最高的司法权,表现在其对诏狱、疑狱的独断权及拥有法外行恩、法外断罪的权力上。

所谓诏狱,就是皇帝亲自下诏督办的重大政治、刑事案件。汉武帝时期的酷吏杜周为"诏狱"做了最好的注释:《汉书·杜周传》记载,杜周为廷尉时,对皇帝要排挤的人则网罗罪名而陷害之,对皇帝要释放的人则千方百计证明其冤情。有人责问杜周身为廷尉,本应为天下主持公道,却不遵守法律,而专以皇帝的意志是从。杜周辩解道:"三尺法安出哉?前主所是著为律,后主所是疏为令。"意为:法律从何而来?以往的皇帝肯定的著成为"律",当代皇帝所肯定的则解释为"令"[1]。在杜周为廷尉的时期,诏狱特别的多,达到六七万人。

所谓疑狱,则是为了预防冤狱的一种慎刑的措施,即裁断者(法官),尤其是地方官在审理案件时,证据不足或有疑问不清之处,则逐级上报,直至皇帝,由皇帝裁决。《汉书·刑法志》记载,汉初刘邦诏告御史:"审讯中县令遇有不能裁断的疑狱,应上报给上级郡守,郡守裁决后将结果上报给廷尉。郡守不能裁决的,则上报给廷尉,由廷尉裁决,廷尉将结果上报给皇帝。廷尉不能裁决的,上报给皇帝,并随案附上比附的律令。"

惟有皇帝才具有的大赦权力显示了皇帝具有法外行恩的权力。赦,指释放罪犯,始于三代。《周礼·秋官》记"司刺"官掌管"三赦"。三赦规定了赦的对象有三种:即老幼、过失及精神不健全者。先秦儒家认为"赦"体现了统治者的仁政,主张"赦小过,举贤才"[2]。所以赦也是帝

---

[1] 《汉书·杜周传》:"上所欲挤者,因而陷之;上所欲释,久系待问而微见其冤状。客有谓周曰:'君为天下决平,不循三尺法,专以人主意指为狱,于者固是乎?'周曰:'三尺法安出哉?前主所是著为律,后主所是疏为令。'"

[2] 《论语·子路》。

王利用至高的权力行法外之仁的一种表现。法家主张君主以法治国，所以不主张建立大赦制度。在《管子》中有这样的论述："上赦小过则民多重罪，积之所生也。故曰：赦出则民不敬，惠行则过日益。"[1]大意是：君主对轻罪行赦，则民众就会不惧犯重罪，因此，赦会使民众越来越不畏惧法令。秦王朝以法家理论为指导，秦始皇为政"久者不赦"[2]。为区别于秦的苛政，赦在汉代成为常行之事。汉代以后的赦不仅次数频繁，名目也多种多样。次数繁多是因为皇帝行大赦的理由众多：改朝换代甚至改年号，为了表现万象更新，皇帝常常颁布大赦令，给犯人以重新作人的机会；遇有普天同庆之事，如立后、立太子、天呈祥瑞之兆等，帝王亦可颁布赦令，以体现对天下子民的恻隐之心，避免举国欢庆之时，"一人向隅"的局面出现；在帝王重病、国家有难或灾异出现时，皇帝也常常为应天意，以德化灾而颁布大赦。大赦的名目多种多样：全国罪犯一律开释（除常赦所不原者）称"大赦"；针对某一地区的赦称"曲赦"；针对某一类犯罪实行的赦称为"别赦"。

"敕旨断罪"则体现了皇帝所拥有的法外断罪的权力。敕旨断罪是皇帝亲理狱讼或颁发旨令，不依据常法而定罪量刑。皇帝法外断罪在中国古代社会中是屡见不鲜、天经地义的事。皇帝的敕旨具有最高的权威，无论其与常行之法的规定是否冲突，人们都必须以敕旨的裁决为最高依据。若因皇帝敕旨与常法有违而"阻格不行，以大不恭论"。宋代的皇帝在中国历史上并不强势，但徽宗曾下诏："凡御笔断罪，不许诣尚书陈诉。如是，并以违御笔论。"并说："出令制法，轻重与夺在上。"[3]

无论诏狱、疑狱，还是法外行仁、法外行刑，都显示了皇帝凌驾于法律之上的权力。从理论上说，在专制主义的制度下，皇帝的权力不受制

---

[1] 《管子·法法篇》。
[2] 《史记·秦始皇纪》。
[3] 《宋史·刑法志》。

度的约束是合理合法的,一般来说只要不是太过分也不会受到人们的指责。

三、皇帝权力的制约

虽然从理论上说,专制主义制度下的皇权至高无上,但是在中国精致的专制主义背景下,皇帝的权力也并非全然没有制约。在两千余年专制主义发展中,历代政治家、思想家对皇帝权力无限膨胀的危害并非没有警惕或听之任之。相反,汉代在沿袭秦朝皇帝制度的同时,对在法家理论指导下将皇帝权力绝对化而形成的秦"暴政"进行了深刻的反思与批判。《汉书·艺文志》评价法家的学说时说:"如果刻薄的皇帝运用法家的理论治国,则会泯灭教化、没有仁爱,以为专用刑罚就可以使国家达到治理。"① 自汉以来,历朝历代无不以秦暴政为戒,逐渐完善了意识形态及制度对皇权的制约,故而祝总斌对中国古代社会君权发展趋势总结道:两千余年自秦至清,皇权在发展中不是日益加强,而是逐渐削弱。② 这也是中国古代专制主义的皇权被视为"有限皇权"的原因。中国古代对皇权的制约如下:

(一) 天意

皇帝的权力既然来自"上天",皇帝既然是"天子",那么皇帝的权力自然也就受到天意的约束。中国古人通过"天文"和"天象"来体悟上天对皇帝的褒奖和惩罚。《晋书·刑法志》将"天文"之"象"与皇帝为政得失联系在一起:太阳(日)象征着皇帝,若皇帝为政有瑕疵,太阳必显示

---

① 《汉书·艺文志》:"及刻者至为,则无教化,去仁爱,专任刑罚而欲以致治。"
② 参见祝总斌:《试论我国封建君主专制权力发展的总趋势——附论古代的人治与法治》,载《北京大学学报》1988 年 2 期。亦有学者对此持有不同的看法。李启成《中国法律史讲义》,认为中国古代对皇帝的制约包括"天""祖宗成法""官僚阶层""改朝皇帝之现实威胁"。但是,这些制约取决于皇帝的自我认识和道德自觉,所以中国古代没能在理论上解决对皇权的有效制约问题,更没有产生一套有效的制度。

异象以警戒皇帝。皇帝遵守天意而行政,则日月光明;皇帝无德,大臣乱国,则日月无光,甚至亡国。① 风调雨顺、五谷丰登是上天给皇帝的褒奖;天灾不断、人祸连绵则是上天给皇帝的"谴告"。因此皇帝为政时,必须时时体悟天意,敬畏天命。皇帝对天的敬畏,体现于顺应时令五行的变化而行政。因为皇帝需要听命于天,所以《礼记》中才有了"月令"篇,规定"天子"一年十二个月应为及不应为之事;二十五史的《五行志》才记载了诸多"上天谴告"与皇帝"下诏罪己"的故事;才有了汉代以来的司法时令说与司法时令制。②

---

① 《晋书·刑法志》:"日为太阳之精,主生养恩德,人君之象也。人君有瑕,必露其愆以告示焉。故日月行有道之国则光明,人君吉昌,百姓安宁。""其君无德,其臣乱国,则日月无光。日失色,所临之国不昌……日中有黑子、黑气、黑云,乍三乍五,臣废其主。日蚀,阴侵阳,臣掩君之象,有亡国。"

② 《月令》《五行志》可以视为"天子之法",《月令》是《礼记》中的一篇,记载了一年四季十二个月的天文历法及自然变化,并认为天子应按照时令行政事,比如:孟春之月"天子居青阳左个,乘鸾路,驾苍龙,载青旂,衣青衣,服仓玉。食麦与羊,其器疏以达。是月也,以立春。先立春三月,大史谒之天子曰:某日立春,盛德在木。天子乃斋。立春之日,天子亲率三公九卿诸侯大夫以迎春于东郊。还反,赏公卿大夫于朝。命相布德和令,行庆施惠,下及兆民。庆赐随行,毋有不当。乃命大史守典奉法,司天日月星辰之行,宿离不贷,毋失经纪,以初为常。是月也,天子乃以元日祈谷于上帝。乃择元辰,天子亲载耒耜,措之参保介之御间,帅三公九卿诸侯大夫,躬耕帝籍。天子三推,三公五推,卿诸侯九推。反,执爵于大寝,三公九卿诸侯大夫皆御,命曰劳酒。是月也,天气下降,地气上腾,天地和同,草木萌动。王命布农事。命田舍东郊,皆修封疆,审端经术,善相丘陵阪隰土地所宜,五谷所殖,以教道民,必躬亲之。田事既饬,先定准直,农乃不惑。是月也,命乐正入学习舞,乃修祭典。命祀山林泽,牺牲毋用牝。禁止伐木。毋覆巢,毋杀孩虫、胎、夭、飞鸟,毋麛毋卵,毋聚大众,毋置城郭,掩骼埋胔。是月也,不可以称兵,称兵必天殃。兵戎不起,不可从我始。毋变天之道,毋绝地之理,毋乱人之纪。"《五行志》是二十五史中记述水、木、火、土、金相生相克而出现的现象。古人认为,若五行运行顺畅,则日月运行有轨,万物有序,自然界则会风调雨顺。而这些也是"王政"符合天意的表现,称为"休征"。相反,若五行运行不畅,自然界则会出现日食、月食、地震、洪水等一些反常的现象和灾害。而这些现象被称为"咎征",预示着王政有不合天意之处,是上天在警告皇帝,也就是"上天谴告"。当发生大的灾害或人祸时,有些皇帝便会下诏自我检讨、自省,这就是皇帝的"罪己诏"。比如汉武帝时的"轮胎罪己诏"。司法时令说是汉代以来主流法律思想的内容之一,出自董仲舒的"天人感应"思想。即为了迎合自然界秋冬的肃杀之气,行刑,尤其是执行死刑也应该在秋冬时进行。司法时令制则是在司法时令说思想的指导下形成的"春夏庆赏,秋冬行刑"的制度。

(二) 祖宗之法

中国古代是一个聚族而居的社会,祖宗之法对每一个生长在"族群"中的人是非常重要的约束,皇帝也不例外。对一个王朝来说,皇帝的祖先,尤其是有兴邦立国之伟业的祖先所订立的制度甚至是"故事"都会成为后世必须尊奉的法度。"祖宗之法不可变",几乎成为守成皇帝的为政信条,因此"祖宗之法"往往是王朝的基本法律。朱元璋是明代的开国皇帝,他历时三十年精心制定了《大明律》,"令子孙守之,群臣有稍议更改,即坐以变乱祖制之罪。"所以,《明史·刑法志》言:"太祖之定律文也,历代相承,无敢轻改。"

可以这样说,中国古代,尽管法律对一些"强势"的皇帝违法行事常常无可奈何,但再强势的帝王也无法不顾及祖宗的法度。制约皇帝权力的"法",不是可以随皇帝喜怒而轻重的法条,而是恒久不变、代代相传的根植于人们心目中的"礼教"大法,而祖宗之法便是这个"大法"中的重要部分。宋人范祖禹告诫皇帝:"天下者,祖宗之天下,不可一日而怠;人民者,祖宗之人民,不可须臾而忘;百官者,祖宗之百官,不可私非其人;府库者,祖宗之府库,不可用非其道。常自抑畏,儆饬圣心,一言一动如祖宗临之在上,质之在旁,则可以长享天下之奉而不失矣。"[①]可见祖宗之法对帝王的约束。

清同治八年(1869年),慈禧太后宠幸的大太监安德海奉慈禧之命出宫置办宫中用品,一路以钦差自居,敲诈勒索,作威作福。不想,行至济南,山东巡抚丁宝桢以"宦竖私出,非制"为由,诛杀了安德海。丁宝桢所说的"制",正是清人的祖制。鉴于明朝太监干预朝政的历史教训,清开国之初,顺治皇帝在顺治十年(1653年)就颁布了一道上谕,对太监做出了六条规定:第一,非经差遣,不许擅出皇城;第二,职司之外,

---

① 《宋史·范祖禹传》。

不许干涉一事;第三,不许招引外人;第四,不许交接外官;第五,不许使弟侄亲戚暗相交接;第六,不许假弟侄名色置买田产,因而把持官府,扰害民人。两年后,顺治又命工部铸成一块高143厘米、宽70厘米飞铁牌立在宫内。鉴于祖制,慈禧在闻知安德海被诛后,虽怒不可遏,但也无可奈何,只有不了了之。

(三) 礼的约束

礼在中国古代受到全社会无以复加的尊崇,制礼作乐的周公在中国人心目中的地位并不逊于神灵。而主张礼教的孔子更是被国人奉为"至圣先师"。由于礼在中国古代社会中的地位和作用,近现代的一些学者将礼誉为中国古代的"宪法"。从礼在中国古代社会中所起到的作用来说,礼与宪法确实具有类似之处。卢梭的"宪法"定义是:"这种法律既不是铭刻在大理石上,也不是铭刻在铜表上,而是铭刻在公民内心里;它形成了国家的真正宪法,它每天都在获得新的力量;当其他的法律衰老或消亡的时候,它可以复活那些法律或代替那些法律,它可以保持一个民族的创制精神,而且可以不知不觉地以习惯的力量代替权威的力量。"①礼在中国古代正是起着卢梭所说的"宪法"的作用。中国五千年的文明,王朝更迭,政权转换,但礼在中华民族中一直被奉为"天之经也,地之义也,民之行也"②的大法,礼的精神世世代代镂刻在人们的心中。清人在修《明史》时言:礼的制度由来已久,有些或无法知其详。但礼的精神及其作用则上至朝廷、下至闾巷,代代相传,后世的礼就其精神而言,与数千年前的三代是一脉相承的③。许多人认为中国古代

---

① 〔法〕卢梭:《社会契约论》,何兆武译,商务印书馆1987年版,第73页。
② 《左传》"昭公二十五年"。
③ 《明史·礼一》:"《周官》、《仪礼》尚已,然书缺简脱,因革莫详。自汉史作《礼志》,后皆因之,一代之制始的然可考。欧阳氏云:'三代以下,治出于二,而礼乐为虚名'。要其用之效庙朝廷,下至闾里州党者,未尝无可观也。惟能修明讲贯,以实意行乎其间,则格上下、感鬼神,教化之成即在是矣。安见后世之礼,必不可上追三代哉!"

的帝王,天下独尊,没有任何力量可以约束帝王的言行,事实并非如此。在朝中,帝王的言行受礼制的约束,服饰、饮食,甚至举止若不合礼,都会受到朝臣的规谏和评论。在社会中,帝王的品行更是人人关注的焦点。如前文所引黑格尔在评价中国皇帝时说:"假如皇帝的个性竟不是上述的那一流——就是,彻底地道德的、辛勤的、既不失掉他的威仪而又充满了精力的——那末,一切都将废弛,政府将全部解体,变成麻木不仁的状态。"①黑格尔虽然对中国文明并不持有肯定的观点,但他也能体悟到在中国文化中看似至高无上的皇帝受到一种无形大法的制约,这无疑是准确的,这个大法就是礼。

为了使皇帝成为仁君明主,中国古代对有可能成为皇帝的皇子的教育,甚至对皇帝的教育是十分严格的。明代张居正为了教育年幼的万历皇帝专门作《帝鉴图说》,编辑了自尧至宋81位帝王或留名青史为后人敬仰怀念,或史留恶名为后人唾弃批判的史实。《帝鉴图说》上编选择了32位皇帝81件故事,编辑成"圣哲芳规";下编选择了26位皇帝36件故事,编成"狂愚覆辙"。值得注意的是,有些皇帝,比如汉武帝、唐玄宗即在上编有载,在下编亦有载,表明了作者实事求是的态度。张居正的这本书,实际上成了明清两代帝王的必读书。

礼教对皇帝的约束并不止于教育,而且有着切实的褒奖惩罚制度,这就是自汉沿袭至清的"谥号"制度。谥号,又称谥法,形成于西周中期。即天子及诸侯大夫死后,根据其一生的业绩由官方给予一个评价,所谓"盖棺论定"。其中对天子的评价最为引人关注,对卓有功绩的天子称"文"称"武",而对一些有亡国丧邦之举的天子则称"幽"称"厉"②

---

① 〔德〕黑格尔著《历史哲学》,王造时译,商务印书馆1963年版,第171页。
② 《逸周书·谥法解》中记载:"经天纬地曰文,道德博闻曰文,学勤好问曰文,慈惠爱民曰文,愍民惠礼曰文,锡民爵位曰文。刚强理直曰武,威强睿德曰武,克定祸乱曰武,刑民克服曰武,夸志多穷曰武。""早孤铺位曰幽,壅遏不通曰幽,动祭乱常曰幽。""杀戮无辜曰厉。"

不想在历史上留下骂名的皇帝对谥法不能不有所忌惮。自诩为千古一帝的秦始皇显然是感到了谥法的约束,所以在确定最高统治者"皇帝"这个称号时,他特意废除了谥法①。但欲将天下传至万世的秦王朝二世而亡,继秦之后的汉人又恢复了皇帝的谥法,一直到清。后人从每一位皇帝的谥号中,就可以知道这位皇帝生前的行状。比如隋开国皇帝杨坚谥号为"文",即隋文帝。通过"文"字,后人可以知晓这是一位"慈惠爱民"的仁义之君。第二代皇帝杨广谥号为"炀",通过"炀"字,后人知道这是一位"去礼远众""好内远礼""好内怠政"的荒唐皇帝。

(四)制度的约束

对皇权缺乏有效的约束,是人们对专制主义统治的一般理解。中国古代社会自秦统一的集权制确立以来,毋庸置疑是专制主义的,但中国古代并不乏制约皇权的制度。这是因为在两千余年的发展中,人们认识到皇帝制度的巨大漏洞,王朝政权的最大威胁实质上来源于皇权的滥用。因此,在维护皇帝至高权力的同时,中国古代有远见或有见识的政治家、思想家对皇权的滥用也无不存在着警惕。这也是古代中国关于"君道"的探讨不绝于史的原因所在。应该注意的是,中国古代对皇权的限制并不只是道德上的自律,一些制度,尤其是官制,跨越朝代,相沿数千年,在代代相沿中,制度的打磨精益求精,皇权也受到制度的有效制约。比如三师、宰相、史官、言官等官制的设置,就从方方面面有效地制约了皇权。三师,是为皇帝的教育而设,在古代中国"师"也许是社会上唯一可以与君权相制衡的力量②。宰相,原为辅佐皇帝总理全国政务而设,黄宗羲认为,设君之意在治天下,但是"天下不能一人而

---

① 《史记·秦始皇纪》:制曰:"朕闻太古有号无谥,中古有号,死而以行为谥。如此,则子议父,臣议君也,甚无谓,朕弗取焉。自今以来,除谥法,朕为始皇帝。后世以计数,二世三世至于万世,传至无穷。"

② 《唐六典·卷一》"三师条":"三师,训导之官也……明虽天子,必有所师。"

治,则设官以治之。"宰相,是"分身之君也。"①言明宰相实质上是分君权的职位。正是由于宰相分权于君主,明太祖罢黜了宰相之职。古代社会的史官与言官对皇帝的权力直接构成约束,中国古代有官修史书的传统,由于修史的目的直接服务于王朝的政治,是为王朝资鉴而用,所以古代史官有"秉笔直书"的传统。任何一位皇帝都无法逃脱史家对他的"盖棺论定"。只要不想在历史上留下恶名,皇帝就不能不畏惧史官。言官是为了防止皇帝一意孤行而设,其职责就是劝谏皇帝。

除官制安排上对皇帝权力有所制约外,在司法实践中,皇帝的最高裁判权也不是不受到约束。

在中国古代,虽然没有职业法官,但执掌法律的"法司"或称"有司"却是存在的。诸葛亮在《前出师表》中嘱咐阿斗"若有作奸犯科及为忠善者,宜付有司,论其刑赏,以昭陛下平明之治,不宜偏私,使内外法异也。"大意是告诫阿斗对待犯法与立功的人,不要随意赏罚,而是要交给有关部门,依照制度进行赏罚。

中国古代皇帝与掌握全国最高司法权的廷尉、大理寺卿等的关系颇为耐人寻味:皇帝有最终的司法权虽然毫无疑问,但这最终的司法权也并非如我们现在想象的那样"一言九鼎",说一不二。从"故事"解读皇帝最高司法权可以看出古代司法对皇权的约束也有着精致的安排。一般说来,皇帝对案件有"立断权",即在案件没有进入司法程序时,皇帝"说了算"。但"说了算"的另一含义是"责任自负",与法无涉。而案件一旦进入司法程序,皇帝似乎就失去了说了算的最高权力,法官的职责在于对法律负责。下面自汉至唐的四则如出一辙的皇帝与法的"故事",就说明了这一点。

其一,《汉书·张释之传》中记"犯跸案":汉文帝出行时,有人冲撞

---

① 参见[清]黄宗羲:《明夷待访录·置相》。

了汉文帝的仪仗,惊了文帝的御马。文帝将这个人交与当时的廷尉张释之处理,张释之认为此人看到皇帝的仪仗,便至桥下躲避,又估计出行的队伍已经走过,便从桥下走出。不想判断失误,冲撞了仪仗并惊了御马,此行为构成"犯跸","跸"是帝王出行时的车驾。而犯跸之罪,即冲撞了皇帝的车驾依照汉令应判"罚金(铜)四两。"听到张释之的裁决,汉文帝很生气,他对张释之说:"这个人惊了我的马,幸亏我的马性情温顺,如果是其它的马,一定会损伤我,难道廷尉就判罚金了事?"面对皇帝的斥责,张释之从容解释道:"法者天子所与天下公共也。今法如是,更重之,是法不信于民也。且方其时,上使立诛之则已,今已下廷尉,廷尉,天下之平也,一倾,天下用法皆为轻重,民安所错其手足?"张释之的话,有这样两层含义,第一,法是天子与民众共同的约束,皇帝不依法断案,将会失信于民。第二,"你捉到了犯跸之人,如果当时立即惩罚了他是你的权力,但陛下将案件的裁断权下放给了廷尉(法官),廷尉是依法为天下坚守公平的。"史载,汉文帝听了张释之的话,沉默良久,最终说道"廷尉议是"(廷尉说得对)。

其二,《隋书·源师传》记载了隋炀帝与大理寺少卿源师的一则故事,与汉代的"犯跸"案极为相似。隋时皇帝有敕:宫外卫士也不得擅离所守。有一位主帅却私令卫士外出。隋炀帝自知自己是一位暴君,天下无数人想取其项上人头。他终日担心别人的谋害,所以当知道主帅竟然私令卫士外出时,格外气愤,他将主帅交付大理寺严加治罪。而大理寺少卿源师的想法却与汉代张释之如出一辙。他据律判主帅徒刑并上奏隋炀帝。隋炀帝愤怒不已,下令斩首,而源师据法力争:"若陛下初便杀之,自可不关文墨,既付有司,义归恒典。"时隔近800年的隋代法官源师说的话与800年前汉代的法官张释之说的话何其相似:"如果陛下捉到主帅立即杀之,那不是法律的问题。既然托付给了法司,法司的职责在于依法而断。"皇帝的敕令与"恒典"(稳定长久的律令)之间,法司及法官首先要对"恒典"负责。以隋炀帝之暴虐,最终竟然也依从了法官源师的裁决,史载"帝乃止"(隋炀帝收回了斩首的命令)。

其三,"故事"发生在古代帝王楷模唐太宗与大理寺少卿戴胄之间。《贞观政要》记载,唐太宗下令凡"诈伪阶资"(虚报为官年限资历)者必须自首,否者一经查出,即处死刑。不久有"诈伪资阶"者被查出,大理寺少卿戴胄认为"诈伪阶资"据法当处流刑。太宗很生气,认为戴胄不依照皇帝的敕旨办事,有损君上的权威。唐代的法官戴胄与张释之、源师也是一脉相承:"陛下当即杀之,非臣所及,既付所司,臣不敢亏法。"如果陛下当即依敕而判处这个人死刑,那不是臣的事情。既然托付法司,进入了司法程序,法官所守的是法。太宗坚持依敕而断,并认为戴胄依法废敕是"令朕失信"。戴胄也坚持自己的裁断,认为法才是朝廷公示天下的"大信",他劝谏太宗"忍小忿而存大信"。最终太宗接纳了戴胄的裁断并表扬了戴胄作为法官而坚持守法的行为:"朕法有所失,卿能正之,朕复何忧也?"

其四,《新唐书·柳浑传》记,唐德宗时,有一位宫廷玉工为皇帝制作玉带,不小心弄坏了一块玉。玉工不敢承认,私自到市场买了一块玉补上。玉带到了唐德宗手上,唐德宗一眼便看出这块市场买来的玉与其它的玉不一样,于是责问玉工,玉工只好承认了自己偷梁换柱的事情。德宗很生气,以为玉工欺瞒君上,案件转由京兆尹审理,结果论死。时在中书门下任平章事之职的柳浑却对京兆尹的裁断提出了质疑。他对德宗说:"陛下遽杀之则已,若委有司,须详谳乃可。于法,误伤乘舆器服,罪当杖,请论如律。"在柳浑的质疑下,玉工被依法改判,得以不死。

以上四则皇帝与法官故事的结局是:汉文帝、隋炀帝、唐太宗、唐德宗——无论是明主还是中庸之君,甚至昏君——无一例外都忍下了自己的怒气而听从了法官的裁决。值得注意的是这些处在不同时代的中国古代法官,都认为皇帝有"立断"的权力,即皇帝对认为该杀、该罚的人可以"立诛之"、"初便杀之"、"当即杀之"、"遽杀之",但皇帝以自己一时的喜怒违法诛杀了依法不当诛杀的人,那责任则完全由皇帝自负。如果你想要当一个好皇帝,在历史上留下一个好名声,就要像以上四位皇帝一样慎用皇帝的"立断"权力,而"忍小忿存大信"。这四则皇帝与法官的故事还说明,即使是古代,法官也并非唯皇帝马首是瞻,法官对法律负责,对天下之大信负责是一种制度上的安排,有着制度的保障。这种安排与保障对皇帝的司法权是一种有效的制约。案件一旦归于"法司"或"有司",则进入了司法程序,法司及有司的长官应该依据法而不是皇帝的意志裁断,皇帝此时也不应再以个人的喜怒干涉法官的裁断。

第二章 官制官规

内容提要

本章主要介绍中国古代行政机构设置及职官管理法律制度,具体内容包括中国古代官制官规理念,中央与地方官制架构,官员选拔与任用制度,官员考课与监察制度几个方面。

主张君主制、集权官僚制,重视吏治,是春秋战国儒、墨、法各派在国家政体和行政管理问题上的理论共识,各家理论的相关阐释为传统中国官制官规理论及实践奠定了基础。在行政机构设置方面,秦代以后中国两千年帝制政治中,中央中枢机构经历了秦汉三公九卿制——隋唐三省六部制——明代内阁制——清代军机处的演变;在地方,行政区划及行政权力分配也一直在变化调整中,大致来讲,越到后来,地方权力越小、越分散,中央集权化程度越高。在选官用人方面,自西周世卿世禄制度废止后,秦汉察举制、魏晋南北朝九品中正制、隋唐以后的科举制先后成为主要的选官途径。中国古代选官坚持德才兼重、以德为先,选任程序规范、严格。为督促官员在职勤政,历史上各个时期建立了严格的官员考课、监察制度。官员考课有上计法、磨勘法、考满法、考察法等不同方式,考课内容既重政绩,又重品行,指标明确,奖惩严明,可操作性强。中国古代御史监察系统正式建立于秦,魏晋以后,言谏监察权独立出来,宋代之后,台谏又趋于合一。监察机构在中国古代行政系统中有相对独立的地位,权能强大,监察方式多样、灵活,对于官场秩序维护和吏治整饬发挥了重要作用。

中国古代官制官规立法始于夏商,终于清末官制改革,历史久远,内容也十分丰富,尤其秦汉帝国政治建立后,基于大一统官僚体系运作的需要,相关制度建设更是不断走向严密、成熟,朝廷设官分职、任官授权、考绩监察,皆有法可依。中国古代官制官规与历史上各个时期的政治体制、经济形态、社会和文化发展都有密切关联。

第一节　中国古代官制官规学术史

有关中国古代官制官规的研究,伴随着该制度产生与发展的全部历史。前学科时代的相关研究尽管方法单一,但其内容不乏精细、严密;近代以后,随着新的学科分类和学术方法的引入,这一课题研究空间得到迅速拓展,研究成果大为丰富,这一进程直到今天仍在继续。

一、前学科时代[①]的研究

中国古代官制官规文献最早可上溯于《周礼》——又称《周官》,其内容是对周王室国家机构设置与职能分工的系统叙述。《周礼》通过官制来表达治国方案,并为传统中国官制建设和变革提供宝贵的借鉴,具有极高的理论与实践价值,是研究中国上古官制文明的重要文献。

秦汉以后,介绍和探讨官制官规的历史文献逐渐增多,到清代,已有相当的积累。主要成果:正史类文献中,"二十四史"均设《职官志》、《选举志》专卷对各个朝代官员的选拔、任用、职位与职责等情况有详细说明。政书类文献中,通史类政书如"十通"文献,断代式政书如《唐会

---

① 晚清时期,中国传统的"四部之学"向现代"七科之学"转变,"分科治学"的新的学术形态逐渐形成。前此时代,称前学科时代。

要》、《宋会要辑稿》等,多设有《职官》专门篇章,对历代或某一朝代职官制度的沿革变迁有专门性记载;成书于唐玄宗开元年间的《唐六典》,是迄今为止保存最完整的一部具有国家行政法典性质的历史文献,其内容包括政府机构组织、官吏职权、品级、编制员额、考课等制度,并有对职官制度渊源与沿革的简要介绍,唐代之后,明代有《明会典》,清代有《清会典》,皆仿《唐六典》而成。官修类书类文献中,《北堂书钞》、《太平御览》、《册府元龟》等,也有专篇对官制官规的历史内容进行爬梳、对比、整理。

前学科时代的中国古代官制官规研究,以精要考证和注释为主,梳理、叙述的色彩重,现代意义的学理研究还完全谈不上。

二、近代研究成果

清末民初,在科举停罢、官制改革以及西方近代行政法理论与制度引进的背景下,古代官制官规课题受到学者们普遍关注,而伴随着西学涌入及中国传统学术的近代转型,这一时期的研究无论在理论、方法的运用,还是研究对象、范畴的拓展上,都有了新的面貌。分析近代中国有关古代官制官规研究的状况,有以下特点:

(一) 成果丰富

这一时期,一大批中国古代官制官规通史、断代史和专史性质的学术著述问世。如综论方面有:徐世昌《历代吏治举要》(1919年),曾资生《中国政治制度史》(重庆南方印书馆1943年),陶希圣主编《中国政治制度史》(南方印书馆1943年),王亚南《中国官僚政治研究》(时代文化出版社1948年)等;断代史、专史研究成果有:高一涵《中国御史制度的沿革》(上海商务印书馆1926年),《中国内阁制度的沿革》(上海商务印书馆1934年),黄绶《唐代地方行政史》(永华印书局1927年),邓定人《中国考试制度研究》(民智书局1929年),章中如《清代的考试制度》

（黎明书局1931年），曾纪蔚《清代之监察制度论》（兴宁书店1931年），于登《明代监察制度概述》（1936年），曾资生《两汉文官制度》（重庆商务印书馆1942年），朱子爽《中国县制史纲》（独立出版社1942年），等等。发表的大量学术论文更是不胜枚举，其中，1902年梁启超在《新民丛报》发表的《中国专制政体进化史论》，是对中国古代政体专门研究的第一篇论文。

域外研究也丰富了这一时期官制官规研究的成果。日本京都大学法学博士织万田于1907年出版了《清国行政法》，运用近代行政法理论对清代行政组织和官吏制度进行了系统的梳理研究，分析其利弊得失。该书被认为是第一部中国行政法史著述，给中国近代的行政法及行政法史研究带来极大影响。

（二）新方法的初步尝试

在传统学术近代转型的背景下，尤其是随着近代"行政法"及"行政法学"概念的引入，这一时期的古代官制官规研究开始脱离传统史学、政治学的范畴，表现出专业化趋势，研究者们尝试运用新的社会科学的方法论成果，如法学、社会学、文化学的理论和逻辑来解读传统官制官规。如梁启超的《中国专制政体进化史论》一文，运用西方近代进化史观对中国历史上的政体演进过程进行系统考察；陈顾远《中国法制史》一书中，专设政治制度篇章，以法学视角对中国古代官制官规加以探讨；王亚南的《中国官僚政治研究》一书，以"官僚政治"概念观察中国问题，阐释中国官僚政治的发生、发展和前途。

基于社会变革的需要，这一时期官制官规研究中已有一部分学者开始摆脱传统的注释立场，以怀疑和批判的精神对传统制度加以审视，以西学为参照，发现问题，给出建议。尤其是域外研究，如织万田《清国行政法》中的"近世法理"价值尺度及批判意识，以及近代行政法理论的视角和框架，给其时的中国学者以极大的启示。在西学传播及宪政改革的大背景下,比较方法的运用,也是这一时期官制官规研究的一个特色,在中西对比中寻找良制,反思、批判、建设,成为许多学者的自觉意识。

(三)"经世致用"的"实学"特质

在晚清"经世之学"兴起及救亡图存的历史背景下,学术研究具有浓厚的"经国济世以致其用"的实学特质,官制官规研究也不例外。学者的研究多以其时的政治和法律变革为指向,或取法古制或批判其弊,古为今鉴。清末官制改革中,研究者们以汉代制度为最优,因而,研究汉制的著述颇为可观,汉代州郡县吏制、官员选拔、监察制度等方方面面均有涉及。民国时期,孙中山提出"五权宪法"概念后,学界对中国古代监察权的研究明显增多,如高一涵的《中国御史制度沿革》中,以中国古代监察权的权威性及其无所不察,对国民政府监察权提出改进意见。南京国民政府行政改革过程中,围绕政府行政效率的提高、行政组织设置、公务员考试与考核管理等多个方面,学者们对相关旧制度展开多角度研究,形成了一大批颇有质量的学术著述,至今仍有宝贵的学术价值。

(四)局限与不足

近代中国民族危机深重,问题重重,研究者们急于寻求答案而无暇深入思考,而突如其来的社会变革和多元变换的理论主张又为现实中的理论思考增加了难度,带来了混乱,这一些,都给官制官规研究带来影响,导致以下不足与缺陷:

仓促成文,良莠并存,量多而质不精,描述和资料性成果多,理论阐释成果少,尤其是深层理论研究匮乏。尤其是清末西学初进时,学术研究受传统影响,历史学和政治学的方法仍占据主流,大多学者仍把官制官规仅作为政治制度史的一个部分来对待。另外,研究过程中,基于立场、视野、理解的不同,学者们对待西学的态度存在较大分歧。反对西学者,认为中国自古以来制度精良,应有尽有,甚至"远非他国所能企其项背"①;欢迎西学者,则有以西学为至上,自我否定者,或以"天朝"观念为立足点,把西方制度说成中国古已有之,以西说解释和附会古制者。研究中的生搬硬套,机械照搬,比较多见。

以上不足,是近代中国学术研究中的普遍问题。虽然有诸多遗憾,但在诸法变革、举步维艰的时代,这些开拓性的研究为变革中的中国社会提供了理论和实践方面的有益启示,也为后人的进一步研究奠定了基础,值得充分肯定。

三、现代研究成果

新中国建立后,学术界对于中国古代官制官规的研究经历了一个复杂的过程。

新中国成立之初到20世纪70年代,相关研究成果较之前大为减少,仅有的一些研究也主要"是以历史学的专题研究这一单一形式和面貌出现的"②。此间代表性的著作主要有:唐长孺《九品中正制度试释》(武汉大学编译委员会1951年),钱穆《中国历代政治得失》(香港东南印务出版社1952年),许大龄《清代捐纳制度》(哈佛燕京学社1950年),商衍鎏《清代科举考试述录》(三联书店1958年),瞿同祖的英文著作《清代地方政府》(哈佛大学东亚研究中心1962年)。如上所述,此间更多的研究是从历史学的角度出发,对某项制度的形成、演变进行考察,多数研究未展现其独立价值。

1978年十一届三中全会之后,随着学术繁荣局面的到来,有关中国古代官制官规的研究打开了新的空间,相关成果大量问世。在新的

---

① 李贵连主编:《二十世纪的中国法学》,北京大学出版社1998年版,第325页。
② 白钢:"二十世纪的中国政治制度史研究",《历史研究》1996年第6期。

时代,官制官规研究表现为以下特点:

(一) 多学科共同参与

改革开放后,随着人文、社科领域各学科专业的快速发展,法学、政治学、行政学、社会学以及传统历史学的官制官规研究成果大量发表,数量超过了以往任何时期。不同学科的学者们依各自不同的学术训练和研究思路,深入课题探讨,推动了官制官规研究的整体发展。

在法学研究领域,新中国成立后,随着法学学科的独立及行政法学的发展,官制官规史作为行政法史学的重要内容受到法史学界关注。80年代法史学界突破传统的"诸法合体,民刑不分"观点后,包括行政法史在内的部门法史研究活跃起来,官制官规史的专门著述陆续出现。比如张晋藩、王超《中国政治制度史》(中国政法大学出版社1987年)、张晋藩主编《中国古代行政管理体制研究》(光明日报出版社1988年)、张晋藩、李铁《中国行政法史》(中国政法大学出版社1991年)、蒲坚《中国古代行政立法》(北京大学出版社1990年)、张晋藩《中国官制通史》(中国人民大学出版社1992年)、钱大群、艾永明《唐代行政法律研究》(江苏人民出版社1996年)、艾永明《清朝文官制度》(商务印书馆2003年)、关保英主编《行政法制史教程》(中国政法大学出版社2006年)、张晋藩《中国监察法制史稿》(商务印书馆2007年)等。

在历史学、政治学领域,古代官制官规研究是作为专史而存在的,其学科名称为"中国政治制度史"。早期的"中国政治制度史"内容多只囿于官制史,随着学科的发展完善,其内容扩展及历史上国家政治活动的一切方面,举凡军事、行政、司法、礼仪、宗教制度等皆在其中,但研究范围的扩展并不影响政治制度史学者作为官制官规课题研究"中坚"的重要地位。这一时期的主要成果,如左言东编著《中国政治制度史》(浙江古籍出版社1986年)、韦庆远、王德宝主编《中国政治制度史》(高等教育出版社1992年)、余行迈《中国古代官制》(上海古籍出版社1989

年),白钢主编《中国政治制度史》(天津人民出版社1991年),白钢主编《中国政治制度通史》(人民出版社1996年),阎步克《察举制度变迁史稿》(辽宁大学出版社1997年),左言东《中国古代官制》(浙江古籍出版社1998年),韦庆远、柏桦《中国官制史》(东方出版中心2001年),周振鹤《中国地方行政制度史》(上海人民出版社2006年),严耕望《中国政治制度史纲》(上海古籍出版社2013年)等,都是官制官规研究的鼎力之作。

这一时期发表的论文数量更是数以千计,有关官员的选拔、任命、考核、监察等方面内容均广泛涉及,在此无法一一列举。

在现代学术史上,国外学者对中国传统官制官规的探索对推动该课题研究具有重要的意义。这些学者以异域文化为背景解读中国古代制度,研究者分布在美国、日本、德国、英国,以及东南亚等地,如日本学者丹羽友三郎《中国元代的监察官制》(东京高文堂出版社1994年),镰田重雄《秦汉政治制度的研究》(日本学术振兴会1962年),英国学者迈克尔·鲁惟一《汉代的行政记录》(剑桥大学出版社1967年)等。中国台湾和香港地区,这一研究也同样有大量成果。从方法论和理论框架观之,国外和其他地区学者的研究往往具有其独特性,在资料占有和运用上,也多严谨务实,研究价值当受到重视。官制官规史研究的这种国际化趋势,为推动学术研究进一步深化和繁荣提供了可能。

(二) 研究方法多元,思考更加理性

80年代以后,伴随着西学的不断引入及社会科学理论的发展,古代官制官规研究的思路和方法得到极大拓展。如张晋藩的《中国官制通史》,运用法学理论及方法,从宏观角度对中国古代官制形成、发展、变迁加以整体研究,提出了极具学术价值的见解。白钢十卷本的《中国政治制度通史》,由历史学、政治学、民族学、法学等学科学者共同参与撰述,各学科理论与方法综合运用,在理论与内容上都有许多重要的突破,颇具学术开创性[①]。

新时期的官制官规学术研究摆脱了既往以正史为取材依据的思路,广泛涉猎了各类有价值的历史资料,包括甲骨、金文、石刻、碑文,以及新的考古资料等;研究中,既有考证、归纳,也有分析、演绎,既有宏观的系统性学理研究,也有微观的专题探讨,既注重文献,也注重调查。

新时期官制官规研究也更加理性、客观,学者们系统地总结中国古代在行政组织、官吏管理方面的制度经验,探索其中的政治智慧,揭示其内在的制度缺陷,穷其原委,批判借鉴,择善而从。这其中,有争鸣,有交锋,学者们观点鲜明,甚至挑战传统定论,给学术研究带来了生机。

(三) 问题意识增强,研究空间拓展

问题意识,即学术研究对社会现实问题的敏感度与回应能力。20世纪80年代开始,中国社会进入快速社会转型期,行政机构改革、政府职能转变、公务员队伍建设、行政文化更新、廉政建设等诸多课题,给学术研究者提出了新的研究方向。大多数学者正是从这一时代背景出发开展研究,关注社会变化与需求,回应现实制度建设中的问题。

基于此,该课题研究的理论视角日趋多元,研究空间不断拓展,研究对象也在不断深化、细化。历代政权的行政组织、官员选拔任用、职权分配、考课与监察、公文运转程序等,在之前"粗放"研究的基础上有了更加"精细"化探讨,一些新的、较不受人注意的领域和空间,如历史上割据政权、民族政权时期的官制官规,也已有学者打破荒芜,形成初步成果;历代王朝行政组织的动态运行、吏治的实际效果、经验与教训,等等,也在不断拓展的研究中受到学者关注。这些理论与应用兼顾的开拓性研究,进一步丰富了课题成果,给现实中的行政理论与实践以有

---

① 张秀平、索源舟:"揽辔澄清,剥古酬今——《中国政治制度通史》(1—10卷)评介",《求是》1997年第12期。

益的启示。

（四）局限与不足

对官制官规实际运行情况关注不够的问题，在这一时期仍比较突出。古往今来的历史证明，王朝政治在现实中的运行往往越出制度设计的本来轨道，典章制度的制定与实施往往存在很大的距离。因而，研究中国古代官制官规，应在立足文本的基础上，通过资料的进一步挖掘和分析，对行政权力运行机制进行动态、实证考察，分析官制官规与其时代政治体制，与其它社会制度之间的关系，探讨历史上政治家、思想家的官制官规思想与实践，唯有如此，才能构建起系统化的官制官规史研究体系。

不仅如此，以上研究，更重要的是运用现代社科理论方法，对史料进行全方位的理论解读，缺少了现代社科理论和方法的指导，极有可能陷入资料的"泥潭"而茫然无措。此外，中国问题，应立足于中国国情展开思考，从历史中汲取资源，从现代行政学、行政法学的角度审视和考察中国古代官制官规史，是研究者应有的立场。

第二节　中国古代官制官规理念

春秋战国是中国传统政治思想系统化、哲理化的时期，中国古代有关官制官规的理论研究也在这一时期获得充分发展，儒、墨、法各家围绕国家政体、官僚机构建制以及官员管理问题进行深入的论证、阐释，其相关理论主张对秦汉以后传统官制官规理论与实践产生了深远的影响。

一、君主专制的政体理念

君主专制，是中国古代延续数千年的政体形式，也是中国古代政治家、思想家共同的政体理论。

(一) 儒家的"礼乐征伐自天子出"

先秦儒家是君权论的积极主张者。在春秋战国礼崩乐坏的时代,孔子致力于维护君权至尊的礼制秩序,强调君主在一国政治中至高无上的地位和最高统治权,他说,"天无二日,土无二王,家无二主,尊无二上"①,有道的天下,礼乐制度、征伐之令皆出于天子,混乱之世,则礼乐征伐之令出于诸侯②。孟子主张君主以"王道"统一天下,他虽未明确主张君主专权,但在战国中期宗法分封制度日趋衰落的历史情境下,孟子显然更倾向于以君主集权取代旧时的贵族政治。到了战国后期的荀子那里,君权独专和政治大一统的立论已十分清晰。荀子提出政治关系中严格的君臣上下等级分野,他说,天下"隆一而治,二而乱"③;他提出天下人的行为、思想必须与天子保持同步,以天子之是非为是非④。在荀子这里,"天下一统、思想一统、制度一统"的帝国政治格局已呼之欲出。

儒家君权理论到汉代董仲舒时期进入新的阶段。董仲舒为君权理论找到了"神学论"的基础,认为君主的绝对权威来自于上天的授予,不容置疑⑤。他视政治和思想大一统为政治理想,并将这一切都加以神学观的论证。至此,儒家学说中的君主被赋予了神意色彩,成为万民顶礼膜拜的偶像。

(二) 墨家的"尚同"

在主张尊君的理论队伍里,墨家也是重要的一派。墨家君权思想

---

① 《礼记·坊记》。
② 《论语·季氏》:"天下有道,则礼乐征伐自天子出;天下无道,则礼乐征伐自诸侯出。"
③ 《荀子·致士》。
④ 《荀子·正论》:"天子者势位至尊,无敌于天下……南面而听天下,生民之属莫不振动服从,以化顺之。……同焉者是也,异焉者非也。"
⑤ 《春秋繁露·为人者天》:"天子受命于天,天下受命于天子。一国则受命于君。"

的最大特色在其"尚同"学说。在谈及君权合法性问题时,墨家认为,在君主未产生之前,天下人因意见不能达成一致而相互攻讦怨恶,纷乱不已,于是,上天选贤者立为天子,"一同天下之义,是以天下治也。"[①]"一同天下之义",既是墨家君权合法性的理论依据,也是其所设定的未来国家政治统治的目标。墨家"尚同"思想赋予君主在一国之内政治统治与思想控制的双重权威,通过君主之"义"将天下人的价值取向统一起来,规范天下人的言行,这样的君主体制无疑是君主专制独裁的。

(三) 法家的"王者独行"

先秦时期的法家更是绝对君权专制论者,从慎到商鞅,再到韩非子,君权理论在法家诸子的政体设计中不断充实、强化。商鞅说,君主之威取决于其"独断"之权,无此,君主将陷入危险的境地[②]。韩非子说"王者独行谓之王"[③],君主之尊,源于其"权"与"势"[④]。他视君权为独一无二的最高存在,要求臣民绝对服从君主意志,为达此目的,立酷法严刑以待之。

法家的理想社会有着严格、整齐划一的秩序,君主"身贵"、"位尊"、"威重"、"势隆",居政治统治中心发号施令,万民臣服,而这里的令天下"臣服",所依靠的是权势、权术,而不是贤德,这一点,与儒家孔、孟及墨家理论皆有不同。孔子将"仁德"视为君主权力合法性的基础,孟子同样主张以道制君,提出"民贵君轻"、"暴君放伐"——君主如果不行王道,人人得而诛之。在墨家那里,君主亦应为天下之贤者、仁者,强调以仁人之"义"统一天下人思想。这一些,都为君主制前提下的良政开展提供了方向。但法家显然并不关心对君权的德性要求,其权力至上、唯

---

① 《墨子·尚同上》。
② 《商君书·修权》:"权者,君之所独制也,人主失守则危","权制独断于君则威"。
③ 《韩非子·忠孝》。
④ 《韩非子·心度》。

君主意志是从的霸道政治主张将君主置于无可问责之高位,这必将给现实中的君权约束带来难题。

先秦思想家的君主制理论是中国古代关于政体问题的几乎全部思考,后来的帝制中国政治中,有关国家政体问题的讨论基本消失,除了魏晋及明末清初"非君论"、"无君论"者的微弱声音。

(四)秦汉以后,中央与地方关系之讨论

在君主制前提下,如何调整中央与地方关系,是关涉国家政治结构的重大问题。与君主制的无可争辩不同,中国古代关于中央与地方关系的讨论和思考在秦汉以后持续了很长时间。

春秋战国诸侯纷争的时期,政治一统是人心所向,各国制度变革的核心和趋势也正是以中央集权来消解地方权力,在这一背景下,地方分权主张销声匿迹,儒法诸子也在这一问题上达成一致,儒家"礼乐征伐自天子出"的主张,及法家"事在四方,要在中央"的权力结构设想①,目的都在于高扬中央集权,强调君主在国家政治中的最高权力中枢地位。

秦统一天下后,中央与地方关系问题以郡县制与分封制之争的形式表现出来。秦始皇登基后不久,召集朝野上下围绕这一问题展开大讨论,而最终,李斯以加强中央集权为核心的郡县制主张得到皇帝的认可。

汉代,处于中国古代中央集权制巩固与强化的重要时期。汉初在地方实行郡国并行制,但到文帝时期,诸侯王坐大,对中央集权构成威胁,如何抑制地方势力成为当务之急,于是朝廷之上围绕是否削藩展开论辩。自汉文帝到汉武帝时期,有三位重要人物针对这一问题提出建议:贾谊主张通过"众建诸侯"限制王国土地面积,晁错则主张强行"削藩",主父偃提出与贾谊相同的"缓夺"之策,而最终,汉武帝采纳了主父

---

① 《韩非子·扬权》。

偃的主张,通过颁布"推恩令",将诸侯王势力彻底瓦解,一劳永逸地解决了地方坐大的问题。从此之后,大范围的分封制退出了历史舞台,郡县制正式确立。

汉代之后,分封制之论虽有反复,如魏晋南北朝时期和唐代藩镇势力壮大之时,都有分封之声再起,郡县论者再加反驳,而西晋的"八王之乱"和唐"藩镇之祸"的现实教训使分封制主张终究难以成立。北宋以后,随着中央集权进一步加强,郡县制已经成为历史定式,有关封建与郡县之争基本安静下来,直到明末清初,三大思想家黄宗羲、王夫之、顾炎武就此问题进行了新的探索,提出了二者相调和的新主张。顾炎武说:"封建之失,其专在下;郡县之失,其专在上",认为最好的方法是"寓封建之意于郡县之中"[①]。这一主张代表了中国古代中央与地方关系的理想状态:"内外相维"、"上下相制",中央与地方互相扶持支撑,各享其权,各尽其责。

二、集权官僚制的行政组织思想

在夏、商、周三代,政治统治与血缘贵族身份紧密联系,是为"贵族政治"时期。春秋战国时代,基于强化以君主为本位的中央集权体制和适应新的地主经济发展的需要,一支采用新的选拔标准并赋之以独立的、专门履行行政职能的官僚队伍建立起来,主权者与管理者分离的官僚制度形成。在这一背景下,先秦诸子围绕官僚体制的建设展开了探讨。

(一) 法家的官僚制理论

法家强调君权独尊,但认为君主未必事必躬亲,统治天下的具体事务应设官分职,安排和督促臣下去分层负责,这就需要建立一个运转有

[①] 《亭林文集》卷一《郡县论一》。

序的官僚机构。在法家看来,这个官僚机构及其行政运作应具备以下要素和特征:

首先,因才任职,量能授官。明确官员选拔的客观标准,依法择优用人,反对任人唯亲,如此,可保证官僚队伍的精英化,防止官僚队伍的世族化、贵族化。

其次,等级严格,职司分明。官僚组织内部,君臣上下之间,要严格尊卑等级,如此可从结构上保证"权"与"势"的统一,层层节制,保持政令畅通和统治权的有效实现;要定职定责,避免官吏一身兼任,或一职多责[①],实现行政事务的专门化,防止权力垄断。

第三,法令严密,公文行政。官员行政以法为据,法令典规及标准化的档案簿记等文书在国家行政管理过程中具有基础性作用,行政活动法律化、规范化。

第四,循名责实,付诸赏罚。在职司分明的基础上,建立有效的考课机制,按考课结果决定官员的升迁降免,以监察手段及时发现、处罚官吏的违法行为,督促官员尽职守责。

依照以上几点,一架组织严密、运转高效的行政机器建立起来,这架行政机器内部岗位责任明确,制度严格,各环节步调和目标一致,环环相扣,共同合作,"如臂使指"般地执行帝王意志——这是法家理想中的官僚组织形式,商鞅变法及秦统一天下之后建立的官僚机构正是这一理论的实践。

(二) 儒家对"官僚士大夫政治"的期待

如果说法家对中国传统集权官僚制建立的贡献主要体现在体制与框架设计上,那么,儒家的贡献则主要在价值理念等精神要素上。

儒家重视社会关系中的尊卑秩序,在其所期望构建的魅力型、伦理

[①] 《韩非子·难一》:"明主之道,一人不兼官,一官不兼事。"

型政治格局中，这种基于身份的等级关系同样被严格强调。子路请教孔子为政的首要之事是什么，孔子回答："必也，正名乎。"①君君，臣臣，父父，子子，上下有序，各安其位，这是政治的根本。在官僚组织内部，等级意味着权威和秩序。荀子说，"势齐则不一，众齐则不使。"②两贵不能相事，两贱不能相使，身份、权力有高下之分，才能实现权力的有效行使和整体秩序的统一。

但在儒家所倡导的官僚等级秩序中，尊者地位的合法性取得基于德性，其所享有的政治和社会特权也与其重大的伦理责任相对应。儒家提出理想的君主应是"内圣外王"，以君主为中心的整个官僚组织作为社会的精英阶层，应有高于庶民的道德标准："士"当"志于道"，士者为仕，不仅要自己修身以成君子，还要为"一国兴仁"，为"天下兴仁"③。儒家期待作为政治统治中坚的官僚阶层能够成为社会的价值担当，期待其以"修、齐、治、平"的方式向全社会传递正统价值观念。两千年传统政治中，这一伦理政治理念通过科举取士等方式不断渗透到行政组织及实践中，为传统官僚制的行政伦理和组织文化建设提供了价值支撑，在儒家理论中，隐约可见官僚士大夫政治的影子。

（三）墨家"职级分明"的官僚组织理想

在先秦诸子中，墨家对官僚体制的讨论也值得关注。墨家认为，君主的产生是基于"一同天下之义"的需要，而君主要完成这一使命，必须有一个庞大的组织来辅佐，于是设三公、万国诸侯、左右将军、大夫和乡里之长，组成自上而下的统治团体，这便是墨家的官僚组织雏形。在这个官僚组织中，权力是等级有序、层次分明的，下级"尚同"于上级；君主及各级长官必须选拔贤能，且打破任职终身制："官无常贵，而民无终

---

① 《论语·子路》。
② 《荀子·王制》。
③ 《孟子·尽心上》。

贱。有能则举之,无能则下之。"①有德、有能之人执掌权力,以仁人之"义"统一天下人思想,形成天下一体的安宁局面,这便是良好的政治。

先秦儒、墨、法各家对传统中国官僚体制的制度框架和价值信仰的理论设计,在秦汉以后互相融合,并得到充分实践。两千年传统中国官僚政治中,有关这一问题的探讨仍在继续,但总体上未超出先秦各家思想的轨道。

三、严于吏治的权力监督意识

如何选官用人,以及怎样实现对官员的管理、监督,这是官僚体制健康运行的关键。对此,先秦各家思想也有充分的思考。

(一) 儒家的"以德治官"思想

如前所述,儒家希望官僚集团成为社会的道德精英,期待通过执政者的表率作用实现"德治"天下的目标,因而,统治阶层道德水准的高低对于政治理想的达成至关重要。在"人性善"的理论前提下,儒家提出了"以德治吏"的主张。儒家反复强调以德为先的用人标准,主张"贤者在位";强调执政者以德修己,立身惟正,告诫权力主体通过不断地学习,批判自我意识中的物欲之性,达到自身人格的完善,进而完成表率天下的使命。儒家"伦理学"的权力制约理论对于保证权力的正义性无疑有重要意义。

在对待吏治的问题上,法家与儒家有着完全不同的逻辑起点与方法。

(二) 法家的吏治之道:法、术结合

在先秦诸子中,法家是最为迫切地强调"严于吏治"的一派。法家认为,吏治,是君主实现国家治理的前提要件,有一个好的官僚队伍,治

---

① 《墨子·尚贤上》。

国可收到事半功倍之效。管仲说,立国有"三本",其核心之"本"为吏治,一国之君如果不能控制百官,澄明吏治,纵使拥有君位,也难以有效地实现治理①。韩非子则提出了"明主治吏不治民"的著名论断。在他看来,英明的君主不需要亲自去管理百姓的具体事务,他只要抓住最根本的一条,就是任用官吏,就可以以一统众,解决所有问题,他要通过建立、整饬官吏队伍保证帝王意志的有效贯彻。

与儒家不同,法家对人性充满怀疑。儒家"以德治官"的主张基于其"人人皆可为尧舜"的判断,而在法家看来,"自利"、"自为"才是人的本性,《管子》、《商君书》、《韩非子》中有关人性"自利"的论述非常充分②。韩非子将人性"逐利"的本性引入君臣关系的分析中,认为君臣之间也不过是一种利害的往来与计算③,儒家所谓"君臣如父子"的说法,不过是虚饰。正是在君臣利异及"坏人"假设的前提之下,法家主张君主必须对臣下全面防范、制约。韩非子说,为人君而要等待臣下忠其心、诚其意、不我叛,必将陷于被动,惟有明之以法、驭之以术,使群臣不得不服,群臣方可收敛④。

基于对人性的不同判断,法家整饬吏治的方案与儒家完全不同,法家不相信道德制约的现实功效,而主张运用法、术手段,以赏、罚为工具,对官吏严加督责。

商鞅主张利用人性好利恶害的特点,运用君臣之间、官吏之间的矛盾使其互相监督,防止官吏腐败。在秦国的变法活动中,商鞅实践了他的这一设想,他颁布"连坐法",在官吏之间、邻里之间、军人之间建立起

---

① 《管子·明法》:"属数虽众,非以尊君也;百官虽具,非以任国也。"
② 《管子·形势解》:"民之情,莫不欲生而恶死,莫不欲利而恶害。"《商君书·君臣》:"民之于利也,若水于下也。"
③ 《韩非子·难一》:"臣尽死力以与君市,君垂爵禄以与臣市。"
④ 《韩非子·外储说左下》:"明主者,不恃其不我叛也,恃吾不可叛也。不恃其不我欺也,恃吾不可欺也。"

广泛而强大的监督网,上下级和同级官吏之间如若发现有人违法犯罪必须检举揭发,告奸者赏,匿奸者与奸人同罪。韩非子主张在官吏上下级之间建立相互监督关系,且尤其提到下级亦可以监督上级[①],当臣子违法时,其下级若不及时告发,将"连坐同罪"。

法家主张运用法律的手段选拔和任命官吏,以法律统一用人标准,防止任人唯亲。对现任官员,要明定职责,建立有效的考课机制,严明赏罚。

在法律手段之外,法家还十分重视"术"在权力监督中的运用。术,即君主驾驭群臣的手段和方法,又称权术。韩非子以法、术为君主不可缺少的统治工具,提出在君臣关系中,"术"的作用有二:一是控制臣下;二是防止为臣下所控。运用权术知奸、防奸、察奸、治奸,在韩非子理论中有非常详细具体的论述。在专制帝王时代,这一特别的权力监督手段有着独到的作用,它是一种政治智慧,更是一种权谋技巧。

有关"吏治"重要性及方法手段的探讨,在秦汉以后的官僚政治历史中始终是朝野所关心的重要话题,有关这一问题的论述,可谓丰富,历史上也有多次针对吏治问题的改革,旨在完善官吏的选拔、任用、管理、考课、监察制度等。这些讨论或改革以传统君权官僚政治为背景,以消除官场弊病为目的,或为防患于未然,或欲力挽狂澜,其中不乏良好的策略方法,值得借鉴。

第三节　中国古代官制架构

在君权政治中,一套组织规范、职责严明、结构合理的官制架构,是王朝政治稳定与行政高效的前提,如何将权力结构进行有序化、精密化

---

① 《韩非子·八说》:"明君之道,贱得议贵,下必坐上,不待势重之钧也。"

安排,使行政权力的层级之间、部门之间实现功能上的协调配合,最大限度地发挥权力的有效性,降低权力的破坏力,是每个朝代政权必须认真思考的课题。从先秦时代的贵族政治到秦汉以后的集权官僚政治,历代统治者在政治实践中不断探索、总结,建立起与时代政治体制相适应的权力组织系统,依靠系统的有效运转,王朝政令得以自上而下地贯彻实施,政务得以有序开展,国家政治秩序得以有效维护。

一、中央决策与执行系统

(一) 秦汉"三公九卿制"

据《汉书·百官公卿表》记载,周代在中央设三公,分别为太师、太傅、太保,辅佐周王处理全国政务,是行政机构的中枢[①]。三公之下设六个行政部门,其职官称"六卿",分别为冢宰、司徒、宗伯、司马、司寇、司空,各司土地、宗教、军事、司法、建设等事务。

春秋战国诸国争霸之际,"相",成为国家政务之枢要,总百官,治万事,举足轻重[②]。但在这一时期成文制度中,未见宰相职能的明确说明。

秦始皇统一天下后,一套自上而下严密的官僚统治机器建立起来,以丞相为首的中枢机构成为皇权的左膀右臂。秦时中枢权力由三公行使:丞相、太尉、御史大夫,其中,丞相"掌丞天子,助理万机",凡一切军国要务,皇帝皆与丞相共商决定,朝廷内外百官皆听命于丞相;太尉,职掌军事,御史大夫,负责转呈公卿奏事,监察、举劾官吏等事务,为副丞相。秦代的丞相,可谓权倾天下,位尊势隆,皇帝亦对其尊敬有加。《汉旧仪》云,皇帝见到丞相时,要"为丞相起""为丞相下舆",为人臣之贵,

---

① 《汉书·百官公卿表》:"太师、太傅、太保,是为三公,盖参天子,坐而议政,无不总统,故不以一职为官名。"
② 《荀子·王霸》:"相者,论列为百官之长,要百事之听。"

可谓极矣。按秦制,中央三公之中,御史大夫为副丞相,负责辅佐丞相,又可纠弹丞相,一旦丞相被劾,御史大夫则升居丞相之位,可期待的现实利益使御史大夫尽心于监察,其与丞相之间的监督关系十分明确。

三公之下设九卿,分别为:奉常,掌皇室宗庙礼仪;郎中令,掌宫殿警卫;卫尉,掌宫门卫屯兵;太仆,掌舆马及全国军政马匹供应;廷尉,掌司法、刑辟;典客,掌少数民族事务;宗正,掌皇室宗亲事务;治粟内史,掌全国粮草、赋税;少府,掌天下山海地泽之税。

一般认为,三公为秦朝政务官,而九卿则为事务官、行政官,朝廷政令出于三公,九卿则负责贯彻实施。但从当时九卿的具体职能上看,多负责皇室私家事务,并非完全的国家公务机构。

汉初,仍行三公九卿制,不同者,此时的丞相置左右二人,但其权力并未分割,实际上仍为独任制。自西汉中期开始,由于相权的膨胀,皇帝开始对其加以摧抑、削夺。汉武帝时,通过由心腹近臣组成"中朝"以分割相权,政务中心由外朝移至内朝,曾经"助理万机"的丞相,此时几成陪衬。不仅如此,武帝时期开始重用本为皇帝私人秘书的"尚书",处理枢要政务。到西汉末年,丞相一职已被"三公"取代——成帝、哀帝时,将御史大夫改为大司空,丞相改为大司徒,二者同武帝时始置的大司马合称"三公",此为"三公并相"制度。东汉时期,情势又发生变化,崛起于西汉武帝时期的尚书曹,至此时已权重位尊,成为实际的宰相部门,三公几成虚设。汉代尚书官地位的提高为隋唐三省制的出现做了铺陈。

汉代九卿的名称有所调整,分别为:太常(秦之奉常),光禄勋(秦之郎中令),卫尉,太仆,大理(秦之廷尉),大鸿胪(秦之典客),宗伯(秦之宗正),大司农(秦之治粟内史),少府。名称上有所变化,但各自职掌与秦大致相同。汉之九卿同样在国家政治中发挥重要作用,皇帝每有大事,常"下公卿议",是中央三公之下的最高行政执行机构。

(二) 魏晋隋唐"三省六部制"的形成

魏晋南北朝时期，汉末已失势的"三公"已完全成为"论道之官"，而丞相一职在这期间亦省置无常，即便设置，此时的丞相也已失去"助理万机"之权，成为优待重臣之位。魏晋南北朝时，人称真宰相者，为尚书、中书、门下三省。三省此时虽居三公之下，却是掌握最高权力的决策机关，三机关的职能分工在此时还未十分清楚，也多有一人身兼两省之职的情况，但三省的出现无疑有效防止了一省专权，它是后来隋唐三省制的前身。

三省之下，仍设诸卿，这一期间各朝所设诸卿名称有一些变化，但大体职责相类，而且此时诸卿有些已名存实亡，这是与秦汉时所不同的。

唐代，三省六部制的中央中枢机制正式建立。

三省：中书省、门下省、尚书省。三省各有分工，其中，中书省掌出令，门下省掌审核，尚书省掌执行。三省之间的制约关系非常清晰：中书省据皇帝旨令起草诏令及下行文书，送门下省审核复署，门下省认为可行，审后送至尚书省执行，认为不妥则可返回中书省重议。尚书省掌执行，但它并非简单地遵命从事，而是可以对公文进行检覆，并载录于案，存档备核，对中书、门下之决策出令形成一定制约。如果发现行下公文有不便者，尚书省要提出异议，连同原来的文件一并奏呈，甚至在诏敕下达时，尚书省官员也可封还诏书[①]，三省互相配合，又互相监督、牵制，共同辅佐王政。

中书省长官称中书令，副职为中书侍郎；门下省正职长官称侍中，副职为门下侍郎；尚书省正职长官为尚书令，副职为左右仆射，因唐太宗曾居尚书令职，后人无敢再居此位者，故左右仆射是实际上的正职。

---

① 《唐会要》卷五八《尚书省诸司中》。

为便于三省长官共同议事,提高行政效率,唐太宗时,在门下省设政事堂,作为当然宰相的三省正职长官和被加以"参知朝政""参知政事"等名号的其他官员可以进入政事堂,集体议事。久之,政事堂由原来的议事场所发展成为一个权力机构,玄宗时改称"中书门下政事堂",越于三省之上,成为实际上的宰相府。而三省则权位下降,变成了辅政机构。

三省之下设六部,为政务执行部门。六部直属尚书省,其具体名称及职掌分别为:吏部,掌官吏选拔、任命、考课;户部,掌土地、户籍、赋税;礼部,掌礼仪、祭祀、贡举;兵部,掌武官选拔及其他军事行政事务;刑部,掌刑法狱讼;工部,掌屯田水利,工程建设事宜。六部各辖四司,共24司,处理相应的具体行政事务。

除六部外,中央另有九寺、五监,九寺即秦汉以来的九卿,名称上有些变化,职能划分大体与原来相同。所不同的是,此时的九寺由于六部的兴起,成为安置闲官散员的部门。五监为具体的事务性部门。

(三) 宋代"二府三司制"与元代"一省制"

宋代,中央中枢机构为二府三司。二府:中书门下,枢密院,两者"对持文武二柄,号为二府"[①],即文武分权,各司其职。中书门下正副长官为"中书门下平章事"、"中书门下参知政事";枢密院正副长官为枢密使、副使。三司:盐铁司、度支司、户部司,是中央职掌财政的行政机构。其中,盐铁司掌盐铁专卖、转运;度支司掌财政收支;户部司掌四方贡赋、钱谷出纳。三司长官为三司使。二府三司之下,设六部。

元代中央行政中枢只有中书省,实行的是一省制。中书省下设六部:吏部、户部、礼部、兵部、刑部、工部,具体掌管全国各项行政事务,六部尚书直接受中书省领导。一省制下中书省的地位相当重要,中书令职权极大,元世祖以来多以太子领其职。

---

① 《宋史·职官一》。

(四) 明代"内阁制"

明代中枢机构的最大变革,在于宰相制度的废除。

明初袭宋元旧制,中央设中书省作为最高行政机关,总揽全国政务。中书省设左右丞相,领导中书省事务,另设平章政事、左右丞、参知政事等职加以辅佐。中书省下设六部负责具体行政事务的处理。

明初中书省权力很重,负责"综理政务",皇帝出旨,百僚奏章皆须经中书省,其长官左右丞相更是权威显赫,"生杀黜陟,或不奏径行。"[1]相权的隆重,引起了朱元璋的猜忌和不满,洪武十三年(1380年),朱元璋借胡惟庸案之机,进行了一次官制改革,罢中书省,并宣布永远废除宰相之职,由此,在中国实行一千多年的宰相制度宣告终结。废中书省后,原隶属于中书省的六部地位随之上升,成为并行的中央最高行政机关,直接对皇帝负责。明代六部与唐代时期的名称及分工大体相似,只是这一时期实际权力更重。

宰相废罢后,朱元璋大权独揽[2],但皇帝一人之身,掌天下之繁多事务,难于应付,为此,朱元璋曾设四辅佐政事,但四辅官制度实行不到两年,便因其无济于政事而告取消。此后,明代皇帝又使用翰林院学士、编修、检讨等侍从官员入文渊阁协助处理一些公文,这种协助最初只是文字上的,其人员称内阁大学士或大学士,但久之,机要文字、政事的讨论也时常有这些人参与,其权力和地位开始发生变化,到明英宗时,内阁已成为实际上的一级权力机关[3],内阁统帅六部的局面已经形成。

---

[1] 《明史·奸臣传》。

[2] [明]廖道南:《殿阁词林记》卷九:"中外奏章皆上彻御览,每断大事,决大疑,臣下唯面奏取旨而已。"

[3] 《明史·职官一》:"六部奉承旨意,靡不能领","朝位班次,均列六部之上","遂赫然为真宰相"。

(五) 清代军机处与六部

清代,军机处取代了明代内阁成为实际上的中枢决策机构。

清初行明代内阁制度,设大学士、协办大学士、学士、侍读学士等职;另设议政王大臣会议为最高权力机构,但是大权在握的议政王大臣会议很快膨胀,与皇权发生了激烈的冲突,康熙时开始采取措施,削弱其权力。雍正时,出兵西北镇压准噶尔贵族叛乱,为商议军务,防止泄密,设置了军机房,西北用兵结束后,这一机构保留下来并改名军机处,因其得到皇帝的特别信任而逐渐参与政务,并最终成为拥有重权的中枢核心机构。在清代,军机处直接听命于皇帝,其职责是负责起草诏书,审阅奏折,参与军国政务、军务。军机处设军机大臣,无定员,多时达11人,由亲王、大学士、尚书等人充任。

吏、户、礼、兵、刑、工六部仍是清代中央重要的行政机关,直接由皇帝控制。六部长官由满、汉人分别担任。六部职掌在这一时期比较混乱,由于军机处的设立,其权力也受到极大削弱。

中央机关除上述者外,另有专门负责民族事务的机关理藩院及诸寺、监。

在中国两千年的专制政治史上,行政中枢体制一直在不断地调整、变化中,中枢的权力重心时而在此,时而移作他处,权力功能时而强化,时而削弱。这些变化的背后虽有多层次、多方面因素在起作用,但有一条主线始终贯彻其中,即"君尊臣卑"格局下的相权制约,历代行政中枢体制的变化都离不开规制中枢权力的目的,离不开君权对相权的摧抑、限制这一主题。

二、地方行政区划设置

中国古代地方行政区划设置在春秋战国前后发生了很大的变化,即由之前的分封制变为后来的郡县制,而在郡县制实行之后,地方行政区划也在不断调整中。

(一) 由分封制到郡县制

历史上,有明确史料记载的大规模封邦建国最早行之于西周。出于藩卫宗周的目的,西周建立之初在其征服的广大地区,分封同姓子弟及姻亲、功臣,建立起以周王室为中心的宗法等级政治体制。这种姬姓宗亲"莫不为天下之显诸侯"[1]的分封制度使周政权在相当长时期里成功地实现了对天下的有力控制。但是,随着时间的推移,分封的诸侯与周王室的血缘关系渐远,离心倾向渐显,而且随着自身实力的增强,地方诸侯摆脱甚至反制天子之势日增,最终,诸侯混战,列强称雄,周天子反为诸侯所挟。

结束了列国纷争的局面,秦王朝建立起天下一统、中央集权的政治体制。秦统治者总结周亡的教训时,认为其中重要一条即是诸侯坐大,王室衰微[2],于是,"削分封,行郡县"。郡县制之下,地方被纳入到朝廷自上而下的一统政局之中,其权力较之以前大大弱化,行政、财政、军事等诸项事务皆由中央统一掌控。

继秦而起的汉王朝在分封制与郡县制问题上改变了策略。汉代初期,一方面先后分封异姓王和同姓王以作朝廷的屏障,另一方面,又设立15郡,直属中央统辖,分封制与郡县制共存,此称"郡国并行制"。然而,由于诸侯王国封域广大,且在政治、经济上拥有独立自主的权力,势力发展迅速,到文景时期,已成"尾大不掉"之势,引起朝廷的疑虑和担心。汉景帝时,为削弱地方诸侯王国势力,实行"削藩"政策,由此引发了"吴楚七国之乱"。中央权力在平息这一叛乱的过程中得到了极大强化,汉武帝时期,继承了这一"削藩"政策的成果,并更进一步采取了一

---

[1] 《荀子·儒效》。
[2] 《汉书·地理志上》:"周制微弱,终为诸侯所丧。"

系列旨在加强中央集权的措施,地方诸侯势力遭到毁灭性打击,乃至最终名存实亡。

汉武帝削弱诸侯势力的最有力措施是颁布"推恩令",这一政策的核心精神即"众建诸侯而少其力"——通过广封诸侯来减少和瓦解诸侯国力量。具体内容为:改变原本诸侯封国只能由嫡长子继承的制度,规定诸侯王死后,其所有子弟可共同参与封国利益的分配——包括土地和身份,这些新建立的侯国不再隶属于原来的王国,而转属附近的郡,成为中央直辖区域。"推恩",即广推恩泽,这一政策的实行使得原本没有机会得到利益的诸侯子弟广受"恩泽",似是优遇,但实际上,其背后的"明予暗取"之计却令朝廷大受其益,因为如此一来,地方诸侯王的封地面积迅速"化整为零",难以再成气候,原本已经坐大的诸侯王国顿受重挫。武帝时,封国大者不过十余城,小者不过三四县,而且在"诸侯犯法者,夺其封国"制度之下,封国数量日见减少,至元帝时,郡国并行制实际上已变为单一郡县制。

汉代"推恩令"是对封国势力的一次根本性摧毁,从此之后的中国历史中,封国制再也无法形成"坐大"的地方势力。如西晋时,分封的诸侯王"徒享封土,而不治吏民",诸王虽已分封,却都留在京都,没有就国,至于王国的政治机构,军事装备等更是不可能完善,王国形同虚设。

所以,自汉代中期以后,随着郡县制的最终确立,地方权力受到了根本性的限制,从此以后,"任何贵族就没有'食土子民'的权能。(皇帝)经济政治大权集于一身,他就有无上的富、无上的贵、无上的尊严,'朕即国家';他的命令就成为制、成为诏了;而分受其治权的大小官僚,就得仰承鼻息,用命受上赏,不用命受显戮了。"[1]著名学者王亚南的这一论述揭示了专制帝王行郡县制以加强中央集权的思路。

---

[1] 王亚南:《中国官僚政治研究》,中国社会科学出版社1987年版,第57页。

(二) 郡县制下地方行政层级

郡县制之下,地方行政层级的多与少,行政区划范围的广与狭,关系到中央权力能否有效地作用于地方,反映了中央集权与地方分权之间的此长彼消,中国历代王朝都在这一方面用心设计。

秦时实行郡县二级制,郡级的数量初期为36个,后来增至49个。西汉时,经过分割秦郡、封国领地及广扩疆土等措施,郡国数目大增,中央政府对地方控制难度加大,为此,汉武帝在全国郡级政区之上设13个监察区,称州,每州派刺史监察各辖区官吏的为政情况。久之,州刺史演化为郡之上的地方最高行政级别。

魏晋南北朝时,州、郡、县三级行政体制确定下来,但由于政权分裂割据,州郡之数大大增多,加上侨州郡县[①]的变化,给这一时期中央政府的统一管理带来了很大麻烦,改革势在必行,这一任务在隋唐统一之后完成。

唐代对魏晋以来实行的地方行政区划进行了大规模的改革。唐初,地方层级为州县二级,与汉代相似,过多的州县建置给唐中央统治带来不便,为此,唐代在州之上设"道"为监察区,而"道"因此也逐渐成为州之上的一级行政机构。在"道"之外,唐代还开创了府的建置——唐在京师及相近地区设府以代州,有京兆府、河南府、太原府"三都府",后来又增加了一些府。至唐后期,地方行政管理逐渐形成了道、州(府)、县的三级制。

宋代行路、州(府)、县三级制,其中的"路",亦由地方大监察区演化而成。为防止唐末及五代十国以来地方割据分裂的悲剧重演,宋代通过进一步划小政区,分割和上收地方权限的方式实现对地方的有力控

[①] 侨州郡县,是北方流寓江南的士庶在南朝的侨居地,东晋南朝政府按其原籍郡县地名另设立的州郡县地方政府。

制,地方权力大为削弱。

元代是我国地方行政体制重要变化时期,其最大特点及对后世的主要贡献是创立了行省制。作为地方一级行政区划,元代的行省始终身兼地方官府和中央派出机构的双重身份:一方面,在地方开府设职,是一级正式的地方机构;另一方面,代表中央"分镇方面",对地方进行政治和军事控驭。行省的建立是对秦汉以来郡县制的一大发展,明清时期的督抚体制即属于这种"分寄式中央集权"统治模式。元代行省之下,设路(府)、(州)县。路,统属于行省;府,在隶属关系上比较复杂,有的隶属于行省,有的隶属于路,还有直属中央中书省者;元代州的区划缩小,有的州只辖二三县,与县级无异。

明初改元代行省为承宣布政使司,改元代的路为府,由此,形成省(布政使司)、府、州、县四级体制。明代的州有大小之别,直隶于省的大州称"直隶州",地位等同于府,直隶于府的小州称"属州",地位与县同。所以,明代地方行政系统实际上为省、府、州、县四级制与省、州、县三级制并存的格局。明代在省之上又出现总督、巡抚,二者之设本为中央临时差遣以监督、安抚地方,但因其节制一省或数省军政,久之渐向地方官转化,成为地方军政之首。

清代地方为省、府、县三级(厅、州或同于府,或同于县)行政设置。此外,省之上有总督、巡抚,省之下有道。总督、巡抚在清代成为固定官职,其所辖区域与省一级大致相同;道,设置于省之下、府之上,作为省级行政的派出机构,清代的道并非一级独立的政权机构。

综观中国古代,地方行政层级基本上经历了由二级制到三级制的发展变化,个别时期虽有复杂的多层结构,但其实质仍未超出三级设置。在各层级的行政区划或管理幅度上,表现为由大到小的趋势。这一制度沿革或变化从一个角度反映出中国古代中央与地方关系发展的线索:中央集权随着专制统治走向后期逐渐强化,地方权力则渐趋缩小。

三、地方行政事权分配

(一) 中央与地方事权分配

中央与地方事权分配主要可以从用人权、财政权、军事权、司法权等方面来考察。这一考察限于秦汉帝制建立之后——西周分封制下，地方在行政、经济、军事、司法诸方面均拥有较大自主权。

1. 用人权

汉代，郡守可自辟百石以下属吏①，西晋时，刺史可自行任命属下的一般官员②，而隋唐以后，地方官吏皆须"受命于朝而后仕"，地方用人权集于中央。隋唐时，州县官吏的选调任用，九品以上须报请吏部批复；宋元时期，由中书省和吏部统一负责地方官的任免；明清时期仍循前制，布政使可每年考察其僚属，报于抚按，再达于吏部、兵部、都察院，或每隔三年一次朝觐京师时，陈述其僚属情形，以听其去留，布政使本人无权直接左右官吏的任用事宜。

这种由中央统一人事任命权的方法可以有效防止地方官利用任官之机结党营私，对加强中央集权来说是有利的。事实证明，地方用人权的有与无，大与小，对中央权力的维系的确影响至大。

2. 财政权

秦代已建立了高度统一的中央集权财政管理体制，地方财政收入全部上缴中央，财政支出也由中央统一支付，地方没有财政自主权。反

---

① 《汉旧仪下》："旧制，郡国百石、二千石调。"
② 《太平御览》卷二五六《职官五十四》："山涛为冀州刺史，……搜求贤才，旌命所知三十余人，皆显名当世。"

秦之政的汉代初年,行"郡国并行制",朝廷把相当一部分政治、经济权力下放到诸侯王国,他们不仅可以自行征收赋税,还可以直接经营煮盐、冶铁和铸钱,可以因地制宜地采取发展地方经济的政策。这一自由财政政策对汉初70年的经济发展和繁荣无疑是十分有益的,但同样也为日后的政局动荡埋下了隐患。经"削藩"政策的推行,王国自收租税等各项经济特权被取消,地方财政权收归中央。

隋及唐代前期,地方财政权一直集中在中央,地方经费从指定的收入项目中按规定额数列支。这种状况在唐玄宗天宝之后发生了改变。天宝以后,藩镇屯兵自养,他们用"送使"、"留州"的名义截留地方租赋[①],地方财政收入的绝大部分由方镇把持,这为地方官员的侵贪自肥提供了便利条件,而且也是唐中后期方镇强大、朝廷衰弱的重要原因。

为改变这一状况,宋代自开国之始,即实行"天下支用悉出三司"的财政管理原则,即使少量"送使"与"留州"的财物,原则上地方也不能擅自支用。中央政府通过派出的路转运使控制和监督地方财政,同时,中央还不断地加强对地方财政的审计工作。有宋一代,地方财权完全收归了中央,路、州各级官府不过是奉命将朝廷下达的上缴财赋定额上供朝廷而已,对地方财力没有单独支配权。

元及以后的明清时代,中央与地方财政权力的分配模式基本上属于中央集权型。元代财赋高度集中于中央,路府州县支配权非常有限。明清时期,实行财税"统收统支"政策,即不划分中央财政和地方财政,由各省按照中央政令总征各项赋税,然后在户部统一筹划和监督下开支国家各项经费。这种财政体制下,地方的财政权也所剩无几。

---

① [宋]李焘:《续资治通鉴长编》卷六"乾德三年"条:"唐天宝以来,方镇屯重兵,多以赋入自赡,名曰留使、留州,其上供殊鲜。五代方镇益强,率令部曲主场院,厚敛以自利。其属三司者,补大吏临之,输额之外辄入己,或私纳货赂,名曰贡奉,用冀恩赏。"

3. 军事权

在地方诸项权力中,军事权非同小可,军权的集中是皇帝专制大权的重要保证。秦时,地方各郡县军队由各郡郡尉管理,但军队的最高指挥权和将帅任免权则完全由皇帝掌握。汉初沿秦制,但东汉以后,中央派往地方负责监察事务的州牧、刺史权力扩大,变成拥有实权的地方最高行政长官。东汉末年,黄巾起义爆发,汉地方一郡之力无以平息叛乱,于是,刺史典兵成为制度,刺史改为州牧,在镇压黄巾起义的过程中,势力迅速壮大,逐渐摆脱中央的控制,分裂割据一方。后汉三国期间称雄一方者多有起于汉后期州牧之任者,加强中央集权的初衷非但没有实现,却相反导致了天下四分五裂的结果。

与汉代相似,唐代太宗时置十道采访使也是出于加强中央集权的目的。肃宗时,分天下为40余道,改采访使为观察使,与此同时,广置节度使于诸道有戎旅之州郡。安史之乱中,唐在地方实行军政一体化管理,节度使越置越多,在平乱过程中,势力日增,权力范围越来越广,地方军、民、财大事皆可介入,而朝廷对节度使的倚重程度也越来越大,于是,节度使之制终成大患,导致藩镇割据,朝廷无法控制。

五代十国的建国者多是唐末的节度使,他们深知地方兵力之强带来的弱干强枝之患,因而,在建立政权以后,均设法削弱节度使之兵权,这一策略经宋代进一步推行,终于达成目的。宋时,罢节度使驻地以外所兼领的州郡,将其改属京师,由中央派遣文官出任知州、知县等地方官,三年一更换,直接对中央负责。对于五代以来一直盘踞一方的节度使,宋太祖以"杯酒释兵权"之法将其逐一罢免。宋太祖还实行收地方精兵于中央的政策,使得地方军队只剩下老弱病残没有什么战斗力的厢兵,无法构成对中央朝廷的威胁。宋代建立于唐末五代方镇长期割据混乱的历史时期之后,它之所以能够维持300余年相对稳定的内部统治,与宋政府确立的对地方"制其钱谷,收其精兵"的政策有较大关系。

明代，各省掌武职者为都司，但作为总领一方的督抚有军事决策权，军事调动、指挥权，甚至可以率军出征，是实际上的地方最高军事统帅。对手握如此重权的督抚，明代采取种种措施对其加以约制，使得督抚虽有重权，却没有机会拥兵自重。但这种情况到清代后期有了改变。清代道光之前，督抚的军事权力非常有限，且多由皇帝临时授予。咸丰年间，为镇压太平天国起义，清政府同意地方督抚办团练和编练新军，督抚们趁机组建自己的武装，扩充势力。这些地方武装兵由自招，将由亲选，饷由帅筹，脱离了清廷的控制，进而最终走向了地方割据。

4.司法权

秦汉时期，地方司法官专断的现象比较普遍，《汉书·赵广传》说："杀生之柄，决于牧守"。三国两晋南北朝时期，地方司法权力逐渐上收中央，其标志是死刑复核制度的建立。隋唐时进一步严格了死刑复核制度，而且严格规定了地方各级司法机关的职责范围，笞杖刑以下案件由县处断，徒刑以上案件，县司法官审理完之后送州复审，流刑以上案件须上报中央。宋时规定，杖刑以下案件可由县衙直接判决执行，州有权判决徒刑以下案件。明清时，县一级的案件判决权为杖80以下，府为杖100以下，省级司法只有徒刑以下案件的判决权。地方司法权力逐渐缩小，一个重要原因即是中央专制集权逐渐加强的需要。

（二）地方行政机构内部事权分配

中国古代地方行政机构事权分配的演变历史，表现出一个明显特征，即最基层的县级行政组织具有超强稳定性——秦汉以后两千年的传统社会，县级行政机构县令为长，县丞、县主簿、县尉为佐的局面没有变化。而县之上的地方组织结构，前后调整较大。如以地方最高一级行政组织来看，在宋代以前，其与中央体制基本一致，即在最高长官之下,设佐官及具体事务部门,各机构、部门之间通过事权划分相互合作、牵制,保证政务有序开展;宋代之后,基于强化中央集权的需要,地方最高权力往往由多个部门分掌,"一长制"的局面不再存在,其目的在于"相互掣肘,防止专权"。①

秦时郡一级设郡守、郡尉、郡监三长官。郡守为一郡之长,掌治其郡;郡尉掌一郡军事、治安;郡监即监郡御史,为中央御史机构的派出人员,掌监察。郡尉与郡守、郡监之间没有上下级关系,他们都由中央任命,直接向中央负责,三者之间有牵制之势。在郡之下,县置县令、县长。《汉书·百官表》中说:"万户以上为令,不足万户为长",此为令、长之别。县长之下设丞、尉,分掌文书、盗贼之事,共同辅佐一县之长。

汉时在郡之上设州,此在东汉成为定制。州设刺史,为一州最高行政长官,后改称州牧。州牧下设别驾、治中、主簿等官辅佐,由中央委派。州之州牧有一州之内的行政权力,至东汉末年,权势日重,终于形成割据一方的力量,对此魏晋南北朝时曾试图加以纠正。

魏晋南北朝时期,地方行政机构的设置大体与秦汉同,所不同者,这一时期以军人兼任地方最高行政长官的现象普遍,州刺史集军事、政治、经济、司法等大权于一身,成为地方上的实权握有者。为避免汉末以来地方割据的危害,这时各朝均广设州郡,分析州郡势力。隋立国后,对地方大力整顿,其重要措施之一即实行军政分治,这一做法为后来朝代所延续。

唐代,州设刺史为长官,其副贰为上佐,包括长史、别驾、司马,无法定职事,往往用来安排闲冗官员,在刺史缺职时,可代理州事。上佐之外的州级属官还有录事参军、判司,录事参军掌监察,判司,即六曹判司,与中央六部相对应,负责一州人事、财政、教育、军事、司法等事务。

---

① 周振鹤:《中国地方行政制度史》,上海人民出版社 2006 年版,第 199 页。

唐代与州地位相等的府,长官称牧,由亲王遥领,实际长官为府尹,其属官设置与州同。

宋代以后,地方行政组织发生了较大变化,"一长制"为"多长制"取代,地方事权由多个部门共同执掌,没有了单一的权力中心,权力部门之间相互牵制。

宋代在路一级设经略安抚使、转运使、提举常平司、提点刑狱使四长官,分掌一路之军、政、财、司法大权,他们互不统属,直接对皇帝负责。宋代还根据情况需要,在某些路中设有招讨使、招抚使、抚谕使、镇抚使及提举茶马司、提举市舶司、提举坑冶司、提举茶盐司等,这些官职或机构的长官有的由本路四司长官兼任,有的则由朝廷另行派遣。另行派遣的官员与四司没有统属关系,如此,地方的权力都集中到了中央。

路之下的行政机关为州,另有府、军、监,均与州同级——首都或陪都地区设府,军事重镇或要冲设军,矿区、盐区等重要物资产区设监。宋代州一级的行政长官称为"知某州(府、军、监)事",同时州一级还设通判,为副职长官,同时兼任监察之职。按规定,凡正长官批发的公事,要经过通判签议联署方为合法,正副职之间的相互监督和牵制关系非常明显。在宋初,通判的实际地位以及皇帝对其亲信程度甚至超过了知州,它是皇帝在地方的耳目,可直接向皇帝汇报地方官的为政情况。

元代在行省内部,实行群官圆署和种族交参制。行省官员通常由左丞相、平章、右丞、左丞、参知政事等六七人组成。行省的军事权,专由佩金虎符的丞相、平章等官掌管,掌财政权的官员也由朝廷指定。行省内部实行群议制度,每遇大事,集体讨论决定,参与讨论的官员要在最后的议决结果上签名画押。元行省官员中,行省丞相、平章多由蒙古亲王充当,权力极大,其它官职也往往是蒙古人、色目人、汉人交参任命,而正职长官通常都要保证由蒙古人、色目人担任。

明初朱元璋改行省为承宣布政使司,与原有的提刑按察司和都指挥使司共同组成了"三司",成为地方的最高行政机构。三司分工如下：承宣布政使司掌行政民事,提刑按察使司掌监察、司法,都指挥使司掌军事,三司长官平时各司其职,遇有重大事情,则集体合议,合议的结果要上奏皇帝,听候皇帝批复。明代布政使设左、右二人,以防其专擅,布政使之下,设左、右参政,左、右参议,按察使之下设副使、检事,合称"六道",故其省级建制可称为"三司六道"。

三司制一定程度上解决了地方长官一权独专的问题,但是,事权一分为三又造成了三机关之间互相推诿,指挥不灵。为此,明又在三司之上设巡抚、总督,以统一事权,提高行政效率。为防止巡抚、总督再次成为地方割据势力,明代在设立督抚的同时,仍保持三司的相对独立性,三司在名义上是各省的最高权力机关,三司长官有违法失职情况时,督抚无权直接处理,只能"奏罢",而督抚有过,三司有权向中央弹劾。

明代的做法基本上被清代所沿袭,只是将三司改为二司,根据清代制度,总督、巡抚被委以行省大权,其下设承宣布政使司和提刑按察使司,但两司听命于六部,其事权独立,惟部臣始有管辖的权力,督、抚对两司只是居于监督地位。但是,在清代后期,这种格局发生了变化,自湘军将帅担任督、抚后,两司被降为属官,不听部臣指令,督、抚事权过重的局面就此形成。

第四节　中国古代官员选任制度

良政的实现离不开一支好的官吏队伍,通过什么样的途径和程序选拔优秀人才,授之以权,委之以责,是保证官僚机构健康、有效运作的关键一环。中国古代统治者在长期的政治实践中不断尝试、总结,在官吏的选拔、任用、迁转等各环节建立起日趋完善的机制,通过制度化的措施提升官吏队伍的整体素质,保证官僚组织的内部秩序。

一、官员选拔途径

中国古代选官途径大致经历了西周世卿世禄制度——汉代察举制——魏晋南北朝九品中正制——隋唐以后科举制的演变。

(一) 西周"世卿世禄"制度

西周贵族政治下,官吏任用实行"世卿世禄"制度,官爵是世袭的,官职基本为贵族所垄断。这一制度在春秋战国时期虽仍存在,但基于变法改革和人才渴求的需要,自春秋时代开始,军功入仕、以客取仕、辟田入仕、保举制等新的选官方式成为各国君主发现和笼络人才的重要手段。不拘一格,量才任用,打破世袭贵族政治格局,建立一支新的适应君主集权政治需要的官僚队伍,是这一时期任官制度变革的方向,商鞅变法中的军功爵制便是这一原则的典范。

(二) 秦汉"察举制"

秦统一后,尤其随着汉代察举制、征辟制的出现,择优用人的选官制度逐渐规范化。

察举制是汉代主要的选官制度,其含义为中央和地方高级官员向朝廷推荐优秀人才并授以官职,汉初始行,汉武帝时期正式确立。察举分常举与特举两种。常举,每年按科目察举,科目主要有孝廉科和茂才科;特举,没有固定的时间,往往由皇帝临时议决,主要科目有贤良方正科、文学科、明经科、明法科、至孝科等。作为汉代取官的一个主流途径,察举制保证了包括生活在社会下层的一批德、行皆优的人才进入官场,但这一制度在用人标准上难以把握,孝品、廉行各有情状,难有划一、客观的尺度去衡量取舍,且到东汉以后,各地人物的品评臧否渐为豪强垄断,察举制愈失其公平本义。

征辟制是皇帝特召人才及各级政府征聘属吏的制度,包含征召与辟除两种,前者指皇帝诏令选拔品行有闻之士,后者为朝廷和地方长官自行任用属吏。

(三) 魏晋南北朝"九品中正制"

魏晋南北朝时期,新的选官制度——九品中正制建立。九品中正制的主要内容,是由中央选择"贤有识鉴"的官员兼任其本郡的中正,负责评定其同籍士人的品第,以作为朝廷除授官职的依据。中正品第人物的依据为德才与门第,所定品级有上、中、下三等,每等内又划三级,形成上上、上中、上下、中上、中中、中下、下上、下中、下下九品。中正每三年为士人定品一次①,定品后,由吏部统一考核授官,品高者居高位,反之则居次职。九品中正制的出台,是为纠正察举制用人标准模糊及地方豪强操纵选举的弊端,实行之初有良好效果。但是很快,门阀世族政治的现实使这一制度的公正性受到破坏,中正定品、朝廷选官,唯家世、门第是重,"择优取才"原则被彻底摒弃,选贤拔优之法成为培植门阀政治的摇篮。

(四) 隋唐以后的"科举制"

为纠正九品中正制度之弊,隋唐始建立设科考试选拔官吏的制度,是为科举制,布衣入仕由此开启。科举制萌芽于南北朝时期。南梁时,曾有明经考试;北齐时亦试以经典,优异者为官。隋文帝时,曾设"志行修谨"、"清平干济"两科,以考试的方式,择优录用。隋炀帝大业三年(607年),又诏设"进士科",规定以定期统一考试的方式录取成绩优异者为进士,进而授以官职,科举制渐成定制。唐代以后,科举制度渐趋完备。

唐代的科举分常举和制举两大类,其中,以制度形式固定下来的定期进行的常举为基本方式。常举的科目主要有明经科、进士科、秀才

---

① 《文献通考》卷二八《选举一》:"区别所管人物,定为九等。其有言行修著,则升进之,或以五升四,以六升五。倘或道义亏缺则降下之,则自五退六,自六退七矣。"

科、明法科、明书科、明算科等,考试成绩合格者需经吏部铨试授官。常举考试一般每年举行一次,考试分两级进行,即各州举行的解试和尚书省礼部主持的省试,武则天时期曾在朝堂之上亲自"策问",开创殿试,但未成定制。制举是皇帝下诏临时设科以选拔非常人才的制度,其考试时间不固定,科目有几十个、上百个之多,其中多次设置的科目,有贤良方正能直言极谏科、博通坟典达于教化科、孝悌力田闻于乡间科、详明政术可以理人科、达于吏治可使从政科、军谋宏达材任将帅科,等等。

科举制度在宋代进一步完善。宋初继承唐制,科举分常举、制举两类。常举科目中以进士科最受重视,其它科目并称为"诸科"。熙宁年间废除了"诸科",仅保留进士一科,进士科遂成为宋代以后科举的唯一科目。宋代常举考试分三级,即解试、省试和殿试。相比较唐代,宋代科举减少了对考生考试资格的限制,扩大了科举考试录取人数,并完善了防范考试作弊的管理制度,以确保考试公平。宋代的制举不再像唐代那样兴盛,时行时止,自此之后的明清科举中,制举也一直处于衰败之中。

科举制在元代时开时停,与其他选官方式相比,元代科举取仕所占比重微不足道。元代选官以吏员出职为主,其次才为科举、荫补、宿卫入仕等。

科举制度经过了元代的萧条之后,在明代有了很大发展。明代科举只取进士一科,考试内容单一化为四书五经,考生答题依据和思路高度统一,乃至形成八股之风。考试每三年一次,分乡试、会试、殿试三级,层级选拔,体系严格。为克服科考中的弄虚作假,明代防弊制度达到了空前严备的程度。

清代科举制度沿明旧制,相关管理制度更加详备[1],所不同者,清

---

[1] 《清史稿·选举三》:"虽初制多沿明旧,而慎重科名,严防弊窦,立法之周,得人之盛,远轶前代。"

代在常科文举之外,增设了翻译科、宗室科考试,参加考试者为旗人和宗室人员,中试者,可直接授予官职。

自唐代以后,科举的常科考试分文举与武举,以上所述即为旨在选拔文官的文举。而武举始于唐代武则天时期,是选拔军事人才的主要方式。唐代武举考试以技勇为主,相关制度尚不够完善。到宋代,武举被纳入整个科举体系之中,并增加了策论兵书的笔试内容。元代武举完全废止,明代重又恢复,且趋于兴盛,特别是在马上朝廷的清代,武举大受重视,武举出身者在军中占有比例不断增大。明清时期的武举重视理论测试,重在选拔将才。

在科举制度产生之后,历代在这一基本选官方式之外,又以其它途径作为补充,如唐代有保举制、任子制,宋代有恩荫制、纳赀制,明清时有荐举、恩荫、捐纳等制。这些特殊的选官方式虽可一定程度上补科举之遗漏,发现一些特别人才,但更多的时候,它是为豪门贵胄留下的一个特权空间。

二、官员选用标准

中国古代选任官员的途径和方式虽几经变革,但用人条件和标准基本保持不变,即德才兼重,以德为先。

(一) 春秋战国"功绩制"选官原则

西周世卿世禄制度之下,"公门有公,卿门有卿",父死子继,权力在士大夫阶层内部按等级和身份分配,普通人无法觊觎。在这样的社会里,个人的品行高低、能力大小与任官的机会无涉,一切依血统和家世而定。

世袭制选官制度的缺陷在诸国争霸的春秋战国时代暴露无遗。随着新的社会力量的成长和社会大变革的推进,春秋以来各国人才制度发生了重大变化,能力和功绩大小成为选官用人的主要依据,官职向全社会开放的"功绩制"选官制度应运而生——"才苟适治,不问世胄"①——军功入仕、以客取仕等制度都反映了"功绩制"的用人原则。与世袭制相比,这一新的选官制度的时代进步性和合理性不言而喻,它使得那些过去长期位于社会底层,无权参与国家政治的新兴社会力量获得了参政、议政的机会,实现了全社会的人才流动;同时,择优而仕适应了当时各国对人才的急切需求,保证了官吏队伍的人才标准。

(二) 汉代以降"德才并重,以德为先"

"功绩制"的用人原则为秦代所继承,而汉代之后,在"功绩"标准之外,"德行"考察受到重视。西汉初年文帝两次下诏,求"举贤良方正能直言极谏者",此时察举虽尚无标准且未成定制,但德行取士的倾向已初见端倪。汉武帝建元元年(公元前140年)再一次下诏"举贤良方正直言极谏之士"时,明确"治商、韩之说"者不得被举荐,至此,"儒学"选士的原则确立下来,儒家德才并重、以德为先的用人思想成为察举选官的依据。

汉代察举、辟除标准有"四科"之制,其第一条即为"德行高妙,志节清白"②,凡德行有亏者,举官无望。汉代察举制诸多科目中,首重孝廉。孝廉者,为孝子廉吏的简称,在家做孝子,出外做廉吏,这一科目显然是"德行取士"的典型。汉代的另一察举科目"茂才"则主要从才与能的方面对官吏素质提出要求。茂才者,有美才之人也,即优秀人才。这一等人选主要由中央和地方的高级官员举荐,名额少,察举严格,一旦被举之后,地位高、任用重,也是当时极被看好的一个入仕途径,汉代许多著名人物如班彪、郑玄、孙权等,都出自茂才。汉代的另外一些察举

---

① [北齐]刘昼:《刘子·荐贤》。
② 《后汉书·百官志》注引《汉官仪》:"一曰德行高妙,志节清白;二曰学通行修,经中博士;三曰明达法令,足以决疑,能按章覆问,文中御史;四曰刚毅多略,遭事不惑,明足以决,才任三辅令,皆有孝悌廉公之行。"

科目虽名称各异,如明经、明法、武勇、贤良等,其具体要求也都离不开德、才二端。

魏晋南北朝时期的九品中正制度虽在后期为门阀士族所操纵,但在制度设计中,人物定品的首要依据是品行、才能。魏陈留王咸熙元年(264年),令诸郡中正每月以六条举淹滞:"一曰忠恪匪躬;二曰孝敬尽礼;三曰友于兄弟;四曰劳身洁谦;五曰信义可复;六曰学以为己。"[1]其时,中正每三年为士人定品一次,其言行优秀者,则升进之;有道义亏缺者,则降下之[2]。

隋唐以后的科举制度中,考生资格的取得及考取后的录用,亦重视德行标准。按唐代科举制规定,常举考试考生要首先经过州县严格的资历审查,查其品行是否端正,成绩是否优秀,是否做过小吏或受过刑事处罚,均合格者方可参加考试。考试合格后,吏部再从"身"、"言"、"书"、"判"四个方面对考生进行面试铨选:四事皆可取,则先德行,德行相当者,再考其才能,才能相当者,再以劳绩为准。与常举相比,唐时的制举更加看重入仕者的实际才能,更直接地体现"因才施用"的人才思想,贤良方正、直言极谏、博学通识、文词雅丽、洞识韬略堪任将帅等科都是以某一方面的杰出才能为拔士的标准。

隋唐以后的选官用人,始终坚持集贤、才标准于一体的原则。明代洪武年间曾暂停科举,别行荐举制,朱元璋在诏令中明定荐举"以德行为本,而文艺次之"[3],时荐举的主要科目有聪明正直、贤良方正、孝弟力田、儒士、孝廉、秀才、人才、耆民等,从中可见选人重德、重能之情形。十年后,科举制重又恢复,择人标准仍如前制。清代亦同于此,康熙时制科取士,令先通过经书释义考察士子之心术,再用策论试其才学与行

---

[1] 《册府元龟》卷五九《帝王部·兴教化》。
[2] 《文献通考》卷二八《选举一》。
[3] 《明史·本纪第三》。

政能力[①];雍正帝时也反复强调人品与学问、道德与文章的统一。这些选官用人的思想贯彻于有清一代科举选官过程。

如上所述,从春秋战国"功绩"选官到隋唐以后的科举制,历代选官过程中,"德"、"才"均是主要依据,而二者之中,又以德行为先。中国历史上只在一些特殊时期,如王朝立国之初或变法改制之时,或战争频仍的年代,统治者基于形势的需要不拘一格,唯才是举。如战国乱局中,德行有亏的吴起因善用兵、善治百官而被任为相;刘邦打天下时重用有"盗嫂"之瑕的陈平;三国之争中的曹操为拔贤才,发布《举贤勿拘品行令》,对特殊人才,不顾声名良恶,一概举用。但类似的选官条件在中国古代实为少有,在治平政清之时,德行的好坏始终居于古代选官诸要件之首。这一选官原则为古代政治觅得了无数忠孝之士、道德君子,但其中存在的问题也显而易见,对能力的忽视使得古代官吏队伍中充斥着大量"洁身自守"的庸官,他们徒有忠敬、清廉之名,却不思进取,无所作为,在其位不谋其政,其消极怠政给政务的推行和吏治的整饬带来了极坏的后果。

三、官员任用制度

官员任用制度,包括授予取得做官资格者以实职,以及现任官的升迁调补制度。

(一) 官员任用程序

在中国古代,官员选拔与任用通常由不同的部门负责,其目的在于通过分工以防弊。

汉代察举制规定,举荐官员之权属中央公卿及地方长官,而任命权

---

① 《清史稿·选举三》:"先用经书,使阐发圣贤之微旨,以观其心术。次用策论,使通达古今之事变,以察其才猷。"

则由中央统一掌握。凡应孝廉之选者，先隶属光禄勋，拜为郎官，郎官享国家俸禄，却非实职，为"备选官"，一旦官职空缺，光禄勋即可推荐属下郎官。举贤良者，原则上要经皇帝亲自策问，才能任官。东汉以后，被选之人更需再经过文化考试后录用。

魏晋南北朝九品中正制之下，中正定品可以做为选官任官的根据，但中正本人并无权任官①，任官权属吏部，其具体程序为：郡设小中正，州设大中正，由小中正品第人才以上大中正，大中正核实以上司徒，司徒再核然后付尚书选用②。

隋唐时期，科举中第者仅仅是取得"出身"，即取得任职的资格，而是否任职以及具体任何职则需经过另一程序——铨选。考试由礼部主持，铨选由吏部主持。礼部主持完考试之后，将考生情况送交中书门下政事堂审核，再由尚书省吏部进行铨选，任命授职。吏部考试要视其体貌，察其言辞，观其书法，试之以判③，这一关考试称为"释褐试"，释褐，即脱去百姓衣，身着官服之意，通过者即真正录取，正式为官。"释褐试"在宋代废除，考生一经录取，即可任官，不必再经吏部考试。名列一甲的，很快就可以得到高官。

明代，乡试合格者既可以继续赴会试，也可以直接任命为官，所授之职一般以地方官为主，如知州、知县等。殿试合格的进士身份最高，可入翰林院为职，"状元授修撰，榜眼、探花授编修，二、三甲考选庶吉士者，皆为翰林官"④，但在正式任职之前，要先经过实习和训练，此为"观政进士"制度，是明代授官程序上的一个特点。清顺治年间，该制度废

---

① 《文献通考》卷二八《选举一》"九品中正之法"："评论者自是一人，擢用者自是一人……体统脉络各不相关。"
② ［清］赵翼：《廿二史札记》卷八《晋书》。
③ 《新唐书·选举下》："一曰身，体貌丰伟；二曰言，言辞辩正；三曰书，楷法遒美；四曰判，文理优长。"
④ 《明史·选举二》。

止。清代科举及第后的任官程序与明代基本相同,相关内容也更加细致、严密。

除了初任官之外,对于在职官的任用,历代也有定制,这一任用过程一般都要结合对在职官吏的考核来进行,历朝历代,官吏考核的结果不仅直接关系到官阶的进退,还与官位的外迁、解职相关。此外,对于在职官的任用权力和相关程序,历代也都各有规范。如唐代,凡六品以下官员的再次任用,都需要再经过铨试的程序。每年五月,由吏部颁发"选格",公布职缺和应选人的条件及名额,下发到州县。合乎条件的在任官员要上交"选解",说明其在任表现等情况,在十月份以前呈于尚书省,经过"身、言、书、判"的考核后,综合本人的在职表现,由吏部正式"注官"。在唐代,凡专业性、技术性较强的官职,其委任各由有关部门自行铨注,由吏部备案。

一般情况下,中国古代各个时期再任官员的选任或授任程序和方式,都会因所任官职品级的高低、职务性质和重要程度的不同而不同。如唐代授五品以上的官,都要使用由皇帝特别颁发的委任状,称"制"和"敕",三品以上官在任命时,由皇帝亲临,宰相为辅,到太庙举行授官仪式,称"临轩册授",以示隆重。再如清代的任官制度中,"官缺"根据官品及职位的高低,划分为请旨缺、留授缺、拣授缺、考授缺、调授缺、题授缺、选授缺等,各实行不同的选用方式。四品以上官员,包括内阁大学士、内阁学士、各部尚书、各部侍郎,及地方省级的总督、巡抚、布政使等官职出缺时,要先由吏部、军机处开列应补、应升、应转官员的名单,奏报皇帝选定。部分四品及五品以下官员,中央各机关或地方督抚可自行选任,但要经皇帝引见面验。其余中下级职官则或由部门长官根据年度考核成绩向中央推荐,由吏部选任,或由本部门长官直接决定任命,而附以引见皇帝之制。这一些,都形成了非常细致、严格的制度。

(二) 任职试用制度

任职试用,即朝廷在"实授"官员职位之前,先令其在拟任职位上学习、历练一段时间,以考察能否,决定去留。试职具有多重功能:考察人才,培养、提升准官员的行政能力,在某些时期还是朝廷笼络人心以及缓冲任官压力的有效手段。

官员的试用制在中国历史上有悠久的历史。相传尧至晚年时,四岳会议一致推举舜作为其继承人。尧为了考察他,对其试以"五典百官",舜在被考察期间表现出色,顺利地继承了尧的位置。

秦时,试用制已有记载。汉高祖刘邦,"及壮,试吏,为泗水亭长。"[①]据应劭注释,"试吏"就是"试用补吏",刘邦在被推择为吏后,在沛县郊外的泗水亭上做了小小的亭长,是为进入正式任官前的试用程序。

西汉时,任官之先一般都需要先经试用,称"守",即试署。试用期间大约是一年,期满合格者方可正式录用,才不堪用者,则不得授官。《汉书·平帝纪》和《汉旧仪》中皆有记载。[②] 汉武帝时,阳陵人王温舒"试县亭长,数废。"[③]

唐代官员任职试用制度趋于制度化。武则天时,曾大规模地从民间或基层选拔人才,并推举至中央机关见习、历练,以作为正式就职前必须完成的功课。这一做法被历代统治者所继承,至明清则更具制度化。

宋时,王安石在《上仁宗皇帝言事书》中曾对官员正式任用之前的

---

① 《汉书·高帝纪上》。
② 《汉书·平帝纪》:"一切满秩如真"句下注释:"如淳曰:'诸官吏初除,皆试守一岁,乃为真,食全俸。'"《汉旧仪上》:"丞相召取明经一科,明律令一科,能治剧一科,各一人。……皆试守,小冠,满岁为真。"
③ 《汉书·酷吏传》。

选拔和考察提出建议:"试之以事",然后知其真才实学。宋神宗时,司马光同样建议以试官方式考察官员的才能,量才授官,神宗采纳了他的建议。宋代至孝宗时期,所有升迁新官全都要试用,新授宰执也不例外。凡试用官员期满转正者,都要有若干名正式官员作保,官员在试用期间若有两次犯罪记录,即被除名。

明代,实行"观政进士"制度,即进士及第后,将其分送到中央一些部门进行一段时间的观察、学习,期满后,以其每月的考察成绩和长官评语,由吏部根据实际需要正式授官①。明代还针对一些特别重要的职位,如监察御史、中书舍人、知县等规定了试官制度,尤其对监察御史的选拔,普遍实行试职,明宣德三年(1428年)诏即是有关此制的明令②。

清初,观政进士制度废止,但一些重要的职位如监察官,试职之后加以除授仍为定制。此外,在清代,道、府官员也多实行试用制。自清代中叶以后,"试官"在考察士人德与能的作用之外,又有借此以缓解任官压力的特别作用,随着科举中第或以其它途径获得任官资格的人越来越多,官府官缺有限的问题越来越突出,于是,不得不采用试官的办法缓一时之急,但这并不能真正解决"待职"者众的问题。

(三) 任职回避制度

任官回避制度的主要目的在于防止官员利用亲故关系结党营私,并保证官员任职期间免受人际关系羁绊,公正地履行职责。中国古代的任官回避主要有亲属回避、地区回避、职务回避三种基本形式。

---

① 《嘉靖新例·吏律·公式》:"俱要习学刑名,谙晓吏事,每月俱听堂上官考试两次,候取选之日分别勤惰,开送吏部参酌使用"。

② 《明会典》卷二〇九:"都察院选进士、监生、教官堪任御史者,于各道历政三个月,考其贤否,第为三等,上、中二等授御史,下等送回吏部。"

1. 亲属回避

官员不得与其亲属在同一官府、同一地区任职,也不得与其亲属形成职务上的上下级关系、监督与被监督的关系。

需要回避的亲属范围,历代各有不同。唐时主要限制在"大功"以上近亲。宋代仁宗时出台的《服纪亲疏在官回避条制》则将唐时的"大功"亲扩大到"缌麻"亲。明清时,亲属回避的范围大致上包括了直系、旁系血亲和姻亲属。亲属回避的原则:小官回避大官;属官回避长官;后任回避先任;子孙回避尊长。

除一般官职的普遍性回避规则以外,一些特殊官职还有特别要求。比如,监察官、科举主考官等。唐时规定,宰相大臣子弟不得任监察官,以避免父有过,子不便弹劾;明代有"大臣之族不得任科道"的严格规定[1]。自唐起,科举制度中即有"别头试"制度,对考试官子弟、亲戚,要另设考场,单独考试。清代乾隆时更是规定主考、同考官、诸监考官、试卷弥封、誊录、对读、收掌等官员子弟一体回避,不许进入考场。

2. 地区回避

地方官回避本籍的规定,自汉代已经开始,东汉的"三互法"中[2],官员任职首先要回避的就是自身本籍,这一做法在唐代之后成为定制。地区回避的具体范围在中国古代各时期有不同要求,总的来看,越到后来,回避的范围越大,执行越严格。

唐时,地方州县长官一律不得在本籍及临近州县任职,但京兆、河

---

[1] 《明史·职官一》:"凡父兄伯叔任两京堂上官,其弟男子侄有任科道官者,对品改调"。

[2] 《后汉书·蔡邕列传》:"初,朝议以州郡相党,人情比周,乃制婚姻之家及两州人士不得对相监临。""三互",即任官需回避自身本籍、婚姻之家的对方之籍以及两州人士的对方之籍。

南两府不在此限,这两个地区属半中央半地方性质,故不在回避之列。

宋代,地方官要回避本州和本府。不仅如此,宋代还规定,与本人或本家族有密切利害关系的地区,如本人或其父辈曾经生活过或曾经任职、经商,或有祖产和妻家田产的地区,都在回避范围之内。

明代对官员任职的地区回避问题也比较重视。明初曾实行地方官任用的三大区域互调规则,将全国划为三大回避单元,官员任职须跨地域。这一制度实行后,"南人官北,北人官南",自然有利于减少行政不公,但是,回避范围太广,也给任官就职带来诸多不便。洪武二十六年(1393年),此制废止,地方官任职,除学官外,只须回避本省[①]。

到清代,官员任职地区回避制度更加细化。顺治时定制,督抚以下,杂职以上,都要回避本省;康熙时规定,省以下至县级长官任职,本籍周围方圆500里内都在回避范围,如此,回避的范围可扩及邻省界内;雍正时,将各省佐贰杂职也纳入500里里程回避范围之内。为防止某些官员利用规制的漏洞,乾隆时期,将500里的里程计算方法限定为任所与原籍之间的"乡僻小路"[②],这一限定已经是相当严格了。

除本籍回避外,清时还有寄籍、商籍回避的规定。寄籍,即在本籍之外,官员或其父辈长期生活居住的地方;商籍,指官员从事商业活动的地区。这些地区内,官员都有可能形成盘根错节的关系网。

为克服乡里亲故的影响,清时不仅任职须回避本籍,甚至官员过问家乡政务也被视为不当,有官员不得言本乡之事的规定。如顺治时题准:在京户部司官、刑部司官,回避各本省司分。乾隆时,任云南布政使的广西人陈宏谋就广西"借垦报捐,增赋病民"一事上书朝廷,被乾隆严斥为"冒昧之至",以"言事不当"将陈降二级调用。

[①] 《明史·选举三》。
[②] 《大清会典事例》卷四七。

3.职务回避

在中国古代,一些特殊的职务对任职者有特别要求,如亲民官、监察官、科考官、司法官等;同时,一些有着特别身份的人则被指定不得就任某些官职,如曾经犯赃罪者,或曾任某一特殊官职者等。

唐玄宗时规定,荫袭官职者不得为亲民官,亲民官是直接与民交涉的"要职",荫袭者的能力未必能应付职务需要,故而不得出任。宋时规定,凡以资荫出身者,只能任管理盐茶酒场和仓库一类经济事务的官员,不许担任握有地方行政大权的州县长官。宋代还规定,凡有"过犯"的官员,不许担任府、州、县正职长官及司法等官职;凡经宰相推荐过的官员,不许充任台谏官;宰相的现任属官,也不得任台谏官;台官和谏官之间,如有乡里关系,也须回避。

明清时期的回避制度除继承前朝的规定之外,又增加了一些新的内容。如按明制,凡曾在王府为官者,不得再出而担任其它朝廷官职;凡王族姻亲不得出任京官,"京官与王府结亲者,俱调外任。"[①]一些重要官职,如事关国家经济命脉的财政、税收等事,明清时期也有相应的职务回避要求。明代规定,负责国家财政收入的户部官吏,不得由江苏、浙江、江西人出任,上述地区的赋税是国家主要财政来源,以原籍之人担任恐其与当地势力勾结,侵吞国库。清时规定,曾任盐商,或祖孙、父子、叔伯、兄弟之近亲中有从事盐商者,都不得任管理盐政的户部职务,防其以权谋私。

回避制度的实行很大程度上避免了权力运行过程中来自于亲属、地区、师生关系的可能干扰,在重视亲族血缘之情、乡族之情、师生之情的中国传统社会,这一制度的有效实行对于有效预防权力腐败无疑发挥了积极的作用。

---

① 《万历会典》卷五《选官》。

第五节　中国古代官员考课与监察制度

为了督促官员恪守职责,防范并及时发现官员的违法、犯罪行为,历史上各个时期建立了完善的考课、监察制度。考课之法针对不同的职务、职事分别制定,由主管部门定期对各级官吏进行核查、考评,依考评结果升降、赏罚;监察之法是对官员普遍性的督察,由独立的监察机构专门负责,重在发现不法,纠举犯罪。中国古代对官员的考课与监察,覆盖官员职务内外的所有行为,官员品行与政绩均在督查范畴,标准明确,奖惩严格,是改善吏治的有效手段。

一、官员考课制度

考课,也称考绩,是按照一定标准考察官吏功过,分别等级予以升降、赏罚的官吏管理制度。中国古代考课制度源起于夏商时期,秦汉以后历代相沿,不断调整完善:考课机构从兼职逐渐到专职独立,考课的内容从单一趋向于全面、综合,考课的指标越来越具体、客观,考课的方法也越来越灵活、多样,考课程序及考课之后的奖惩措施等一系列相关制度建设,都越来越周密、详备。

(一) 考课方式与程序

西周时,已有朝觐制、巡狩制、上计法和大计法多种考课方式,其中上计法和大计法为春秋战国时期所继承。上计法,即年终时,各级主管官吏将各地方关于仓库存粮、田地、人口、治安等情况的统计簿册上交朝廷,以备评价。上计法实际上是一种逐级上报审核的考课制度,最终的考课结果由宰相和皇帝决定。大计法,是根据官吏三年的平均考课成绩综合进行赏罚的考课制度,它建立在上计法的基础之上。

秦代,以上计制和部门考课制考核官员,其中,上计制一如之前,由郡县长官每年终将地方的行政情况编成簿计上交朝廷以供审核,部门考课由各部门内部掌握,定期进行。《秦简》中有耕牛课、牛羊生殖课、马劳课、手工业生产课,等等,通过每年定期考核,评定耕牛的生产情况、牛羊的生殖率、手工业生产情况。

汉代官僚制度的发展推动了考课法制化。据史料记载,汉代考课主要有三种方式:逐级考课,郡国上计,六条刺察,其中,逐级考课制可谓汉代特色。这种考课制度的程序规定,首先由皇帝考课中央政府最高行政长官丞相、三公,然后由丞相、三公考课中央政府列卿和郡国守、相,再由公、卿考核其管辖官员,郡国守、相考课其所属县令、长等官吏。在汉代,这种自上而下的逐级考课方式与自下而上的郡国"上计"考课结合进行,可以有效全面地掌握各级官员的为政情况。汉代对上计考课也非常重视,甚至有皇帝亲临考课上计的情况。

唐代,考课机构实现专门化,由尚书省吏部负责。吏部设考功郎中、考课员外郎主持此项事务,每年年终,皇帝另派校考使、监考使一起参与考核工作。三品以上官的考核,由皇帝亲自主持进行。唐代考课年限为每年一小考,四年一大考,具体程序分为三步:初考、复考、终考,前二者分别由各级主管长官、吏部考功司负责,最终,要将考课结果奏准皇帝后,发给被考人考牒,作为考课凭证,存档于吏部。

唐以后的各个朝代基本上吸收了唐代有关考课程序的一些规定。宋代,负责考课一职的机构屡经调整,前后主要有三班院、流内铨、审官东院、审官西院和吏部等。宋代在一般考课制度之外,出现了一种新的考课方法——"磨勘制",这一制度实源于中唐,而在宋代规范化。磨勘制主要适用于考课与铨选,它与之前的考课法并行,而主要以勘验文书簿计的方式,通过对年劳、资格、功过绩效的考核来确定职事官或寄禄官的叙迁。这种制度轻视政绩,"不问其功而问其久",使得很多官员在其任上缺乏进取之心,只求无过,不求有功,宋代官员的保守、怠政与此有一定的关系。

明代的考课方式为考满法和考察法。考满法,是对每一位在职官吏的政绩、品行定期进行常规考核的制度,由吏部与都察院负责,考课期限为三年一考,六年再考,九年通考决定其升贬。考察法,又称大计,与监察制度有密切联系,分作京察与外察两种,二者考课对象分别为京官、外官,京察每六年一次,外察每三年一次。外察,又有巡视考察、朝觐考察、因事考察等分类。巡视考察多由皇帝派出的巡抚、巡按负责;朝觐考察由吏部、都察院在三年一次的外官朝觐时进行;因事考察则是因某些特殊事件,如自然灾害发生,皇帝诏令对特别官员进行特殊考察。

清初曾继续实行明代的考满法,至康熙四年(1665年),实行新的考课制度。新的考课分两大类:京察、大计。京察,是对京官实行的考课,每三年一次,三品以上大臣自陈得失,皇帝审核,三品以下皇帝左右的官员由吏部考核,奏明皇帝,其余京官由各部长官考核,然后上报吏部,由吏部、都察院会同审核后,决定等第,上奏皇帝。大计,是对外任官吏的考课,同样每三年一次,先由各省督抚考察所属官员,然后将考课情况上呈吏部,由吏部考功司会同都察院复核。

(二) 考课内容与标准

据《周礼》记载,西周时期的官员考课涉及六个方面内容:"一曰廉善,二曰廉能,三曰廉敬,四曰廉正,五曰廉法,六曰廉辨。"[①]以"廉"为本,注重对官员道德品行的要求,这是历代官吏考课中所关注的首要部分。

秦代有"五善五失"之法,作为对官员的普遍性要求和考课依据。"五善",即忠诚于朝廷,清正廉洁,政务处理审慎、恰当,乐为善事,礼让

---

① 《周礼·天官·小宰》。

待人;①"五失",在《秦简·为吏之道》中有三组标准,归纳起来,主要有犯上作乱,独断专行,擅越职权,聚敛财货,好大喜功等。② 五善尽至,必有大赏,涉五失者,处罚加之。此外,秦代的"上计法"要求,郡县长官每年年终上交朝廷的簿计中,要包括地方本年度内户口、赋税、刑狱、灾害情况。在部门考课制度中,有针对畜牧业、农业、手工业生产单位确定的不同部门标准。

经过两汉、魏晋南北朝的发展,唐代考课制度已基本完善。这一时期考课标准主要有考课流内官的"四善二十七最"之法和考课流外官的"四等法"。

"四善"为德行标准,对所有官员普遍适用,内容为:德义有闻、清慎明著、公平可称、恪勤匪懈;"二十七最"则是根据各部门不同职位设定不同标准,注重官员才能与业绩。根据《唐六典·尚书吏部》记载,其内容有:

一曰献替可否,拾遗补阙,为近侍之最;二曰铨衡人物,擢尽才良,为选司之最;三曰扬清激浊,褒贬必当,为考校之最;四曰礼制仪式,动合经典,为礼官之最;五曰音律克谐,不失节奏,为乐官之最;六曰决断不滞,与夺合理,为判事之最;七曰部统有方,警守无失,为宿卫之最;八曰兵士调习,戎装充备,为督领之最;九曰推鞫得情,处断平允,为法官之最;十曰雠校精审,明于刊定,为校正之最;十一曰承旨敷奏,吐纳明敏,为宣纳之最;十二曰训导有方,生徒充业,为学官之最;十三曰赏罚严明,攻战必胜,为将帅之最;十

---

① 《秦简·为吏之道》:"忠信敬上,清廉毋谤,举事审当,喜为善行,恭敬多让。"
② 同上书,"一曰夸以迣,二曰贵以大(泰),三曰擅制割,四曰犯上弗智(知)害,五曰贱士而贵货贝。一曰见民倨(傲)敖(傲),二曰不安其朝,三曰居官善取,四曰受令不僂,五曰安家室忘官府。一曰不察所亲,不察所亲则怨数至;二曰不智(知)所使,不智(知)所使则以权衡求利;三曰兴事不当,兴事不当则民异指;四曰善言隋(惰)行,则士毋所比;五曰非上,身及于死。"

四曰礼仪兴行,肃清所部,为政教之最;十五曰详录典正,词理兼举,为文史之最;十六曰访察精审,弹举必当,为纠正之最;十七曰明于勘覆,稽失无隐,为句检之最;十八曰职事修理,供承强济,为监掌之最;十九曰功课皆充,丁匠无怨,为役使之最;二十曰耕耨以时,收获剩课,为屯官之最;二十一曰谨于盖藏,明于出纳,为仓库之最;二十二曰推步盈虚,究理精密,为历官之最;二十三曰占候医卜,效验居多,为方术之最;二十四曰讥察有方,行旅无壅,为关津之最;二十五曰市廛不扰,奸滥不行,为市司之最;二十六曰牧养肥硕,蕃息孳多,为牧官之最;二十七曰边境肃清,城隍修理,为镇防之最。

四等法是指"清慎勤公为上,执事无私为中,不勤其职为下,贪浊有状为下下。"以上考课标准,将官员道德、才能和政绩三个方面有机结合,且不同岗位各设标准,更有利于保证考课的全面与准确。

宋初延续唐代的考课标准,至神宗时期,定"四善三最"标准考课地方官。"四善"的内容一如唐旧,"三最"之法从三个方面考察官员为政:狱讼无冤,赋税不扰为治事之最;农桑垦殖,水利兴修,为劝课之最;屏除盗贼,民获安居,赈恤困穷,不改流移,为抚养之最。这一标准在神宗以后无大的变化。对京官的考课,有史料可查的,宋度宗咸淳三年(1267年)颁布了一个专门法令,以"公勤、廉恪,职事修举"为标准,确定官员考课的等级,辨其能否[1]。

元代有"五事三等考课升殿"之法,五事包括:户口增、田野辟、诉讼简、赋税平、盗贼息。五条尽备为上选,三事为中选,二事为下选[2]。

明清时代的考课标准更加具体。明代有"八法"考课制度,"八法",

---

[1] 《宋史·选举六》:"度宗咸淳三年,命参酌旧制,凡文武官一是以公勤、廉恪为主,而又职事修举,斯为上等;公勤、廉恪各有一长为中等;既无廉声又多缪政者考下等。"

[2] 《通制条格》卷六《选举》。

指八种违法失职行为：贪、酷、浮躁、不及、老、病、罢、不谨。清代，考课标准为"四格八法"。"四格"指的是守、政、才、年，即操守、为政作风、才能、年龄四端；"八法"内容与明代基本一致。嘉庆年间，将"四格八法"改为"四格六法"。

从以上内容可以看到，中国古代不同时期法律中确定的考课标准虽有不同，但其原则是相通的：第一，将官员的品德要求列在考课的首要位置，周代"大计法"，汉代刺察"六条标准"，隋唐"四善二十七最"，明清的"四格八法"，廉、慎、公、勤都是考课的重点；第二，具体化、量化考课标准，且针对每一种行政事务制定不同的岗位要求，避免考课过程的"虚泛"；第三，界定善、恶标准，善者赏之，恶者罚之，引导官员积极行政的同时，有效防范其违法行为。

（三）依据考课结果，奖优罚劣

为保证考课质量，防止考课流于形式，各时期立法规定了依考课结果评定等级、奖优罚劣的奖惩制度，将考课的结果落到实处。

秦代将考核结果分为"最"、"殿"两级，"最"者奖励提升，"殿"者则受笞罚。汉代的考课结果分为"最"、"殿"等九等，九等制中成绩显著的"上上"被称为"最"，给予重奖，如赏赐黄金、增加俸禄、升任高级官职、赐爵封侯等；其余按优劣排列名次，成绩优良者给予一般性奖励，如口头褒奖、行文褒奖、增加俸禄、升职等。对于第六等及格者，既不奖赏，也不责罚，而六等以下，特别是考课成绩最差的"下下"被称为"殿"，要追究其责任，给予处分或刑罚，主要措施有申诫、鞭杖、罚金、降序、降职、罢官、判刑等。

唐代，考课结果分为上、中、下三等九级，其具体办法，据《新唐书·百官志一》所载："一最四善为上上；一最三善为上中；一最二善为上下；无最而有二善为中上；无最而有一善为中中；职事精理，善最不闻，为中下；爱憎任情，处断乖理，为下上；背公向私，职务废阙，为下中；居官谄诈,贪浊有状,为下下。"凡在考课时,列于中等以上的官吏,可升迁加禄,列于中等以下的官吏,就要降级罚禄,情节严重的,甚至要受到罢官的处分①。

宋代将考课结果分为三等,凡"七事四善三最"中七项达到了五事五项者列为上等;达到三项者为中等;其他列为下等。宋代考课制度直接继承了唐代的原则,将考课结果量化,有利于考课官员准确地进行考课。

明代将考课结果分为称职、平常和不称职三个等级。《明史·选举志三》:"称职者升,平常者复职,不称职者降,贪污者付法司罪之。"称职,指九年三考均称职或两考称职一考平常;平常,包括三考均平常或两考称职,一考不称职或者两考平常一考称职或者称职平常不称职各一考;不称职,包括九年三考不称职,或两考平常一考不称职。而对于触犯"贪、酷、浮躁、不及、老、病、罢、不谨"八法的人,罪重者刑之,罪轻者,有降级调用、勒令离职、致仕或削职为民等处罚方法。

清代将考课结果分为称职、勤职、供职三等。对一等称职官吏加官晋级,三等怠惰渎职官员处以"罚薪",中间等级者无赏无罚。

二、官员监察制度

监察,是中国古代对官吏实施法律监督的重要措施。明代叶子奇《草木子》一书中说,元"世祖立中书省以总庶务,立枢密院以掌兵要,立御史台以纠弹百司。尝言,'中书朕左手,枢密朕右手,御史台是朕医两手的'。"②明太祖朱元璋也曾对御史官的重要性如此评价:"国家立三

---

① 《唐六典》卷二《尚书吏部》:"诸食禄之官,考在中上已上,每进一等,加禄一季;中下已下,每退一等,夺禄一季;若私罪下中已下,公罪下下,并解见任,夺当年禄,追告身,周年,听依本品叙。"

② [明]叶士奇:《草木子》卷三下《杂制》。

大府,中书总政事,都督掌军旅,御史掌纠察。朝廷纪纲尽系于此,而台察之任尤清要。"[1]监察权之重要性,于此可见一斑。

(一) 相对独立的监察体制

中国古代监察体制包含御史监察与言谏监察两大系统,前者主司纠劾百官,后者则意在规劝、匡正君主过失。

御史监察系统的建制开始于秦代。秦建立后,行郡县制,立百官之职,为监督百官,一支独立的监察队伍建立起来。在中央,以三公之一的御史大夫为最高监察官,职责为"典正法度"、"举劾非法",其属官有御史中丞、侍御史或柱下御史;在地方,设置监郡御史,隶属御史大夫,负责监督、纠举地方官吏违失行为。秦代所形成的上下相属、垂直领导的监察系统开中国古代两千年监察制度的先河。

汉代,御史台成为专门的监察机构,监察职责专门化。在御史台之外,汉武帝时期,在丞相府设置丞相司直,"佐丞相举不法"。汉代对地方官吏的监察方式有监御史监察、司隶校尉监察、刺史监察,其中,刺史监察为汉代首创,并对后世地方监察制度发展产生深远影响。武帝时,划全国为十三个州,设立十三部刺史,各领一州,监察地方二千石长吏。武帝时,还设司隶校尉,为京畿地区的常设监察机构。汉代还在郡一级置督邮一职,掌管督察纠举所领县乡违法之事,兼管宣达教令、讼狱捕亡等事。

魏晋南北朝时期,御史台脱离少府,成为直接受命于皇帝的独立系统,御史台长官御史中丞成为独立的监察官,由皇帝任命,这一过程在曹魏时完成。

唐代的监察机构规模更大,组织更规范。其在中央以御史台负责纠察百官违失,御史台下辖三院:台院、殿院、察院,御史大夫为台主。

---

[1] 《明史·职官二》。

其中,台院主察中央百官违法行为;殿院主察朝堂礼仪过程中的"违礼"行为;察院负责巡按州县。在地方,唐代以"道"为监察区,初分十道(后增至十五道),每道设两名监察御史,两年一替换,其主要职责为以"六条"察官吏善恶。

宋代的御史台机构与唐时基本相同,没有大的变化,只是三院御史多出外任,兼领它职,且三院规模比唐代缩小,元丰改制后三院组织机构趋向合并。在地方,宋代在建国之初即设立15路,每路设转运司,掌一路财赋,监察各州官吏,后来又在各路设立提点刑狱司、提举常平司,其官员在掌管一路司法、盐铁茶酒事宜之外,也都兼管监察工作,"举刺官吏"。

随着皇权的高度强化,明清时期的监察制度也相应强化。明代中央监察组织为都察院和六科给事中。都察院以都御史为台长,下辖十三道监察御史,负责监察地方13省。在都察院之外,于吏、户、礼、兵、刑、工六科设六科给事中,号称言官,但实际上,稽察、考核群臣等事都属其分内,作用非同小可。六科给事中的设立是明代监察制度的一大发展,它与十三道监察御史并称"科道"官,在明代的监察史上居有重要地位。明代在地方建立了按察司和巡按御史监察的双重监察体制。按察司,是省级监察机关,对本省官员行使法律监督权;巡按御史由皇帝直接派出,到各地巡回监察。在巡按御史之外,也是从朱元璋时起,一些朝廷亲信或重臣在地方发生重大事件时,会临时受诏前往,他们既掌监察,又可同时领受其他使命,被称作"巡抚"、"总督"。永乐以后,这种临时差遣渐转变为固定化的专职,于是在明代省按察司之上,又有总督、巡抚等监察官。

明代监察体系中,还有一个极为特殊的特务监察组织:锦衣卫、东西厂、内行厂,主要由宦官掌握,负责刑狱侦查,并对百官实施秘密监视。

清代的监察制度基本沿明制,其最大变革在于将六科给事中归入都察院,完成了"台谏合一",监察的对象越来越明显地指向众卿百官,监察制度的专制主义特征走向极端。

清代都察院下设六科、十五道监察御史(清末增至二十二道)、宗室御史处、内务府御史处和五城察院,其中六科和十五道的职责与明代相同,二者在雍正年间合并一处。清代在地方采用多种方式加强对官吏和政务的监察,如有御史巡按监察、督抚监察、按察司监察、道员监察等。巡按监察仅行于清初,顺治末年废止。清代各地总督巡抚作为中央监察系统的一部分,对地方各级官员行使监察权。清代省一级的布政使、按察使和提督学政都同时兼有监察职能,尤其是按察使,有明确的按劾官吏的职责①。省按察使派出的"分巡道"和省布政使派出的"分守道"分别对府、州、县官员进行监察。

中国古代言谏制度及谏官系统的雏形始于秦。

秦代,设谏议大夫、给事中为谏官,"谏议大夫,掌议论",给事中,"日上朝谒,平尚书奏事。"②汉代,初期以太中大夫、中大夫为谏议官,汉武帝时,仿秦制设谏大夫,东汉时,改谏大夫为谏议大夫。汉代的言谏官与秦时的无所作为不同,宽松的政治为他们大胆建言提供了好的环境。

魏晋时期的言谏使命由门下省或集书省承担,唐代则在中书、门下两省设立专门的谏官组织,谏官有:左右散骑常侍、左右谏议大夫、左右补阙、左右拾遗、起居郎等。唐代还建立了"封驳"制度,由门下省给事中负责封还皇帝失宜的诏命及驳正臣下有违误的奏章。宋代,进一步发展谏官系统,在门下省设谏院专司言谏,设门下后省职司封驳。宋高

---

① 《清史稿·职官三》:"按察使掌振扬风纪,澄清吏治。所至录囚徒,勘辞状,大者会藩司议,以听于部、院。兼领阖省驿传。三年大比充监试官,大计充考察官,秋审充主稿官。"

② 《通典》卷二一《职官三》。

宗时,谏院从中书、门下两省独立出来。宋代的言谏机关在对君主献纳谏正的权力之外,又增加了谏正百官之权。宋代还设立专门的言事御史,为后来的台谏合一作了铺垫。

至元代,取消谏院,言谏职能归御史台,台谏合一。明代又以六科给事中为言官,封驳权也由六科给事中行使。与之前不同的是,明代赋予都察院御史以言谏权,台谏合一进一步发展。到清代雍正元年(1723年),将六科并入都察院,科道合一,从此,独立的言谏官退出了历史舞台。归入都察院后,六科仍拥有封驳之权,但其实际作用大不如前,或者说已名存实亡。

在中国古代政治史上,言事官对君权的制约职能和作用呈下降趋势。宋代以后,随着台谏职能的交叉,言谏机构的言事权受到很大的制约,谏官以察百官为要务,皇帝自然得到了很大程度的解放。清代的言谏合一更使得言官事实上已无法真正地发挥作用。

(二)监察职责与权能

中国古代监察机关的主要职责是纠举官员系统的违法犯罪行为,权能广泛。具体而言,有以下几个方面。

首先,举劾不法官员。自宰相至百官,不循法守制者,都在监察官的纠举之列,而言谏官的监察对象甚至直指皇帝。汉、晋御史"自皇太子以下,无所不纠。"[1]《唐会要》称唐代御史:"临制百司,纠绳不法","举百司紊失"[2]。

其次,监督并兼理司法刑狱。受理申诉和控告、巡视刑狱、审录囚徒等,是监察机关法定的职权。历史上,由监察机关参与审理的案件主要有:大案、疑案、冤案;涉及官吏违法失职行为的案件。一般情况下,

---

[1] 《晋书·傅咸传》。
[2] 《唐会要》卷六〇《御史台上》。

监察官参与司法审判时,要会同专职部门进行,唐时的"三司推事"、明清的"三法司会审"即属此类。

第三,监督财政。中国古代很长一段时间里,监察与审计机构合而为一,这种状况虽在宋代出现了相对独立的审计院和审计司后有所调整,但监督财政始终是御史官的一项重要职责。其内容主要有二:一,监督中央和地方各级部门对国家财政经济法律的执行情况;二,审查各地财政收支完成情况和会计账本。秦汉以后,凡涉及经济的重要文册、案牍和财经报表都须申报监察机关备案稽考。

除以上主要权力外,中国古代监察官还拥有纠正朝仪、监督军事、监督考选、监督学政等诸多权力,举凡国家行政、司法、军事、财政、教育等各项事务,从中央到地方的大小各级官员,都在监察范围之内,可谓权广责重,无所不察。作为被监察对象的一般官员,他们正常的职务行为固然在被监察之中,而其非职业的"业余"生活也同样逃不过监察官的视线,特别是在一些偏好使用"特务"手段伺察臣子行为的帝王时期,监察官一定程度上与"特务"的职能难以区分。

为保证监察职责的实现,历代都赋予监察机构足够的权威。

首先,历代都极力抬高和树立监察官的权威形象,赋予这一官职以特殊的礼遇。例如,汉代刺史,秩六百石,只相当于一个中下等县令的品秩,但却专察二千石郡守,发现不法者,可径行弹劾,甚至拘捕;发现其中的优秀者,则又可直接向朝廷推荐,使其得到升迁褒奖。南北朝时期,御史台设仪仗,开辟"御史专道"。唐代御史弹劾时还有特别的装束以示威严[①]。对五品以上官的弹劾,往往采取仗弹的方式,即在皇帝坐朝时,面对宫廷仪仗宣读弹文。

---

① 《唐六典》卷一三《御史台》:"大事则冠法冠,衣朱衣,薰裳,白纱中单以弹之。小事常服而已。"

其次,在监察机构组织独立的同时,历代都十分强调监察权的独立行使,给监察官提供充分的权力空间,主要表现在:监察官行使弹劾权时可独立行动,不受本台长官的约束和限制,这就是所谓"台中无长台"的惯例,是监察官独立地位和身份的保证。例如,明时都察院之下的十三道监察御史,平时归都察院管理,但在履行职能时又不受都察院控制,他们可独立进行纠举弹劾,直接对皇帝负责,御史出巡地方完成使命回京之后,不须经由本院,而直接到御前复奏。清代甚至建立了"密折"制度,御史纠弹内容仅皇帝一人知道,在更大程度上保证了御史行动的自主性。

第三,在监察权行使过程中,监察官更被赋予了充分而实际的权力,其中包括职务行使所必须的调查权,以及某些情况下对违法官员的直接处分权等。宋代规定,御史有权对中央和地方权力机关的行政行为进行全面调查,调查中有权索取三省六部及百司的案卷公文,有关机关不得阻却、推托。明代规定,官员一旦受到御史弹劾,必须立即辞职,等候调查。在中国古代各个时期,尤其是巡察地方的监察官,他们甚至握有对违法官员的"查处权",甚至可以生杀予夺。

为保障监察职能的充分实现,历代还赋予监察官一些特别的权力,典型如唐宋以后的御史"风闻言事权"。"风闻言事",即监察官可以没有真凭实据,而只根据一些未经证实的传闻之言、道听途说,对某官提起弹劾,又称"风弹"。风闻言事大约开始于南朝时期,唐宋及此后历代虽时开时禁,但大致上一直实行下来。这一制度的初衷是为了消除监察官行使职权时的顾虑,鼓励其大胆弹劾或向君主进言。在历史上,一些重大案件的揭露,正是源于"道听途说",因而风闻言事的有效作用不能否认。

正是由于被赋予了足够的权力与身份保障,中国古代的监察官们才能大胆行使权力,纠弹不法。而且尤其值得注意的是,享受如此恩宠的御史官,历朝历代却都给其以比较低微的官品秩,"以卑察尊",是中国古代监察制度中的一个重要特色。清代著名学者顾炎武说:"夫秩卑而命之尊,官小而权之重,此小大相制,内外相维之意也。"[①]官轻则爱惜身家之念轻,而权重则整饬吏治之威重,这种"以卑察尊"的制度设计是中国古代监察制度的一个成功之处。

(三) 多样化的监察方式和手段

总体而言,中国古代监察有坐镇监察与巡回监察两种方式。

设置固定、专门的监察机构,或由行政长官兼掌监察职能,"坐镇"督责官员,是中国古代监察权行使的基本方式。秦、汉、唐、宋时期的御史台,明清时期的都察院,以及自魏晋以后中央的谏官组织,都是对中央百官的坐镇监察机构。在地方,秦代的监御史、元代的行御史台、明清的按察司也属专门的监察部门。此外,在地方由各级行政长官兼掌监察,是历代之制。

在坐镇监察之外,中国古代各时期还以灵活多变的巡回监察方式,加强对地方官吏的管理和监督。这种巡回监察方式可分为定期和不定期两种。定期巡察,是由特定的机构和人员,按规定的时间和指定的地点分工监察,汉代的十三部刺史、唐代的十道按察使、宋代的诸路监司、元代的二十二道肃政访司、明代的十三道监察御史以及清代的十五道监察御史都属于定期巡察;不定期巡察,一般是地方发生大要案件时出巡,带有皇帝敕命,事毕即临朝述职,任期不长。

巡回监察相比坐镇监察,可以防止由于监察官久驻一地而产生的各种关系网络,且这种自上而下的监察方式具有更大的权威性,可以更好地保证监察职能的实现。在中国历史上,还有大量的皇帝亲自"巡行"的记载,汉武帝也正是在"天子巡狩"过程中发现各郡国存在许多严

[①] [清]顾炎武:《日知录》卷九。

重问题而得不到纠举,才改革原有的地方监察制度,行十三州刺史监察制度的。当然,巡察制度亦有其弊。一方面,监察官外出巡视,时间有限,加以被察者可能的弄虚作假,难以了解实情;另一方面,巡察官领受君命,由于赋权过重,久之形成插手或包办地方政务的情形,其监察职能开始向行政方面转化。因而,以巡回监察与坐镇监察相配合,使两者各扬其长,各避其短,成为中国历代王朝长期沿用的模式。

监察官的监察过程通常通过以下途径,运用多种手段。

审核稽查文书。自魏晋以后,历代中枢机构都有专门负责"封驳"诏书和奏章的监察机构和官员,皇帝诏书中若有不当,监察官可以涂改后奏还,臣下奏章有不妥处,也同样会在监察官审查时受到"驳正"。文书审核稽查还包括对中央到地方各级官府日常公文的检查监督。相关的制度主要有文册申报备案稽考制度、公文注销制度、公文照刷、公文磨勘制度等。

参政、议政。即监察官通过参与国家有关行政、经济、司法等政务工作来实现其监督之责。中国古代监察官作为重要的行政官员,一方面可以与其他朝廷官员一同出入朝堂,共议朝政,明代都察院御史,"凡政事得失,军民利病,皆得直言无避。有大政,集阙廷预议焉。"[①]另一方面,又可以通过其特殊的职掌,如公文收转与审核、封驳、连署、备案等过程参知、干预政事。至于对文武百官的管理、荐举,对地方政务的兼理等,更是中央和地方监察官的分内之事。参政、议政、知政是监察官行政权能的表现,同时也是实现其监察职能的基本手段。

重大礼仪、政务活动等的现场监察。凡遇到国家重大礼仪或经济、军事、司法等活动,监察官亲临现场实行监督,发现问题,即时予以纠正。如朝会、祭祀、府库出纳、军事作战、刑罚执行、科举考试等活动过

---

① 《明史·职官二》。

程中,御史台都有责任派御史前往监督。

受理诉讼。受理吏民的检举控告是监察机关监督官吏、获取官吏不法行为信息的途径之一。中国古代统治者提供了多种受理检举、上诉的途径,保证民众申诉渠道的畅通,如设登闻鼓、立肺石之制,设四匦以受四方之书等。

(四) 对监察权的管理

唐代文宗有言:"御史台,朝廷纲纪,一台正则朝廷治,朝廷正则天下治。"[①]身肩风宪重任,监察官队伍的严格管理至关重要,为此,历代统治者从人员选拔到考核、监督的各环节建立起完备的制度,规范监察队伍,保证监察权能的正常实现。

1. 严格监察官的选任

在中国古代,监察官员足够的学识、才干,凛然的风骨、人格,丰富的从政经验、政绩等,是获得这项任命的必须条件。在监察官的选任程序上,两汉时期大多是通过察举方式,隋代开始,选任权统归吏部,宋代以后,中央监察官多由"帝王亲擢",而地方监察官则实行"台官自选制"。这一改制使得监察官的任命更加规范化,并加强了监察官职的权威性。

2. 规范监察权的行使

(1) 严格监察纪律。历代对监察官职务内外的行为都严格控制,以防生弊。如宋代《庆元条法事类》规定,监司巡察地方,"无公事不得住过三日。"元代规定,巡察时不得增带随行书吏,"不得将带妻子、亲眷、

---

① 《新唐书·狄兼谟传》。

闲人及长行马匹同行。"①(2)严禁监察权滥用。监察官以查纠官员不法、弹劾违失为本职,除非职权所明确规定或奉诏特使,不得逾权干涉它事。(3)严惩监察失职。如东汉桓帝时发布诏令:"长吏赃满三十万而不纠举者,刺史、二千石以纵避为罪。"②宋代规定,御史必须每月奏事一次,此谓"月课",上任御史十旬内无所纠弹者,即被罢黜,或被罚"辱台钱"。(4)严惩监察官贪腐。监察官利用职务谋取私利,贪赃受贿者,历代更规定了较一般官吏更为严厉的处罚,这里的"加重处罚"一般是指:第一,同样犯罪情节,监察官加重受刑;第二,遇赦不免;第三,刑后不得再为宪官。

3.考核殿最,重罚重奖

一般情况下,监察官与其他官员一样,要接受朝廷定期组织的常规考课。汉时定制,监察官每年一小考,三年一大考,根据考核的情况决定奖惩。唐代监察官一年一小考,四年一大考,以四年为任满,经大考之后才能决定迁转。唐代"四善二十七最"之法规定了监察官的考核标准:"访察精审,弹举必当,为纠正之最。"③御史经三考合格的,即可获得高升。明清时期,监察官考课制度日趋周密,考课中除对官员品行有所要求外,也特别注意定量考绩,注重监察官在任期间的实绩表现。明代规定,巡按御史期满后先要回京,接受都察院对其一年工作的考核,嘉靖年间曾颁布了考核巡按御史的表格——"巡按御史满日造报册式",将考核工作具体分为28项,回京巡按御史要填写此表,以便都察院考核。清代,科道官除和其他官员一样每三年接受一次"京察"外,还要接受其它考核,如以有无条奏、参劾,数量多寡,准确性如何,将科道

---

① 《元典章・台纲・典章六》。
② 《后汉书・孝桓帝纪》。
③ 《唐六典》卷二《尚书吏部》。

官员政绩分为不同的等次,作为对其升黜的依据。这些量化指标和项目,使得监察官的考核更加真实确定,便于操作。

考课、监督之后,奖优罚劣。汉代,常以赏物、赐级、加冕、追赠等方式对成绩卓著的监察官加以物质和精神鼓励。唐宋时期,文官一般四年一迁,武官五年一迁,而台谏官则是三年一迁。元代,一般职官30个月为一考,一考升一等,但监察官不受此限。明代时期,科道官考满黜陟由皇帝亲自决定:"凡科道官考满,监察御史从都御史考核……监察御史系耳目风纪之司,任满黜陟,取自上裁。"[①]按明代常例,官吏必须任满九年才能决定升黜,但是风宪官往往因政绩卓著,任职未满九年即予以升迁,甚至升任宰相者都大有人在。重奖重罚,是中国古代监察官激励机制的基本原则。

---

① 《明会典》卷一二《考核一》。

第三章　民事法律

内容提要

中国古代民事法律的内涵、外延、表达方式及其实践经过近代法制改革洗礼之后，展现出截然不同的发展样貌。迄今为止不断变迁的现代民法与中国古代本土产生"固有民法"的表达方式已经相去甚远，但是中国"固有民法"与近现代民法的思想内涵并未断裂。民事法律规范外延的扩大和实践的丰富并不能成为中国"固有民法"思想承接的阻碍，近现代民法剧烈变革是否能够肢解"固有民法"思想，法制改革能否推动社会观念变化到与之相匹配的程度，亦是中国数代民法学者孜孜不倦试图解答的问题。观念的变化难以脱离其原本的根基，中国近现代民法思想的变革仍受"固有民法"思想的影响。"固有"一词从何而来，其背后承载的中国古代有无民法之争如何理解，致力于"固有民法"的学者研究以何种模式推进，是思考"固有民法"问题需要了解的前提。梳理近现代民法变革的背景、方式以及对中国"固有民法"的冲击，反思短时间剧烈变革后的民法及其指导思想是否损伤"固有民法"思想内涵中的良法因子，是研究"固有民法"表达方式的动因。中国"固有民法"思想研究的价值在于通过分析中国古代"固有民法"的表达方式，透视中国传统民事法律文化追求的价值，兼之实践案例的比较分析，考究其价值于现今社会有无根本性的变化，体味古人价值衡量的侧重。

第一节　中国"固有"民法思想研究

一、"固有"民法一词的由来

中国最早提出民法的立法主张,系康有为在《上清帝第六书》中提出参照西方制定"民法、民律、商法"的民事法律制度体系①。1905年,修律大臣沈家本、伍廷芳在"奏折"中指出东西方各个国家的裁判所参照的法律都是民事与刑事分开,民事就是指户婚、田产、钱债等,刑事指的是命案、贼盗、斗殴等,中国民事刑事不分,才导致的钱债、细故、田产等纷争也用刑罚威吓。② 也即是在此"修律"运动期间,人们开始将西方的民事法律制度与传统中国的"户婚田土钱债"联系在了一起。1907年,清政府委派沈家本、俞廉三、英瑞为修律大臣,设立修订法律馆,主持起草民刑法典。宣统三年(1911年)九月初五日,修订法律大臣俞廉三等在《奏呈编辑民律前三编草案告成折》中说,中国的民法,虽然没有专门的法典,然而有关民法的概要内容在周礼中就大致有了雏形。地官管理市场用"质剂",缔结信用以停止诉讼,贞观年间参照开皇年间的旧律,凡是户婚、钱债、田土等民事,都纳入到法律的规制之中,宋代之后承袭,到现在也没有被替换,这是中国固有民法的明证。③ 折中提到

---

① 参见汤志钧:《康有为政论集》(中国近代人物文集丛书),中华书局1981年版,第215页。

② 参见张国华、李贵连:《沈家本年谱初编》,北京大学出版社1989年版,第99页,"东西各国裁判所原系民事刑事分设,民事即婚田产钱债等是也,刑事即人命贼盗斗殴等是也。中国民事刑事不分,至有钱债细故田产分争亦复妄加刑吓……"。

③ 参见故宫博物院明清史档案部编:《清末筹备立宪档案史料》(下册),中华书局1979年版,第911—912页,"吾国民法,虽古无专书,然其概要,备详周礼地官司市以质剂,结信而止讼……贞观准开皇之旧,凡户钱债田土等事,撮取入律,宋以后因之,至今未替,此为中国固有民法之明证。"

的"固有民法"是指产生于中华土壤上具有本土化特点的民事法律,强调"固有"一词,一者与近代资产阶级民法划清界限,再者凸显中国古代民事法律的特点与价值。在四千余年的中国法制历史上,虽无近代民法的概念,但却有与近代民法某些原则与内容相通的规范。这些规范纳入户婚田土钱债诸门,亦即俞氏所谓"固有民法"。① 这是中国"固有民法"最早的来源。

对中国"固有民法"理论进行探讨的代表性人物有杨鸿烈、戴炎辉、胡长清、杨幼炯、梅仲协、张晋藩、叶孝信、徐道邻、张镜影、林咏荣及日本学者浅井虎夫等。他们都认为,中国古代虽无形式民法(formal civil law),但一定有实质意义民法(civil law in substantial sense)。

梅仲协曾说,中国春秋时期礼和刑是对立的,礼所规定的人和亲属两方面的事,非常完备,远不是粗陋残酷的《罗马十二表法》能够望其项背的,按照他的观点,礼是世界上最古老最完备的民事法规。但是他又认为,商鞅变法以后,中国古代的民法都只是残留在律典的户婚、杂律中。②

张晋藩认为根据社会发展的客观规律,凡是有财产流转和商品交换的地方,必然有民事法律制度,只是这种法律的存在形式和发展程度不同而已③。他提出中国古代肯定没有形式意义的民法,但"有法制必有法典"的思维定势也显然有欠妥当,中国古代不可能没有实质意义上的民法。历朝法典中凡户婚钱债田土等事摭取入律,既然狭义的实质意义上的民法,其仅为私法之一部,故而从广义的实质意义的民法的角

---

① 张晋藩:"从晚清修律官'固有民法论'所想到的",《当代法学》2011年第4期。
② 参见梅仲协:《民法要义》,中国政法大学出版社1998年版,第14页,"我国春秋之世,礼与刑相对立。……礼所规定之人事与亲属二事,周详备至,远非粗陋残酷之罗马十二表法所敢望其项背者。依余所信,礼为世界最古最完备之民事法规也","故中华旧法,以唐律为最完备。惜乎民刑合一,其民事部分,唯户婚、杂律中,见其梗概耳"。
③ 参见张晋藩:"再论中华法系的若干问题",《政法论坛》1984年第2期。

度来看,凡有法律实质者不问形式皆可谓之。这样,中国古代有无民法的争议因此也就迎刃而解,不应再成为问题。可见,以成文法为表现形式的民法的直接渊源之外的民法的间接渊源,即法律之外的其他法源,是我们理解中国固有民法法律渊源的多元结构的关键①。

他进一步指出,有关"户婚田土钱债"的内容,只有在可能危害社会公共秩序和政治秩序的时候,才被零散地规定在刑律中"户役"、"杂犯"等章节里,对其处理则与轻微的刑事案件一起局限在州县一级。而处理民事纠纷方面的规则,就像民事秩序本身一样,处于混沌模糊的自然状态,缺乏自然的分析和总结,也不能总结和提升出与"刑律"平行的概念,更不能与后者通过对立和联系,构成更为复杂的法学体系。②

二、"固有"民法形态之讨论

张生指出:"中国古代没有独立的体系化的民法。民法近代化是将固有民法与继受民法整合成为一个既统一而又具兼容性的民法体系,以适应社会近代化总体需要的过程。"③同时,"由于社会文化多方面的原因,中国固有民法没有像西方民法那样形成相对独立的法律价值体系、私法学说、系统化的规则体系,专业化的法律实施机构等,主要是以零散的形态参与民法近代化过程的。"④截至到目前存在过的中国古代民法形态论述主要有公法私法合一观、民法与礼合一观(民法规则、理念、思想在礼中)以及民法存在于民事习惯中的观点。

公法私法合一观其论证大致为:以调整对象为界限,古代律典中存

---

① 参见张晋藩:"论中国古代民法研究中的几个问题",《政法论坛》1985年第5期。
② 俞江:《近代中国民法学中的私权理论》,北京大学出版社2003年版,第34页。
③ 张生:《民国初期民法的近代化——以固有法与继受法的整合为中心》,中国政法大学出版社2002年版,第2—3页。
④ 同上。

在公法和私法之间的实质区别,尽管是以刑为主,但仍可将中国古代的成文法典看作公私法典合一的法律体系。其中,杨鸿烈认为:"如以中国上下几千年长久的历史和几百种的成文法典而论,公法典占绝大的部分,纯粹的私法典简直寻找不出一部",这是在说中国古代没有专门的民法典,但又认为:"在现在应该算是私法典规定的事项也包含在这些公法典里面,从来没有以为是特种法典而独立编纂的。并且这些公法典里的私法的规定也是很为鲜少,如亲族法的婚姻、离婚、养子、承继,物权法的所有权、质权和债权法的买卖、借贷、受寄财物等事也不过只规定个大纲而已,简略已极"。① 这是在阐明公法典中包含了私法内容,尽管不发达。叶孝信也说:"先秦时期的民法,被包含在国家综合大法——'礼'之中,秦汉以后,民法主要也被收在主要是行政法的综合刑法典'令'之中,此外,历代还有一些单行民事法规。"② 胡长清则更直接:"(《大清律例》)《户律》分列七目,共812条,虽散见杂出于《刑律》之中,然所谓户役、田宅、婚姻、钱债者,皆民法也。谓我国自古无形式的民法则可,谓无实质的民法则厚诬矣"。③

民法与礼合一观,此说认为礼所规范的对象就是私法关系,是实质民法;陈顾远、史尚宽以及潘维和等先生持此说。他们提出,不仅是先秦,从《周礼》、《仪礼》到《唐六典》、《明会典》、《大清通礼》这些中国古代礼制内都有民法内容。尚不能赅括者,则归之于礼俗惯例。蔡元培以古之礼、法与现在所谓民法和刑法相比附,因有"今之所谓民法则颇具于礼"一说。④ 范忠信认为:"法条中的'假设'、'处理'部分,以及这些法条或其注释所引据的'礼'、'经'有关内容,实实在在是解决民事问题

---

① 杨鸿烈:《中国法律思想史》(下册),商务印书馆1936年版,第250页。
② 叶孝信:《中国民法史》,上海人民出版社1993年版,第30页。
③ 胡长清:《中国民法总论》,中国政法大学出版社1997年版,第16页。
④ 蔡元培:《蔡元培全集》第三卷,中华书局1984年版,第193页。

的规范。从这个意义上讲,民事法律规范在中国法传统中是存在的。"①潘维和分析得最深入,他说:"吾人宁可认为民法与礼合一说,或习惯法(礼俗惯例)较能赅固有法系中民事法之形成、发展或其本质、作用。唯持此说之学者,在观察之角度上颇有出入,即所谓礼书为民法法源。有认为民法为礼制之一部分,有认为民法包涵于礼之中即所谓礼与民法混合,有认为民法为另一形态之礼,即所谓民法独见于礼。要之,若谓古来民刑区分,民法并无专典,而礼中之一部分,除刑事、政事外,即为民事规范,或无大误"。②

民法存在于民事习惯中的学说,这种说法认为,中国自古以来政治经济发展不平衡,各地区、各民族、各行业之间都流行着各自的习惯,这些习惯与国家制定法共同构成了多样性的民事法律渊源,有法律者依法律,无法律者依习惯,但所选用的习惯不得与制定法的原则、精神相违背。这种"民间法律规范"在特定的法律定义上不是一种法律,但是却无法否认它对整个社会,特别是经济领域、日常生活领域的现实影响。在中国传统乡土社会,国家政权的力量只延伸到县一级,县以下的传统乡村只靠习惯法与伦理来协调,国家很少干预。梁治平认为:"在中国民法史的研究当中,对于习惯法乃至一般所谓'民法'的研究向来都是非常不够,这种情况的造成,与其说是因为材料上的欠缺,不如说是出于传统研究理论和研究方法的局限。"③张晋藩也认为习惯是中国多种民法渊源中的一种,为了处理大量的民事纠纷,允许司法官在审判中适用法条以外的民事法律渊源,譬如礼、习惯、家法、族规等。④ 国际上著名比较法学者法国的勒内·达维德甚至断言:"要了解在我们称之

---

① 范忠信:《中国法律传统的基本精神》,山东人民出版社2001年版,第112页。
② 潘维和:《中国近代民法史》,汉林出版社1982年版,第54页。
③ 梁治平:《清代习惯法:社会与国家》,中国政法大学出版社1996年版,第1页。
④ 参见张晋藩:"中国古代民事诉讼制度通论",《法制与社会发展》1996年第3期。

为私法或民法的领域内传统的中国实际遵循的准则,必须撇开法律而只考虑习惯。"①

"在法学界一般都是将以《唐律》为代表的中国封建王朝的法律以及毗邻国家仿照这种法律而制定的法律的总称,称之为中华法系"②。所谓"民刑不分",就内涵而言包含有两个主要方面:首先它是指刑法和民法合编在一部律典之内;其次是指有关民事诉讼,如户婚、田宅、继承等均是通过刑罚手段来予以调整的,即所谓用刑罚手段来处理民事纠纷。③ 中华法系所蕴涵的博大精深的内涵,至今依然对中国现代法律构建发生着潜移默化的影响,独树一帜,是中华民族的宝贵文化资料。

第二节 中国"固有"民法表达形式

史尚宽在论及中华民国民法典构成时指出:"我国民法,除亲属、继承两编中有不少固有法外,其他大部分多为继受法"④。在民法近代化的过程中,法典的编纂和汇编中也呈现着固有民法与继受民法交叉的特征。《大清民律草案》第一章"法例"第 1 条即规定:"民事本律所未规定者,依习惯法;无习惯法者,依法理。"据该条可知,其除将民律作为主要的民法渊源外,也进一步明确了习惯法与法理同为制定法之外的重要法律渊源。《大清民律草案》该条文后来被民初大理院以判决例形式加以确认。⑤ 具体而言,中国"固有民法"的表达方式主要表现为礼的

---

① 〔法〕勒内·达维德:《当代主要法律体系》,漆竹生译,上海译文出版社 1984 年版,第 489 页。

② 沈宗灵:《比较法总论》,北京大学出版社 1987 年版,第 43 页。

③ 李显冬:《从〈大清律例〉到〈民国民法典〉的转型》,中国政法大学出版社 2003 年,第 20 页。

④ 史尚宽:《民法总论》,中国政法大学出版社 1999 年版,第 4 页。

⑤ 蔡晓荣:"中国近代民法法典化的理论论争——兼论对中国当下编纂民法典之启示",《政法论坛》2017 年第 3 期。

形态和散见于国家正式律典的民商事规则以及民间习惯。

一、礼

叶孝信甚至认为中国古代民法早在先秦时期就以"礼"的形态存在了,他说:"先秦时期的民法,被包含在国家综合大法——'礼'之中。礼在中国古代的意识形态中有着至高无上的统领地位,是整个社会规则的指导思想。《礼记·曲礼》中说道:"道德仁义,非礼不成;教训正俗,非礼不备;分争辩讼,非礼不决……"。

詹学农先生从"法律渊源"角度来辨析中国古代的"民法"规则。他的基本观点如下:其一,礼是中国古代"民法"的渊源之一;但只有那些具备民事法律规范的形式和结构的部分才是民法的渊源。其二,对"律例"中的户婚、田宅、钱债事项,不能一概视为民法;其中,只有一小部分具备规定民事制裁手段,而且具有民事性质,符合民事法律规范结构的部分才是民法。此外,即使附有刑罚的规范,只要体现民法的精神和原则,也可看作民法渊源。其三,研究中国古代"民法"问题,不能仅仅关注国家法,必须同时探讨习惯法[1]。此外,民法学者李志敏指出:"问题不在是否使用了'民法'这个词,而要剖析法律的性质是不是民法。"又说:"从民法的实质意义上说,不能否认,在中华古代法系中也有民法"[2]。中国古代尽管没有制定出一部单一的民法典,但却形成了一个多种形式的民事法律渊源。其中既有制定法,也有习惯法;既有朝廷立法,也有地方法规,共同承担着民事法律的调整任务。例如清代的民事制定法散见于《大清律例》、《大清会典》、《户部则例》、《大清通礼》及其他有关部院则例,其中《户部则例》颇类似于民事法律汇编。在地方法规中《省例》、《告示》、《章程》也含有民事法律规范的内容,如福建的《典

---

[1] 詹学农:"中国古代民法渊源的鉴别问题",《比较法研究》1987年第2期。
[2] 李志敏:《中国古代民法》,法律出版社1988年版,第1页。

卖契式》、江安县的《学田章程》等。① 总之,《大清律例》这样的清代基本法律虽然是地方对案件处理的依据,但即使在处理命盗等"重情"案件的过程中,也并非都被严格执行。在各个诉讼环节上,广东省州县地方官对案件处理的依据,事实上大量来自于成文法体系之外。在对案件的处理上,广东省的诉讼习惯事实上与国法一样构成共同的依据。甚至,当习惯与国法发生冲突的时候,地方司法官吏对此习以为常,在刑名幕友的操纵下,习惯起到了超越国法的作用。正如潮州府朝阳县令所说:"法律一定者也,而习惯无定者也。习惯之例,原因复杂,非一朝一夕之故。是以,国家法律之力,恒不及社会习惯之力,所谓积重难返也。"②

二、散见于正式律令中的民商事活动规则:唐宋律为例

中国古代虽然没能形成一部独立的民法典,但是调整民事社会关系的成文法律规则还是相当丰富的,这些规则常常是以"礼"为指导精神,散见在国家的正式律令中,集中在"户婚"、"厩库"等篇章中。

(一) 唐律中的民商事活动规则

以唐代为例,《唐律疏议》作为得到"一准乎礼以为出入,得古今之平"③的评价的法典,其关于民事方面的法律规范就主要集中于"户婚"、"厩库"以及"杂律"的篇目中。解析唐代的民事法律规范,首先应对唐代社会不同阶层的人的民事法律权利能力有所区分。唐代的立法除去独属于官僚和门阀的特权,将社会阶层大体区分为良、贱两类,《唐

---

① 张晋藩:"从晚清修律官'固有民法论'所想到的",《当代法学》2011年第4期,第3—18页。
② 《广东省调查诉讼事习惯第一次报告书》"第三款"潮州府朝阳县报告,转引自赵娓妮:"国法与习惯的'交错':晚清广东省州县地方对命案的处理",《中外法学》2004年第4期。
③ 《四库全书唐律疏议提要》,载文渊阁四库全书第672册,台湾商务印书馆1983年版。

律疏议》中制定民事法律规范时以此作为不可动摇的基础,比如在关于婚姻的法律规范中明确规定禁止良贱通婚。贱民较之于良民,其民事权利能力不仅不完整,甚至可以说是等级低于良民,近乎于物的地位,又因为其不同于物,所以在立法上比照物的法律规定稍加变通。基于良、贱层级不同的权利认知前提,参照现今民事法律规范的基本架构,可以将唐代的民事法律规范大体分为以下几个方面。

1. 关于物的法律规范

唐代关于物的法律规范,主要集中于作为重要不动产的土地方面。《新唐书·食货志一》中记载有授田的制度,丁和十八岁以上的男都授予一顷的土地,其中 80 亩是口分田,20 亩是永业田;老人、有重病的人及残废的人都授予 40 亩土地;寡妻和寡妾都授予 30 亩土地;户主多授 20 亩土地;以上所有身份的人的土地都是 20 亩是永业田,其余的是口分田,人死后收回土地,用来授予没有土地的人。① 可见唐代的"丁及男年十八以上者"有权从国家分得 80 亩的口分田和 20 亩的永业田,"老及笃疾、废疾者"有权分 40 亩土地,"寡妻妾"有权分 30 亩,"当户者"还可以增加 20 亩土地。

《唐律疏议》第 163 条规定凡是卖口分田的人,卖一亩就处以笞刑十下,每增加 20 亩处罚就提升一等,处罚不超过一百杖,地还给原主,交易的钱不再追还,但是法律允许买卖的,不用此条法律规制②,口分

---

① 参见[宋]宋祁、欧阳修等编:《新唐书·食货志一》,中华书局 1999 年版,第 882 页,"授田之制,丁及男年十八以上者,人一顷,其八十亩为口分,二十亩为永业;老及笃疾、废疾者,人四十亩,寡妻妾三十亩,当户者增二十亩,皆以二十亩为永业,其余为口分。……死者收之,以授无田者"。

② 参见[唐]长孙无忌:《唐律疏议》,岳纯之点校,上海古籍出版社 2013 年版,第 203 页,"诸卖口分田者,一亩笞十,二十亩加一等,罪止杖一百,地还本主,财没不追。即应合卖者,不用此律"。

田和永业田能够行使的权利有所区别,被授予口分田的人只能依法享有占有使用权。同时,既然是授田,就有相应的义务,《新唐书·食货志一》中记载,凡是被授予田地的人,丁每年要缴纳二斛粟和三斛稻,此项规定称之为"租";丁跟着乡里一起交,每年缴纳绢二匹、绫、绝二丈,布加五之一,绵三两,麻三斤,如果家里养的蚕不够多,可以替换为十四两白银,此项规定称之为"调";丁还需要服劳役,每年20天,闰年加两天,不想服劳役的人每欠一日就要缴纳三尺绢,此项规定称之为庸。如果有事临时加劳役25天的就免去调的义务,增加劳役超过30日的租、调的义务全免。劳役总共不能超过50天①。

土地权属确认衍生出土地使用的权利,唐代土地租赁的法律规范限制多于支持。《唐开元田令》规定,所有的田地不能租赁和质押,违反此律的后果是交易的钱不能再追回,土地要还给原主人;如果是要到外地任职,家中无人守业,就任凭租赁和质押;官员的永业田和赐田想要卖、租赁及质押的,不受此条法律限制。② 同样地,无论是公田还是私田荒废超过三年,有人想要借佃的,可以向官府申请,虽然不是相邻的土地也可以允许,私人的土地三年之后还给主人,公有的田地九年还给官府;有册岗、砂石、沟涧之类的田地,允许其租赁。③ 原则上唐初法律不允许土地租赁和作为质押物品,除非满足无人守业、荒废三年或者土

---

① 参见[宋]宋祁、欧阳修等编,前引书,第882页,"凡授田者,丁岁输粟二斛,稻三斛,谓之租。丁随乡所出,岁输绢二匹、绫、绝二丈,布加五之一、绵三两,麻三斤,非蚕乡则输银十四两,谓之调。用人之力,岁二十日,闰加二日,不役者日为绢三尺,谓之庸。有事而加役二十五日者免调,三十日者租、调皆免。通正役不过五十日"。

② 参见天一阁博物馆、中国社会科学院历史研究所天圣令整理课题组校证:《天一阁藏明钞本天圣令校证(附唐令复原研究)》(下),中华书局2006年版,第450页,"诸田不得贴赁及质,违者财没不追,地还本主。若从远役外任,无人守业者,听贴赁及质。其官人永业田及赐田欲卖及贴赁,质者不在禁限"。

③ 参见同上书,第451页,"诸公私田荒废三年以有能借佃者,经官方申借之,虽隔越亦听。私三年还主,公田九年还官……诸田有册岗、砂石、沟涧之类,不在给限,人欲佃听之"。

地品质较差的条件,才可以例外。可见土地占有人对土地的权利原则上只有占有和自己使用的权利,使用权在一般情形下不能让渡。将土地合法占有、使用的权利和与之相对应的向国家履行的义务在立法上确定之后,就需要对可能基于土地权利产生的冲突进行法律规制。侵占他人土地、盗种他人土地、妄认他人土地、侵夺他人土地或者盗耕他人墓田等,是土地冲突比较多发的表现形式,《唐律疏议》分别在第164条、165条、166条、167条以及168条进行了具体的规定,在土地占有人的土地权利受到侵害的时候,保护土地占有人。

关于动产的法律规范,唐代用"官、私"对动产进行划分,将"私"物受到侵犯纳入立法的保护,与今天所谓侵权法的原理有近似之处。动产首先指的是畜产,因为畜产在生产力不足的古代对国家的发展具有重要的意义,立法对于畜产的规定与今天有所区别。《唐律疏议》中第203条故杀官私马牛,规定故意杀害官府和私人马牛,处以徒刑一年半。造成财产损失过重及杀伤其他畜产的,计算造成的损失按照盗窃罪处理,还需要赔偿造成的损失。没有造成财产减少的,处以笞刑三十。[①] 其下疏议曰:"官私马牛,为用处重"[②],对官物马牛的侵占可以说是对国家利益的侵害,应当由刑法规范,此处将对私人马牛的侵占也处以刑罚,主要是由于私人的马牛也是国家不能轻易减损的资源。《唐律疏议》第204条官私畜毁食官私物、第205条杀缌麻亲马牛、第206条犬杀伤畜产以及第207条畜产抵踏啮人的法律规范,都是有关动产保护的内容。其次是器物,《唐律疏议》第441条食官私田园瓜果、第442条弃毁器物稼穑、第443条毁人碑碣石兽及第445条弃毁官私器物都

---

① 参见[唐]长孙无忌:《唐律疏议》,岳纯之点校,上海古籍出版社2013年版,第237页,"诸故杀官私马牛者,徒一年半。赃重及杀余畜产若伤者,计减价准盗论。各偿所减价;价不减者,笞三十。"

② 同上。

规定了对别人物品造成侵害应该受到的处罚。最后唐代法律对宿藏物和阑遗物的归属进行了规定，《唐律疏议》第447条得宿藏物规定，在他人的土地内得到宿藏物的，应该与土地的主人平分，如果不主动告知平分，需要受到处罚；第448条得阑遗物规定，不分地点捡到阑遗物的，都需要在五日内送到官府，超过期限的将受到处罚。

2. 关于债的法律规范

唐代关于债的法律规范，已经出现了基于合同的债的法律关系。唐代的民事法律规范之中，已经明确包含了"和"的概念，《唐律疏议》第421条规定，买卖不和却要强行交易的，处以杖刑八十。① 其下疏议曰："卖物及买物人，两不和同"②，应可以将此处的"和同"理解为买卖双方达成了意思一致。基于双方合意的前提进行交易，唐律还规定要使得合同成立，需要"立券"作为形式要件，《唐律疏议》第422条规定买奴婢、马、牛、驼、骡、驴之类的重要财物，已经付过价钱，却没有立合同的，超过三日期限就处以笞刑30。卖方的惩罚力度减一等。已经订立合同之后，发现标的物原本就有疾病的，可以撤销合同。买卖已经完毕之后，"市司"（官名，掌管市场的治教政刑，量度禁令等）没有按时出具合同，延迟一天惩罚笞刑30，每过一天惩罚加一等，最高不超过一百杖。③其下疏议解释，买奴婢、马、牛、驼、骡、驴等重要财物，需依照令的规定订立合同。双方达成合意，已经付钱完毕，如果不订立合同，每超过三

---

① 参见［唐］长孙无忌：《唐律疏议》，岳纯之点校，上海古籍出版社2013年版，第427页，"诸买卖不和而较固取者，及更出开闭，共限一价，若参市，而规自人者，杖八十。已得而赃重者，计利准盗论。"

② 同上。

③ 参见同上书，第428页，"诸买奴婢、马、牛、驼、骡、驴，已过价，不立市券，过三日笞三十。卖者，减一等。立券之后，有旧病者，三日内听悔。无病欺者，市如法，违者笞四十。即卖买已讫，而市司不时过券者，一日笞三十，一日加一等，罪止一百杖。"

天,买方惩罚笞刑 30,卖方减一等惩罚。如果订立合同之后,财物有旧病但是买时不知晓,订立合同之后才知晓,三天内准许反悔。三天过后没有疾病,因为故意欺骗想要反悔,合同有效,违反的惩罚笞刑四十。如果财物有病却欺骗对方并不接受反悔,也惩罚笞刑四十。令中并无准许私立合同的规定,因此不接受私定合同内约定的期限。交易重要财物已经付钱完毕,"市司"当时不立即出具合同,超过一天惩罚笞刑三十,最高惩罚不超过杖刑一百。① 此条法律规定要求交易双方的标的涉及"奴婢、马、牛、驼、骡、驴"之类比较贵重的财物时,必须到唐代指定的官府订立契约,并且订立契约有时间限制,违反会受到处罚。同时,买卖双方私下订立的契约,其约定的时间期限不被官府认可,官府的官员不按时出券也会受到惩罚。

合同的形式要件规定完毕之后,唐律对标的物质量也有法律规范,《唐律疏议》第 418 条规定制造器用之物及绢、布之类的物品,有"行滥"、"短狭"的情况,处以杖刑 60。物品不牢固称之为"行",物品作假称之为"滥",及制造横刀和箭镞之中用软铁也称之为"滥"。获利较多的,计算获利多少按照盗窃罪处罚。贩卖此类制造物,同样按照上述规定处罚。市场管理者和州县官府知情的同罪,不知情者减二等处罚。② 其下疏议曰:"凡造器用之物,谓供公私用,及绢、布、绫、绮之属,行滥,谓器用之物不牢、不真,短狭,谓绢匹不充四十尺,布端不满五十尺,幅

---

① 参见[唐]长孙无忌:《唐律疏议》,岳纯之点校,上海古籍出版社 2013 年版,第 428 页,"买奴婢、马、牛、驼、骡、驴等,依令并立市券。两和市卖,已过价讫,若不立券,过三日,买者笞三十,卖者减一等。若立券以后,有旧病而买时不知,立券后始知者,三日内听悔。三日外无疾病,故相欺罔而欲悔者,市如法,违者笞四十。若有病欺不受悔者,亦笞四十。令无私契之文,不准私券之限。卖买奴婢及马、牛之类,过价已讫,市司当时不即出券者,一日笞三十。所由官司,依公坐节级得罪。其挟私者,以首从论。一日加一等,罪止杖一百。"

② 参见同上书,第 425 页,"诸造器用之物及绢、布之属,有行滥、短狭而卖者,各杖六十(不牢谓之行,不真谓之滥。即造横刀及箭镞,用柔铁者谓之滥);得利赃重者,计利准盗论。贩卖者,亦如之。市及州县官司知情,各与同罪;不觉者,减二等。"

阔不充一尺八寸之属,而卖,各杖六十。故《礼》云:'物勒工名,以考其诚,功有不当,必行其罪。'其行滥之物没官,短狭之物还主。"可见唐代对于交易标的物不仅作假和不牢固的要进行惩罚,交易标的物有瑕疵的,也要对卖主进行惩罚,同时认定合同无效。但是标的物有瑕疵的,标的物不没收;标的物有本质问题的,标的物没收,标的物有瑕疵的惩罚程度相对轻。

除了标的物有瑕疵或质量问题造成合同归于无效,没有获得家长同意的交易行为,不论是担保还是买卖,合同也自始无效。唐代《杂令》规定家长在("在"指的是在家方圆三百里以内,没有隔关),家中的子孙弟侄等人,不得擅自将家中奴婢、六畜、田宅及其余财物用作质押、出借及出卖。出借行为无论是否有担保,都需要官府的文牒。如果没有经过询问,擅自交易,物品还给原主,交易的价款不再追回。[1] 此条规定还要求交易中的买方承担实际上的审查义务,如果买方没有确定清楚卖方或者担保方已经取得家长的同意,发生纠纷后不利的后果由买方承担。

唐代法律对因合同产生的纠纷,法律允许有限度的私力救济,在不超过合同约定的标的物价值的范围内,默认债权人强行拿走债务人财物的行为。《唐律疏议》第399条规定债权人不经过官府许可强取债务人的财物,超过契约约定应得财物界限的,以坐赃论处。[2] 其下疏议解释,官府或私人负债,违反合同不偿还,都需报告官府听凭裁判。如果

---

[1] 参见天一阁博物馆、中国社会科学院历史研究所天圣令整理课题组校证《天一阁藏明钞本天圣令校证(附唐令复原研究)》(下),中华书局2006年版,第751页,"诸家长在,(在谓三百里内,非隔关者),而子孙弟侄等,不得辄以奴婢、六畜、田宅及余财物私自质举,及卖田宅。(无质而举者亦准此)其有质举者,皆得本司文牒,然后听之。若不相本问,违而辄与,及买者,物即追还主,钱没不追。"

[2] 参见[唐]长孙无忌:《唐律疏议》,岳纯之点校,上海古籍出版社2013年版,第415页,"诸负债,不告官司而强牵财物,过本契者,坐赃论。"。

不提起诉讼,强行夺走债务人的财物诸如奴婢、畜产之类,超过合同约定应得财物界限,以坐赃论处。①

同时,除有息借贷以外的合同,唐代法律还规定债务人不履行义务应受处罚的不同标准和时间期限,以一匹为标的物合同约定价值的基准点,以20日为时间的计算单位,起算处罚为笞刑的第二等,即二十笞,每过20日处罚就提升一等,到一百日的时候达到处罚的上限,即处罚达到第六等,杖六十。数额较大,违反合同约定价值超过三十匹的,开始就处以第三等的处罚;数额特别巨大,超过一百匹的,开始就处以第七等的处罚,两者同样以20日为单位,处罚加等到一百日为最高上限。并且运用刑罚手段处罚之后,债务人仍然要履行合同义务,如果超过百日期限还不履行的,经过裁判或恩赦之后,重新开始循环处罚。②

唐代对民间有息借贷的保护力度弱于一般交易行为,与儒家的义利观相合,官府在尊重当事人之间合意的基础上,仅对取息额度和质物的转卖进行限制,认可用劳动力折抵债务和保人代偿的行为。这方面的法律规范多见于令,唐代《杂令》规定官府或私人用财物进行借贷,遵照私人合同的约定,官府不加限制。每个月的利息不得超过六分,利息积攒不得超过本钱的一倍。没有财产可供还贷,可以用劳役的方式折抵,劳役只能由户内的男人承担,并且不允许将利息计算为本钱。放贷用的是粟麦而非金钱,利息也不得超过一倍,同样不能计算为本钱。如

---

① 参见同上书,第415页,"谓公私债负,违契不偿,应牵掣者,皆告官司听断。若不告官司,而强牵掣财物若奴婢、畜产,过本契者,坐赃论。若监临官共所部交关,强牵过本契者,计过剩之物,准于所部强市有剩利之法。"

② 参见同上书,第414页,"诸负债,违契不偿,一匹以上,违二十日笞二十,二十日加一等,罪止杖六十。三十匹加二等,百匹又加三等。各令备偿。"其下疏议曰:"负债者,谓非出举之物,依令合理者。或欠负公私财物,乃违约乖期不偿者,一匹以上,违二十日笞二十,二十日加一等,罪止杖六十。三十匹加二等,谓负三十匹物,违二十日笞四十,百日不偿,合杖八十。百匹又加三等,谓负百匹之物,违契满二十日杖七十,百日不偿,合徒一年。各令备偿。若更延日及经恩不偿者,皆依判断及恩后之日,科罪如初。"

果违法取利,强取超过合同约定财物,以及不涉及利息的债务,官府负责管理。作为质押的物品,只能对原物主出卖。如果利息超过本钱还不赎回质押的物品,准许告诉市司出卖,剩余的钱还给原物主。如果债务人潜逃,保人负连带责任。[①]

3. 关于婚姻的法律规范

唐代关于婚姻方面的法律规范,既延续了中国的礼和家族伦理的传统,又具有一定的唐代特性。基于对贵族阶层的维护,首先禁止"良贱通婚",《唐律疏议》第191条奴娶良人为妻和第192条杂户不得娶良人都对良、贱通婚的行为进行了限制。其次,唐代延续了同姓不得为婚的习惯,《唐律疏议》第182条规定:"诸同姓为婚者,各徒二年;缌麻以上,以奸论。"[②]

除了关于禁止结婚情形的法律规范之外,唐代法律还对婚姻成立的形式要件有所规定,《唐律疏议》第175条规定,许诺嫁女已经报过婚书或者有私约却反悔的,处以杖刑六十。"约",指的是之前已知丈夫有老、幼、疾、残、养、庶之类的不利且无法更改的情况。男方如果反悔,礼金不能追回。虽然没有婚书,但是女方接受礼金也受此条法律约束。礼金不论多少,酒食一般不算,但是用酒食作为财物,也属于礼金。如果反悔后将女儿嫁给他人,惩罚杖刑一百;已经成婚,惩罚徒刑一年半。后娶者知情,按照减一等进行处罚,出嫁的女儿要追回给前夫,前夫不

[①] 参见天一阁博物馆、中国社会科学院历史研究所天圣令整理课题组校证《天一阁藏明钞本天圣令校证(附唐令复原研究)》(下),中华书局2006年版,第751页,"诸公私以财物出举者,任依私契,官不为理。每月取利,不得过六分。积日虽多,不得过一倍。若官物及公廨,本利停化,每计过五十日不送尽者,余本生利如初,不得过一倍。家资尽者,役身折酬。役通取户内男口,又不得回利为本。(其放物为粟麦者,亦不得回利为本及过一倍。)若违法积利、契外掣夺,及非出息之债者,官为理。收质者,非对物主不得辄卖。若计利过本不赎,听告市司对卖,有剩还之。如负债者逃,保人代偿。"

[②] [唐]长孙无忌:《唐律疏议》,岳纯之点校,上海古籍出版社2013年版,第219页。

愿再娶,需还给前夫礼金,后夫的婚姻被承认。①

报婚书或私约的形式,是唐代婚姻成立形式要件中的一环,按照疏议的解释,丈夫有"老、幼、疾、残、养、庶"等情形,这是无法改变并且会对女方未来的权利有不利影响的状况,因此法律规定必须先约,然后才能成婚。合意达成一致后,违反需要承担相应的责任,女方违约需要处罚杖刑六十,男方违约需要承担礼金的损失。即使没有许婚的书面契约,但是实际上接受礼金也视为默认契约成立。唐代还对婚姻成立和为他人主婚的时间有所限制,《唐律疏议》第179条居父母夫丧嫁娶、第180条父母囚禁嫁娶和第181条居父母丧主婚详细规定了禁止结婚和主婚的时间。唐代在婚姻关系的规定中,相对加强了对"妻"的权利的保护,《唐律疏议》第178条以妻为妾、第184条夫丧守志以及第189条妻无七出从妻子的地位,守寡之后不嫁的权利,乃至对丈夫休妻的限制方面保障了妻子享有的权利。最后,唐代规定了一些法定离婚的情形,《唐律疏议》第176条为婚女家妄冒、第177条有妻更娶、第183条为祖免妻嫁娶、第185条娶逃亡妇女、第186条监临官娶所监临女、第187条和娶人妻及第190条义绝离之都详细规定了处罚措施和强制离婚的法律后果。值得一提的是,唐代赋予了在外的卑幼一定的婚姻自主权,《唐律疏议》第188条规定:"诸卑幼在外,尊长后为定婚,而卑幼自娶妻,已成者,婚如法;未成者,从尊长。违者,杖一百。"②其下疏议曰:"卑幼,谓子孙、弟侄等,在外,谓公私行诣之处,因自娶妻,其尊长后为定婚。若卑幼所娶妻,已成者,婚如法;未成者,从尊长所定。违者,杖

---

① [唐]长孙无忌:《唐律疏议》,岳纯之点校,上海古籍出版社2013年版,第213—214页,"诸许嫁女已报婚书及有私约(约,谓先知夫身老、幼、疾、残、养、庶之类)而辄悔者,杖六十(男家自悔者,不坐,不追娉财)。虽无许婚之书,但受娉财亦是(娉财无多少之限,酒食非。以财物为酒食者,亦同娉财)。若更许他人者,杖一百;已成者,徒一年半。后娶者知情,减一等。女追归前夫。前夫不娶,还娉财,后夫婚如法。"

② 同上书,第223页。

一百。尊长,谓祖父母、父母及伯叔父母、姑、兄姊。"[1]按照此条法律规定,满足在外和成婚的条件之后,经过尊长的追认,婚姻关系就是有法律效力的。

4.关于继承的法律规范

唐代关于继承的法律规范,具有较强的家族伦理的色彩,区分为身份继承和财产继承。唐代家庭中身份的法定继承因袭传统的嫡长子继承制,《唐律疏议》第158条规定立嫡违法,处以徒刑一年。嫡妻年龄超过五十岁仍然没有儿子,可以立庶子中的长子为嫡子,不立长子的同样按照上述规定处罚。[2] 其下疏议解释立嫡制度制定的目的是为了承袭宗嗣。嫡妻的长子是嫡子,不如此立嫡,名义上就违法,本就应该处以徒刑一年。嫡妻年龄超过五十以上没有儿子,是因为妇人年龄在五十岁以上,一般而言,生理上不再能够生育,因此准许立庶子为嫡。都需要先立长子,不先立长子,也要处以徒刑一年,因此是"亦如之"。按照令的规定,没有嫡子和嫡子有罪疾,立嫡孙;没有嫡孙,按顺序立嫡子同母的弟弟;嫡子没有同母弟弟,立庶子;没有庶子,立嫡孙同母的弟弟;嫡孙没有同母的弟弟,立庶孙。曾、玄以下都按此顺序。无后者按照户绝的法律规定。[3] 可见,唐代家庭中身份的法定继承人的顺位原则上是:第一顺位是嫡子;第二顺位是嫡孙;第三顺位是嫡子的同母弟;第四

---

[1] [唐]长孙无忌:《唐律疏议》,岳纯之点校,上海古籍出版社2013年版,第223页。

[2] 参见[唐]长孙无忌:《唐律疏议》,岳纯之点校,上海古籍出版社2013年版,第199页,"诸立嫡违法者,徒一年。即嫡妻年五十以上无子者,得立庶以长,不以长者亦如之。"

[3] 参见同上书,第199页,"立嫡者,本拟承袭。嫡妻之长子为嫡子,不依此立,是名违法,合徒一年。即嫡妻年五十以上无子者,谓妇人年五十以上,不复乳育,故许立庶子为嫡。皆先立长,不立长者,亦徒一年,故云亦如之。依令:无嫡子及有罪疾,立嫡孙;无嫡孙,以次立嫡子同母弟;无母弟,立庶子;无庶子,立嫡孙同母弟;无母弟,立庶孙。曾、玄以下准此。无后者为户绝。"

顺位是庶子中的长子;第五顺位是嫡孙的同母弟;第六顺位是庶孙中的长子,以此类推至曾、玄孙。例外情形是嫡妻五十岁以上没有嫡子的,可以将庶子中的长子立为嫡子,然后仍然按照上面的原则顺位进行继承。

为了维持身份继承,《唐律疏议》规定私自出家,处以杖刑一百。如果是家长的要求,家长亦按此规定惩罚。已经脱去户籍者,处以徒刑一年。官府和寺院主管知情者,同罪。[①] 唐代制定关于养子的法律规范,用于解决没有亲生子家庭的赡养问题,相应的对养子的身份乃至继承都有所规范。《唐律疏议》第157条规定被收养的养子的养父母没有亲生儿子,养子擅自舍养父母而去,处以徒刑二年。如果养父母生有亲子而且养子的生父母家中无子,养子想要还家的听从其意愿。养异姓的男子,处以徒刑一年。被遗弃的男孩在三岁以下,虽然是异姓,也任凭收养,给其改姓。[②] 其下疏议解释按照户令,没有儿子的家庭可以收养同宗辈份相当的家庭的儿子。既然承蒙收养的恩情,擅自舍养父母而去,处以徒刑二年。如果养父母和生父母两家都没有儿子,养子去留任凭其自己的意愿。如果养父母有亲生子,或没有亲生子但是不愿再收养养子,想要将养子遣还到生父母处,任凭养父母的意愿。异姓的男子,不是本族之人,违法收养,因此处以徒刑一年。养女者不在此条法律规制范围。男孩在三岁以下,被生父母抛弃,如果不允许收养,其性命难保,因此虽然是异姓,仍然准许收养,让其跟随养父母的姓。如果是生父母遗失的男孩,后来相认,应该还给生父母,生父母应当给予养

---

① 参见[唐]长孙无忌:《唐律疏议》,岳纯之点校,上海古籍出版社2013年版,第197—198页,"诸私入道及度之者,杖一百。(若由家长,家长当罪)已除贯者,徒一年。本贯主司及观寺三纲知情者,与同罪。"

② 参见同上书,第198—199页,"诸养子,所养父母无子而舍去者,徒二年。若自生子及本生无子,欲还者听之。即养异姓男者,徒一年;与者,笞五十。其遗弃小儿年三岁以下,虽异姓,听收养,即从其姓。"

父母一定的哺乳费。①

唐代收养养子原则上不得收养异姓的男孩,可以收养异姓女孩,但异姓的男孩在三岁以下的,可以例外收养,疏议的解释说明唐代的家族观念在收养与生命权的保护产生冲突时,生命权的保护处于优先地位。在养子的去留问题上,唐代法律限制养子无故离开收养人,当养父母有亲生子或养子的亲生父母没有子嗣的条件满足时,养子的去留不再受限。相对于养子,养父母有权随时将养子遣还到他的亲生父母处。亲生父母来寻不满三岁被收养的当初遗失的养子时,唐代法律规定亲生父母需要支付给养父母相应的抚养费,以保证对养父母的公平。同时,因为良、贱有别的基本前提,唐律规定不能养杂户为子孙,甚至养杂户女都会受到处罚,《唐律疏议》第159条养杂户为子孙对此有详细明确的规定。

唐代家庭财产继承的法律规范具有很明显的时代特色。首先家庭财产的运转模式是同居共财,《唐律疏议》第155条明确规定家长在世的时候子孙不得别籍异财,子孙不能自由选择别籍,尊长也不能强令子孙别籍,第156条居父母丧生子的条款进一步确定兄弟不得别籍异财。同居共财的模式下,尊长对家庭财产享有完整的处分权,子孙用财必须经过尊长的同意,《唐律疏议》第162条卑幼私辄用财对此有专门规定。其下疏议解释同居应分,指的是按照户令的规定,应该分的田宅和财物,兄弟均分。妻子家所得的财物,不在应分财产的范围之内。兄弟死

---

① 参见[唐]长孙无忌:《唐律疏议》,岳纯之点校,上海古籍出版社2013年版,第199页,"依户令,无子者,听养同宗于昭穆相当者。既蒙收养,而辄舍去,徒二年。若所养父母自生子及本生父母无子,欲还本生者,并听。即两家并皆无子,去住亦任其情。若养处自生子,及虽无子,不愿留养,欲遣还本生者,任所养父母。异姓之男,本非族类,违法收养,故徒一年。违法与者,得笞五十。养女者不坐。其小儿年三岁以下,本生父母遗弃,若不听收养,即性命将绝,故虽异姓,仍听收养,即从其姓。如是父母遗失,于后来识认,合还本生,失儿之家量酬乳哺之直。"

亡,其子继承父亲应分的份额。违反此项法律规定,被称为"不均平"。[①] 疏议针对162条的解释说明唐代在财产继承方面实施的是诸子均分,妻子的财产不计入夫家财产继承的序列,儿子有替亡夫代位继承的权利。唐代《丧葬令》规定女儿在户绝无遗嘱时可依法获得财产继承权。户绝的家庭所拥有的部曲、客女、奴婢、店宅、资财等,都由近亲负责出卖,除去丧葬费用之外,剩余的财产都给女儿;没有女儿,都给最近的近亲;没有亲戚,则由官府负责检校。如果亡人在世时有遗嘱,验证确实有遗嘱,不用此项法律规定。[②] 这说明唐代遗嘱继承优先于法定继承。

唐代的民事法律规范除散见于《唐律疏议》的"户婚"、"厩库"、"杂律"等篇目之外,《户令》中制定了诸多家庭、婚姻、继承等方面的法律规范;《田令》中制定了土地占有、使用、交易等方面的法律规范;《厩牧令》中有得到阑遗物如何处理的法律规范;《关市令》集中对市场和边关的交易进行规范;《捕亡令》中亦有关于阑遗物的法律规范;《丧葬令》中有户绝财产继承方面的法律规范;《杂令》中则对交易需要使用的计量工具进行规范。

唐延隋制,式是稳定而成型的法律形式之一。[③] 唐代从开国时起,就已经注重对式的编纂,先后有《武德式》、《贞观式》、《永徽式》、《麟德式》、《仪凤式》、《垂拱式》、《神龙式》、《太极式》、《开元式》,其中《开元式》经过三次大规模的修改,可以分为《开元三年式》、《开元七年式》、

---

① 参见〔唐〕长孙无忌:《唐律疏议》,岳纯之点校,上海古籍出版社2013年版,第202—203页,"即同居应分,谓准令分别,而财物不均平者,准户令:应分田宅及财物者,兄弟均分。妻家所得之财,不在分限。兄弟亡者,子承父分。违此令文者,是为不均平。"
② 参见〔日〕仁井田陞:《唐令拾遗》,霍存福等译,长春出版社1989年版,第770页,"诸身丧户绝者,所有部曲、客女、奴婢、店宅、资财,并令近亲(亲依本服,不以出降)转易货卖,将营葬事及量营功德之外,余财并与女(户虽同,资财先别者,亦准此);无女,均入以次近亲;无亲戚者,官为检校。若亡人存日,自有遗处分,证验分明者,不用此令。"
③ 霍存福:《唐式辑佚》,社会科学文献出版社2009年版,第10页。

《开元二十五年式》。这些式之中,都散见有一些民事法律规范。唐代的《僧道格》对持有僧道身份的人的民事权利进行了一定的规制。《唐六典》作为唐代律、令、格、式的综合体,其中也多有涉及民事法律规范。

(二) 宋代民事法律规范

宋代因袭唐代编纂《唐律疏议》的体例,于此基础上加以损益,制定出"终宋之世用之不改"[①]的传世法典《宋刑统》。作为刑统,其与疏议有所不同,疏议是依照律文进行解释,刑统除了将解释全部运用之外,还加上后来颁布的敕和臣下的参详。《宋刑统》虽然改变了过去唐代逐条为目的做法,用分门类编取代,其民事法律规范仍主要集中于"户婚"、"厩库"以及"杂律"的篇目中。同样的,解析宋代的民事法律规范,首先也要辨析宋代社会的阶层划分。唐代社会良、贱的基本社会阶层划分到宋代的时候已经发生变化,虽然《宋刑统》之中可见良、贱区分的法律规定,但是实际上宋代社会实践中良、贱的界限并不像唐代一样泾渭分明。宋真宗曾言:"今之僮使,本佣雇良民"[②],可见奴婢不再全是主人附庸的财产,有一部分已经转为双方合同的结果。基本的社会阶层趋于一同,宋代民事法律规范在制定的社会前提方面和唐代不一致,但是宋代民事法律规范与唐代规定有明显的承继关系,仍可以物、债、婚姻和继承为对象进行分类。

1. 关于物的法律规范

宋代关于物的法律规范,涉及作为重要不动产的土地的相关制度和内涵都有所变化。宋代沿袭唐代的授田制,口分田和永业田的区别仍然存在,但是增加了永业田的获取途径,《宋史·食货志》记载,官员

[①] [宋]窦仪:《宋刑统》,薛梅卿点校,法律出版社1998年版,点校说明第6页。
[②] [宋]李焘:《续资治通鉴长编》卷五四咸平六年夏四月庚午,中华书局2004年点校本,第1188页。

李椿向皇帝建议其辖区虽然在江南,但是荒田众多,申请租赁的人开垦不久,就征收税赋,导致垦田人逃走。现在想要请人租赁,免税三年,三年以后成为世代相传的产业,每过三年收三分之一的赋税,直到收齐为止,如果期间有原主归来,给原主别处的荒田。[1] 可见,宋代从法律上认可垦荒田一定时间之后可以转为世业的做法。相对于唐代限制土地租赁的法律规定,宋代放开永佃田获取途径的做法使得永佃田的数量增长,与之带来的是民间土地交易的激增,法律很难再像唐代一样严格限制土地租赁。甚至发展到后来,宋代的官田租赁权都可以典卖,"如将来典卖,听依系籍田法请买印契。书填交易"[2]。频繁的交易引发的纠纷形势比唐代更为复杂,宋代法律不仅规制侵占他人土地、盗种他人土地、妄认他人土地等行为,还将强调解决官府裁决过程中产生的纠纷和遭遇不可抗力之后的土地纠纷列入律之中,《宋刑统》继承《唐开元田令》土地纠纷的相关规定,作出裁判时已经开始耕种的土地,虽然判给非耕种者,但是种苗归给耕种人,耕田未种者,也要付给其耕田的钱。判决未出强耕有争议的土地,种苗随判决归属。土地被水流侵蚀,河流改道,新出的土地,先给被侵蚀土地的人家,如果别的县界新出土地,依照收授法处理;两岸管理土地,按照河流的正流裁判。如果间隔土地仍应该获得归属权,不按照此条规制。[3] 同时,为了避免农作物的浪费,

---

[1] 参见[元]脱脱等撰:《宋史·食货志》,中华书局2011年版,第4174页,"四年,知鄂州李椿奏:'州虽在江南,荒田甚多,请佃者开垦未几,便起毛税,度田追呼,不任其扰,旋即逃去。今欲召人请射,免税三年;三年之后为世业,三分为率,输苗一分,更三年增一分,又三年全输。归业者别以荒田给之。'"

[2] [清]徐松:《宋会要辑稿》食货六三之一九五,刘琳等点校,上海古籍出版社2014年版,第7716页。

[3] 参见[宋]窦仪:《宋刑统》,薛梅卿点校,法律出版社1998年版,第230页,"准田令:'诸竞田,判得已耕种者,后虽改判,苗入种人。耕而未种者,酬其功力。未经断决,强耕者,苗从地判。'又条:'诸田为水浸射,不依旧流,新出之地,先给被侵之家。若别县界新出,依收授法;其两岸异管,从正流为断。若合隔越受田者,不取此令。'"

宋代法律继承唐宝应元年（762年）四月十七日敕的节文，规定百姓的土地纠纷，如果已经种田，就认定现在种田人为主人，等粮食收割完毕后再处理纠纷。如果是盗种的情况，地主有权收苗，耕田所付出的人力，也不再付给报酬。①

关于动产的法律规范，在畜产、器物方面的基本法律原则，《宋刑统》与《唐律疏议》并无较大区别。但，宋代动产的功能较唐代有所扩张，经常作抵押担保之用，法律对此加以规范，北宋大中祥符九年（1016年）诏："民负息钱者，无得逼取其庄土、牛畜以偿。"②《宋会要》之中也有用金银、物帛抵当不得取息过限的记载："听以金银、物帛抵当，收息毋过一分二厘。"③南宋的《庆元条法事类》当中也有类似规定："诸买官酒、矾、铜、铅、锡，许以金银或布匹丝绵之类充抵当。"④同样地，宋代法律同唐开元田令一样，限制作为质物的变卖，只能卖给原物主，除非利息超过本钱还不赎回，要经"市司"同意，才能加以出卖，有剩余的应还给原物主。

2. 关于债的法律规范

宋代关于债的法律规范，仍然是以基于合同产生的债的法律关系为主。在唐代"和"概念的基础上，"募"的概念通行于社会的各个方面。这与宋代的商业发展有直接关系，官府经常作为合同的一方出现，雇佣商人、百姓从事各种活动；"和籴制度"是宋代合同之债的一种，官府向

---

① 参见[宋]窦仪：《宋刑统》，薛梅卿点校，法律出版社1998年版，第230页，"诸百姓竞田，如已种者，并据见佃为主，待收了断割。其盗种者，任地主收苗，所用人功，不在论限。"

② [宋]李焘：《续资治通鉴长编》卷八八大中祥符九年九月甲辰，中华书局2004年点校本，第2012页。

③ [清]徐松：《宋会要辑稿》食货三七之二七，刘琳等点校，上海古籍出版社2014年版，第6820页。

④ [宋]谢深甫等撰：《庆元条法事类》卷三十六《场务令》，见中华再造善本《庆元条法事类》第十册，国家图书馆出版社2014年版，第8页。

各地百姓购买粮食与布帛等物资,有的地方提前把钱附带上利息支付给百姓,收取高额的利息,可见官府的和买与民间私人之间的"和同"并不完全相同。为了减轻徭役的负担,宋代制定了雇佣商人运送军需的制度,《宋史·食货志》记载河北招募商人运送粮食到边境,用官方出具的合同在京师或东南州军处取盐、缗钱、香药、宝货,陕西则在两池处得盐,此项制度称之为入中。[①] 宋太祖惜民力的指导思想下,宋代的水运得到飞跃式的发展,水运官物的过程中,私人的舟船被招募缔结合同,《宋史·食货志》记载:"熙宁二年,薛向为江、淮等路发运使,始募客舟与官舟分运,互相检察,旧弊乃去。"[②] 可见,私人的舟船不仅参与到官运之中,还起到了监督犯罪的作用。

宋代合同方面的民事法律规范,就合同成立要件的规制,双方达成合意的前提已经得到广泛认可,契约合意的前提自官府至百姓都已认为正当。《宋刑统》规定要使得合同成立,涉及"奴婢、马、牛、驼、骡、驴"之类比较贵重的财物时,需要"立券"与固定期间作为形式要件;标的物不得有瑕疵或缺陷的实质要件;没有获得家长同意的交易行为,不论是担保还是买卖,合同都自始无效的无效条款;买方实际上的审查责任;允许有限度的私力救济;债务人不履行合同义务所应受处罚的不同标准和时间期限;认可用劳动力折抵债务和保人代偿的行为等。除此之外,《宋刑统》进一步细化解释交易中家长同意的情形及卑幼不经家长同意的后果:"臣等参详:'应典、卖物业,或指名质举,须是家主尊长对钱主或钱主亲信人,当面署押契帖;或妇女难于面对者,须隔帘幕亲闻商量,方成交易。如家主尊长在外,不计远近,并须如此。若隔在化外,

---

[①] [宋]谢深甫等撰:《庆元条法事类》卷三十六《场务令》,见中华再造善本《庆元条法事类》第十册,国家图书馆出版社2014年版,第4241页,"河北又幕商人输刍粟于边,以要券取盐及缗钱、香药、宝货于京师或东南州军,陕西则受盐于两池,谓之入中。"

[②] 同上书,第4253页。

及阻隔兵戈,即须州、县相度事理,给予凭由,方许商量交易。如是卑幼骨肉蒙昧尊长,专擅典、卖、质举、倚当,或伪署尊长姓名,其卑幼及牙保引致人等,并当重断,钱业各还两主。其钱已经卑幼破用,无可征偿者,不在更于家主尊长处征理之限。应田宅、物业虽是骨肉不合有分,辄将典、卖者,准盗论,从律处分。'"①

宋代增加了田宅纠纷的诉讼受理期限,相邻土地、房屋发生纠纷,当时没有定论,等待双方家长和见证人死亡,子孙幼弱的时候,用难以辨明的合同扰乱官府,徒增讼累,验证确实艰难的案件,参照唐长庆二年(822年)八月十五日敕的规定,超过20年以上不再受理。有合理的原因留滞在外,计算期间除去在外的时间。违反者,按照"不应得为"从重处罚。② 宋代还规定了典卖、倚当物业的先问亲邻程序,典、卖以及倚当田土房屋,需要先问房亲;房亲不要,再问四邻;四邻不要,其余人有权交易。房亲出价低,卖者也可以到价高处交易。如果业主、牙人等欺骗邻、亲,合同内虚抬价钱,以及邻、亲想要压抑价钱,都根据所欺骗的钱数和情节的轻重裁量处罚。③

3.关于婚姻继承的法律规范

宋代关于家庭方面的法律规范,其中涉及婚姻的地方,《宋刑统》与《唐律疏议》几无出入。宋代良、贱的划分虽不明显,却仍存留于婚姻制度的设计之中,不仅禁止"良贱为婚"在法律上承袭《唐律疏议》的规定,

---

① [宋]窦仪:《宋刑统》,薛梅卿点校,法律出版社1998年版,第231页。
② 参见同上书,第232页,"应田土、屋舍有连接交加者,当时不曾论理,伺候家长及见证亡殁,子孙幼弱之际,便将难明契书扰乱别县,空烦刑狱,验证终难者,请准唐长庆二年八月十五日敕:'经二十年以上不论',即不在论理之限。有故留滞在外者,即与除在外之年。违者,并请以'不应得为'从重科罪。"
③ 参见同上书,第232页,"应典、卖、倚当物业,先问房亲;房亲不要,次问四邻;四邻不要,他人并得交易。房亲着价不尽,亦任就得价高处交易。如业主、牙人等欺罔邻、亲,契帖内虚抬价钱,及邻、亲妄有遮吝者,并据所欺钱数,与情状轻重,酌量科断。"

而且在宋代追求聘财的风气影响下，良贱为婚很难有现实的可能性。规范婚姻的成立要件，保护妻子的权利，列举法定离婚情形，仍然是宋代婚姻法的主要内容。宋代婚姻法有所发展的地方是将婚姻纠纷的受理时间进一步细化，《宋刑统》引唐代《杂令》规定诉讼田宅、婚姻以及债务，从十月一日起，到三月三十日进行检校，在此期限外不理。如果有文案在先，仍相互侵夺，不适用此条规定。① 其下臣等参详规定，田宅、婚姻、债务（债务在法律规定允许诉讼的范围内），十月一日以后，准许官府受理，到正月三十日停止立案，三月三十日以前需要裁判完毕，如果没有完毕，需要提交延迟的理由。如果是相互侵夺或者其他的一些诉讼，不影响农事，官府可以随时受理裁判，不受上述期间的限制。②

宋代涉及家庭身份继承的法律规范，以嫡长子继承制为基础不变，养子制度包括不得收养异姓男、不得收养杂户男女及养子和养父母的权利与义务等规定承继《唐律疏议》的规定。宋代涉及财产继承的法律规定，女子继承权方面得到发展，《宋刑统》进一步细化了女子户绝时可以继承财产的份额，户绝之家，如果有已经出嫁的女儿，把客宅、畜产等财产分为三份，一份支付丧葬费用，一份给出嫁女，其余的都收归官府。如果有庄田，都由近亲租赁。如果有被夫家驱逐的出嫁女，或者丈夫死亡没有儿子的出嫁女，如果没有分得夫家的财产，回到父母家后家中户绝，按照在室女的规定处理。③

---

① 天一阁博物馆、中国社会科学院历史研究所天圣令整理课题组校证：《天一阁藏明钞本天圣令校证（附唐令复原研究）》（下），中华书局2006年版，第741、751页，"谓诉田宅、婚姻、债负，起十月一日，至三月三十日检校，以外不合。若先有文案，交相侵夺者，不在此例。"

② 参见［宋］窦仪：《宋刑统》，薛梅卿点校，法律出版社1998年版，第232页，"所有论竞田宅、婚姻、债负之类（债负，谓法许征理者），取十月一日以后，许官司受理，至正月三十日住接词状，三月三十日以前断遣须毕，如未毕，具停滞刑狱事由奏闻。如是交相侵夺及诸般词讼，但不干田农人户者，所在官司随时受理断遣，不拘上件月日之限。"

③ 参见同上书，第232页，"臣等参详：'请今后户绝者，所有店宅、畜产、资财、营葬功德之外，有出嫁女者，三分给与一分，其余并入官。如有庄田，均与近亲承佃。如有出嫁亲女被出，及夫亡无子，并不曾分割得夫家财产入己，还归父母家后户绝者，并同在室女例，余准令敕处分。'"

宋代的民事法律规范除了集中见于《宋刑统》之外,在不同的令中制定涉及物的占有、使用、交易的各种规定——以及家庭中的身份、财产问题等方面的民事法律规范。宋代多用编敕,《建隆编敕》、《太平兴国编敕》、《淳化编敕》、《咸平编敕》、《景德编敕》、《大中祥符编敕》、《天圣编敕》等,针对时事的变化制定相应的法律规范,其中民事法律规范多有涉及。南宋将敕、令、格、式、随敕和申明等编纂在一起,成为事类,《庆元条法事类》其中的禁榷、财用、库物、赋役、农桑、畜产及杂等门,均可见到大量的民事法律规范。后又有《淳祐条法事类》,体例和效用都与《庆元条法事类》相似。

三、民间习惯是中国多样化民事规范表达方式之一

(一) 民事习惯的含义

我们应该注意到,中国自古以来政治经济发展不平衡,各地区、各民族、各行业都沿袭着各自的习惯,这些习惯也应该属于中国"固有民法"的重要组成部分。

所谓"民事习惯",泛指人们在处理物权、债权、亲属继承等方面约定俗成的行为。从社会学角度来说,民事习惯是一种社会规范,它与道德、宗教、法律、规章制度等组成了制约和调整人们社会生活的规范体系。从法学的角度来说,民事习惯并非习惯法,而是未经国家认可和赋予法律效力的社会习俗,但它却在很多方面具有近似法律的效力。它既不像法律那样具有强制性,也不像道德那样需经过内化的自觉行为,而是人们通过长期社会实践认定和形成的,具有普遍性和自发性。[①] 在清末、民初中国法制近代化的过程中,由于民律迟迟未能颁行,民事

---

① 参见吕美颐:"近代中国民事习惯在稳定家庭方面的社会功能",《郑州大学学报》1997年第1期。

习惯在处理物权、债权、亲属、继承等方面法律纠纷时仍然发挥着重要的作用。

(二)近代民商事习惯调查

民国初年,司法行政部将修订法律馆及各省区司法机关搜罗的民事习惯报告,辑成《中国民事习惯大全》。这部民事习惯汇编,虽以民初的调查为依据,但基本上反映了清代地方民事习惯的概貌。[①] 就修订民法而言,正需要吸收户婚田土钱债的固有内容。1910年修订法律馆草议"调查民事习惯章程十条"要求各省进行民事习惯的调查,[②]当然,真正被《大清民律草案》所吸收的中国固有民事习惯,其实是很少的。个中原因,深可措意。其中的一个比较显著的原因,则是为了收回领事裁判权,故尔,不得不舍己从人[③]。1923年由施沛生、鲍荫轩、吴桂辰等人共同编撰了《中国民事习惯大全》,该书依据当时各省区法院"民商事习惯调查会"报告书内容,大体按照民律总目分为"债权"、"物权"、"亲属"、"婚姻"、"继承"、"杂录"六编[④]。

以下为清代民事习惯调查章程的摘录:

"1.民事习惯视商事尤为复杂,且东西南北,类皆自为风气,非如商业之偏于东南,拟派员分途前往调查,以期详悉周知,洪纤必举。2.省会为各府厅州县集中之地,且多已设有调查局所,其机关亦较灵。调查员应至省会与该局所商同调查。固执简而驭繁,亦事半而功倍。3.本馆于光绪三十四年(1908年)奏定调查局章程声明,调查员于应行调查

---

① 张晋藩:"晚清修律者的中国固有民法观",《第四届罗马法、中国法与民法法典化国际研讨会论文集》,中国政法大学出版社2009年,第610页。
② 张国华、李贵连:《沈家本年谱初编》,北京大学出版社1989年版,第220页。
③ 参见张晋藩:《清代民法综论》,中国政法大学出版社1998年版,第241页。
④ 参见胡旭晟:"20世纪中国之民商事习惯调查及其意义",载前南京国民政府司法行政部编:《民事习惯调查报告录》(上),胡旭晟、夏新华、李交发点校,中国政法大学出版社2000年1月版,序言第7页。

之件,如有力所不及者,得随时商请咨议官协助办理等语。各省提法司按察司,业经本馆派为咨议官,调查员应即与商同妥办。4.调查民事必得该省绅士襄助,方得其详,调查员应与面加讨论。至应如何约合各处绅士会晤,临时与调查局或提法司按察司酌量办理。会晤时将本馆问题发交研究,询以有无疑义,有疑而质问者,应即为之解释;并示以调查之方法,答复之限期。至该府厅州县绅士无人在省,又不易约集者,应商由调查局或臬司将问题发交该府厅州县地方官,转饬绅士研究按限答复。5.各处答复必须时日,调查员事难坐候,应酌定限期,商由调查局或提法司按察司随时催收汇齐,咨送本馆。6.本馆民法起草在即,各处答复期限至迟不得过本年八月。其调查员自行调查所得,应随时陆续报告来京,不必俟事竣始行报告。7.法律名词不能迁就,若徇各处之俗语,必不能谋其统一,调查员应为剀切声明,免以俗语答复,致滋淆乱。8.各处乡族规、家规,容有意美法良,堪资采用者,调查员应采访搜集,汇寄本馆,以备参考。9.各处婚书、合同、租券、冷券、遗嘱等项,或极详细,或极简单,调查员应搜集各抄一份,汇寄本馆以备观览。10.各处如有条陈,但不溢出于民法之范围,调查员均可收之,报告本馆以备采择。"[①]

从上述民事习惯调查章程我们可以看出当时的民律修订者对民事习惯调查高度关注,部署计划也较为细致周密,同时期望值也很高,希望能够为制定体现中国本土风俗人情、经济社会特点的民法典提供实践支持。其实,尽管学者们认为当时民事习惯调查工作最后的结果对《大清民律草案》的制定起到了怎样的作用尚存在争议,这一工作本身的重要意义是不言而喻的。它体现了修订民律的官员们对中国传统民商事习俗的重视和力图使民律与中国传统国情相符合的良苦用心,因

[①] 李贵连:《沈家本年谱长编》,山东人民出版社1992年版,第261页。

为中国古代成文法偏重于刑事立法,民事问题大多通过民间习惯来解决,只有通过民事习惯调查才能了解民事活动和民事解决规范在中国的真实状况。

加之从清朝刻意模仿的大陆法系几个代表性国家,法、德、日在编撰民法典时的经验来看,也都很重视本国民事习惯的搜集采用,这更坚定了本身对传统习惯很感兴趣的修订民律大臣们在这一工作上的决心。这种在法律移植过程中考虑其本土化的思维方式是难能可贵的,正如张晋藩所言:"这表现了修订法律大臣关于民事立法的眼光与决心,对于制定近代民法是必要的、可取的。"①

尽管近代民律制定过程中整体思路是模范德、日,但对本土民事习惯也有所保留。以《大清民律草案》和《中华民国民律草案》中的"永佃权"条文为例:其中均有"特别习惯"、"习惯"等的规定,说明清末民国初年现实生活中确实存在与"永佃权"相关的"习惯",这大概也正是进行民商事习惯调查的意义所在吧。事实也证明,盛行于明清时的"一田二主",到清末民国时,依然在许多地区流行。天津县之习惯:土地"自租之后,准租主不租,亦准转租转兑;如至期租价不到,准许业主将地撤回;如至开种地亩之时租价不到,有中人一面承管。此系同中三面言明'倒东不倒典',各持一纸,各无反悔。"闽清县习惯:"闽清之田多分根、面。该田如归一主所有,其契约或阄书上必载明根面全;如属两主所有,则面主应向官厅完粮,根主应向面主纳租,但该两主皆得自由移转其所有权,不得互相干涉。"②绥远地区习惯:"绥区土地系蒙古原产,后汉人渐多,由蒙人手中租典垦种之地,历年既久,遂以取得永佃权。转典、转卖随意处分,蒙人不得干预。惟无论移转何人,均须按年向蒙人

---

① 张晋藩:《中国民法通史》,福建人民出版社 2003 年版,第 1116 页。
② 前南京国民政府司法行政部:《民事习惯调查报告录》(上),中国政法大学出版社 2000 年版,第 306 页。

纳租若干"。① 习惯表明,永佃人可对永佃土地的田面自由处分,而且田底人与田面人各自行使自己的权利,互不受对方影响②。

当然,纵观历史,我国自清末以来一直特别强调法律的强制性变迁,强调"制度决定论",虽然清末、民初政府也进行了全国范围内大规模的民商事习惯调查运动,给予民事习惯以一定的重视。但是,从效果上看,无论是《大清民律草案》还是《中华民国民法典》都未能给予民事习惯以应有的地位③。目前相当多研究中国古代民法的学者已逐渐认识到:那些非经国家机关正式制定,而在司法实践中同样起着规范与调节作用的习惯、判例,以及调节家族内部关系、乡里关系的所谓"家法族规"、乡规民约等特殊形式的社会规范,也应该为中国民法史的研究所关注。

现存的大量法律文献已充分证明,中国古代在所谓正式的法律之外还存在大量的非正式法律。民事案件大多是由乡规民约、家族法、民事习惯和儒家礼的规范来调处的。不但国家正式法典在司法审判活动中要得到严格的遵守,而且成案、习惯法、情理、律学著作等也是当时官员判案的重要依据。④ 黄宗智曾有"民国时期,法律制度的变化主要在城市而不在农村,主要在其表达而不在其实践"⑤的断言。在黄宗智看来,即使民国的民法颁布之后,在农村社会,在司法实践领域,中国固有的户

---

① 前南京国民政府司法行政部:《民事习惯调查报告录》(上),中国政法大学出版社2000年版,第306、416页。
② 谢振民:《中华民国立法史》,中国政法大学出版社2000年版,第744页。
③ 徐忠明:"从西方民法视角看中国固有'民法'问题——对一种主流观点的评论",载《全国外国法制史研究会学术丛书——法的移植与法的本土化》,全国外国法制史研究会2000年,第28页。
④ 李显冬:"试论中国古代固有民法的开放性体系",《杭州师范学院学报》2003第5期,第31—40页。
⑤ 〔美〕黄宗智:《民事审判与民间调解:清代的表达与实践》,中国社会科学出版社1998年版,第4页。

婚、田宅、钱债等规则,依然具有实质性的影响。在司法实践过程中,要想使案件获得顺利的、理想的解决,地方州县官吏不仅要认真"研习律例",而且,更为重要的是,还必须深通风俗人情,谙悉一方风俗习惯,随时巧妙地协调国家制定法与习惯之间的矛盾,相反,若一味教条地、僵硬地适用法律,其结果将是,不仅案件难以解决,而且还会导致积怨丛生,最终使为官者自己官名受损,晋升受阻。所以,地方官吏和刑名幕友在司法实践中,作为判案依据的不仅仅是以律令为代表的国法,而且还有风俗习惯,他们甚至常常通过自己的审判艺术,使国法适从习惯。①

以土地买卖为例:

周远廉、谢肇华根据清代乾隆朝一刑科档案题本所做的土地交易制度的研究发现,清代前期,"买卖田产的手续,一般是从业主请托中人,先问亲房原业,然后寻找买主,三方当面议价,书立卖地文契,交纳田价,付给画字银、喜礼银、脱业钱,丈量地亩,并依照法则,报官投税,更写档册,过割银粮,这样算是进行了买地的第一个阶段。嗣后,还要经过找价、回赎、绝卖,才彻底地完成了这块田地的买卖。"②两百年过去了,民商事习惯调查所呈现的,仍然是这么一套程序,尽管细节上各地的繁简可能有所不同。

据《民事习惯调查报告》记载:

陕西省长安县凡买卖田房,须由卖主邀中寻觅买主,俟将买主觅妥,先行同中议价,与买主书立草契。追双方认诺,毫无更动后,再行邀集亲邻,同中踏界,书立正契,其买卖契约始行完全成立。③ 陕西省商

---

① 郑定、春杨:"民事习惯及其法律意义——以中国近代民商事习惯调查为中心",《南京大学法律评论》2005 第 1 期,第 93 页。
② 赵晓力:"中国近代农村土地交易中的契约、习惯与国家法",《北大法律评论》1998 年第 2 期,第 437 页。
③ 前南京国民政府司法行政部:《民事习惯调查报告录》(上),中国政法大学出版社 2000 年版,第 362 页。

南县凡买卖田地,由卖主先书草契,交中寻觅买户,侯有人承买时,再同中邀集地邻踏界,并议定价值,与买户书立正契。① 这些都是习惯运用于土地买卖交易中的情况。

第三节 民事案件审理的价值追求与实现路径:"息讼"与"教化"

中国古代有关"户婚田土钱债"的民事纷争被称为"细事",但因其关系到百姓的切身利益,在民事诉讼中地方官员对这些纷争仍然十分重视。科举考试的科目设置使得官员"入仕"前主要接受儒家思想的教育,这对其在民事诉讼中追求"中和"、"无讼"的理想价值取向有重要影响。"息讼"的思想根基来源于儒家的"中和"、"无讼"理念,同时也是官员为了减少讼累的现实需要,在传统民事诉讼中,地方官员在调停或判决的过程中都会自觉地用教化的方式追求"息讼"的实现。

中国古代主要法典的编纂形式是诸法合体、民刑不分的,但就法律体系而言,它却是由刑法、民法、诉讼法、行政法、经济法等各种法律部门构成的。② 中国古代不仅有大量的有关民事活动的法律规范,而且很早就有了从争端类型划分,有了将民事和刑事诉讼区分开来的意识。《周礼》中有所谓"争罪曰狱,争财曰讼"③的表述。今天民法调整的对象,而在古代中国的表达则是"户婚田土钱债"④。民事纠纷的具体类

---

① 前南京国民政府司法行政部:《民事习惯调查报告录》(上),中国政法大学出版社 2000 年版,第 367 页。
② 张晋藩:"再论中华法系的若干问题",《中国政法大学学报》1984 年第 2 期,第 12 页。
③ [汉]郑玄注:《周礼注疏》卷十,《地官·大司徒》,北京大学出版社 2000 年版,第 284 页。
④ 柴荣:《中国古代物权法研究——以土地关系为研究视角》,中国检察出版社 2007 年版,第 2 页。

型大致可以分为以下五种：一是因分家析产、夫妻、家庭关系、宗祧继承、赡养等问题引起的户婚纠纷；二是有关土地买卖、土地租借、土地田界等问题的田土纠纷；三是涉及债务、借贷等问题的钱债纠纷；四是因斗殴、轻微伤害所致的侵权纠纷；五是因宅基地的边界和耕地的边界引起的邻里利益关系纠纷。①

一个国家的文化总是在其特定的历史传统上继承与发展，在发展的过程中不断完善和创新，法律文化也不例外。中国传统民事（诉讼）法律文化有其独特的背景与内涵。近年来，中国学者对于传统民法资源的研究开始从对静态成文法典的研究转向动态司法实践真实状况的考察，并注重对民事司法实践过程中的思想基础和司法观念进行研究，产生了许多新的研究成果。正如黄宗智所一贯认为的，中国传统的法律规范同司法实践存在着"两副面孔"，对于历朝历代法律文献的研究固然重要，对司法实践的具体考察也不容忽视。民事纠纷处理的过程，其实就映射着裁判者自身的价值哲学，体现着州县官在进行司法裁判的过程中的一种价值追求。

研究中国古代民事诉讼中裁判者的价值取向的意义在于，使我们真正理解集行政与司法职能于一身的州县官"父母官"们在司法实践中遵循的逻辑，以及判决本身对于当事人和社会的影响等问题②，从而还原古代民事诉讼实践的真实样貌。

一、官员的身份定位与价值观塑造

与现代法官一般由"职业法律人"担任不同，州县官从身份上和具

---

① 春杨：《晚清乡土社会民事纠纷调解制度研究》，北京大学出版社2009年版，第57页。

② 贺卫方："中国古代司法判决的风格与精神——以宋代判决为基本依据兼与英国比较"，《中国社会科学》1990年第6期，第204页。

体职权上都更为复杂。一方面,州县官员担任法官同时也是政府首脑,在审理民事案件时还一同考虑辖区内的社会秩序问题。另一方面,州县官在司法职能上也并非仅作为审判者,而是参与到搜证、勘验等全过程的司法活动。其接触案件的时间早于普通的法官,也不可避免地在此过程中带入个人对整个案件的看法。究其原因,在于中国古代在地方层面的司法权和行政权并未完全区分,州县官员往往身兼多种职能。州县官员不仅是管辖地方事务的行政官员,也是承办具体案件的司法官员。就工作职责而言,州县官担负着统筹行使辖区内全部的政府职能,不仅负责维持当地的治安,还兼理税收、司法等多方面的行政工作。[1] 仅就司法职能而言,州县官所承担的责任也与现代法官有所不同,在诉讼过程中,州县官员除了作为审判者,还同时负责勘验、讯问、调取证据等司法辅助性工作,这实际上包含了"最广义上的与司法相关的一切事务"[2]。从这个角度看来,州县官员身份定位是较为全面和复杂的。

法官的智慧需要长期的司法审判经验,中国古代的地方官虽然未受过系统法律教育,但通过任职之后的长期实践和被动学习,其司法审判技巧与经验与日俱增。尽管人的心理活动形成是十分复杂的,受到多种因素的影响。但在中国传统社会,对人们的价值观和心理因素影响最为深远的,就是儒家的德礼思想。古代审判官员的心理活动也难免受到他们的经验理论和基本知识结构的影响,从而映射到他们审理案件的过程中。就知识结构而言,中国古代地方官的基础知识主要是由为准备科举考试而必读的儒家典籍组成,因此其基本价值观,尤其是对民事诉讼的基本价值判断,也是基于其所受的儒家思想教育而形成

---

[1] 瞿同祖:《清代地方政府》,范忠信等译,法律出版社2003年版,第31页。
[2] 同上书,第193页。

的。南宋著名理学家真德秀也曾劝谕下属"为政者当体天地生万物之心,与父母保赤子之心,有一毫之惨刻,非仁也,有一毫之忿疾,亦非仁也。"①我们可以看到中国古代的地方官们也并不只是以处理地方行政和司法事务作为其当政的要务,而是在内心中怀有对治国和修身更高的追求。这种情怀和追求,也对其执政和裁判产生了深厚的影响。思想是行为的先导,州县地方官在司法活动中的心理偏好或价值取向,则是通过他们进行调停或作出裁决的过程体现出来的。

(一) 民事司法中官员的身份定位:"调者"与"判者"

有一些学者认为,中国古代的州县官"身份更像一个调停人而非法官"②,宛如"调停子女争吵的仁爱父母"③。然而也有学者对此观点进行反驳,强调州县官员们在处理民事纠纷时,在事实上有明确的律令规定的情况下,还是会依照律令来判案。只是在处理民事纠纷时,从实践结果上官员确实倾向于采用庭外方式来处理家族内部的纠纷。这样的行为倾向其实主要是受到当时强调调解与教化的统治要求所影响,而并非仅仅是官员一味地息事宁人。在以往研究中大量使用过的《牧令书》和《幕学举要》之类的手册中也可以看到,不仅官员们自己会表达自己严格按照律例来进行审判,撰写判词的官员们也会指导其他的县官们也要仔细研究律例并严格遵行之④。因为,一方面,严格依照律令判案能够免除法官被上级纠错的可能;另一方面,通过调和来解决纠纷也能减少矛盾的再生和辖区内总体的案件数量,进而维持治安的稳定。

---

① 中国社会科学院历史研究所、宋辽金元史研究室点校:《名公书判清明集》卷一《官吏门·申儆》,中华书局1987年版,第2页。
② 〔日〕滋贺秀三:"清代诉讼制度之民事法源的考察——作为法源的习惯",载《明清时期的民事审判与民间契约》,王亚新译,法律出版社1998年版,第74页。
③ 同上书,第246页。
④ 〔美〕黄宗智:《清代的法律、社会与文化:民法的表达与实践》,法律出版社2014年版,第10页。

换言之，他们的这种行事方式其实是受他们"调者"与"判者"的双重身份影响的，这两种行为模式其实是并行的，而并不是"非此即彼"的。

如前所述，尽管州县官在民事纠纷的处理方面享有极大的自决权，但受古代官僚体制和法典律令的制约，仍然需要将案件的审理结果进行逐级审查和上报，并对自己判决案件的正确性负责。这种逐级监督的制度也对其裁判权形成了一种制衡。由于官员所裁决的民事案件，有可能被上诉和复审，出于对政绩的考量，大多数州县官都会尽量选择按律典来办案以减少错误的发生。但与此同时，我们可以看到州县官员们在撰写《牧令书》之类的笔记和编纂判案范例时也并非全然是对案件本身的讨论，往往还会书写自己对于治理和教化的看法，甚至介绍为官之道，所坚持的主要是儒家观念的表达。在民事案件的处理上，他们强调的是儒家的礼义辨别而不完全是依法断案。这种看似司法与立法矛盾的行为实则有着内在统一的价值取向性和逻辑合理性，因为传统中国社会的法典本身就是以儒家德礼为指导思想制定的。滋贺秀三将民事诉讼模式称为"父母官式的诉讼"或"教谕式的调停"，认为清代的民事审判"听讼"或"处理"州县自理案件，实质上是调解的一种，本质上属于行政而不属于司法，即作为行政活动之一环的司法民间纠纷的最终解决是在介于"官府审判"和"民间的调解"之外的"第三领域"完成的[①]。所以从这个角度看，州县官员其实执行的是"听断以法"，"调处以情"的两套标准。

（二）官员的儒家化知识结构及其价值观

进行诉讼仅是为避免冲突与暴力等诸多破坏社会秩序的解决方式中的一种选择。不同社会中，对因个人争端而引起的冲突存在着并不

---

① 〔日〕寺田浩明："清代民事审判：性质及意义"，王亚新译，载《北大法律评论》1998年，第一卷第2辑，第603页。

完全相同的解决途径。人们是希望避免冲突抑或维护权益,是压制问题抑或友好协商,其实与当时的主流意识和社会风气都有极大的关系。在解决争端的过程中,该社会中最基本的社会价值便体现出来。[①] 如前所述,在中国古代司法实践中,官员们常常以"调者"与"判者"身份定位自居。这样的心理状态与当时整个官方抑制冲突的价值取向有关,也是官员们在未入仕之前长期受儒家教育的结果。

价值观是一定主体面对和处理问题时采取的基本立场和态度,"价值取向则反映着特定社会的民众,在长期的社会活动中所形成的某种共通的价值理想,影响和支配着社会主体的实践活动"[②]。每个社会都会有其自身特定的价值基础,这种价值不仅会影响人们的日常生活,也会影响到社会的政治、法律等多方面的运行。法律并非在真空中运行,中国古代官员在民事诉讼活动中的进行价值判断,是解决民事纠纷的重要一部分。在价值分析时,也往往要依托古代社会大多数人所普遍接受的儒家"中和"与"无讼"为最高理想的价值观。卡多佐也曾谈到一国特定的历史、习惯和某些正义理念都会引导法官作出裁决,其中甚至包含法官对于法律精神"半直觉性的领悟"[③],这种领悟并非完全基于专业知识,而是也基于法官本身的思维和价值观。

科举制度自隋朝正式确立开始,其考试内容如四书五经等儒家经典以及诗赋等,基本上少有变化[④]。明清以后,科举制发展到鼎盛时期,府、州、县均有不同级别的考试。能得到州、县官员此类的实职的,一般都是科举考试的正途出身,对于儒家典籍,诗词歌赋均烂熟于心。

---

① Jerold S. Auerbach, *Justice Without Law*, Oxford University Press, 1983, pp. 3 – 4.
② 阮青:"价值取向:概念、形成与社会功能",《天津市委党校学报》,2010 年第 5 期,第 64 页。
③ 〔美〕本杰明·卡多佐:《司法过程的性质》,苏力译,商务印书馆 1998 年版,第 24 页。
④ [宋] 欧阳修等:《新唐书·选举志上》,中华书局 1975 年版,第 1161 页。

也就是说,州县官的知识储备主要来源于为了科举考试所研读的儒家典籍,因此拥有了儒家化的知识结构和价值观,这种知识结构与价值观型塑了他们的兴趣倾向、思维方式、思维模式和行为模式。这些官员任职之后,加上一些对于地方习俗,风土人情的了解,以及为官之道的耳濡目染,知识结构实际上会产生一些变化。但是这些变化不足以改变其原有的儒家化的知识结构,而只是丰富了其儒家思想为基础的理论基础,这样一种综合形成的思想体系常常影响着州县官的审判心理模式和审判行为。

除此之外,官员们审理民事案件时,往往还怀有更高的情怀与目的。微观者如改善地方社会治安,实现一方的良治久安;宏大者有于此实现自己的政治抱负,甚至治国平天下的个人理想。清代的《牧令书》是一部综合性的州县笔记,其作者徐栋在序文中强调,政治的好坏很大程度上取决于地方官吏,所谓"州县理则天下理",作为地方父母官,应该亲民如子,而其政治抱负应当是修身、齐家、治国、平天下的自我实现,最终通过统治而实现仁治。[①] 清代素有"循吏"之名的汪辉祖在《学治臆说》中也强调"治以亲民为要",而"亲民在听讼",可见民事纠纷虽被称为"细事",但仍是官员们亲民的重要环节,在民事诉讼环节官员们儒家化的价值观也多有展现。

我们从《学治臆说》、《牧令书》、《樊山判牍》等诉讼笔记中,不仅能够看到他们对案件的观点和看法,也能读出古代儒官的家国情操和抱负。州县官饱读儒家诗书,熟知儒家圣贤教诲,这可能会促使他们甚至决定了他们喜好用儒家圣贤的思维模式来审视一切,在处理的民事案件过程中,自觉或不自觉地运用其儒家的格言、原理、知识。也就是

[①] 〔美〕黄宗智:《清代以来的民事法律的表达与实践》,法律出版社2014年版,第161页。

说,具有儒家知识结构的州县官,在审判中必然会将其儒家化的思维理念带入司法领域,这样的事情出现多了,加之互相影响,久而久之,也会形成一种普遍的司法习惯。喜好使用圣贤的思维、抱负来处理民事争讼,就可能形成审判时的心理偏好,比如寓教于判、为民请命等。而这些心理偏好与他们所使用的审判依据,二者是互相影响的[①]。

二、民事诉讼中"息讼"的思想基础和实践

古代的判词和诉讼档案,一定程度上能够为我们展现包括民事诉讼活动在内的中国古代司法实践的真实样貌。知州、知县的民事判词真实地体现了社会矛盾和百姓的民事经济活动,州县官在这些判词中剖析案情,申明义理,宣传教化,成为我们研究古代民事诉讼的重要史料。传世的清代著名判词如《吴中判牍》、《张船山判牍》、《樊山判牍》等,都记载了古代州县官依照官方法律规范和儒家德礼准则进行民事诉讼活动的思想根基以及实践目的。

(一)"息讼"的思想基础:儒家的"中和"与"无讼"

黑格尔认为,任何一个民族,其精神文化的最高成就在于自知[②],而想要"了解历史和理解历史,最重要的事情就是取得并认识这种过渡里所包含的思想"[③]。中国古代有关民事诉讼的总体价值取向,主要是受到儒家为核心的传统文化所追求的"中和"与"无讼"思想的影响。朱熹在《中庸章句》中把"中"解释为:"中者,不偏不倚,无过不及之名","中也者,天下之大本也;和也者,天下之达道也;致中和,天地位焉,万物育焉。"[④]"中和"思想强调人与人、人与自然乃至宇宙的融洽,以人人

---

① 王静:"清代州县官的民事审判",吉林大学法学院博士论文,2005年,第44页。
② 〔德〕黑格尔:《历史哲学》,王造时译,上海书店出版社2006年版,第8页。
③ 同上书,第72页。
④ [宋]朱熹:《宋本中庸章句》,国家图书出版社2006年版,第85页。

和谐(仁、义)为善,以天人和谐(天人合一)为最高境界。

受这种思想影响,古代社会普遍认为纠纷和诉讼都是破坏和谐的不稳定因素,基于私人利益的争讼,是对道德和国法的背弃和挑战,这是历朝历代的统治阶层对诉讼行为所持的基本态度。传统中国社会中把诉讼看作是不吉利之事,并把"无讼"作为其最终的司法价值追求。《易经》上说"讼则凶"[①]。孔子说:"听讼,吾犹人也,必也使无讼乎"[②]。中国古代的司法活动,有深厚的以儒家为核心的哲学基础作为支撑,其具体在民事诉讼中也有所体现,如儒家的"仁爱"、"中和"、"无讼"的观念以及提倡调和的"中庸观念",都深刻地映射在民事诉讼活动的各方主体行为上。正如黄宗智和滋贺秀三等学者指出的,中国古代裁判时,事实上进行了的是"情"、"理"和"法"三个维度的考量,而其中不仅情、理的部分涉及到价值判断,在法律并无明文规定时,也往往涉及到价值判断和取舍。[③]

中国传统法律文化有着一套稳定而一以贯之的价值体系,这套价值体系的传承与儒家的思想形成及后续发展密不可分。这种连续性也渗透到社会生活的各个方面,从微观层面上看,指导和调整着司法活动中每个主体的观念和行为;而从宏观层面上看,又使得古代传统法律文化在立法和司法过程中,都能有一个稳定而深刻的总体方向。保持着中国法律文化的薪火相传,对于整体的中华传统文化深远影响。掌握国家政权的君王从汉代开始逐渐将儒家的德礼思想作为官方意识形态,受这种思想影响,对息讼的重视和对无讼的追求,让民事诉讼活动

---

① 陈顾远:"中国固有法系与中国文化",载马小红、刘婷婷主编:《法律文化研究》第七辑,社科文献出版社 2014 年版,第 80 页。
② 《论语·颜渊》第十二,中华书局 2008 年版,第 178 页。
③ 〔日〕滋贺秀三:"清代诉讼制度之民事法源考察——作为法源的习惯",载《明清时期的民事审判与民间契约》,王亚新、范愉、陈少峰译,法律出版社 1998 年版,第 35 页。

的价值取向有了官方最高指导依据。皇帝常常认为,为政之道和裁判息讼密切相关,清代道光皇帝在给大臣的谕旨中即有言:"慎刑以息讼为先,息讼以勤政为本,勤则百废俱兴,以驯致于无讼。"①可见"中和"与"无讼"的理想,不仅是中国传统文化的总体价值取向,还有着独特的政治价值,因此它们一方面关乎政治统治秩序的稳定与维护,另一方面则涉及各级官员的职责和政绩,这无疑也印证着"和谐"与"无讼"作为中国传统诉讼文化的总原则,成为贯穿始终的总体价值取向。

儒家思想在宋代之后也有所发展和成熟,以朱熹为代表的理学兴起。理学思想以儒家学说为核心,融合道教理论和佛教唯心主义的思辨哲学,建立起了比较完备的哲学体系,把中国传统的思想体系发展到了一个新的阶段。②费正清指出:"理学思想的核心一如早期儒学,强调将其思想应用于伦理、社会和政治制度的实践之中"③,可见理学思想在宋代之后不可避免地主宰了法律制定和实际运行。宋代判词中有大量表达追求息讼、无讼价值取向的文字,例如在南宋时期的包括朱熹、胡石壁等"名公"为官时的判词与公文汇编的《名公书判清明集》中记载,一位审判官在自己的小札中谈到:诉讼会导致家破人亡,骨肉为仇,邻里为敌,人们基于一时的怨怼,留下无穷的后患。他还号召官员们自身担当起教化的责任,从情理上教化民众,以达到和谐无讼的社会效果。④另外在《名公书判清明集》附录中还有大段文字表达了官吏们对无讼的追求和对于好讼现象的深恶痛绝:他们表示官员最大的理想

---

① 《清实录·道光朝实录》第三十三册卷十七,中华书局1986年版,第109页。
② 顾元:《衡平司法与中国传统法律秩序》,中国政法大学出版社2006年版,第107页。
③ 〔美〕费正清:《中国:传统与变迁》,张沛译,世界知识出版社2002年版,第170—171页。
④ 中国社会科学院历史研究所、宋辽金元史研究室点校:《名公书判清明集》附录五《黄氏日抄词讼约束》,中华书局1987年版,第637页。

就是希望邻里和睦,乡党无争,而常有讼师一类的人,教唆民众进行诉讼,离间骨肉以满足自身的利益,实在令人气愤。① 我们从这样的思想变化及其实践影响可以看出古代价值思想对于司法实践的影响不仅是深刻的,也是不断变化的。

(二) 官府息讼的实践目的:减少讼累

苏轼曾言:乡民好讼的程度是与生活水平是直接关系的,略曰:"天下久平,民物滋息,四方遗利皆略尽矣……又有好讼之党,多怨之人,妄言某处可作陂渠,规坏所怨田产;或指人旧物,以为官陂,冒佃之讼,必倍今日。臣不知朝廷本无一事,何苦而行此哉!"②在古代社会的早期,商业活动并不是很发达,因此,诉讼之风也并不盛行。但是,到了唐代,商业较前发达,《永徽律》的"户婚律"部分在增加婚姻、亲属、继承等问题的规定的同时,开始规定钱债问题,补充了民法方面的缺陷③。传统社会商品经济发展的繁荣时期主要集中在宋代、明末清初阶段。随着商品经济的发展,自宋代起,出现了明显的"好讼"之风。宋史中也有记载,南方富饶之地"其民往往迁徙自占,深耕概种,率致富饶,自是好讼者亦多矣。"④而此种好讼状况在清代也有所延续,清史记载,有官员上书痛陈四川地方"好讼"的风气,同时批评了当地官员怠于审理案件的问题⑤;其他地方如广东、山东也有类似的记载,认为这些诉讼浪费了大量他们工作的时间精力,处理不慎,还会跑去京师投告,"山东民俗好

---

① 《后村大先生集》中原文为:"大凡人家尊长所以心忿者,则欲家门安静,骨肉无争,官司则欲民间和睦,风俗淳厚,教唆词讼之人则欲荡析别人财产,离间别人之骨肉,以求其所大欲。通仕名在仕版,岂可不体尊长之教诲,官司之劝谕,而忍以父祖之门户,亲兄之财产,餍足囚牙讼师无穷之溪壑哉!"
② [清] 马端临:《文献通考·卷六·田赋考六》,中华书局2011年版,第71页。
③ 陈朝璧:"中华法系特点初探",《法学研究》1980年第1期,第53页。
④ [元] 脱脱等:《宋史·卷八十八·志第四十一》,中华书局1977年版,第2173页。
⑤ [清] 赵尔巽等:《清史稿·卷三百·列传八十七》,中华书局1977年版,第10431页。

讼,又近畿,辄走诉京师"①;有同样记载的还有江西等省。可见到清代,词讼之兴已蔚然成风。

词讼之风兴起势必增加地方官员的工作量,清代官员李渔在其所写的《论一切词讼》中感慨,民众的好讼之风的兴起,使州县官员疲于审判活动,当事人一旦对于判决不满,还会逐级地向上申诉,导致了司法资源的大量浪费。他甚至要求上级督抚"严下一令,永禁投词。凡民间一切词讼,一告一诉。此外不得再收片纸。"②与此相对应,历代官府广泛推行息讼策略,对整个社会施以道德教化之类的"普法工作",想方设法抑制民间健讼行为产生③。同时,传统中国社会秉承"以和为贵"的精神,对好讼持厌恶态度,认为"诉讼是道德沦丧的结果;一个人的道德越坏,就越喜欢打官司;一个地方、一个社会的普遍道德水平较低,那里肯定就会多讼。"④这就导致社会实践中不以地方官员判案的数量来衡量其官绩,反而在其辖区内少讼的官员被认为是真正有能力的官员,所谓"案牍不烦,以养无事之福,此真才吏也。"⑤

为了尽量减少民事诉讼的数量,朝廷也从制度上设计了多种机制来尽量限制民事诉讼的提起,如州县官审理民事案件的受理会有时间的限制,这被称为"务限法",开始于宋代,规定每年十月一日至正月三十日之前为官府受理民事争端案件的时间⑥。每年特定的时间(如农

---

① [清]赵尔巽等:《清史稿·卷三百·列传八十七》,中华书局1977年版,第11365页。
② [清]贺长龄:《皇朝经世文编·卷九十四·刑政五·治狱下》,文海出版社1972年(影印本),第3340页。
③ 邓建鹏:"健讼与息讼——中国传统诉讼文化的矛盾解析",《清华法学》2004年第1期,第179页。
④ 范忠信、郑定、詹学农:《情理法与中国人》(修订本),中国人民大学出版社2011年版,第199页。
⑤ [清]袁守定:《图民录》,载陈生玺辑《政书集成》第八辑,中州古籍出版社1996年版,第983页。
⑥ 蒲坚:《中国法制史大辞典》,北京大学出版社2016年版,第1231页。

忙时期)官府会挂起"止讼"的牌子,认为这样可以减少诉讼,鼓励民众专注于生产活动,同时也减轻了官府的讼累。当然,也许实际效果有时可能是在止讼期终结时,"放开告诉"的日子会收到更多的诉状,清代乾隆时期的汪辉祖任湖南宁远知县时,每逢"放告日",能收到两百张左右的状纸;道光年间的张琦署山东邱县知县时,一个月放告六次,总共收到诉状达两千多份①。

不过以上的"止讼"、"息讼"的努力这并不意味着古代官员怠于理事和拒绝处理民事纠纷。据学者统计,清代民事诉讼案件占县衙门处理全部案件的比例约为30%,但事实上民事纠纷的处理却花费了大量的时间和精力②。究其原因,也能看出官员们考虑到虽然"细故"并非是国家最关心的问题,但却是关乎百姓切身利益的事情。所谓"户婚田土钱债偷窃等案,自衙门内视之,皆细故也,自百姓视之,则利害切己,一州一县之中重案少细故多"③。

三、民事诉讼"息讼"的主要路径:调停与裁判中的教育感化

民事诉讼的解决路径有"听断以法"或"调处以情",事实上无论是在依法裁判的判词中,还是以情调停的说教中,都会用到教化的方式以达到息讼的目的。"教化"是指通过感化当事人,促进纠纷得以化解,诉讼得以平息的方法。教化民众成为作为一方"父母官"的重要任务,甚至会有官员因为教化不力而引咎自责④。其所追求的是孔子所言的

---

① 郭建:《帝国缩影——中国历史上的衙门》,学林出版社1991年版,第200页。
② 〔美〕黄宗智:《清代以来的民事法律的表达与实践》,法律出版社2014年版,第9页。
③ 〔清〕方大湜:《平平言·卷三》,载官箴书集成编纂委员会《官箴书集成》第七册,黄山书社1997年版,第675页。
④ 〔宋〕范晔:《后汉书 卷九四·吴祐传》,(唐)李贤等注,中华书局2000年版,第2099页。

"道之以政,齐之以刑,民免而无耻;道之以德,齐之以礼,有耻且格。"[1]。州县官在民事诉讼活动中对民众进行教化源于儒家的"仁"学理论体系[2],用教化的方式使民众从内心深处省悟也是儒家"德治"的中心内容,重视德教就强调加强人的道德修养,以此在一定程度上起到预防纷争的功效。

(一) 基于"调者"身份的教化

从传统中国社会地方官员的身份定位而言,州县官既是父母官,就当爱民如子,锄强扶弱,伸张正义,成为一方的保障与庇护[3],在民事诉讼过程中常常以体恤百姓疾苦,为民利益着想作为的基本出发点,这种心理偏好在审理案件中得以体现。[4] 邓建鹏曾对于《黄岩诉讼档案》进行过统计,在78份判决中,超过一半的诉状被判决驳回和不予受理,而同意当事人诉讼请求的不足9%,其中很大一部分的纠纷,均是通过当事人自行化解或者在官府的组织之下化解。[5] 从这些档案,我们可以看出官方对民事纠纷所持的偏重调停的态度。传统中国社会中的地方官常常会用个性化的方式对民事诉讼当事方进行教育感化,以达到息讼的目的。现举两例子以体悟地方官是如何通过调停的方式教化当事方息讼。

例一:明代嘉靖年间,有两兄弟因父母所遗养老财产的分割发生纠纷,打了十年官司,始终未能息诉。两兄弟为了引起官府重视,各讦阴

---

[1] 《论语》,张燕婴译注,中华书局2006年版,第13页。
[2] 胡旭晟:"中国调解传统研究——一种文化的透视",《河南省政法管理干部学院学报》2000年第4期,第28页。
[3] [清]袁守定:《图民录》,载陈生玺辑《政书集成》第八辑,中州古籍出版社1996年版,第177页。
[4] [清]徐栋:《牧令书·卷一》,载官箴书集成编纂委员会编《官箴书集成》第七册,黄山书社1997年版,第2页。
[5] 邓建鹏:"清代州县讼案的裁判方式研究——以黄岩诉讼档案为考察对象",《江苏社会科学》2007年第3期,第98页。

私,历任州县官无法解决。张瀚任大名知府后,提审此案①。他先问两兄弟是否一奶同胞,两兄弟答是。于是张瀚责骂了二人,判决将两兄弟二人双手同锁关进监狱。经过一个月后,二人通过同起同卧,恢复情义,了无积怨。二人指天发誓,不再争讼,张瀚曰:"知过能改,良民也",遂结案②。这样的调停方式现在看来,似乎是父母对待争吵的子女所采用的方法,也有学者认为这体现了古代官员判案更注重社会效果,而不一定严格依法办事③,其实,这正是州县官基于调停的立场、令双方各有退让,相互妥协,从而实现纠纷的实质化解,达到和谐的后续效果。这是因为古代地方官的为政理念是希望通过司法权力的威慑来唤醒当事人的"和合"道德意识,构建双方均可接受的利益妥协空间。中国古代法律实践一直存在着法律实践应受"德礼"指导这样一种暗含的逻辑,深受儒家道德原则影响的地方官,以自身的知识和对法律的认知实践着这一原则,地方官主要是在寻求一个使各当事方利益都能得到最大程度满足的平衡点。

例二:北宋的王罕任潭州知府时,有一人和他的家族成员争讼财产,被判决驳回请求后又反复起诉,前后达十多年之久。王罕于是将他的族人都传唤到堂上,说"你们都是乡里的富裕人家,难道体会不到被人追讨的苦痛吗"?如今,这个人因为贫穷已经无法生活了,又加之分家析产的文书记载得不明确,致使你们之间的纠纷长期得不到解决。假如你们每家都给他少量的资助,让他到外地去生活,那你们还有什么

---

① 张瀚,字子文,明仁和(今杭州)人。嘉靖十四年(1535年)进士,授南京工部主事,历任庐州、大名知府。
② [明]张瀚:《松窗梦语·卷一·宦游记》,载《元明史料笔记丛刊》,中华书局1985年版,第12页。
③ 赵复强、杨金元:《古代判案评析》,中国政法大学出版社2016年版,第115页。

可排心费神的呢?"①最后这起案件也以族人都拿出少量资金来救济当事人结案。这种调停方式有些类似于现代的"公平责任原则",即在责任分配时并未依据因果也非过错,而主要是考虑案件的"实际情况"②,比如当事人的受损害情况和案件当事人的经济状况等。

法官是儒家理念的维护者,调停过程中常常会超越案件所涉人、事,将事情上升到天理、国法、人情的层面,用情感抒发的方式来引导百姓的价值观。秉承"息讼"、"无讼"与"中和"的价值追求,地方官员在审理民事案件,尤其注重对于利益的平衡和对原有人伦秩序、社会关系的恢复。在传统的乡土社会中,涉诉各方主要是有血缘的亲属或邻里等熟人,即便是官司打赢了,但却有可能世代为仇,对社会秩序和人际关系破坏极大。基于上述认识,许多地方官员都在司法实践中身体力行地采取调解的方式来处理大量的民事纠纷。

(二) 基于"判者"身份的教化

尽管官方普遍秉持着"厌讼"、"息讼"的态度,但也有一些学者官员认为诉讼是一种合理而必要的司法活动,反对刻意息讼的主张。如清代学者崔述曾言,如果不论是非曲直而一味地止讼、息讼,不利于弱者的保护和纠纷实质化解,如果没有法律的手段来解决问题,只能让被凌辱的弱者坐以待毙③。清人袁枚认为公正审案是无讼的前提,所谓:"无讼之道,即在听讼之中。当机立决,大畏民志,民何讼耶?"④许多官

---

① [宋]郑克编撰:《折狱龟鉴译注》,刘俊文点校,上海古籍出版社1988年版,第493页。

② 例如我国《民法通则》第132条规定:"当事人对造成损害都没有过错的,可以根据实际情况,由当事人分担民事责任。"

③ [清]崔述:《无闻集·讼论》,载顾颉刚编《崔东壁遗书》,上海古籍出版社1983年版,第701页。

④ [清]袁枚:《答门生王礼圻问作令书》,载陈生蛮辑《政书集成》第九辑,中州古籍出版社1996年版,第166页。

员也强调裁判者本人在诉讼过程中应当起到的"民风虽属好讼,如果地方官听断公平,则逞刁挟诈之徒亦不难令其心服",只要地方官能公正裁判,说理清楚,通过判决也起到止讼教化的目的,"亦何虑积案不清、锢习不改"[①]。

对于民众进行教化不仅仅是化解纠纷的需要,也是维护社会和谐的重要路径。如前所述,基于地方官其身份的双重性,官员们不仅需要考量某一民事纠纷的解决,也需要放眼社会秩序的维护。法庭的公开裁判过程无疑是教化民众的一个绝佳时机。清代知县汪辉祖就说过,在衙门内听讼,不仅能够平息双方当事人的争端,还能对于衙外听审的普通百姓起到宣传和儆戒的作用,通过一案的判决,百姓也会对类似案件的审理结果有所预期,最终达到平息和减少诉讼纷争的效果[②]。

翻检古代的判词,我们能发现很多判词都有对民事违法行为的斥责和严惩,其目的是通过公正的裁判发挥司法的教育功能以减少以后类似违法行为的发生从而实现息讼的目的。例如,在涉及遗产继承问题时,往往会出现为争产而欺凌孤寡的现象,而判官们也会在判词中言之大义,晓之以理。宋代吴恕斋在《宗族欺孤占产》的判词开篇就痛斥当事人,斥责当其家族中有人不幸去世只留下孤儿寡母时,亲戚们不但不帮忙处理后事,而是极尽能事地侵凌孤寡,"有人偷他的财物,有人收藏他的契约,有人盗卖他土地,有的强割禾稻,有人认为没有分到财产的贪图余财,见利忘义全无人性"[③]。本段判词已经完全超出了案件本身,而是直斥这种"最为薄恶"的社会现象,并说对以上这些人必须严

---

① [清]《清实录·大清仁宗睿帝实录》第三十册卷一百八十二,中华书局 1986 年版,第 532 页。
② [清]汪辉祖:《学治臆说》,中华书局 1985 年版,第 12 页。
③ 中国社会科学院历史研究所、宋辽金元史研究室点校:《名公书判清明集》卷七《户婚门·孤寡》,中华书局 1987 年版,第 236 页。

惩,"以为薄俗之戒"。这里我们看到的是对这类欺凌孤寡行为的指责和严惩,同时对今后可能发生的类似行为进行的教育警戒,以达到"厚民俗,变民风"的长远效果①。

"法禁于已然,教施于未犯"②。通过判决来教化民众的作法,还体现在有的裁判者会直接表达他对词讼的厌恶之情,告诫所有的民众都不要轻易涉诉,例如宋代胡石壁在《名公书判清明集》中的《妄诉田业》的判词中,开篇先不说具体案件的原委而是直接痛责"词讼"的危害:词讼之兴,原本就非好事,荒废了本业,破坏了家财,被胥吏刁难,受到斥辱,来回奔走,又会被拘到监狱。与宗族争讼,会伤害宗族的恩情;与乡党争讼,会损害乡党的情谊。侥幸获胜,损失已经很多;不幸输了诉讼,即便后悔也已经来不及③。

实际上,古代中国的民事纠纷解决机制中,地方官员的教化职能是动态变化的,既可以通过调停也可以通过司法判决实现其教化民众的理想。现实生活中,很多民事纠纷其实都是在诉讼后判决前通过和解等方式化解的,裁判官也会在这个过程中暗示亲邻乡党自己的裁判倾向,促进双方尽早做出妥协④。

传统中国民事诉讼中地方官员基于"调者"和"判者"身份用教化的方式对"息讼"的追求,是以儒家"中和"、"无讼"思想为哲学基础。当下在全面推进依法治国的过程中,法治建设需要走符合我们自己国情的道路,其中包括继承中国法律历史的优秀传统。文化是一个国家、一个

---

① 梁治平:《法律的文化解释》(增订本),三联书店1994年版,第418页。
② 〔清〕徐栋:《牧令书·卷十六》,见官箴书集成编纂委员会《官箴书集成》第七册,黄山书社1997年版,第353页。
③ 参见中国社会科学院历史研究所、宋辽金元史研究室点校:《名公书判清明集》,中华书局1987年版,第123页。
④ 〔日〕滋贺秀三:"清代诉讼制度之民事法源的概括性考察——情、理、法",载王亚新、梁治平等编译《明清时期的民事审判与民间契约》,法律出版社1998年版,第80页。

民族的灵魂,也是法治建设的灵魂。"中和"的价值观和行为追求,是中国传统法律文化的重要特征。"教化"是儒家德治思想的重要体现,也是追求实现"中和"目标的重要路径。这种价值取向和追求路径也是当下我们在民事诉讼法律实践中的传统优秀文化根基,深入挖掘、整理传统中国民事诉讼的价值取向与实现路径,能够为我们完善民事诉讼法中多元纠纷解决机制提供更多本土文化支撑!

第四节　中国古代民事案件解析：未成年人的国家监护案

《名公书判清明集》是留存至今的南宋时的卓有影响的一些名人,如朱熹、真德秀、范西堂、胡石璧等为官时期的判词和公文辑录。其中的判词部分生动地再现了宋代法律实践活动的真实样态,是我们挖掘整理了解中国传统法律文化的活化石。有学者认为宋朝的检校制度就其内容而言,相当于国家监护制度。[①]《名公书判清明集》卷八《户婚门·孤幼》胡石璧"叔父谋吞幼侄财产"[②]的判词,为我们展现了中国古代对未成年人尤其是孤幼的仁爱理念及其如何在司法层面保护其合法权益,其中保护孤幼权益的"检校"制度,对当下我们构建未成年人的"国家监护制度"具有一定的本土历史参考价值。

判词陈述的案件审理过程:判词用充满感情色彩的文笔描述孤幼李文孜的无助可怜以及其叔父李细二十三侵占孤幼侄儿的财产并将其逐出家门的恶劣行径。该案件的缘起是,幼小的李文孜父母双亡,即便

---

① 屈超立:"从检校制度看宋代政府的公共服务",《北京行政学院学报》2012 年第 6 期。

② 参见中国社会科学院宋辽金元史研究室点校:《名公书判清明集》卷八《户婚门·孤幼·叔父谋吞幼侄财产》,中华书局 1987 年版,第 285—287 页。

是路人都会觉得他值得同情。叔父李细二十三贪婪狠毒,不仅没有一点可怜幼侄的心肠,反而有了要吞噬幼侄家产的心思。他先是把自己的儿子李少二十一过继给兄嫂,霸占了兄嫂的田产,毁掉了兄嫂的房屋、衣服、日用器物;兄嫂家的鸡鸭狗猪莫不被李细二十三一家据为己有,致使兄嫂去世不得安葬,孤苦无依的幼侄李文孜被逐出家门。直到官府知悉实际情况才找回孤幼李文孜,按照官府检校之法监管其家财并更换了孤幼李文孜的监护人。

判词对侵害孤幼权益的亲属李细二十三予以惩处,判词引用敕令判决如下:凡是父母双亡,无论男女孤幼,如果其族长、乡邻不将其父母所留家产申报官府,要处以杖八十的刑罚。如果更进一步造成了孤幼家产被侵占的后果的要罪加二等。[①] 依据此敕令,原情定罪,判决叔父李细二十三决脊杖十五,编管五百里。

判词运用"国家监护"方式保护孤幼权益。官府审理此案后,到底如何为孤幼选择新的监护人,颇费踌躇,如若让孤幼李文孜和他的顽劣的叔父一家共同生活,孤幼的生活肯定难以保障,刘宗汉又是个外姓人,法律不应把监护之责托付给他。官府最后把孤幼李文孜唤到县衙,和他交谈的过程中发现他比较懂礼貌,不是那种品性不端的孩子,也比较喜欢读书,于是判决将孤幼李文孜送到"府学"(相当于官办学堂)读书,并令府学选择一位品行端正性格厚道老成的学校管理人员作为他的监护人,负责他的日常饮食照顾以及教育等事宜。孤幼李文孜的产业由官府负责保管,逐年从保管的财物中拨付孤幼在府学的衣服饮食教育资费,剩余的资产由官府登记收管,等孤幼李文孜成年后归还。

前文提到的对侵害孤幼权益的叔父李细二十三惩处的法律依据,

---

① 参见中国社会科学院宋辽金元史研究室点校:《名公书判清明集》卷八《户婚门·孤幼·叔父谋吞幼侄财产》,中华书局1987年版,第286页。

胡石壁的判词引用敕令曰:"准敕:诸身亡有财产者,男女孤幼,厢耆、邻人不申官抄籍者,杖八十。"[1]从敕令的内容看,对于孤幼的财产,相关宗亲、邻人有申报官府,请官府检校的义务。但在实践中,只要孤幼生活受到妥善安排照顾,资产未受到侵占,也就是说监护人尽到了监护职责,官府常常是采取"民不举,官不纠"的态度。生活中常常是孤幼资产受侵害生活无依靠诉至官府,才会一并追究相关监护人的未申报之责。检校之法是保全孤幼财产,确保孤幼能得到妥善抚养的最后一道防线,一般官府还是希望宗族负起监护教养之责而不会主动将所有抚养孤幼的责任承担过来。

---

[1] 参见中国社会科学院宋辽金元史研究室点校:《名公书判清明集》卷八《户婚门·孤幼·叔父谋吞幼侄财产》,中华书局1987年版,第286页。

第四章　刑事法律

内容提要

本章介绍中国古代刑事法律的主要内容,包括思想观念、法律规范、刑法原则、犯罪形态、刑罚体系共五节,以此展现传统刑事法律从夏商到明清的发展演变历程。"思想观念"一节主要介绍了有关刑法起源的几种观点,不同时期占主导地位的刑事法律思想,如夏商的"天罚神判"、西周的"明德慎罚"、汉代的"德主刑辅",以及历史上对于肉刑、秋冬行刑、复仇等问题的争论。"法律规范"一节介绍了数千年来刑事立法的主要成果及其表现形式,例如夏商的"禹刑"、"汤刑"与西周的《吕刑》,春秋时期子产"铸刑书于鼎",战国时期《法经》的制定,秦代的睡虎地秦墓竹简,汉代的《九章律》,魏晋至隋唐时期的《新律》、《晋律》、《北齐律》、《开皇律》、《唐律疏议》,宋元至明清时期的《宋刑统》、《大明律》、明《大诰》、《大清律例》等。"刑法原则"一节介绍了定罪量刑时需要遵循的一些基本原则,如维护贵族官僚特权的上请、八议、官当,维护宗法伦理的"亲亲得相首匿"、"准五服以制罪"、"存留养亲",以及涉外案件的处理原则等。"犯罪形态"一节主要介绍了违反纲常的重罪——"十恶",危害政权的腹诽、奸党罪,剥夺他人生命的"六杀"以及侵夺财产的"六赃"罪等。"刑罚体系"一节主要介绍了早期以肉刑为主的"五刑"体系,西汉文景时期的刑制改革,隋唐时期新"五刑"体系的确立,以及宋元至明清时期刑罚的演变。

第一节　思想观念

一、有关刑法起源的几种观点

（一）刑"始于兵"说

刑"始于兵"说认为中国最初的刑法起源于军事活动，脱胎于军法，产生于刀光剑影的战场。

军事活动是一项复杂而危险的集体活动，为了在作战中获胜，需要有统一的指挥和行动，必须有严明的纪律约束，因此古人讲"师出以律"[①]。

在古人看来，军事征讨同时具有刑事制裁的内涵，所以《汉书·刑法志》称："大刑用甲兵"，即最严厉的刑罚惩治就是带兵讨伐对方。《左传·昭公二年》载，郑国的公孙黑将作乱，子产派使臣谴责他，并命令他赶快自杀，如果"不速死，大刑将至"，也就是说即将派军队去镇压。在战场上用来对付敌人的剥夺生命、残害肢体等手段，逐渐成为刑罚的主要形式。

军事征战不仅造就了中国古代的刑事法律，而且也是古代司法官和司法机构产生的重要渊源。如"士"、"士师"、"大理"、"司寇"、"廷尉"等司法官，原本都是军官。《尚书·舜典》中"作士"的皋陶，就兼负兵、刑之责，职掌制裁"蛮夷猾夏、寇贼奸宄"的双重事宜。《尉缭子》卷下《将理》也称："凡将，理官也"，亦表明了司法官由军队中产生。

[①] 高亨：《周易古经今注》（重订本）卷一《师第七·初六》，中华书局1984年版，第180页。

（二）苗民创制五刑说

《尚书·吕刑》有一段记载："苗民弗用灵，制以刑，惟作五虐之刑曰法。杀戮无辜，爰始淫为劓、刵、椓、黥"。这是说苗民的首领蚩尤，率先创制了劓、刵、椓、黥以及死刑这五种血腥酷虐的刑罚。这些刑罚手段后来被中原地区的统治者借鉴，用来处罚自己部族内的违法犯罪行为，所以刑罚的始作俑者是少数民族的首领蚩尤。

（三）象刑说

"象刑"的含义，历来解释颇多。有的认为是上古尧舜时无肉刑，用特异的衣冠服饰象征刑罚，以示耻辱。如《尚书大传》云："唐虞之象刑，上刑赭衣不纯，中刑杂屦，下刑墨幪，以居州里，而民耻之。"《太平御览》卷六四五引《慎子》佚文说："有虞之诛，以幪巾当墨，以草缨当劓，以菲履当刖，以艾韠当宫，布衣无领以当大辟。"意即用黑布缠头代替墨刑，以草梗作帽缨代替劓刑，脚穿草鞋代替刖刑，截短前襟代替宫刑，穿无领的布衣代替杀头，这样就足以使百姓畏惧而不敢犯法。有类似记载的文献还有许多，如《白虎通德论》、《论衡·四讳》、《晋书·刑法志》等。《汉书·刑法志》亦引述了文帝所言："盖闻有虞氏之时，画衣冠异章服以为戮，而民弗犯，何治之至也！"上述诸文献对象刑的解释虽然有所不同，但都认为象刑是一种象征性的刑罚，体现了尧舜等"圣王"的仁德。

也有人将象刑解释为画象以示刑，就是在器物上刻画各种肉刑的图像，公布于众，使民知所惩戒。如《周礼·秋官·大司寇》云："正月之吉，始和，布刑于邦国都鄙，乃县刑象之法于象魏，使万民观刑象，挟日而敛之。"《玉海》卷六十七引朱熹语："象以典刑者，画象而示民以墨、劓、剕、宫、大辟五等肉刑之常法也。"宋代程大昌《考古编》也说："象刑云者，是必模写用刑物象，以明示民，使之愧畏。"这种公开法律的形式，其目的仍是为了教化民众。

二、夏商的"天罚神判"与西周的"明德慎罚"思想

(一) 夏商的"天罚神判"

"天罚"即宣扬违法犯罪是对上天意志的违抗,统治者的惩罚是根据上天的旨意而实施的。相传夏禹的儿子启破坏了古老的禅让传统,径自承袭了父亲的王位。这种"离经叛道"的行为遭到固守传统的有扈氏的反对。启兴兵讨伐有扈氏,其真实意图本是为了镇压反对者,迫使其屈服于自己的统治。但是启在发布战前动员令时,却宣称有扈氏冒犯了上天,上天要剿绝有扈氏,他不过是恭敬地代替上天执行刑罚罢了[①]。正是在"天罚"的名义之下,夏启这支为赢得统治权力而战的征服军,被打扮成了"替天行道"的正义之师。

商代神权法思想的盛行,在"天罚"方面也是多有表现。当年商汤征讨夏桀之时,也曾像夏启一样宣扬自己是代天行罚。[②] 根据甲骨文的内容可知,商王几乎无事不卜,连定罪量刑也要通过占卜的吉凶来定夺。例如"贞其刖",即占卜是否处以刖刑。再如"兹人井(刑)不?"即占卜是否对此人施以刑罚[③]。类似的记录在甲骨文中还有很多,说明由占卜所显示的神意是商王进行立法、司法活动的重要依据,呈现出浓重的"神判"色彩。仅凭某种"神示"就可以任意用刑,这也是导致商代法制野蛮和残酷的因素之一。

(二) 周初的"明德慎罚"

西周初期修正了殷商一味依仗神权、作威作福的思想,提出了天命

---

① 参见《尚书·甘誓》:"有扈氏威侮五行,怠弃三正,天用剿绝其命。今予惟恭行天之罚"。中国古代"兵刑合一",军事镇压也是刑罚制裁。
② 参见《尚书·汤誓》:"……有夏多罪,天命殛之,……尔尚辅予一人,致天之罚。"
③ 参见崔永东主编:《中国法律思想史》,北京大学出版社2004年版,第3页。

只属于有"德"之人的"以德配天"说和"明德慎罚"[①]思想,主张彰明德治、慎用刑罚。

周公十分重视夏、商两代灭亡的教训,为了使天命不再转移,提出要把民心的向背当作一面镜子。[②] 要求统治者了解小民的疾苦,宽以待民,不可贪图安逸,而应勤政修德,严于律己。当年武王克商之后,将商纣囤积的钱财、粟米散发给贫弱之民[③];周公当政之时,握发吐哺[④],辛勤操劳,称得上是施行德治的典范,后人应当效法。为了使刑罚公正适中,周公主张谨慎用刑,反对滥杀无辜。如要求对罪犯进行具体分析,区别对待。如果是故意犯罪和惯犯,虽然是小罪也应从重惩处;如果是过失犯罪和偶犯,虽然是大罪也可从轻处理。[⑤] 并反对族诛连坐,主张罪止一身[⑥]。

"明德慎罚"思想的提出,表明统治者不再只是依赖赤裸裸的暴力镇压,而是坚持德、刑并用,反对专用刑罚,并力求刑罚的准确、适中。它确立了中国古代法律思想发展的基本航标,是后世儒家"德主刑辅"思想的源头。

三、先秦儒家的"以德去刑"与法家的"以刑去刑"

(一)"以德去刑"观

先秦儒家继承西周时期"以德配天"、"明德慎罚"的思想,提倡"德

---

① 《尚书·康诰》。
② 《尚书·酒诰》:"人无于水监,当于民监"。"监"同"鉴",指镜子。
③ 《史记·周本纪》:"散鹿台之财,发巨桥之粟,以振贫弱萌隶。"
④ 《史记·鲁周公世家》:"一沐三捉发,一饭三吐哺。"周公急于迎客,招揽贤才,洗发时三次握着头发停下来不洗,吃饭时三次吐出食物,可见非常忙碌。
⑤ 同上书,"人有小罪,非眚,乃惟终,自作不典;式尔,有厥罪小,乃不可不杀。乃有大罪,非终,乃惟眚灾,适尔,既道极厥辜,时乃不可杀。"这里的"眚"指过失,"非眚"即故意;"终"指怙恶不悛的惯犯,"非终"即偶犯。
⑥ 《左传·昭公二十年》引《尚书·康诰》:"父子兄弟,罪不相及。"

治"。面对社会的动荡,孔子希望统治者能发挥道德感化的作用来缓和各种社会矛盾,以挽救陷于危机中的"礼治",实现国家的统一和安定。他提出"为政以德,譬如北辰,居其所而众星拱之。"①意即用道德来治理国家,就会像北极星一样,安居于位,群星都环绕在它的周围。《论语》中有一段话经常为后人所引用:"道之以政,齐之以刑,民免而无耻;道之以德,齐之以礼,有耻且格。"②意即统治者用政令和刑罚手段来治理民众,虽可使他们暂时地免于犯罪,但没有廉耻之心;如果用道德感化和礼义教化,他们就会感到犯罪可耻而且人心归服。这表明在孔子看来,相对于政令、刑罚等统治手段,礼义教化和道德感化的作用更为积极、更加有效,因而理应得到统治者的重视和采纳。

儒家一般认为,刑罚只不过是教化的辅助手段,其作用在于促成"德治",这一观点被后人归结为"德主刑辅"。儒家期望通过"德治","胜残去杀"③,从而达到"无讼"④的境界。既然没有狱讼纷争,刑罚自然失去了存在的必要,这就是所谓的"以德去刑"。由于以"无讼"、"去刑"为理想,所以儒家提倡"和解",并将之作为"息讼"的重要方法。由此衍生的调解制度在历史上长盛不衰,体现了中华法律文化的独特价值追求。

在儒家看来,理想的社会必定是没有争讼的社会,政府的职责以及法律的使命归根结底是为了彻底地消灭争端。法律不过是实现这一目标的手段而已,法律存在一日即表明社会并非尽善尽美之时。所以后人提出"刑为盛世所不能废,亦为盛世所不尚"⑤,而"刑措"即刑罚因无

---

① ② 《论语·为政》。
③ 《论语·子路》:"'善人为邦百年,亦可以胜残去杀矣。'诚哉是言也!"
④ 《论语·颜渊》:"听讼,吾犹人也。必也使无讼乎!"
⑤ 纪昀:《四库全书总目提要·政书类法令之属》。

用武之地而被弃置不用,则成为了太平盛世的标志。历史上的"成康之治"、"文景之治"、"贞观之治"等之所以被史家溢美,原因正在于此。①在儒家"重德轻刑"的思想影响下,"盗窃乱贼而不作"的"大同"②盛世成为一代又一代中国人为之奋斗的理想,直至今日,人们仍很难确立"法律至上"的观念以及对"法治"本身的信仰。

(二)"以刑去刑"观

先秦法家从其"好利恶害"③的人性论出发,认为行赏施罚是贯彻法令的惟一有效手段,因而对赏罚问题十分重视。他们主张赏罚大权要牢牢操控于君主之手,绝不容许他人染指。如果赏罚大权由君臣共同掌握,那么法律禁令将难以推行④,甚至可能带来亡国的危险。⑤ 法家还对如何运用赏罚进行了比较全面的论述,形成了自家别具特色的赏罚观。他们认为只有坚持"信赏必罚"⑥、"厚赏重罚"⑦、"赏誉同轨,

---

① 《史记·周本纪》:"成康之际,天下安宁,刑措四十余年不用";《汉书·文帝纪》:一年仅"断狱四百,有刑措之风";《旧唐书·太宗本纪下》:贞观四年(630年),"断死刑二十九人,几致刑措。东至于海,南至于岭,皆外户不闭"。

② 《礼记·礼运》:"大道之行也,天下为公。选贤与能,讲信修睦,故人不独亲其亲,不独子其子。使老有所终,壮有所用,幼有所长,矜寡、孤独、废疾者,皆有所养。男有分,女有归。货,恶其弃于地也,不必藏于己。力,恶其不出于身也,不必为己。是故谋闭而不兴,盗窃乱贼而不作。故外户而不闭,是谓大同。"

③ 《韩非子·难二》:"好利恶害,夫人之所有也。"

④ 《韩非子·外储说右下》:"赏罚共则禁令不行。"

⑤ 同上书,"简公在上位,罚重而诛严,厚赋敛而杀戮民。田成恒设慈爱,明宽厚",用大斗出货、小斗收取等办法争取民心,结果齐国政权归于田氏。"司城子罕谓宋君曰:'庆赏赐予者,民之所好也,君自行之。诛罚杀戮者,民之所恶也,臣请当之。'于是戮细民而诛大臣,君曰'与子罕议之'。居期年,民知杀生之命制于子罕也,故一国归焉。故子罕劫宋君而夺其政,法不能禁也。"

⑥ 《韩非子·外储说右上》。

⑦ 《韩非子·五蠹》:"赏莫如厚而信,使民利之;罚莫如重而必,使民畏之。"《韩非子·六反》:"赏厚则所欲之得也疾,罚重则所恶之禁也急。"

非诛俱行"①、刑多赏少与轻罪重罚,才能使法令真正发挥作用,实现其"以刑去刑"的目标。

法家素以主张"重刑"而著称。"重刑"一是指和"赏"相对,在数量上应该"刑多而赏少"②,因为奖赏繁多会激起人的贪欲和奸宄之心③;一是指加重对轻罪的刑罚,充分发挥其杀一儆百的威慑作用。④ 后者显然与罪刑相适应这一现代刑法的基本原则格格不入。值得注意的是,法家的重刑论不是简单的惩罚主义,而是彻底的预防主义。他们主张重刑的目的不仅是为了给犯罪者以报复性惩罚,更是为了"去奸"、"去刑"。

法家同儒家一样,希望建立一个没有纷争、没有犯罪,法律因而被束之高阁、弃置不用的美好社会。但由于法家与儒家对人性的看法不同,所以尽管两家的最终目标一致,可是在方式方法和具体路径上却有着很大差异,儒家坚持"以德去刑",法家则坚持"以刑去刑"。商鞅指出:"禁奸止过,莫若重刑"⑤,"行罚,重其轻者,轻者不至,重者不来,此谓以刑去刑,刑去事成。"⑥意即通过严刑峻罚、重刑轻罪的威慑,使人们不敢违法犯罪,从而实现"以刑去刑"的社会理想。

为使重刑理论能够为人所接受,韩非进一步驳斥了"轻刑可以止奸"说和"重刑伤民"说。他指出:如果刑罚重,人们觉得为了追逐小利而遭受重罚是不划算的,自然会停止犯罪;倘若刑罚轻,就会认为即使

---

① 《韩非子·八经》。
② 《商君书·去强》:"重罚轻赏,则上爱民,民死上;重赏轻罚,则上不爱民,民不死上。"《商君书·开塞》:"治国刑多而赏少,故王者刑九而赏一,削国赏九而刑一。"
③ 《韩非子·心度》:"刑胜而民静,赏繁而奸生。"
④ 《商君书·说民》:"行刑重其轻者,轻者不生,则重者无从至矣。"
⑤ 《商君书·画策》。
⑥ 《商君书·靳令》。

遭受刑罚也是值得的,不会因为畏惧刑罚而停止犯罪,由此可见轻刑达不到禁奸止恶的目的,惟有重刑才能实现这一目的①。如果刑罚轻,民易犯之,常常因此而遭受刑罚;倘若刑罚重,特别是加重轻罪的刑罚,人们感到利少害多就不敢也不愿犯罪,反而不会遭受刑罚,所以是轻刑容易伤民,并非重刑伤民②。正是以此为据,法家得出了和儒家完全相反的结论,认为"德生于刑"③,甚至说什么杀戮、刑罚能够归于道德,而"义"反倒合于残暴④。

"以刑去刑"是法家为其重刑学说进行辩护的重要理论依据⑤,暴力的作用就这样被无限夸大,并进而予以合法化。为了提高重刑的威慑力,以期让违法犯罪之人必然受到相应的惩罚,消除人们的侥幸心理,法家主张实行"告奸"和"连坐"。即一方面重赏告奸,用投之以利的方法诱使百姓积极告发违法犯罪行为,哪怕是微小的过错也不放过⑥;另一方面严惩其罪,实行职务连坐、家庭连坐、邻里连坐等⑦,迫使人们为了避免受牵连而不得不主动告奸,这样就大大增多了察知犯罪的耳目,从而可以最大限度地预防和打击犯罪⑧。为了从根本上遏制犯罪

---

① 《韩非子·六反》:"所谓重刑者,奸之所利者细,而上之所加焉者大也。民不以小利蒙大罪,故奸必止者也。所谓轻刑者,奸之所利者大,上之所加焉者小也。民慕其利而傲其罪,故奸不止也。"

② 同上书,"今轻刑罚,民必易之。犯而不诛,是驱国而弃之也;犯而诛之,是为民设陷也。是故轻罪者,民之垤也。是以轻罪之为民道也,非乱国也,则设民陷也,此则可谓伤民矣。"

③ 《商君书·说民》。

④ 《商君书·开塞》:"此吾以杀刑之返于德,而义合于暴也。"

⑤ 《商君书·画策》:"以杀去杀,虽杀可也;以战去战,虽战可也;以刑去刑,虽重刑可也。"

⑥ 同④书,"赏施于告奸,则细过不失。"

⑦ 《史记·商鞅列传》:"令民为什伍,而相收司连坐。不告奸者腰斩,告奸者与斩敌首同赏,匿奸者与降敌同罚。"

⑧ 《韩非子·奸劫弑臣》:"匿罪之罚重,而告奸之赏厚也,此亦使天下必为己视听之道也。"

的发生,法家甚至主张"刑用于将过"①、"禁奸于未萌"②,对那些将要进行的违法犯罪行为也要予以打击,以便将其消灭在萌芽状态。显然,法家把重刑看作禁奸止恶的根本,是治国的万能法宝。他们正是依照这一逻辑,把重刑理论推到了极端,于是不可避免地导致了秦的暴政。

四、汉代"德主刑辅"正统思想的确立

汉初将黄老思想奉为指导思想,主张无为而治,制定并实施了一整套删削烦苛、与民休息的政策。黄老思想的推行,稳定了社会秩序,促进了经济发展,形成了"文景之治"的盛世局面,为正统法律思想的确立起到了重要的过渡性作用。

"德主刑辅"是指在治理国家中以教化为主要手段,以法律制裁为辅助措施。它是正统法律思想的核心,是后世统治者为政的基本方法。董仲舒继承西周"明德慎罚"与先秦儒家"为政以德"的主张,并从多个方面进一步论证了德、刑间的关系。

首先,从天道上讲。董仲舒将德与刑和天道阴阳紧密联系在一起,提出:"阳为德,阴为刑"。③ 既然上天有好生之德,以阳为主,阴为辅,那么统治者为政也应取法于天,以德为主,刑为辅。

其次,从人性上讲。董仲舒认为,阴阳二气的不同搭配造成了人性的差异④。根据人性善恶的多少,可分为"三品":"圣人之性"、"中民之性"、"斗筲之性"。他提出:圣人之性是天生的善性,斗筲之性是天生的

---

① 《商君书·开塞》。
② 《韩非子·心度》。
③ 《汉书·董仲舒传》:"天道之大者在阴阳。阳为德,阴为刑,刑主杀而德主生。是故阳常居大夏,而以生育养长为事;阴常居大冬,而积于空虚不用之处。以此见天之任德不任刑也。……王者承天意以从事,故任德教而不任刑。"
④ 《春秋繁露·深察名号》:"人受命于天,有善善恶恶之性";"天两,有阴阳之施;身亦两,有贪仁之性。"

恶性,都是不可改变的,因此不可以叫做性。中民之性是最具有代表性的人性,既可以为善,也可以为恶,所以应该用"德"来扶植其"仁"质而使之为善,同时又用"刑"来防止和惩戒其"贪"质而使之不为恶,但应以教化为主。① 所以,为政必须将教化置于首位,当教化不能奏效时,再运用刑罚。

再次,从历史教训上讲。董仲舒曾就周、秦的政策进行对比,得出秦的速亡显然是"任刑"而"不尚德"的结果。② 董仲舒总结历史教训,得出治国应当"以教化为大务"③。从维护统治者的长远利益出发,他要求实行"更化",坚决革除秦代"法治"之弊,用新儒学的德治和礼教来治理国家。

最后,从社会现实上讲。董仲舒虽身处西汉国力最强盛的时期,但他对社会现实有着相当清醒的认识,敏锐地感觉到了表面的浮华之下所潜藏的深刻危机。④ 为此,他向武帝提出不少具体建议,如"限名田"⑤、

---

① 《春秋繁露·实性》:"圣人之性,不可以名性。斗筲之性,又不可以名性。名性者,中民之性";"性者,天质之朴也;善者,王教之教化也。无其质,则王教不能化;无其王教,则质朴不能善。"

② 《汉书》卷五十六《董仲舒传》:"武王行大谊、平残贼,周公作礼乐以文之,至于成、康之隆,囹圄空虚四十余年……至秦则不然,师申、商之法,行韩非之说,憎帝王之道,以贪狼为俗,非有文德以教训于天下也。"

③ 同②书,"夫万民之从利也,如水之走下。不以教化堤防之,不能止也。是故教化立而奸邪皆止者,其堤防完也;教化废而奸邪并出,刑罚不能胜者,其堤坏也。古之王者明于此,是故南面而治天下,莫不以教化为大务。"

④ 同②书,在他眼里,汉室江山"继秦之后,如朽木粪墙矣",如果不改弦更张,调整统治政策,"虽欲善治之,无可奈何。"可统治者的失误恰恰在于当改而不改:"汉得天下以来,常欲善治而至今不可善治者,失之于当更化而不更化也。"结果"今吏既亡教训于下,或不承用主上之法,暴虐百姓,与奸为市,贫穷孤弱,冤苦失职,加之富门豪族"因乘富贵之资力,以与民争利于下,……民日削月朘,浸以大穷。"长此以往,势必"法出而奸生,令下而诈起。如以汤止沸、抱薪救火"一样,其局面将更不可收拾。

⑤ 《汉书》卷二十四《食货志》:"限民名田以赡不足,塞并兼之路,盐铁皆归于民。去奴婢,除专杀之威。薄赋敛,省徭役,以宽民力。"

"立大学"[①]等。这反映出董仲舒一方面要求用积极的礼乐教化取代汉初黄老的"无为"政策,一方面对汉武帝任狱吏、重刑罚的做法提出了批评。在他看来,只有坚持"德主刑辅",才能缓解社会矛盾,稳定统治秩序,保障西汉王朝的长治久安。

"德主刑辅"论中包含的重民思想是值得肯定的,它有利于减缓剥削,促进社会生产的发展和进步。

五、唐代"德本刑用"思想的法典化

隋唐时期随着政治制度的完备、经济的高度发展,正统法律思想也日趋成熟,礼法结合基本定局。《唐律疏议》这部中华法系的代表作明确宣称:"德礼为政教之本,刑罚为政教之用",这表明正统法律思想不仅在理论上而且在实践中已稳固地确立起主导地位。

汉代《春秋》决狱的盛行,将儒家经义不断应用于法律实践,奠定了礼法融合的基础。此后,以经注律、引礼入律的趋势继续发展,儒家思想不断渗透到法律中来。如《曹魏律》中的"八议"制,《晋律》中的"准五服以制罪"制,《北齐律》中的"重罪十条"等,都是礼法融合的产物。不过,在唐以前,不少思想家、政治家对德礼的作用和刑罚的作用,在一定程度上总有对立或割裂的倾向,不能认识到二者在社会生活中也是可以互相补充的。到了唐代,统治者把德礼和刑罚,在儒家思想主导下统一起来,形成了系统而完整的德主刑辅、礼法融合的思想体系。

奉敕编撰《唐律疏议》的长孙无忌在《唐律疏议序》中提出:"德礼为政教之本,刑罚为政教之用,犹昏晓阳秋相须而成者也",即德礼是为政教化的根本,刑罚是为政教化的手段,德礼和刑罚对为政教化之不可缺

[①] 《汉书》卷五十六《董仲舒传》:"立大学以教于国,设庠序以化于邑,渐民以仁,摩民以谊,节民以礼。"

少,好像黄昏和拂晓相配而成一昼夜,春天和秋天相配而成一年一样。这说明治理国家必须兼用德礼和刑罚,二者之间是主导和辅助的关系。这就将法律的功效和礼义道德的教化作用有机地结合起来,确立了正统法律思想在德礼政刑关系问题上的总方针。

统观《唐律疏议》,立法者尽可能地从儒家经典中找寻每一条律条的立法根据,并尽可能地引用儒家经典的言论来解释律条的含义,使礼义道德的精神完全融化在律文之中。不仅礼之所许,律亦不禁,礼之所禁,律亦不容;而且"尊卑贵贱,等数不同,刑名轻重,粲然有别。"①所以说,礼法融合在《唐律疏议》中已达到相当完备的程度,这标志着中国古代正统思想的法典化已基本完成,成为后世宋元明清各代立法的典范。

六、对于肉刑、秋冬行刑以及复仇问题的争论

(一) 肉刑

夏商周秦的刑罚体系是以肉刑为中心构成的,这种状况经过汉初文帝和景帝的刑制改革而有了很大的改观,但是此后不断有人主张恢复肉刑,形成了多次有关肉刑废复的争论。历史上明确主张恢复肉刑的主要有东汉到魏晋时期的仲长统、崔寔、郑玄、陈纪与陈群父子、钟繇、刘颂,宋代的曾布、朱熹等;而坚决主张废除肉刑的则有东汉到魏晋时期的杜林、孔融、王朗、夏侯玄,北宋的王安石等。

以刘颂为例,他主张恢复肉刑,主要是为了改变汉魏以来刑政法度松弛的局面。刘颂认为汉文帝废肉刑造成了刑罚等级的不合理,即死刑与生刑之间悬殊过大,应以肉刑作为中间刑,来解决这一弊端。他提出恢复肉刑有两大好处:一是可以"止奸绝本",不仅让罪犯本人无法再

---

① 《唐律疏议》卷十九《贼盗》。

犯罪①，而且也使他人因畏惧刑罚而不敢犯罪②；二是可以保存和生息劳动力，犯人在创愈之后仍然可以从事适宜的劳作③。刘颂恢复肉刑的主张背离了刑罚手段向文明发展的总趋势，没有得到立法者的肯定，但是他所揭示的问题对于日后刑罚制度的完善不无启发，他强调刑罚的目的在于预防犯罪的观点亦不无可取之处。

再以孔融为例，他反对恢复肉刑，主要是因为在他看来，肉刑是古代的刑罚，是已经废弃的刑罚，恢复使用已经被淘汰的东西来治理百姓，无疑是历史的倒退。另外，肉刑不能制止人继续作恶，反而会增长人的暴虐之心，阻断人的向善之路。因为肉刑带有很强烈的耻辱性，一旦身受肉刑，再有才智的人也会为人不齿，无法施展自己的才能，所以仁德的君主都不施以肉刑。既然汉初已经废除了这种落后的刑罚，如今当然不应该予以恢复，以免骤然冒进，带来社会成员的不适应，引起普遍的恐慌。结果朝廷最终采纳了孔融的意见，没有恢复肉刑④。

（二）秋冬行刑

秋冬行刑的观念早在先秦时代就已产生，在《左传》⑤、《礼记·月令》⑥等书中都有记载。该说主张春夏行德、秋冬行刑，即春天正当阳

---

① 《晋书·刑法志》："去其为恶之具……亡者刖足，无所用覆亡，盗者截手，无所复盗，淫者割其势，理亦如之。除恶塞源，莫善于此。"

② 同上书，"残体为戮，终身作诫。人见其痛，畏而不犯，必数倍于今。"

③ 同上书，"此等已刑之后，便各归家，父母妻子，共相养恤，不流离于涂路。有今之困，创愈可役，上准古制，随宜业作，虽已刑残，不为虚弃，而所患都塞，又生育繁阜之道自若也。"

④ 参见《后汉书·孔融传》："末世陵迟，风化坏乱"，"而欲绳之以古刑，投之以残弃，非所谓与时消息者也"，"且被刑之人，虑不念生，志在思死，类多趋恶，莫复归正。夙沙乱齐，伊戾祸宋，赵高、英布，为世大患。不能止人遂为非也，适足绝人还为善耳。虽忠如鬻拳，信如卞和，智如孙膑，冤如巷伯，才如史迁，达如子政，一离刀锯，没世不齿"。

⑤ 《左传·襄公二十六年》记载，蔡国声子曾对楚国令尹子木说："古之治民者，劝赏而畏刑，恤民不倦，赏以春夏而刑以秋冬。"

⑥ 《礼记·月令》："仲春之月，……命有司省囹圄，去桎梏，毋肆掠，止狱讼"；"孟秋之月，……决狱讼，必端平，戮有罪，严断刑。"

和，要像上天对于萌芽的草木和孤弱的老幼善为安养一样，指令司法机关疏通监狱，解除犯人身上的刑具，禁止拷掠，停止狱讼；等到秋冬时节，天地肃杀，万物凋零，才可以恢复狱讼，进行审判，执行刑罚。

董仲舒以上述思想为基础，依据"天人感应"理论，提出"王者承天意以从事"，①必然坚持"则天顺时"的原则，主张依据时令季节的变化而采取相应的统治手段。② 天地间的阳和阴分别代表着春夏和秋冬四个季节，而春夏是万物孕育、生长的季节，此时只能施行仁德；秋冬是萎缩、收敛的季节，这时始可执行刑罚。③ 反之，如果秋冬行仁德而春夏行刑罚，则会干扰四时的运行而引发灾难。所以，在具体的司法实践活动中，必须坚持符合阴阳顺逆和四时运行规律的原则。

董仲舒的司法时令说赋予刑杀以顺天行诛之意，有利于掩盖刑杀的实质，同时客观上有利于农业生产和社会秩序的稳定，因而被汉代及其后历代统治者所肯定，使秋冬行刑成为定制，明清时期的热审、朝审、秋审等制度均可溯源于此。

针对这种"赏以春夏而刑以秋冬"的"司法时令"说，柳宗元进行了尖锐的批判。他明确指出："圣人之为赏罚者，非他，所以惩劝者也。赏务速而后有劝，罚务速而后有惩。"④即赏罚的目的就是为了劝勉或惩戒，并没有什么神秘的内容。然而，只有奖赏迅速及时，才有劝勉的作用；只有惩罚迅速及时，才有惩戒的作用。所以要达到劝善惩恶的目的，关键在于赏罚的及时。可是秋冬行善，等到春夏才行赏，人们得不到及时的鼓励，必然怠于行善；春夏为恶，等到秋冬再行罚，人们得不到

---

① 《汉书·董仲舒传》。
② 《春秋繁露·四时之副》："天有四时，王有四政"，君主应当"以庆副暖而当春，以赏副暑而当夏，以罚副清而当秋，以刑副寒而当冬。"
③ 《春秋繁露·阳尊阴卑》："阴阳，理人之法也：阴，刑气也；阳，德气也。阴始于秋，阳始于春。"
④ 《柳宗元全集·断刑》。

及时的惩戒,必定轻慢刑罚。这等于驱使天下之人去犯罪,犯了罪却又迟迟不予处理,助长他们的轻慢懈怠,这正是刑罚不能弃置不用的原因。① 柳宗元认为,"司法时令"说不仅不利于及时地赏善罚恶、充分地发挥法律的作用,而且也与儒家的仁政爱民思想相违背。设想一个死刑犯,春天即已结案,碍于时令未到而求死不得,身背沉重的枷锁,在监狱里饱受盛夏酷暑的煎熬,这哪有仁爱可言,怎能收到教化的功效?② 因此,柳宗元明确反对"司法时令"说,主张不分时令季节,有善则赏,有罪则刑,以此鼓励天下人都乐于为善而避免犯罪,从而达到刑罚不用而教化流行的目的。

(三) 复仇

复仇来源于远古的习俗,是民间私力救济的一种方式。随着公权力的强大、国家法律的产生,复仇是否可行,成为历史上一个长期争论而未能妥善解决的问题。尽管唐代的法制堪称完备,但对于复仇案件如何处理却无明文规定,司法实践中做法不一,引发了多次激烈的争论。武则天统治时期,发生了徐元庆为父报仇杀人自首一案。陈子昂坚持对徐元庆"诛而后旌",即先依法判处死刑,然后依礼予以表彰。柳宗元认为这完全是一种"坏礼黩刑"、自相矛盾的处理办法。如果徐元庆的父亲没有触犯刑律而被冤杀,那么徐元庆冒死复仇是守礼行义,不但不应处死,而且应该表彰;如果徐元庆的父亲有罪而依法当死,那么徐元庆被判死刑是罪有应得,怎能表彰? 礼与法在根本上是一致的,定罪量刑既要合法,又要合乎礼义。所以柳宗元旗帜鲜明地批驳了陈子

---

① 《柳宗元全集·断刑》:"使秋冬为善者,必俟春夏而后赏,则为善者必怠;春夏为不善者,必俟秋冬而后罚,则为不善者必懈。为善者怠,为不善者懈,是驱天下之人而入于罪也。驱天下之人入于罪,又缓而慢之,以滋其懈怠,此刑之所以不措也。"
② 同上书,"贯三木,加连锁,而致之狱吏。大暑者数月,痒不得搔,痹不得摇,痛不得摩,饥不得时而食,渴不得时而饮,目不得瞑,支不得舒,怨号之声,闻于里人。"

昂的观点,强调了礼与法应当统一①。

唐宪宗元和六年(811年),又发生了梁悦为父报仇而杀人自首一案。宪宗皇帝迟疑不决,令尚书省讨论。时任员外郎的韩愈发表议论,道破了统治者的苦衷:法律如果明文禁止复仇,则伤孝子之心,违先王之道,背上毁弃礼义的恶名;如果允许复仇又会导致冤冤相报,践踏国法的尊严,使社会秩序无法维持。② 这是个两难的抉择,礼与法在此形成了尖锐的对立。韩愈提出的解决办法是:"复仇之名虽同,而其事各异",因而不能一刀切,应当视具体情况的不同而区别对待。今后"凡有复父仇者,事发,具其事申尚书省,尚书省集议奏闻,酌其宜而处之,则经、律无失其旨矣。"③后来宪宗下诏,将梁悦"杖一百,流循州"④,了结了此案。韩愈的这一建议虽然无法真正解决礼与法的矛盾,但他强调处理复仇案件要特别慎重,具体分析、灵活应对,主张"经、律两不失",表现了他对正统法律思想的维护。

第二节　法律规范

一、夏商的"禹刑"、"汤刑"与西周的"九刑"、《吕刑》

(一) 夏商的"禹刑"、"汤刑"

夏商尚处于早期的习惯法时代,还不具备制定系统的成文法的条件。《左传·昭公六年》载:"夏有乱政,而作禹刑;商有乱政,而作汤

---

① 参见《柳宗元全集·驳复仇议》。
② 《韩愈全集·复仇状》:"伏以子复父仇,见于《春秋》,见于《礼记》,又见《周官》,又见诸子史,不可胜数,未有非而罪之者也。最宜详于律,而律无其条,非阙文也。盖以为不许复仇,则伤孝子之心,而乖先王之训;许复仇,则人将倚法专杀,无以禁止其端矣。"
③ 同上书。
④ 《资治通鉴》卷二百三十八《唐纪五十四》。

刑"。禹刑和汤刑分别是夏代和商代刑事法律规范的总称,内容已不可考,应当都是在长期的社会实践中逐渐形成的。以禹和汤命名,并非它们是夏禹和商汤个人所作,而是表达了后世子孙对各自祖先的尊敬和怀念。

除了禹刑、汤刑,君王发布的带有强制性的命令,也是那个时期刑事法律的重要组成部分。比如夏启攻打有扈氏时发布《甘誓》,宣称"用命赏于祖,弗用命戮于社,予则孥戮汝"[1];商汤讨伐夏桀时发布《汤誓》,明令"尔不从誓言,予则孥戮汝,罔有攸赦"[2],都带有鲜明的刑罚制裁性质。

(二) 西周的"九刑"、《吕刑》

《左传·昭公六年》载:"周有乱政,而作九刑"。关于"九刑"的具体内容,学术界尚有不同意见,可以推知应当是周代惩治违法犯罪的刑事法律。

西周中叶周穆王时期,王道衰微,为了挽救统治危机,巩固周天子的权威,曾命当时的司寇吕侯制定了新的刑法,名之为《吕刑》。因吕侯后来又被封为甫侯,所以《吕刑》又称《甫刑》。现存的古代经典《尚书》中就有一篇《吕刑》,反映了吕侯受命于周穆王进行法律改革的大致情况。该文献不仅记述了制定《吕刑》的起因和经过,追溯了苗民首领蚩尤创制五刑的历史以及赎刑的适用制度,确立了兼听双方意见[3]与"哀敬折狱"等诉讼和审判原则,还要求司法人员不得徇私枉法,不得任用奸佞之人判案断狱[4]。尽管《尚书》中的这篇《吕刑》不是一部成文法典,但是它通篇体现了西周时期的"明德慎罚"思想,是研究中国早期法

---

[1] 《尚书·甘誓》。
[2] 《尚书·汤誓》。
[3] 《尚书·吕刑》:"听狱之两辞。"
[4] 同上书,"非佞折狱,惟良折狱,罔非在中。"

律思想与法律制度的珍贵材料。

二、春秋子产"铸刑书于鼎"与战国《法经》的制定

(一) 春秋子产"铸刑书于鼎"

夏商西周时期,由于立法技术等客观条件的限制,遵循先例的习惯法居于主导地位,加之统治者认为"刑不可知,则威不可测"[①],法律尚处于秘密状态,完全操控于统治者之手。春秋时期,随着社会的发展和进步,越来越强调法律的规范性和公开性,日益要求打破贵族对于法律和司法的专擅垄断局面。

公元前536年,子产"铸刑书于鼎"[②],即将自己制定的刑书铸于鼎上,公布于众。这一举措结束了已往统治者对法律的秘密操控状态,强调了法律的权威性、公开性和客观规范性,顺应了历史发展的潮流,因而是中国法制史上的一个创举。子产所铸刑书的内容已无从查考,从历史记载上看,震动了其他诸侯国。当时晋国名臣叔向对此强烈不满,他特意致信子产,指出"铸刑书"违背先王的传统,将导致民众依据法律来争取各自的权益,使君主和贵族丧失昔日的权威,扰乱已往的礼治秩序,最终造成郑国的败亡,所以"铸刑书"不是长治久安之道,而是末世的标志。[③] 子产则不为之所动,认为"铸刑书"正是为了挽救郑国的危亡。[④] 他坚持将法律公开,限制了贵族专擅垄断法律、任意刑杀的特权,为后来法家推行"法治"创造了有利条件。

---

① 《左传·昭公六年》孔颖达疏。
② 同上书。
③ 同上书:"昔先王议事以制,不为刑辟,惧民之有争心也……民知有辟,则不忌于上,并有争心……民知争端矣,将弃礼而征于书,锥刀之末,将尽争之,乱狱滋丰,贿赂并行,终子之世,郑其败乎……国将亡,必多制。"
④ 同上书:"侨不才,不能及子孙,吾以救世也。"

(二) 战国《法经》的制定

战国时期在法家思想的影响下,各国纷纷开展了变法运动,陆续颁布了一批成文法律,魏国李悝制定的《法经》就是其中突出的代表。当时魏文侯为了富国强兵,任用李悝为相,进行了政治、经济等方面的一系列改革。从法律史的角度而言,李悝最突出的事迹就是在整理春秋以来各诸侯国所颁布的法律的基础上,编纂了我国历史上第一部比较系统的成文法典——《法经》。

实行"法治",不言而喻首先必须有法可依。李悝总结前人的立法经验,制定《法经》,确立了以法治国的原则,保护变法改革的成果。《法经》早已失传,根据其它文献摘引的部分材料可知,《法经》共分六篇,分别是《盗法》、《贼法》、《囚法》(亦称《网法》)、《捕法》、《杂法》、《具法》。李悝认为"王者之政,莫急于盗贼"[1],"盗"是指侵犯公私财产,"贼"是指犯上作乱和侵犯人身,《法经》的首要任务就是惩治盗贼罪,所以将《盗法》、《贼法》列为第一、第二篇,以维护统治秩序,保护财产所有权。《囚法》、《捕法》两篇是关于缉捕盗贼的规定,《杂法》是惩治盗贼罪以外其它犯罪的法律规定,《具法》是根据具体情节加重或减轻刑罚的规定,类似于现代刑法典的"总则"。《法经》根据罪名类型、囚捕程序、量刑原则等分立篇目,显示了较高的立法成就,它初步创立的成文法典的篇章体例结构以及严惩盗贼罪的立法宗旨,垂范于后世,影响深远。

三、秦汉的刑事法律规范

(一) 秦代的刑事法律规范

1. 商鞅变法

说到秦代的刑事法律规范,不能不提著名的商鞅变法。

---

[1] 《晋书·刑法志》。

当年商鞅在取得秦孝公的信任后,在 20 余年中先后两次变法。第一次始于公元前 359 年(一说为公元前 356 年),具体内容包括:将《法经》加以修订补充,改"法"为"律",并在"秦律"中增加"连坐"、"告奸"之法,把居民以五家为"伍"、十家为"什"组织起来,一家有罪,邻家举报,如果不告发,则其他家也将受到牵连,告奸者受到重赏,不告奸者处以重刑①;按户口征收军赋②,明令将传统的宗法大家族析分为个体小家庭,以扩大国家的税收来源③;奖励军功,禁止私斗,取消世卿世禄制,宗室贵族如无军功不能列入宗室簿籍,不得享受贵族特权④;奖励耕织,以农业为本、工商业为末,种田织布好的可以免除徭役,从事工商业及懒惰而贫穷的,则收为官奴⑤。第二次变法开始于公元前 350 年,主要内容是:革除旧俗,禁止"父子无别,同室而居"⑥;废除井田制,鼓励开垦荒地,重新划定土地疆界,实行土地私有制⑦;重新调整行政区划,普遍推行县制,地方官县令、县丞由国君直接任免,集权于中央;统一度量衡制度,使交换更加方便。

商鞅的两次变法,促进了社会生产的发展,加强了中央集权统治,使地处边陲、原本落后的秦国迅速强大起来,并且后来居上,由不被人重视的"夷狄之邦"一跃成为战国时期"兵革大强,诸侯畏惧"⑧的强国,为后来秦统一中国奠定了基础。公元前 340 年,商鞅因功封于商(今陕

---

① 《史记·商君列传》:"令民为什伍,而相牧司连坐。不告奸者腰斩,告奸者与斩敌首同赏,匿奸者与降敌同罚。"
② 《通典·食货典·赋税上》:"舍地而税人。"
③ 同①书,"民有二男以上不分异者,倍其赋。"
④ 同①书,"有军功者,各以率受上爵;为私斗者,各以轻重被刑大小……宗室非有军功论,不得为属籍……有功者显荣,无功者虽富无所芬华。"
⑤ 同①书,"僇力本业,耕织致粟帛多者复其身,事末利及怠而贫者,举以为收孥。"
⑥ 同①书,"令民父子兄弟同室内息者为禁。"
⑦ 同①书,"为田开阡陌封疆,而赋税平。"
⑧ 《战国策·秦策一》。

西商县东南），号为商君，故世称商鞅。商鞅变法取得了巨大成就[①]，同时也损害了旧贵族的既得利益，遭到守旧势力的强烈反对。公元前338年，秦孝公去世，商鞅遭诬陷，被车裂而死。据史料记载，商鞅是携带着李悝的《法经》入秦求见秦孝公，他在主持变法时，"改法为律"，[②]使得律成为秦以后中国法律体系中最重要的基本法律形式。

2. 睡虎地秦墓竹简

公元前221年，秦始皇统一六国，建立起中国历史上第一个"大一统"的专制帝国。秦的一统天下，是在法家"法治"思想的指导下，凭借武力而获得成功的。统一以后，秦统治集团继续迷信武力，以赤裸裸的暴力镇压作为治国的基本手段，"专任刑罚"，把法家的重刑主义推向极端。

秦代的法律究竟是何种样态，以往我们所知相当有限。睡虎地秦墓竹简的发掘和整理，大大改变了这种状况。1975年12月，湖北省云梦县城关睡虎地11号秦墓中，发现大量抄录有法律等内容的竹简，共整理出1155支。文物出版社以此为据，于1978年出版了《睡虎地秦墓竹简》一书，包括《编年记》、《语书》、《秦律十八种》、《效律》、《秦律杂抄》、《法律答问》、《封诊式》、《为吏之道》等内容。据推测，该墓墓主是喜，生于秦昭王四十五年（前262年），死于秦始皇三十年（前217年），生前曾担任安陆御史、安陆令史等与司法有关的职务。该竹简的法律内容应该制定和颁布于战国晚期到秦始皇统治时期，涉及27种律名，虽非秦代法律的全部，但它是目前研究秦代法律史的主要依据和珍贵材料。

[①] 《史记·商君列传》：商鞅变法"行之十年，秦民大悦，道不拾遗，山无盗贼，家给人足。民勇于公战，怯于私斗，乡邑大治。"

[②] 参见《唐律疏议》卷一《名例》疏议、《晋书》卷三十《刑法志》。

(二) 汉代的刑事法律规范

1. "约法三章"与《九章律》的制定

西汉的立法以著名的"约法三章"为开端。刘邦攻入咸阳后,为争取民心,"与父老约法三章耳:杀人者死,伤人及盗抵罪。余悉除去秦法"[①]。但是,"约法三章"毕竟只是权宜之计。西汉政权建立后,刘邦深感"三章之法不足以御奸",于是命令相国萧何"攈摭秦法,取其宜于时者,作律九章"[②],形成了《九章律》。《九章律》是汉律的核心,它是在秦律盗、贼、囚、捕、杂、具六篇的基础上,增加户、兴、厩三篇而成。其中户律主要规定户籍、赋税之事;兴律主要规定徭役征发、城防守备之事;厩律主要规定畜牧、驿传之事。从睡虎地秦墓竹简载有秦厩律及魏户律推测,户、兴、厩三律在秦时应已存在,萧何的贡献是将其从单行律纳入到正律之中。

2. "汉律六十篇"

《九章律》制定后,刘邦又命儒生叔孙通制定《傍章》十八篇,集中规定了各种礼仪制度。汉武帝时,张汤制定了《越宫律》二十七篇,赵禹制定了《朝律》六篇。前者是关于宫廷警卫的专门法律,后者是关于朝贺制度的专门法律。

以上《九章律》、《傍章》、《越宫律》、《朝律》四部分,统称为"汉律六十篇",构成了汉律的基本框架。此外,西汉时期还颁行了其他一些单行法律,如《左官律》、《阿党附益法》、《酎金律》、《沈命法》等。

两汉时期的法律形式主要有律、令、科、比四种。

律是汉朝最基本、最重要的法律形式,既包括以《九章律》为核心的

---

① 《史记·高祖本纪》。
② 《汉书·刑法志》。

成文法典,也包括其它的单行法律。在1983年发掘的湖北江陵张家山汉简《二年律令》中,即有各种律名二十七种之多。《二年律令》据推断是吕后二年(前186年)施行的法律,其中有些与睡虎地秦简的律名相同,如《置吏律》《传食律》《田律》《行书律》《效律》《徭律》《金布律》等;有些则不同,如《贼律》《盗律》《具律》《告律》《捕律》《亡律》《杂律》《均输律》《赐律》《户律》《史律》等。① 这充分说明汉律是在秦律的基础上发展而来的。依据文献史料及汉墓竹简可知,汉律的内容十分庞杂,而以刑事为主,涉及民事、经济、行政、诉讼等多个领域。

四、魏晋南北朝到隋唐的刑事法律规范

(一)魏晋南北朝的刑事法律规范

1. 三国时期曹魏的《新律》

三国时期为了改变汉代法律庞杂的局面,魏明帝下令制定了《新律》。《新律》共有18篇,不仅大大删减了法典篇目,而且把具有总则性质的《具律》改为《刑名》,并由第六篇改为第一篇,冠于全律之首,进一步理顺了法典的体例结构。

2. 西晋的《晋律》

曹魏末年,司马昭就命令贾充等人删改魏律。西晋泰始三年(267年),晋武帝司马炎正式颁行了《晋律》,又称《泰始律》。该律的总则分为《刑名》和《法例》两篇,共计20篇。该律又经张斐、杜预加以注释,并由晋武帝下诏颁行天下,与律文具有同等的法律效力,所以经过注释的

---

① 张家山二四七号汉墓竹简整理小组:《张家山汉墓竹简[二四七号墓]》,文物出版社2006年版。

晋律又称"张杜律"。它不仅在东晋时期继续适用,而且南朝时期仍被因袭。崇尚玄学与佛学的宋齐梁陈等政权,视法律为俗务,其立法始终处在晋律的影响之下,未有大的突破。

晋代以前,律、令相混,界限不清。杜预指出:"律以正罪名,令以存事制"①,"律"是用来定罪量刑的,"令"是用来规定具体的规章制度的。这一定义虽然不免简单,却是我国法律史上最早的关于律、令的明确界说,对后世颇有影响。

3. 北朝的立法

率先统一北方的北魏政权,注意吸收汉人的先进文化,比较重视法典的编纂,到孝文帝时期基本完成了《北魏律》共20篇的制定。之后北魏分裂为东魏和西魏,分别编定了《麟趾格》和《大统式》。后来西魏为北周所取代,推出了仿《尚书·大诰》而撰定的《大律》25篇。而取代东魏的北齐政权,则在出身于渤海律学世家封述的主持下,制定了《北齐律》。该律不仅将法典篇目精简为12篇,而且把晋律的"刑名"和"法例"合为一篇,创立了《名例律》这一总则篇目。其后从隋唐到明清,各代法典的首篇均为《名例律》。《北齐律》被认为代表了当时最高的立法成就,所以有学者总结说:"南北朝诸律,北优于南,而北朝尤以齐律为最"②。

(二)隋唐的刑事法律规范

1. 隋代的《开皇律》、《大业律》

隋文帝开皇年间,以《北齐律》为蓝本,以"以轻代重,化死为生"③为原则,制定了《开皇律》。该律进一步完善了12篇的法典体例,减省

---

① 《太平御览》卷六百三十八。
② 程树德:《九朝律考》卷六《北齐律考序》,商务印书馆2010年版,第521页。
③ 《隋书·刑法志》。

刑律至500条,并在内容上大量删削繁苛,为唐宋法典所继承。其后隋炀帝又在大业年间颁行了《大业律》共18篇500条,虽然在法律规范上大幅度减轻了刑罚,但是并没有很好地贯彻实施。

2. 唐代的主要刑事法律

唐高祖李渊在《开皇律》的基础上,于武德年间制定了《武德律》。唐太宗李世民即位后,又颁布了《贞观律》共12篇500条。唐高宗李治于永徽元年(650年),命令长孙无忌修订《贞观律》,第二年完成了《永徽律》,共12篇502条。永徽三年,长孙无忌等人又逐条对律文进行疏议解释,经高宗批准,于永徽四年颁行天下,称为《永徽律疏》。

《永徽律疏》将律文与疏议有机地合为一体,经过开元年间的刊定,历经唐末、五代、两宋,直至元朝,最终定名为《唐律疏议》。现存《唐律疏议》分为名例、卫禁、职制、户婚、厩库、擅兴、贼盗、斗讼、诈伪、杂律、捕亡、断狱12篇,是我国迄今为止保留下来的最早最完整的成文法典,代表了中华法系的最高立法成就。它不仅是后世宋元明清立法的蓝本,而且其对日本、朝鲜、越南等周边国家的法律也产生了重要影响。

隋唐时期的法律形式主要有律、令、格、式四种,律依然是刑事法律的主体。到唐朝后期唐宣宗大中七年(853年),颁布了以刑律为主,分类为门,附以相关敕、令、格、式的《大中刑律统类》。这一法典编纂体例的创新,对五代和宋朝的法典制定产生了直接影响。

五、宋元至明清的刑事法律规范

(一) 宋元的刑事立法

1.《宋刑统》

北宋立国之初主要沿用后周显德年间颁布的《大周刑统》,宋太祖于建隆三年(962年)命工部尚书判大理寺窦仪主持更定法律,第二年颁行《建隆重详定刑统》,简称《宋刑统》。这是宋朝的基本法典,也是中国历史上第一部刻印颁行的法典。《宋刑统》的主要内容源于《唐律疏议》,也是12篇502条。每篇之下又把同类条文归入一门,共分为213门。它不称"律"而称"刑统",表明是以类统编本朝的刑事法规,每一门的律文、律疏之后,附有相关的敕、令、格、式。《唐律疏议》内原有属于类推适用性质的条文44条,散列于各篇律条之下,《宋刑统》将其汇总为一门,集中列在《名例律》篇末。这种编纂体例的变化,方便了司法人员检索法律条文,增强了法典的实用性。

2.惩治贼盗的刑事特别法

宋代外有强敌入侵、内部贫富分化加剧,致使统治危机加重,贼盗犯罪比较突出。为了稳固统治秩序,除了在基本法典《宋刑统》内加大对谋反、谋大逆、强盗、窃盗等罪的量刑幅度,还专门制定了一系列重惩贼盗犯罪的刑事特别法。比如北宋仁宗嘉祐七年(1062年)颁布《窝藏重法》,将京师开封所属诸县以及相邻四州划为"重法地",在该区域包庇窝藏贼盗犯罪的,一律加重处罚。北宋神宗熙宁四年(1071年)又颁行《盗贼重法》,将重法地扩大到十几个州,严惩强劫贼盗和窝藏贼盗的罪犯,不仅株连家属,还要没收财产。到宋哲宗时,重法地已占全国24路中的17路。此外,还提出了"重法之人"的概念,规定:"虽非重法之地,而囊橐重法之人,并以重法论","若复杀官吏及累杀三人,焚舍屋百间,或群行于周县之内,劫掠于江海船筏之中,虽非重法之地,亦以重法论"[①]。各地官员惩治"贼盗"不力的,也将受到严厉制裁。

划定重法地、重法之人,以刑事特别法加重对贼盗犯罪的处罚,虽

---

① 《续资治通鉴长编》卷三百四十四。

有一时之效,但是并不能从根本上解决问题。

3.元代的立法

蒙古人入主中原后,曾适用金人仿照唐律制定的《泰和律》。忽必烈建立元朝后,下诏禁用金《泰和律》,将蒙古旧制与唐宋法制相结合,先后完成了多部综合性的成文法律汇编。如元世祖至元二十八年(1291年)编定《至元新格》,元仁宗时编纂《风宪宏纲》,元英宗时颁行《大元通制》,元顺帝至正六年(1346年)颁布《至正条格》。其中《大元通制》颁行于元英宗至治三年(1323年),分为制诏、条格、断例等部分,共2000多条,现流传下来的仅有"条格"部分。此外,元代比较重要的法律文献还有《大元圣政国朝典章》,简称《元典章》,是元代前中期的法令汇编,由地方官府和民间书商合作编纂,分为诏令、圣政、朝纲、台纲、吏部、户部、礼部、兵部、刑部、工部十类。这一编纂体例,对明清时期的立法产生了直接影响。

(二)明清的刑事立法

1.《大明律》

《大明律》是明朝最重要的基本法典,在朱元璋的亲自主持下,历30年经多次修改而成。《明史·刑法志一》载:"盖太祖之于律令也,草创于吴元年,更定于洪武六年,整齐于二十二年,至三十年始颁示天下"。朱元璋非常重视法律的制定,他命令儒臣四人会同刑部官员,每天为他讲解20条唐律。洪武三十年(1397年),凝结着朱元璋毕生心血的《大明律》正式颁行天下。这部法典共有七篇460条,它按照中央国家机关六部的顺序编排篇目,名例律以下分别是吏律、户律、礼律、兵律、刑律和工律,体现了明代加强君主专制中央集权对立法的影响。为了保证《大明律》的权威性和稳定性,朱元璋专门下诏"令子孙守之,群臣有稍议更改,即坐以变乱祖制之罪"。

2.明《大诰》

明《大诰》是朱元璋为了整顿吏治、训诫臣民,仿照西周初年周公东征平叛时所发布的《大诰》,于洪武十八年到洪武二十年亲自编定并陆续颁行的刑事特别法。明《大诰》共四编236条,包括《御制大诰》74条、《御制大诰续编》87条、《御制大诰三编》43条和《大诰武臣》32条,主要由案例、法令和朱元璋的训诫组成。

明《大诰》的特点,一是用刑严酷,不仅量刑相比于《大明律》明显加重,而且规定了墨面文身、挑筋去膝盖、断手等诸多《大明律》所没有的酷刑,并规定了"寰中士大夫不为君用"等历代法典均没有的新罪名;二是重典治吏,明《大诰》四编236条,直接针对官吏的有155条,还有26条是惩治官民共同犯罪的,所以它的矛头主要指向各级贪官污吏和作恶的豪强。

朱元璋把明《大诰》当作训导臣民的教科书,采取了多种措施强制推行。比如规定每家每户都要有一本《大诰》,各级学校要把《大诰》作为必修课程,读书人要向乡民宣讲《大诰》,科举考试要考《大诰》。有人犯了死罪之外的刑罚,如果家里藏有《大诰》,可以减刑一等;要是家中没有《大诰》,则要加重一等处罚。所以当时《大诰》的普及率非常高,"天下有讲读《大诰》师生来朝者十九万余人,并赐钞遣还"[①]。明《大诰》虽然在洪武年间相当盛行,但是由于它定罪和量刑过于随意和严酷,很难长久适用,所以永乐之后不再具有法律效力。

3.明《问刑条例》

《问刑条例》是明代中期产生的,用来弥补律典不足的刑事法规。

---

① 《明史·刑法志一》。

由于朱元璋曾专门下令不许擅改《大明律》,可是随着社会关系的不断发展变化,到了明代中期,需要以例或条例为断案的依据,以补法律之不足,所以运用条例之风逐渐蔓延开来。为了克服司法中的混乱局面,使法律更有效地适应社会变化的需要,明孝宗弘治年间开始删修条例,于弘治十三年(1500年)颁布了《问刑条例》297条,与律并行,以为补充。其后武宗正德、世宗嘉靖、神宗万历年间都对《问刑条例》进行过修订。神宗万历年间《问刑条例》被增修为382条,并以"律为正文,例为附注"[1]的体例附于《大明律》之后合编刻印,称为《大明律附例》。这一律例合编的新形式,被清朝立法所沿用。

4.《大清律例》

清统治者入关后就开始修律,于顺治三年(1646年)颁行《大清律集解附例》,律文459条,主体内容基本上照抄的《大明律》,律后附条例430多条,比明律所附《问刑条例》增多。康熙年间为了解决律与例之间轻重互异的矛盾,命刑部编制了《刑部现行则例》。雍正年间继续修订法律,于雍正五年(1727年)颁布,仍称《大清律集解附例》,律文删定为436条,附例824条。乾隆年间对律典又进行了修改,于乾隆五年(1740年)最终完成,定名《大清律例》。这是清朝颁行全国的一部最系统完备的成文法典,共七篇436条,附例1049条。之后其律文部分没有再进行过修订,只是条例部分逐渐确定为"五年一小修,十年一大修"。自乾隆至咸丰初年都能定期修订附例,例文条数不断增多,到同治九年(1870年)已增至1892条。

---

[1] 《明史·刑法志一》。

第三节　刑法原则

一、维护贵族官僚特权的刑法原则

（一）刑不上大夫

西周时期"礼治"的基本特征是"礼不下庶人，刑不上大夫"[①]。所谓"刑不上大夫"，是指刑罚的锋芒主要不是指向大夫以上的贵族，而是指向平民。这鲜明地体现了"礼治"的等级性、差异性，但是不能将其理解为大夫以上的贵族违法犯罪不受刑罚制裁。当有违法犯罪发生之时，不同等级身份的人承担的法律责任不同，适用的处罚也不一样。大夫以上的贵族即使违法犯罪，一般也可以享有司法特权，得到减免优待。如贵族享有可以规避出庭受审的特权[②]，依据《周礼》规定的"八辟"之法，亲、故、贤、能、功、贵、勤、宾这八种人犯罪，在定罪量刑时可以网开一面[③]。即便罪行严重，在处罚时也能得到特殊照顾，如免受宫刑[④]，不被当众于闹市执行死刑而是秘密处死[⑤]。

（二）上请

儒家注重维护周礼所确立的宗法等级制度，希望建立起一个尊卑有差、贵贱有等的理想社会。这一思想在战国秦朝，受到法家所宣扬的"刑无等级"思想的抵制。汉朝初年，"礼有等差"的观念重新受到重视，在刑法适用方面形成了上请制度。所谓上请，即官僚贵族犯罪后，一般

[①]　《礼记·曲礼上》。
[②]　《周礼·秋官·小司寇》："命夫命妇不躬坐狱讼。"
[③]　参见同②书，"以八辟丽邦法，附刑罚"，"其犯法则在八议，轻重不在刑书"。
[④]　《礼记·文王世子》："公族无宫刑。"
[⑤]　同②书："王之同族有罪不即市。"

的司法官员不得擅自审理和处分,必须上报中央,请示皇帝裁决。凡经上请,一般都可减刑或免刑。高帝七年(公元前200年),"令郎中有罪耐以上,请之"①。宣帝黄龙元年(前49年)下诏:"吏六百石位大夫,有罪先请。"②平帝元始元年(公元1年),又令"公、列侯嗣子有罪,耐以上先请"③。东汉时期,上请范围继续扩大。光武帝建武三年(27年)下诏:"吏不满六百石,下至墨绶长、相,有罪先请。"④上请制度的适用,体现了对官僚贵族等级特权的维护,有利于君主专制中央集权的巩固。该制度自汉朝确立以后,一直为后世所沿用。

(三) 八议

"八议"是从《周礼》中的"八辟之法"演变而来的,由曹魏《新律》正式规定,包括议亲(皇亲国戚)、议故(皇帝故旧)、议贤(有大德行的贤人君子)、议能(有大才能者)、议功(有大功勋者)、议贵(高级权贵)、议勤(有大勤劳者)、议宾(前朝皇帝及后裔)。这八种具有特殊身份的人违法犯罪,不适用普通的司法审判程序,司法官不得直接审理,而要奏报皇帝召集公卿商议决断,往往可以被减免处罚。"八议"制度一直适用到清末才被废除。

(四) 官当

官当是指某些官员违法犯罪后,可用其官职和爵位抵当相应罪刑的制度。根据《太平御览》卷六五一的记载,《晋律》率先规定除名(开除官籍)、免官(免除官职)可以抵当三年徒刑。《北魏律》又规定可以公、侯、伯、子、男五等官爵和官阶抵罪。⑤南朝《陈律》正式使用"官当"一

---

① 《汉书·高帝纪下》。
② 《汉书·宣帝纪》。
③ 《汉书·平帝纪》。
④ 《后汉书·光武帝纪上》。
⑤ 《魏书·刑罚志》:"五等列爵,及在《官品令》从第五,以阶当刑二岁;免官者,三载之后听仕,降先阶一等。"

词,规定"五岁四岁刑,若有官,准当二年,余并居作;其三岁刑,若有官,准当二年,余一年赎;若公坐过误,罚金;其二岁刑,有官者,赎论;一岁刑,无官亦赎论"①。

隋朝的《开皇律》对前朝有关官僚贵族等级特权的制度进行了系统归纳,规定:"其在八议之科及官品第七以上犯罪,皆例减一等;其品第九以上犯者,听赎。……犯私罪以官当徒者,五品以上,一官当徒二年;九品以上,一官当徒一年。当流者,三流周比徒三年。若犯公罪者,徒各加一等"②。这些规定,基本上都被唐律所沿袭,继续允许官员用官职抵当徒刑和流刑,维护官僚贵族的八议、请、减、赎等司法特权。

二、维护宗法伦理的刑法原则

先秦儒家主张"礼治",强调礼所体现的内在精神与基本原则。如果法律规定与礼义所包含的宗法伦理精神相冲突,则应当崇礼抑法,甚至不惜以礼坏法。"亲亲相隐"原则就是以此为思想基础而形成的。"亲亲相隐"是指法律允许一定范围的亲属之间,可以相互隐匿犯罪行为,不予告发或作证,而不负或减轻刑事责任。它来源于孔子宣扬的"父为子隐,子为父隐"③,即父子之间应当为对方隐瞒犯罪而不相互告发。当有人告诉孔子,他们那里有一个非常正直的人,他的父亲偷了别人家的羊,他便亲自去告发。孔子听后,不仅不以为然,反而提出"父为子隐,子为父隐"才是正直的品德。这体现了孔子对源于自然血缘亲情的孝道的肯定;对西周"礼治"的"亲亲"原则的维护;对礼应当体现以仁爱为根本内容的人道原则的坚持。此外,古代法律对亲属间相互侵害

---

① ② 《隋书·刑法志》。
③ 《论语·子路》:"叶公语孔子曰:'吾党有直躬者,其父攘羊,而子证之。'孔子曰:'吾党之直者异于是:父为子隐,子为父隐。直在其中矣。'"杨伯峻:《论语译注》,中华书局1980年版,第139页。

的犯罪,严格按照双方在血缘关系中的尊卑、长幼、亲疏身份定罪量刑,为了推崇孝道而容许罪犯存留养亲等,都体现了宗法伦理对刑事法律的深刻影响。

(一) 从"亲亲得相首匿"到"同居相为隐"

1.汉代的"亲亲得相首匿"原则

秦时奖励"告奸",重惩匿奸行为。汉武帝时还曾"重首匿之科"。随着儒家思想影响的日益深化,汉宣帝地节四年(前66年)下诏允许"亲亲得相首匿":"父子之亲,夫妇之道,天性也。虽有患祸,犹蒙死而存之。诚爱结于心,仁厚之至也,岂能违之哉!自今子首匿父母,妻匿夫,孙匿大父母,皆勿坐。其父母匿子,夫匿妻,大父母匿孙,罪殊死,皆上请廷尉以闻。"[1]即卑幼隐匿有罪尊长,不追究刑事责任;尊长隐匿有罪卑幼,死罪上请廷尉决定是否追究罪责,死罪以下也不追究刑事责任。这一规定不仅符合儒家"礼治"所要弘扬的宗法伦理精神,而且体现了对人类自然本性的尊重,因而一直为后世法律所沿用,其影响一直延续到中华民国时期。

2.唐代的"同居相为隐"原则

唐律在汉代的基础上扩大了有罪相互容隐的范围,规定了"同居相为隐"原则。凡是同居的大功以上亲属及外祖父母、外孙、孙之妇、夫之兄弟及兄弟妻,"有罪相为隐",都可以相互容隐犯罪。此外,部曲、奴婢也可以为主人容隐,不会被追究。小功以下的亲属容隐,也不会像普通人一样处罚,而是要比照普通人减三等处罚。但是如果所犯是谋叛以上的重罪,即便在容隐范围之内,也不得相互隐瞒罪行[2]。

---

[1] 《汉书·宣帝纪》。
[2] 参见《唐律疏议》卷六《名例》。

（二）"准五服以制罪"

晋律首次确立了"峻礼教之防，准五服以制罪"的原则。所谓"五服"，是指依照血缘关系的亲疏远近而确定的五种丧服的服制。中国历史上父系家族血缘亲属的范围，通常包括上至高祖、下至玄孙的九代世系，统称九族。在此范围内的直系血亲与旁系姻亲，依照儒家礼制有按服制规定为死者服丧的义务，因此均为有服亲属。依据服丧期限的长短和丧服制作的差异，服制分为斩衰（三年，用极粗的生麻布，衣服不缝边）、齐衰（分为三年、杖期一年、不杖期一年、三月四等，生麻布，丧服缝边略微整齐）、大功（九月，丧服用熟麻布）、小功（五月，丧服用布更精细）、缌麻（三月，丧服更加精致）五等，所以称为"五服"。亲者服重，疏者服轻。比如子为父是最重的斩衰，孙为祖父母是齐衰，男子为外祖父母是小功。

"准五服以制罪"，是指有服亲属之间的相互侵害行为，依据五服所表示的远近亲疏关系定罪量刑，服制愈近，以尊犯卑处罚愈轻，以卑犯尊处罚愈重。但是亲属相盗的处理原则和人身侵犯的处理原则恰好相反，亲等越近，处罚越轻。

（三）从"存留养亲"到"留养承嗣"

儒家重视养老孝亲，受此影响，北魏律明确规定了"存留养亲"制度："诸犯死罪，若祖父母、父母年七十已上，无成人子孙，旁无期亲者，具状上情。流者鞭笞，留养其亲，终则从流。不在原、赦之例。"[①]那些犯了死罪的罪犯，如果他们的祖父母、父母超过70岁，家中没有成年子孙或其他近亲属来赡养的，可以上请皇帝裁决是否执行死刑；那些犯了流罪的罪犯，先被处以鞭笞刑，回家照顾老人，待养老送终后再执行流刑。

北魏确立的这一原则被唐宋元明清各代法律所继承。《唐律疏

---

① 《魏书·刑罚志》。

议·名例律》规定:"诸犯死罪非十恶,而祖父母、父母老、疾应侍,家无期亲成丁者,上请。诸犯流罪者,权留养亲,不在赦例,课调依旧。若家有进丁及亲终期年者,则从流。计程会赦者,依常例,即至配所应侍,亦听亲终期年,然后居作。"根据疏议的解释,"年老"应指80岁以上,"疾"指笃疾,"成丁"指年21至59。宋代法律与唐相同。明清法律则缩小了死罪可留养的范围,凡"常赦所不原"的死罪都不得提请留养,但是扩大了"老"、"疾"的范围,年70以上为"老","疾"包括"废疾"和"笃疾"。寡妇守寡满20年以上,如果独子犯了杀人罪,可以留养。清代条例还规定,如果罪犯所杀之人亦为独子,则该罪犯不得留养。由于习惯上被提请留养的一般都会被批准减刑,所以秋审中有"留养承嗣"这种情况,往往是被责打40大板、枷号两个月释放。唐代对于犯了流罪的罪犯只是"权留"养亲,事后还需再去流刑地点,明清时则将此简化为,凡是符合留养条件的徒、流、充军罪犯,先按律例处附加杖刑,然后徒刑犯枷号一个月,流刑犯、充军犯枷号40天,就可回家赡养老人,以后家中有了成年子孙或亲人去世,也不必再执行原刑罚[①]。

三、区分主观恶性的刑法原则

(一) 故意犯罪与过失犯罪、惯犯与偶犯

依据文献资料的记载,中国古代法律早在初步形成之时,就注意到了行为人主观恶性的差异,并以此作为区分有罪无罪、罪轻罪重的衡量标准,进而给予不同的惩处。据说远在距今四千年前的唐虞时代已萌发了"眚灾肆赦,怙终贼刑"[②]的刑罚适用原则,对因过失造成的犯罪或危害行为减免刑事责任,而对故意犯罪或惯犯则从重处罚。《尚书·虞书·大禹谟》甚至提出了"宥过无大、刑故无小"的口号。为了使刑罚公

---

① 参见吴坛:《大清律例通考》卷四之下《名例下》。
② 《尚书·虞书·舜典》。

正适中,西周初年周公明确主张谨慎用刑,反对滥杀无辜。如要求对罪犯进行具体分析,区别对待。如果是故意犯罪和惯犯,虽然是小罪也应从重惩处;如果是过失犯罪和偶犯,虽然是大罪也可从轻处理[①]。并反对族诛连坐,主张罪止一身[②]。《周礼》载有"三宥之法"[③],规定对不能识别犯罪对象的误伤、不能预见行为后果的误犯和没有主观故意的过失等三种行为,可以减轻刑事责任,给予宽宥处理;但是对于不思悔改的累犯,则要加重惩处[④]。

上述规定基本为后世的法律所继承。即便是以严刑峻法而著称的秦律,对于故意与过失犯罪、惯犯与偶犯,在罪名的确定及量刑的轻重上仍有明确的区分。甲告乙盗牛、伤人不实,故意的构成诬告罪,过失的则为控告不实;司法官故意量刑不当的,构成"不直"罪;过失的则为"失刑"罪。[⑤] 唐律不仅明确正当防卫不为罪[⑥]、累犯加重[⑦]等原则,并且

---

① 《尚书·康诰》:"人有小罪,非眚,乃惟终,自作不典;式尔,有厥罪小,乃不可不杀。乃有大罪,非终,乃惟眚灾;适尔,既道极厥辜,时乃不可杀。"这里的"眚"指过失,"非眚"即故意;"终"指怙恶不悛的惯犯,"非终"即偶犯。
② 《左传·昭公二十年》引《尚书·康诰》:"父子兄弟,罪不相及。"
③ 《周礼·秋官·司刺》:"一宥曰不识,再宥曰过失,三宥曰遗忘。"
④ 《周礼·地官·司救》有类似累犯的规定:"凡民之有邪恶者,三让而罚,三罚而士加明刑,耻诸嘉石,役诸司空。其有过失者,三让而罚,三罚而归于圜土。"《周礼·秋官·大司寇》则明确体现了对累犯予以重惩的原则:"凡害人者,置之圜土而施职事焉……其不能改而出圜土者,杀。"前引《尚书·康诰》中对"终"的严惩不贷,也体现了对累犯者不予宽纵的态度。
⑤ 《睡虎地秦墓竹简·法律答问》:"甲告乙盗牛若贼伤人,今乙不盗牛、不伤人,问甲可(何)论?端为,为诬人;不端,为告不审";(官吏审理案件不公,若出于过误)"吏为失刑罪,或端为,为不直";"论狱(何谓)'不直'?可(何)谓'纵囚'?罪当重而端轻之,当轻而端重之,是谓'不直'。当论而端弗论,及伤其狱,端令不致,论出之,是谓'纵囚'"。参见《睡虎地秦墓竹简》,文物出版社1978年版,第169、165、191页。
⑥ 《唐律疏议》卷十八《贼盗律》"夜无故入人家"条:"诸夜无故入人家者,笞四十。主人登时杀死者,勿论;若知非侵犯而杀伤者,减斗杀伤二等。其已就拘执而杀伤者,各以斗杀伤论,至死者,加役流。"
⑦ 《唐律疏议》卷四《名例律》"更犯"条、《唐律疏议》卷二十《贼盗律》"盗经断后三犯"条。

规定得更为具体。

(二) 共同犯罪区分首犯与从犯

共同犯罪的概念,在中国古代很早就出现了。儒家经典《尚书·胤征》中就有"歼厥渠魁,胁从罔问"的说法,认为对于共同犯罪中的胁从犯可以从轻处罚。秦律也规定了对群盗要加重处罚,量刑比一般犯罪重。[①] 唐律在共同犯罪中区分首犯与从犯,明确规定"以造意为首,随从者减一等"[②]。所谓"造意",是指"倡首先言",[③]即最先提出犯罪意图者。对"造意"者从重处刑,反映了唐律对犯罪意图的重视。但是在家庭成员构成的共同犯罪中,以家长为首犯;在职官共同犯罪中,以主管长官为首犯;而不论家长或长官是否为造意者。[④] 这体现了唐律对特殊犯罪主体刑事责任的强调。

(三) 自首减免刑

中国古代对于犯罪后能够自首的人犯,往往给予减免刑罚的宽大处理。据称《尚书·康诰》已有类似犯罪自首减刑的论述[⑤]。目前尚未见到西周时期有关于自首的确切的法律规定,但是秦律中已多次出现对于自首行为的处置,反映出对于犯罪后主动自首或消除犯罪后果的,可以酌情减免刑罚。比如司寇刑徒盗窃一百一十钱后主动投案自首

---

① 《睡虎地秦简·法律答问》:"五人盗,赃一钱以上,斩左趾,又黥以为城旦;不盈五人,盗过六百六十钱,黥劓以为城旦"。
② 《唐律疏议》卷五《名例律》。
③ 《晋书·刑法志》。
④ 同②书:"若家人共犯,止坐尊长","假有尊长与卑幼共犯,尊长老、疾,依律不坐者,即以共犯次长者当罪","假有妇人尊长,共男夫卑幼同犯,虽妇人造意,仍以男夫独坐","即共监临主守为犯,虽造意,仍以监主为首"。
⑤ 《尚书·康诰》:"既道极厥辜,时乃不可杀"。据《蔡传》的解释,是指犯罪以后,"既自称道,尽输其情,不敢隐匿,罪虽大时,乃不可杀"。即犯罪以后能自首的,罪过虽大,也应减轻处罚。

的,可以耐为隶臣或判罚两副铠甲而免处肉刑等[①]。汉律也规定了自首可以减免刑罚。1983年发掘的湖北江陵张家山汉简《二年律令·告律》载:"诬告人以死罪,黥为城旦舂,它各反其罪。告不审及有罪先自告,各减其罪一等。"[②] 即除死罪外,诬告者反坐其所诬之罪。"告不审"指不是故意诬告,"自告"指自首,都可以减罪一等处罚。

出于分化打击犯罪的目的,唐律全面系统地规定了自首的各种情节。《名例律》"犯罪未发自首"条确立了"自首"的基本原则是:"诸犯罪未发而自首者,原其罪"。这就明确了自首的基本条件是:"犯罪未发",即犯罪事实尚未被官府发觉或掌握,亦未被他人告发,这样才可以免刑。如果"其知人欲告及亡叛而自首者,减罪二等坐之。"即知道他人将要告发,或者已经逃亡后再投案自首的,只能减刑二等处罚。其次在向官府投案自首时,必须如实彻底地交代犯罪事实,"即自首不实及不尽者,以不实不尽之罪罪之;至死者,听减一等"。若有捏造或隐匿,将被追究责任,犯死罪的可以减一等处罚;至于如实交代的部分,则不再追究。同时唐律也明确规定,有些犯罪是不能适用自首减免刑原则的,"其于人损伤,于物不可赔偿,即事发逃亡,若越度关及奸,并私习天文者,并不在自首之列"。即对于杀伤他人、不能返还原物、案发后逃亡、无公文过关偷渡关口以及犯奸罪和私自研习天文的,均不在自首范围。唐律有关自首的原则和规定,基本上被后代法律所继承。

(四) 官员犯罪划分公罪与私罪

中国古代公罪和私罪的划分只适用于官员,规定公罪处罚从轻,私

[①] 《睡虎地秦墓竹简·法律答问》:"司寇盗百一十钱,先自告,可(何)论? 当耐为隶臣,或曰赀二甲";"将司人而亡,能自捕及亲所智(知)为捕,除毋(无)罪";"隶臣妾穀(繫)城旦舂,去亡,已奔,未论而自出,当治(笞)五十,备穀(繫)日"。参见《睡虎地秦墓竹简》,文物出版社1978年版,第154、205、208页。

[②] 张家山二四七号汉墓竹简整理小组:《张家山汉墓竹简[二四七号墓]》,文物出版社2006年版,第26页。

罪处罚从重。这主要是为了避免打击官员工作的积极性,提高办事效率,同时又防范官员滥用职权,以权谋私。唐律在总结前代立法经验的基础上,对公罪和私罪的划分和处理进行了明确规定,体现了立法技术的进步。《唐律疏议·名例律》"官当"条指出:"公罪,谓缘公事致罪而无私曲者",即"公罪"是指官员因执行公务而导致的违法犯罪行为,官员本人并没有追求私利的意图,所以依法从轻处罚;"私罪,谓不缘公事,私自犯者"或"虽缘公事,意涉阿曲,亦同私罪",即"私罪"是指官员私下所犯的与执行公务无关的犯罪,或虽与公务有关,但主观上是为了利用职权牟取私利而造成的犯罪,仍以私罪依法从重处罚。在适用"官当"量刑时,"诸犯私罪,以官当徒者,五品以上,一官当徒二年;九品以上,一官当徒一年。若犯公罪,各加一年当",即公罪可以比私罪多抵当一年。后世法律对公罪与私罪的区分更为具体,如《大明律·名例律》规定,官吏犯公罪的,会赦皆得免罪;但犯私罪的,并论如律。

四、矜老恤幼的刑法原则

尊老爱幼、怜弱恤残的社会风尚,是中国古代法律文明进步的重要表现。《周礼》载有"三赦之法"[①],规定对年幼无知的未成年人、年迈体衰的耄耋老人及有精神障碍的痴呆者等三种人,除故意杀人外,一般犯罪均可以赦免。秦律对于未成年人犯罪,一般也免予追究或减轻处罚,只不过以身高为确定成年与否的标准[②]。汉朝以"仁政"精神为指导,推行了许多恤刑措施。景帝后三年(前141年)下令:"年八十以上,八

---

① 《周礼·秋官·司刺》:"一赦曰幼弱,再赦曰老旄,三赦曰蠢愚。"
② 《睡虎地秦墓竹简·秦律十八种·仓律》:"隶臣、城旦高不盈六尺五寸,隶妾、舂高不盈六尺二寸,皆为小"。《睡虎地秦墓竹简·法律答问》:"甲盗牛,盗牛时高六尺,毄(繫)一岁,复丈,高六尺七寸,问甲可(何)论? 当完城旦";"甲小未盈六尺,有马一匹自牧之,今马为人败,食人稼一石,问当论不当? 不当论及赏(償)稼"。参见《睡虎地秦墓竹简》,文物出版社1978年版,第49、153、218页。

岁以下,及孕者未乳、师、朱儒,当鞠系者,颂系之"①。"鞠系"即监禁,"颂系"即不加戒具。即在监禁期间,对老幼、孕妇、盲人、侏儒等囚犯,给予免戴戒具的特殊照顾。宣帝元康四年(前62年)也下诏:"自今以来,诸年八十以上,非诬告杀伤人,它皆勿坐。"②即八十岁以上的老人,除了诬告与杀人、伤人罪,其他罪行一律免予处罚。成帝鸿嘉元年(前20年)下令:"年未满七岁,贼斗杀人及犯殊死者,上请廷尉以闻,得减死。"③即七岁以下儿童,如果犯了故意杀人罪、斗殴杀人罪以及应处以斩首之刑的罪,可以上报廷尉,得以减免死刑。平帝元始四年(4年)下诏:"妇女非身犯法,及男子年八十以上七岁以下,家非坐不道,诏所名捕,它皆无得系。"④即老幼和连坐妇女,除大逆不道、诏书指明追捕之罪外,一概不得拘捕监禁。东汉光武帝建武三年(27年),又再度重申:"男子八十以上,十岁以下,及妇人从坐者,自非不道、诏所名捕,皆不得系。"⑤平帝元始元年(公元1年)还规定:"天下女徒已论,归家,顾山钱月三百。"⑥即允许被判处劳役刑的女犯回家居住,每月缴纳三百钱赎金,由官府雇人代替她上山伐木,或从事其他劳作。

唐律继续规定对老幼废疾减免刑罚,并区分不同情况予以区别对待:年70以上、15以下以及废疾(痴、哑、侏儒、折一肢、盲一目等)者,犯流罪以下可以收赎,即以钱财赎罪;年80以上、10岁以下以及笃疾(双目盲、两肢废及癫狂等)者,犯谋反、大逆、杀人等死罪,可以上请皇帝减轻处罚,犯盗及杀人等罪也可以收赎,其它犯罪不予追究;年90以上、7岁以下,即使犯死罪,也不用受刑,一概不承担刑事责任。唐律还规定"犯罪时虽未老、疾,而事发时老、疾者,依老、疾论",体现了用刑从

---

①③ 《汉书·刑法志》。
② 《汉书·宣帝纪》。
④⑥ 《汉书·平帝纪》。
⑤ 《后汉书·光武帝纪上》。

轻的宽大原则①。唐律的上述规定基本被后世刑法所沿用。

五、比附类推的刑法原则

古代刑法认为,对于一切具有严重社会危害性的行为,都应予以严厉打击,即使当时法律上并没有明文规定该种行为为犯罪,也仍然应当而且可以追究罪责,因此很早就出现了比附论罪、类推适用法律的观念和制度。如《尚书·吕刑》提出"上下比罪",《荀子·君道》主张"有法者以法行,无法者以类举"。

《唐律疏议·名例律》具体规定了对于法律没有明文规定的犯罪行为,可以援引最相类似的条文,适用类推原则来处理:"诸断罪而无正条,其应出罪者,则举重以明轻;其应入罪者,则举轻以明重。""出罪"是指免除或减轻行为人的法律责任,"举重以明轻"是指比照对于重罪的处罚,可以推定轻者应当被减免刑罚。如主人夜间打伤了无故私闯其家者,法律并没有明文规定如何处理,但是《贼盗律》中规定了"夜无故入人家,主人登时杀死者,勿论",而"打伤"显然轻于"杀死",既然杀死都不负任何刑事责任,那么由此可以类推得出,打伤也一定无罪,不必承担任何责任。"入罪"是指追究或加重行为人的法律责任,"举轻以明重"是指比照对于轻罪的处罚,可以推定重者应当被加重刑罚。如故意杀死祖父母、父母等期亲尊长的该如何处罚,法律并无明文规定,但是《贼盗律》中规定"谋杀期亲尊长者,皆斩",而"故意杀死"明显重于"谋杀",既然仅是预谋杀死都要处斩,那么由此可以类推得出,已经故意杀死期亲尊长的肯定更应被处以极刑,将被判处当时最严厉的死刑——斩刑,势必难逃身首异处的下场。

---

① 《唐律疏议》卷五《名例律》"老小及疾有犯"条、"犯时未老疾"条。

类推原则的适用,在当时比较好地解决了犯罪现象五花八门,而法律又不可能事无巨细、包罗一切的问题。为了防范司法官员滥用类推制度,明清律将比附的批准权力集中到皇帝手中。《大明律》及《大清律例》的《名例律》"断罪无正条"条中都规定:"凡律令该载不尽事理,若断罪而无正条者,引律比附。应加应减,定拟罪名,转达刑部议定奏闻。"

六、涉外案件的处理原则

关于涉外案件的处理原则,秦汉时期的法律中尚未见到对此有专门的规定。唐代国际交往频繁,境内有大量的外国人,唐律对涉及外国人的案件,区分不同情况,规定了不同的处理原则。《唐律疏议·名例律》称唐朝管辖之外的人为"化外人",规定"诸化外人,同类自相犯者,各依本俗法;异类相犯者,以法律论"。即两个相同国籍的外国人在唐朝管辖之下的领域内发生争讼时,实行属人主义原则,按他们所属国的法律处理;两个不同国籍的外国人,以及外国人与唐朝人之间发生争讼,则实行属地主义原则,按照唐律中的有关规定来处理。唐律的这一原则将属人主义与属地主义相结合,既给予外国法律以应有的尊重,又维护了中国的司法主权。但是这一原则到了明朝发生了变化,《大明律·名例律》将其修改为单纯的属地主义原则,规定"凡化外人犯罪者,并依律拟断",即涉外案件一概适用明朝的法律来裁断,进一步强化了明朝的司法主权。之后的《大清律例》也沿袭了明律的这一原则。

第四节 犯罪形态

中国早期的刑法大体上是一罪一罚,到战国时期《法经》出现时,开始对犯罪行为进行系统的分类,并确立了"王者之政莫急于盗贼"的指导思想,对后世刑法罪名的分类产生了深远的影响。在刑事法律历经几千年的演进过程中,可以说最主要的罪名在各代并没有太大的变化,纲常名教一直是法律保护的重点,而违背纲常名教的行为无疑是最严重的犯罪。

一、违反纲常的重罪"十恶"

(一)《北齐律》首创"重罪十条"

"重罪十条"制度正式确立于《北齐律》,是对直接危害统治者根本利益的十种严重犯罪的统称,具体包括反逆(谋反、篡权、颠覆朝廷)、大逆(毁坏皇家宗庙、陵园、宫殿等)、叛(背叛朝廷)、降(投降敌伪)、恶逆(谋杀或殴打尊亲属)、不道(以极端残忍或恶毒的手段害人)、不敬(偷盗皇室器物或祭祀用品,过失危及皇帝安全等)、不孝(对祖父母、父母不按规定敬养或不依礼服丧)、不义(卑贱者逆杀尊贵者)、内乱(亲属之间犯奸乱伦),"犯此十者,不在八议论赎之限。"[1]根据《北齐律》的规定,凡是犯有上述十种罪行者,一律从重处罚、严惩不贷,不得适用"八议"等赦免、赎减的司法特权。《北齐律》总结前代刑事立法的经验,将以上十种直接危害社会等级秩序和儒家伦理纲常等方面的罪名集中在一起,列为最严重的犯罪,给予最严厉的制裁,推动了礼与律的进一步融合。

(二)《开皇律》确立"十恶"重罪

以《北齐律》为蓝本而完成的隋《开皇律》,首次确立了"十恶"重罪制度。它把"重罪十条"的"反逆、大逆、叛、降"改为"谋反、谋大逆、谋叛",强调将此类犯罪扼杀于谋划阶段,又增加了"不睦"一罪,正式以"十恶"指称"谋反、谋大逆、谋叛、恶逆、不道、大不敬、不孝、不睦、不义、

---

[1] 《隋书·刑法志》。

内乱"这十种最严重的犯罪行为,将其视为法律首要打击的对象。从此,"十恶"罪名和对"十恶"重惩的原则,成为中国古代法律的重要组成部分。

(三)《唐律疏议》对"十恶"严惩

《唐律疏议·名例律》在律首"五刑"之后就列出了"十恶",并在律疏中作了解释:"五刑之中,十恶尤切,亏损名教,毁裂冠冕,特标篇首,以为明诫。其数甚恶者,事类有十,故称十恶。"具体说来,"谋反"是指图谋危害君主及其统治权力的犯罪行为[1];"谋大逆"是指图谋毁坏宗庙(皇帝供奉祖先的庙宇)、山陵(皇帝先人的陵墓)、宫阙(皇帝居住的宫殿)等皇家设施的犯罪行为[2];"谋叛"是指图谋叛国投敌的犯罪行为[3];"恶逆"是指殴打或谋杀祖父母、父母,杀害伯叔父母、姑、兄姊、外祖父母、夫、夫之祖父母、父母等近亲尊长的犯罪行为;[4]"不道"是指杀一家非死罪三人,支解人,用造畜蛊毒、厌魅等阴毒手段或巫术害人[5];"大不敬"是指偷盗皇帝祭祀天地祖宗的供品、偷盗皇帝御用的器具用品、偷盗及伪造皇帝的印章,为皇帝配药及书写封题有误、为皇帝做饭误犯食禁、为皇帝建造的御用船只不牢固而致皇帝的人身安全受到威胁,批评指责皇帝、言词激烈以及对皇帝派出的使者没有礼貌、不够尊

---

[1] 《唐律疏议》卷一《名例》:"谋反"是指"谋危社稷",《疏议》解释说:"案《公羊传》云:'君亲无将,将而必诛'。谓将有逆心,而害于君父者,则必诛之。"
[2] 同[1]书:"谋大逆"是指"谋毁宗庙、山陵及宫阙"。《疏议》解释说:"此条之人,干纪犯顺,违道悖德,逆莫大焉,故曰:'大逆'。"
[3] 同[1]书:"谋叛"是指"背国从伪",《疏议》解释说:"谋背本朝,将投蕃国,或欲翻城从伪,或欲以地外奔。"
[4] 同[1]书:"恶逆"是指"殴及谋杀祖父母、父母,杀伯叔父母、姑、兄姊、外祖父母、夫、夫之祖父母、父母",《疏议》解释说:"父母之恩,昊天罔极。嗣续妣祖,承奉不轻。枭镜其心,爱敬同尽,五服至亲,自相屠戮,穷恶尽逆,绝弃人理,故曰'恶逆'。"
[5] 同[1]书:"不道"是指"杀一家非死罪三人,支解人,造畜蛊毒、厌魅"。《疏议》解释说:"安忍残贼,背违正道,故曰:'不道'。"

重等犯罪行为①;"不孝"是指控告、咒骂祖父母父母,祖父母、父母健在而另立门户、分割财产、供养有缺,为父母服丧期间谈婚论嫁、寻欢作乐、不穿孝服,知祖父母、父母丧而隐瞒不办丧事以及谎称祖父母、父母丧等犯罪行为;②"不睦"是指谋杀及出卖缌麻以上亲属,妻子殴打、告发丈夫及丈夫大功以上尊长和小功尊属等亲族内互相侵犯的犯罪行为(缌麻亲指男性同一高祖父母之下的亲属,小功亲指男性同一曾祖父母之下的亲属,大功亲指男性同一祖父母之下的亲属)③;"不义"是指平民杀本属府主、刺史、县令,学生杀现授业师,吏卒杀本部五品以上官长,以及妻子知丈夫丧而隐瞒不办丧事、寻欢作乐、不穿孝服、改嫁等犯罪行为④;"内乱"是指奸小功以上亲属、父祖妾及通奸的犯罪行为⑤。

《唐律疏议》对"十恶"重罪的严惩体现在:一是谋反、谋大逆、谋叛等罪名,只要有预谋就构成犯罪;二是谋反、谋大逆等罪名,不仅对罪犯本人严惩不贷,还要株连亲属;三是"十恶"重罪为"常赦所不原",一般

---

① 《唐律疏议》卷一《名例》:"大不敬"是指"盗大祀神御之物、乘舆服御物;盗及伪造御宝;合和御药,误不如本方及封题误;若造御膳,误犯食禁;御幸舟船,误不牢固;指斥乘舆,情理切害及对捍制使,而无人臣之礼",《疏议》解释说:"礼者,敬之本。敬者,礼之舆。故《礼运》云:'礼者君之柄,所以别嫌明微,考制度,别仁义。'责其所犯既大,皆无肃敬之心,故曰:'大不敬'。"

② 同①书:"不孝"是指"告言、诅詈祖父母父母,及祖父母父母在,别籍、异财,若供养有阙;居父母丧,身自嫁娶,若作乐,释服从吉;闻祖父母父母丧,匿不举哀,诈称祖父母父母死",《疏议》解释说:"善事父母曰孝。既有违犯,是名'不孝'。"

③ 同①书:"不睦"是指"谋杀及卖缌麻以上亲,殴告夫及大功以上尊长、小功尊属",《疏议》解释说:"《礼》云:'讲信修睦。'《孝经》云:'民用和睦。'睦者,亲也。此条之内,皆是亲族相犯,为九族不相叶睦,故曰'不睦'。"

④ 同①书:"不义"是指"杀本属府主、刺史、县令、见受业师,吏卒杀本部五品以上官长;及闻夫丧匿不举哀,若作乐、释服从吉及改嫁",《疏议》解释说:"礼之所尊,尊其义也。此条元非血属,本止义相从,背义乖仁,故曰'不义'。"

⑤ 同①书:"内乱"是指"奸小功以上亲、父祖妾及与和者",《疏议》解释说:"《左传》云:'女有家,男有室,无相渎。易此则乱。'若有禽兽其行,朋淫于家,紊乱礼经,故曰'内乱'。"

的赦令不得赦免；四是贵族、官吏犯"十恶"，不得享受议、请、减、赎等特权；五是唐代一般的死刑是秋后行刑，但是"十恶"中谋反、谋大逆、谋叛、恶逆罪应处死刑者，不受时间限制，"决不待时"。

二、危害政权的犯罪

中国古代法律以维护君主专制统治为主要目的，在"十恶"之外还有一些被认为是危害政权的犯罪，也被视为重罪。

（一）诽谤与腹诽

秦时严禁臣民议论皇帝与朝政，有胆敢批评指责的，就构成诽谤罪。根据《史记·秦始皇本纪》的记述，当年秦始皇就是以诽谤罪在咸阳坑杀了460余名诸生方士。汉代又出现了腹诽罪。也作"腹诽"罪，是指思想上不敬皇帝，对统治措施心怀不满但并未声言的犯罪。据《汉书·食货志》记载，有客人在大农令颜异面前谈及武帝发布的法令有"不便"之处，颜异并未答话，只是"微反唇"，即动了一下嘴唇，结果，张汤竟以"腹诽"之罪，将其处死。

（二）犯跸

犯跸是指冲撞皇帝出行时的车马仪仗的犯罪。一次汉文帝出行中渭桥，有人回避不及，躲在桥下。等了一会儿，他以为车仗应当已经通过，从桥下走出，不料惊吓了皇帝车马。文帝欲将其处死，而廷尉张释之说服了文帝，将其依律判处罚金四两[①]。

（三）酎金不如法

汉代皇帝每年在宗庙举行祭祀，所用酎酒的酿制费用由各诸侯王分担，即"酎金"。如果诸侯王所贡的酎金成色或分量不足，构成酎金不如法罪。为了加强中央集权、削弱诸侯王的势力，汉武帝颁布了《酎金

[①]《汉书·张释之传》。

律》,仅在元鼎五年(前112年),一次就削夺了106位列侯的爵位。

(四) 阿党附益与奸党

为了孤立诸侯王,汉朝颁布了《阿党附益法》。派往诸侯国的官员与诸侯王结党营私,知其犯罪而不举奏的,构成阿党罪;朝内大臣与诸侯王交好,帮助其获取不法利益的,构成附益罪。都将依律给予刑事处罚。

明代为了严禁官吏交结朋党、徇私枉法、祸乱朝政,正式将"奸党"罪入律,规定:"凡奸邪进谗言,左使杀人者,斩。若犯罪,律该处死,其大臣小官,巧言谏免、暗邀人心者,亦斩。若在朝官员,交结朋党、紊乱朝纲者,皆斩。妻子为奴,财产入官。若刑部及大小衙门官吏,不执法律,听从上司主使出入人罪者,罪亦如之。"①不仅官员犯有上述罪行构成奸党罪,即便是一般士大夫和普通百姓,也可能触犯奸党罪,例如"上言大臣德政"。《大明律》规定:"凡诸衙门官吏及士庶人等,若有上言宰执大臣美政才德者,即是奸党。务要鞫问,穷究来历明白,犯人处斩,妻子为奴,财产入官。若宰执大臣知情,与同罪。不知者,不坐。"

(五) 投书

"投书"是指投递匿名信的犯罪行为。中国古代为了预防诬告,稳定司法秩序和社会秩序,将匿名告发视为犯罪行为,并予以处罚。凡告发他人犯罪的,需写清告诉人的真实姓名,以便查验。《睡虎地秦墓竹简·法律答问》规定:"'有投书,勿发,见辄燔之;能捕者购臣妾二人,(系)投书者鞫审谳之。'所谓者,见书而投者不得,燔书,勿发;投者[得],书不燔,鞫审谳之之谓(也)。"即看到匿名信而没有拿获投递人的,应将匿名信马上烧毁,而不得拆开观看;能捕获投信人的,奖给男女奴隶二人,信不要烧毁(留作犯罪证据),把投信人依法拘捕,审讯定罪。

---

① 《大明律·吏律一·职制》"奸党"条。

张家山汉墓竹简《二年律令·盗律》规定："投书、县人书，恐猲人以求钱财，……皆磔。"即投递匿名信、张贴匿名信，恐吓他人索取钱财的，判处磔刑。汉代不禁重刑严惩匿名告发行为，还严禁司法官受理、审理匿名控告的案件。《二年律令·具律》规定："毋敢以投书者言繋（系）治人。不从律者，以鞫狱故不直论。"即不得根据匿名信的指控拘捕、审讯被控告人，不遵守这项法律规定而受理匿名举报的司法官员，将按"鞫狱故不直"罪论处。

《唐律疏议·斗讼律》规定："诸投匿名书告人罪者，流二千里。得书者，皆即焚之，若将送官司者，徒一年。官司受而为理者，加二等。被告者，不坐。辄上闻者，徒三年。"可见唐律也同样要求立即焚毁匿名信并禁止受理匿名告发案件，疏议中又进一步明确"若得告反逆之书，事或不测，理须闻奏，不合烧除"，即只有告发反逆大罪的匿名信，事关重大，可以不烧毁。

明清时期关于匿名告发犯罪的规定，基本上继承了唐律的框架，但有所修订。主要是加大了对投递匿名信的惩罚力度，处以绞刑①。

三、侵害人身的犯罪

（一）杀人罪

杀人，剥夺他人生命，是最古老的罪名之一。唐律根据犯罪人的主观动机和客观情节，对杀人罪进行了具体分类，分为谋杀、故杀、斗杀、误杀、戏杀、过失杀，统称"六杀"。此后有学者认为还存在"劫杀"这种

---

① 《大明律》规定："凡投匿隐姓名文书告言人罪者，绞。见者，即便烧毁。若将送入官司者，杖八十。官司受而为理者，杖一百。被告言者，不坐。若能连文书捉获解官者，官给银十两充赏。"《大清律例》规定："凡投（贴）隐匿（自己）姓名文书告言人罪者，绞（监候。虽实亦坐）。见者，即便烧毁。若（不烧毁）将送入官司者，杖八十。官司受而为理者，杖一百。被告言者，（虽有指实）不坐。若（于方投时）能连（人与）文书捉获解官者，官给银一十两充赏。"

第七类杀人行为,称为"七杀"。

"谋杀"是指两人以上合谋杀人或一人有预谋杀人,按结果分为"谋而未行"、"谋而已伤"、"谋而已杀"三种情况:"诸谋杀人者,徒三年;已伤者绞;已杀者,斩。"① "故杀"是指没有预谋的故意杀人,分为三种情形:一是在斗殴中,用凶器将对方杀死;二是与被害人之间并无利害冲突而故意将其杀死;三是斗殴之后,各已分散,又重回来将被害人杀死。犯故杀人罪,一律处以斩刑②。"斗杀"是指因斗殴而杀人,主观上并没有杀人的故意,处以绞刑③。"误杀"是指斗殴时误杀旁人,以斗杀论处,减一等,流三千里④。"戏杀"是指在嬉戏时误杀他人,主观上并没有杀人的故意,所以量刑上较轻,减斗杀罪二等,徒三年;但是若以危险方法嬉戏的,只减斗杀罪一等处罚,流三千里⑤。"过失杀"是指过失造成他人死亡,因主观上并无杀人故意,只是发生了意想不到的情况才导致杀人的结果,所以减轻处罚,允许赎罪⑥。"劫杀"是指因劫夺囚犯而杀人,不分首犯、从犯,一律处以斩刑⑦。

需要指出的是,虽然法律上对各种杀人罪的罪责有着明确具体的规定,但是当涉及到尊长与卑幼等不同身份关系以及是否复仇杀人、是

---

① 《唐律疏议》卷十七《贼盗》"谋杀人"条律疏:"谋杀人者,谓二人以上;若事已彰露,欲杀不虚,虽独一人,亦同二人谋法。"

② 《唐律疏议》卷二十一《斗讼律》:"以刃及故杀者,谓斗而用刃,即有害心;及非因斗争,无事而杀,是名'故杀':各合斩罪","忿竟之后,各已分散,声不相接,去而又来杀伤者,是名'绝时',从故杀伤法。"

③ 《唐律疏议》卷二十一《斗讼律》:"斗殴者,元无杀心,因相斗殴而杀人者,绞。"

④ 《唐律疏议》卷二十三《斗讼律》:"诸斗殴而误杀伤旁人者,以斗杀伤论;至死者,减一等。"

⑤ 《唐律疏议》卷二十三《斗讼律》:"诸戏杀伤人者,减斗杀伤二等;虽和,以刃,若乘高、履危、入水中,以故相杀伤者,唯减一等。"

⑥ 《唐律疏议》卷二十三《斗讼律》:"诸过失杀伤人者,各依其状,以赎论。谓耳目所不及,思虑所不致;共举重物,力所不制;若乘高履危足跌及因击禽兽,以致杀伤之属,皆是。"

⑦ 同①书:"诸劫囚者,流三千里;伤人及劫死囚者,绞;杀人者,皆斩。"

否正当防卫等不同情形时,定罪量刑又会随之产生新的变化,绝不是一句简单的"杀人偿命"可以概括的。

(二) 保辜制度

侵害人身的犯罪主要包括杀人罪和伤害罪两大类。为了准确地区别伤害罪和伤害致死的杀人罪,中国古代法律规定了保辜制度。保辜是指在伤害行为发生后,确定一定的期限,限满之日根据被害人的死伤情况,决定加害人所应承担的责任。在规定的期限内,加害人可以采取积极措施,挽救被害人的生命,保养受害人康复,以减轻自己的罪责。

汉代《急就篇》记载"保辜者,各随其状轻重,令殴者以日数保之。限内致死,则坐重辜也"。即在伤害后果未确定时规定期限,被害人在期限内死去,加害人按杀人罪论处。汉武帝时嗣昌武靖信侯单德,"坐伤人二旬内死,弃市"[①]。

唐律进一步完善了保辜制度,根据加害手段、伤害程度等情况规定了不同的期限:"诸保辜者,手足殴伤人限十日,以他物殴伤人者二十日,以刃及汤火伤人者三十日,折跌支体及破骨者五十日。限内死者,各依杀人论;其在限外及虽在限内,以他故死者,各依本殴伤法。"[②]保辜制度既有利于认定加害人的法律责任,又可以促使加害人积极救治被害人,有助于缓和社会矛盾,因而被明清法律所继承。

(三) 伤害罪和强奸罪

中国古代法律对于伤害罪和强奸罪等侵害人身的罪行,也予以严厉打击,并同样在定罪量刑时受到亲属关系、夫妻关系、良民与贱民、主人和奴仆等诸多因素的影响。例如子孙辱骂祖父母、父母的,处以绞刑;殴打的,一律处斩。而祖父母、父母斥骂子孙的,当然无罪,即便殴

---

① 《汉书·高惠高后文功臣表》。
② 《唐律疏议》卷二十一《斗讼律》。

打致死，也仅处以一年半的徒刑。① 再如妻子殴打丈夫，处徒刑一年；如果打成重伤，比照普通人加三等处罚；殴死者，处斩。反过来，如果丈夫殴打妻子，一般不治罪；打成重伤的，比照普通人减二等处罚；殴死者，也仅以普通人论处②。同是殴伤罪，一则加三等，一则减二等，量刑竟相差五等之多，夫妻法律地位的差异相当明显。唐律中有许多良贱同罪异罚的条款。良人侵犯贱民，其处分较常人为轻；贱民侵犯良人，其处分则较常人加重。如《斗讼律》规定，良民殴伤奴婢，减普通人二等处罚；而奴婢殴伤良人，则要比照普通人加重二等处罚③。至于强奸罪，奴仆强奸良民的，处以流刑；因奸折伤肢体的，处以绞刑；奴仆强奸主人的，则处以斩刑④。

四、侵夺财产的犯罪

中国古代凡是以非法手段取得官私财物的行为，都叫赃罪，在对赃罪的量刑上实行"计赃为罪"，即根据赃物数量的多少和价值的贵贱来决定刑罚的轻重。计算赃物的标准，唐代以绢的尺与匹为标准，每匹长四十尺，幅一尺八寸；明代以钱贯为标准，每贯钱千文；清代以银两为标准。赃罪很早就出现了，相传皋陶曾把官吏贪赃枉法的行为规定为

---

① 《唐律疏议》卷二十二《斗讼律》规定："诸詈祖父母、父母者，绞；殴者，斩；过失杀者，流三千里；伤者，徒三年。若子孙违犯教令，而祖父母、父母殴杀者，徒一年半；以刃杀者，徒二年；故杀者，各加一等。即嫡、继、慈、养杀者，又加一等。过失杀者，各勿论。"

② 《唐律疏议》卷二十二《斗讼律》规定："诸妻殴夫，徒一年；若殴伤重者，加凡斗伤三等；死者，斩。"反之，"诸殴伤妻者，减凡人二等；死者，以凡人论"。

③ 《唐律疏议》卷二十二《斗讼律》规定："诸部曲殴伤良人者，加凡人一等。奴婢，又加一等。若奴婢殴良人折跌支体及瞎其一目者，绞；死者，各斩。其良人殴伤杀他人部曲者，减凡人一等；奴婢，又减一等。若故杀部曲者，绞；奴婢，流三千里。"

④ 《唐律疏议》卷二十六《杂律》规定："诸奴奸良人者，徒二年半；强者，流；折伤者，绞。其部曲及奴，奸主及主之期亲，若期亲之妻者绞，妇女减一等；强者，斩。即奸主之缌麻以上亲及缌麻以上亲之妻者，流；强者，绞。"

"墨"罪,犯者格杀勿论。[①] 唐律严厉打击侵犯官私财产所有权的犯罪,首次把所有以赃定罪的罪名概括为"六赃"。

(一) 唐代的"六赃"

唐代在总结前人立法经验的基础上,把赃罪分为六类,称为"六赃"。具体包括强盗、窃盗、受财枉法、受财不枉法、受所监临及坐赃[②]。

强盗罪是指以暴力手段强夺他人财物。即"以威若力而取其财",包括"先强后盗,先盗后强"以及"与人药酒及食,使狂乱取财"等情形。对于强盗罪的量刑,根据得财多少、伤人程度和是否持有凶器等不同情况而分别处罚:强盗不得财者徒二年,得财一尺徒三年,二匹加一等,十匹绞;强盗犯罪,不论是否得财,只要伤人的,就要处以绞刑,杀人者斩;凡持有凶器抢劫的,要加重处罚,虽不得财及赃不满五匹的,流三千里,满五匹者绞,伤人者斩[③]。

窃盗罪是指以秘密手段私下窃取他人财物,即"潜行隐面而取"。对于窃盗罪的量刑,主要以得财多少为依据:"诸窃盗,不得财笞五十;一尺杖六十,一匹加一等;五匹徒一年,五匹加一等,五十匹加役流"[④]。

受财枉法是指接受他人财物而违法处置公事,即"受有事人财而为曲法处断"。该罪也是按受财的多少量刑,"诸监临主司受财而枉法者,一尺杖一百,一匹加一等,十五匹绞"[⑤]。

受财不枉法是指接受他人财物但并没有违法处置公事,即"虽受有

[①] 《左传·昭公十四年》引《夏书》:"昏、墨、贼,杀,皋陶之刑也","己恶而掠美为昏,贪以败官为墨,杀人不忌为贼"。

[②] 《唐律疏议》卷四《名例律》"以赃入罪"条律疏:"在律,正赃唯有六色,强盗、窃盗、枉法、不枉法、受所监临及坐赃";《唐律疏议》卷二十六《杂律》"坐赃致罪"条律疏:"赃罪正名,其数有六,谓受财枉法、不枉法、受所监临、强盗、窃盗并坐赃"。

[③][④] 《唐律疏议》卷十九《贼盗律》"强盗"条。

[⑤] 《唐律疏议》卷十一《职制律》"监主受财枉法"条。

事人财,判断不为曲法"。该罪同样是按受财的多少量刑,但是由于没有造成"枉法"的后果,所以处罚要比受财枉法轻:"不枉法者,一尺杖九十,二匹加一等,三十匹加役流"①。

受所监临是指私自收受下属财物的犯罪,即"监临之官,不因公事而受监临内财物者"。官员收受自己部下及所管辖内百姓财物的行为,也要计赃论罪,并根据收受财物的手段,分为乞取、强乞取等不同情况而分别处罚:"诸监临之官,受所监临财物者,一尺笞四十,一匹加一等;八匹徒一年,八匹加一等;五十匹流二千里。""乞取者,加一等;强乞取者,准枉法论"。即官吏主动索取财物的,加一等处刑;如果是用威力强行索取财物的,依照"受财枉法"论罪。同时处罚给予主管官员财物的行为,"与者,减五等,罪止杖一百"。对于给予财物的人,减五等处罚,最多杖一百②。

坐赃是指凡不属于前面五种赃罪而收取了不应该收取的财物的犯罪,都包括在"坐赃"的范围之内,即"非监临主司,而因事受财者"。坐赃罪也是依据收取财物的多少来量刑,是六赃罪中最轻的一种:"诸坐赃致罪者,一尺笞二十,一匹加一等;十匹徒一年,十匹加一等,罪止徒三年"。同时处罚给予财物的行为,"与者,减五等",即给予财物的人比受财人减五等处罚③。

(二) 明清的"六赃"

朱元璋特别重视严惩贪官污吏,《明史·刑法志》载:"太祖开国之初,惩元季贪冒,重绳赃吏"。《大明律》不仅沿用唐律原有的"六赃"罪名,还于律首置"六赃图",并在《大明律·刑律》中专门设有"受赃"一篇,以示重视。相较于《唐律疏议》,虽然《大明律》的整体条文减少了,

---

① 《唐律疏议》卷十一《职制律》"监主受财枉法"条。
② 同上书《职制律》"受所监临财物"条。
③ 《唐律疏议》卷二十六《杂律》"坐赃致罪"条。

但是有关赃罪的条文数量却大大增加,而且对赃罪的量刑也明显加重。《大清律例》基本继承了《大明律》有关"六赃"的规定,只是对某些犯罪的量刑有所调整。

需要说明的是,明清时期的强盗罪,法律规定"不得财者皆杖一百、流三千里;但得财者,不分首从,皆斩",已不再按照赃值定罪,所以不再属于赃罪。明清律的"六赃",是指监守盗、常人盗、窃盗、受财枉法(又分有禄人枉法、无禄人枉法)、受财不枉法(又分有禄人不枉法、无禄人不枉法)和坐赃。

至于对"六赃"罪的处罚,下面以《大明律·刑律一·贼盗》和《大明律·刑律六·受赃》的规定为例,可以看出重于唐律:

监守盗,是指监临主守自盗仓库钱粮等物的犯罪,是最重的赃罪。法律规定不分首从,并赃论罪,赃一贯以下杖八十,以上递加,并均附带刺字刑,赃满四十贯处斩刑。

常人盗,是指普通人盗仓库钱粮等物的犯罪,不得财,杖六十,免刺字;得财不分首从,并赃论罪,赃一贯以下杖七十,以上递加,并均附带刺字刑,赃满八十贯处绞刑。

窃盗,不得财,笞五十,免刺字;得财分首从定罪,主犯并赃论罪,从犯各减一等,一贯以下杖六十,递加至一百二十贯,罪止杖一百、流三千里,并均附带刺字刑。

受财枉法,按犯罪主体的不同身份,分为"有禄人"(月支俸粮一石以上的官吏)和"无禄人"(月支俸粮一石以下的吏员)两类。前者一贯以下杖七十,递加至赃满八十贯处绞刑;后者赃满一百二十贯处绞刑。

受财不枉法,仍分为"有禄人"和"无禄人"两类,计赃"折半科罪"。前者一贯以下杖六十,递加至赃满一百二十贯,罪止杖一百、流三千里;后者赃满一百二十贯以上,罪止杖一百、流三千里。

坐赃,"折半科罪",一贯以下笞二十,递加至五百贯之上,罪止杖一

明代"六赃图"

刑名与处罚	罪名与赃值	监守盗	常人盗枉法	窃盗不枉法	坐赃
笞	二十				一贯以下
	三十				一贯至一十贯
	四十				二十贯
	五十				三十贯
杖	六十			一贯以下	四十贯
	七十		一贯以下		五十贯
	八十	一贯以下	一贯至五贯	二十贯	六十贯
	九十	一贯至二贯五百文	一十贯	三十贯	七十贯
	一百	五贯	一十五贯	四十贯	八十贯
徒	一年 杖六十	七贯五百文	二十贯	五十贯	一百贯
	一年半 杖七十	一十贯	二十五贯	六十贯	二百贯
	二年 杖八十	一十二贯五百文	三十贯	七十贯	三百贯
	二年半 杖九十	一十五贯	三十五贯	八十贯	四百贯
	三年 杖一百	一十七贯五百文	四十贯	九十贯	五百贯
流	二千里 杖一百	一十贯	四十五贯	一百贯	
	二千五百里 杖一百	二十二贯五百文	五十贯	一百一十贯	
	三千里 杖一百	二十五贯	五十五贯	一百二十贯	
杂犯死	绞		八十贯		
	斩	四十贯			

此表根据法律出版社1999年版《大明律》附"六赃图"制定

百、徒三年。

值得关注的是,中国古代刑法实行以赃论罪,强调的是赃物的价值和数量,而往往忽略了罪行的其它情节和具体社会危害程度,因而有其局限性。据《宋史·刑法志》记载,北宋时的曾布就指出:"盗情有轻重,赃有多少,今以赃论罪,则劫贫家,情虽重而以赃少减免;劫富室情虽轻,而以赃重论死。是盗之生死,系于主之贫富也"。所以曾布主张根据实际的危害程度对赃罪量刑,并在他任宰相时,一度把这一主张付诸实施,但是未能贯彻下去。直到清末修律,才从法律上删去了绝对以赃论罪的规定。

第五节 刑罚体系

一、早期以肉刑为主的"五刑"

早期的刑罚比较原始,主要是以肉刑为主要的刑罚手段。肉刑是指那些残毁肌肤、伤废肢体的刑罚,也叫"身体刑"。它以摧残罪犯的肉体,造成其身体痛苦为目的,并且同时不可避免地带来心理压力和精神痛苦。

(一) 肉刑

中国古代的肉刑种类繁多,如墨刑、劓刑、剕刑、宫刑和割耳[①]、断手[②]等。考虑到笞刑、鞭刑和杖刑这三种责打之刑,虽不残毁肢体,也以造成罪犯的身体痛苦为目的,其实施的结果往往也是皮开肉绽、血光点点,甚至致人丧命,所以也可视为肉刑。

---

① 《尚书·吕刑》记载苗民的首领蚩尤创制的劓刑,就是割耳刑。
② 《韩非子·内储说上》记载:"殷之法,弃灰于公道者,断其手。"

1.墨刑

又称"黥刑",是指在罪犯面部或额上刺刻后再涂上墨的刑罚。《说文解字》:"黥,墨刑,以墨涂之。"《尚书·吕刑》蔡沈注曰:"墨,刻颡而涅之也。"该刑罚在先秦时期广泛适用。《尚书·伊训》:"臣下不匡,其刑墨。"蔡沈注曰:"臣下而不能匡正其君,则以墨刑加之。"《周礼·秋官·司刑》记载周初有五刑两千五百条,其中"墨罪五百"。郑玄注:"墨,黥也。先刻其面,以墨窒之。言刻额为疮,以墨塞疮孔,令变色也。"秦律中的黥刑既可以单独适用,如《史记·商君列传》:太子犯法,"黥其师公孙贾。"《史记·黥布列传》:"黥布,秦时为布衣。少年,有客相之曰:'当刑而王'。及壮,坐法黥。"也可以附加使用,如"黥为城旦"。

虽然墨刑只不过损害人的皮肤而已,是肉刑中最轻的一种刑罚,但它给人造成的精神痛苦是巨大的,且贯穿于人的整个一生。墨刑留下的耻辱印记不断把受刑人曾经经受的不光彩历史昭示于世人,这必将使其难于与正常人为伍,融入正常的社会生活。有人提出:"墨刑不仅是一种对罪犯的惩罚,而且是人类历史上最早的罪犯登记手段,对于罪犯身份的识别有着重要意义。"[1]可见墨刑还具有使人一见便知,便于官方监督、控制的作用。

2.劓刑

是指割掉鼻子的刑罚。《说文解字》:"劓,劓鼻也。"《尚书·吕刑》蔡沈注曰:"劓,割鼻也。"《周礼·秋官·司刑》记载周初五刑中有"劓罪五百"。郑玄注曰:"书传曰,谓易君命,革舆服制度,奸宄盗攘伤人者,其刑劓。"秦时劓刑被广泛使用,以致有"劓鼻盈累,断足盈车,举河以

---

[1] 何家弘:"对墨刑的一点新认识",载《法学杂志》1986年第2期。

西,不足受天下之徒"①的说法。而且秦时的劓刑经常与黥刑合并适用,《睡虎地秦墓竹简·法律答问》中就规定:"强盗不盈五人,盗过六百六十钱,黥劓以为城旦","当黥城旦而以完城旦诬人,何论? 当黥、劓。"

劓刑的耻辱性是不言而喻的,中国人素以爱面子而著称,脸面的存在可以说是中国人之所以为人的基础,而劓刑的实施足以使人颜面扫地,无颜见人。这正是当年商鞅变法时对身为太子傅的公子虔施以劓刑,致使其八年杜门不出,当秦孝公死、太子即位后,公子虔立即唆使门徒告发商鞅谋反,使得商鞅惨死于车裂的重要原因②。古时交战双方常常借割掉对方将士的鼻子来泄愤或羞辱对方。崔寔在《政论》中说,秦灭了六国之后,把俘获的六国的军士和百姓大都予以割劓,竟然使社会上没有鼻子的人比有鼻子的人还多,甚至以没有鼻子为正常,有鼻子反倒觉得丑了:"秦割六国之君,劓杀其民,于是赭衣塞路,有鼻者丑"。"有鼻者丑"无疑是对滥施劓刑的控诉,而未必是历史的真实。

3. 刖刑

又称"剕刑",是断足之刑。《说文解字》:"刖,绝也。"《尚书·吕刑》蔡沈注曰:"剕,刖足也。"根据《周礼·秋官·司刑》,周初五刑中有"刖罪五百"。春秋时期的齐国宰相晏婴曾讥讽齐景公滥用酷刑,造成了"国之诸市,履贱踊贵"③的现象。意即受刖刑的人太多,结果假脚比鞋子的价格更高。这说明刖刑曾被大量适用。战国时期魏国李悝制定的《法经》明确规定:"窥宫者膑,拾遗者刖。"意即对窥视宫室及拾取遗失物的行为分别处以膑刑与刖刑,目的是处罚"盗心"。军事家孙膑所受的切去膝盖骨的刑罚,可以看作是刖刑的变种。秦律有斩左右趾之刑,

---

① 贾谊:《过秦论》。
② 参见《史记·商君列传》。
③ 《左传·昭公三年》。

是对刵刑的发展。《睡虎地秦墓竹简·法律答问》载:"五人盗,赃一钱以上,斩左趾,又黥以为城旦。"

4. 宫刑

又称"腐刑"、"蚕室刑"等,是破坏生殖器官和性生活能力、生殖能力的刑罚。《尚书·吕刑》蔡沈注曰:"宫,淫刑也,男子割势,妇人幽闭。"在人类社会之初,为了繁衍后代,维系群体的生存,特别重视传宗接代和血统继承。宫刑的实施,不仅对犯罪者本人造成深重的伤痛,饱受他人歧视;而且对他的家族来说,剥夺了他遗传的权利。因此,宫刑是仅次于死刑的最为严厉的惩罚。《尚书·大传》即有"男女不以义交者,其刑宫"的记载。《尚书·吕刑》载,宫刑始于苗民的椓刑。《周礼·秋官·司刑》记载周初五刑中有"宫罪五百"。根据《史记·秦始皇本纪》,曾征发"隐宫徒刑者七十余万人,乃分作阿房宫,或作骊山。"这说明宫刑的适用曾是相当广泛的。宫刑因何被称为"腐刑"?《汉书·景帝纪》载:中元四年(前146年)"秋,赦徒作阳陵者死罪;欲腐者,许之。"注:"苏林曰:宫刑,其创腐臭,故曰腐也。如淳曰:腐,宫刑也。丈夫割势,不能复生子,如腐木生实。师古曰:如说是。"宫刑为何又被称为"蚕室刑"?《后汉书·光武帝纪下》注云:"蚕室,宫刑狱名。宫刑者畏风,须暖,作窨室蓄火如蚕室,因以名焉。"即养蚕要在温室,受宫刑后怕风,也须在温室静养。

5. 鞭刑

是指以鞭责打犯人背部的刑罚。《尚书·尧典》称:"鞭作官刑。"即鞭刑是专门用来惩治不法官吏的刑罚。根据《左传》、《国语》的记载,该刑罚在春秋战国时期已被广泛适用。如《左传·庄公八年》载:齐襄公外出射猎丢失了鞋子,回来向名叫费的随从小臣追问鞋的下落,"弗得,鞭之见血。走出，遇贼于门，劫而束之。费曰：'我奚御哉！'袒而示之背，信之。"《史记·伍子胥列传》载：伍子胥为复仇破楚后，"乃掘楚平王墓，出其尸，鞭其三百。"鞭刑在汉代仍有适用。《后汉书·刘宽传》称赞桓帝时南阳太守刘宽"典历三郡，温仁多恕，虽在仓卒，未尝疾方遽色。常以为'齐之以刑，民免而无耻'。吏人有过，但用蒲鞭罚之，示辱而已，终不加苦。"《三国志·魏书·明帝纪》载：青龙二年（234年）诏曰："鞭作官刑，所以纠慢怠也，而顷多以无辜死。其减鞭杖之制，著于令。"《太平御览》卷六四九引《晋令》："应得法鞭者，执以鞭，过五十，稍行之。有所督罪，皆随过大小，大过五十，小过二十"，并对鞭的质料、规格等有明确规定。

《隋书·刑法志》记载：梁武帝时鞭刑所用之鞭"有制鞭、法鞭、常鞭，凡三等之差"，"老小于律令得鞭杖罚者，皆半之"，"将吏以上及女人应有罚者，以罚金代之，其以职员应罚及律令指名制罚者，不用此令"；北齐有刑名五种，"四曰鞭，有一百、八十、六十、五十、四十之差，凡五等"；北周的五种刑罚中，"二曰鞭刑五，自六十至于百"；隋开皇元年（581年）废止了前代的鞭刑。隋文帝杨坚在废止鞭刑的诏令中指出了该刑的残酷性："鞭之为用，残剥肤体，彻骨侵肌，酷似切脔。虽云远古之式，事乖仁者之刑。"即鞭刑虽说是源自远古的刑罚，事实上因其严酷而背离了仁者用刑之道。

6. 杖刑

是指用大竹板或大荆条击打犯人脊背或臀、腿的刑罚。《唐律疏议·名例》议曰："《说文》云：'杖者持也'，而可以击人者何欤？《家语》云：'舜之事父，小杖则受，大杖则走。'"南朝梁武帝时将杖刑列为法定刑，并作出了细致规定。北魏采用死、流、徒、鞭、杖等五刑，始将杖刑列为五刑之一。北齐的杖刑有三十、二十、十这三个差等。北周的杖刑分十至五十共五等。隋代以杖刑取代了鞭刑，从六十至一百分为五等，并为后世所延用。

7. 笞刑

是指用竹板或荆条击打犯人的脊背、臀部或腿部的刑罚。《唐律疏议·名例》议曰："笞者，击也，又训为耻。言人有小愆，法须惩诫，故加捶挞以耻之。汉时笞则用竹，今时则用楚。故《书》云：'扑作教刑'，即其义也。"笞刑旨在对违犯教令者予以惩戒，具有耻辱刑和教育刑的性质，所以司马迁在《史记·律书》中言："教笞不可废于家，刑罚不可捐于国，诛罚不可偃于天下。"秦代也在适用笞刑，如《睡虎地秦墓竹简·秦律十八种》载："城旦舂毁折瓦器、铁器、木器，为大车折辕，辄笞之。值一钱，笞十；值二十钱以上，熟笞之。"这里的"熟笞"即重打的意思。

(二) 死刑

生命结束就是死，但致人于死的方法实在太多。由于罪犯是在统治者的控制之下、掌握之中，所以，拥有刑罚权的人可以充分发挥想象，琢磨出各种各样的死刑方式。人类自然本性中的野蛮、残忍、冷酷，于种种死刑手段中被展现得淋漓尽致。中国早期的死刑究竟有多少种，恐怕没人能说清楚。各种古籍所载口径不一，也多有重复，我们只能从史料中窥其大概。

商代的刑罚特别野蛮残酷，根据《史记·殷本纪》的记载，纣王曾用醢（把罪犯捣成肉酱）、脯（把罪犯晒成肉干）、剔刳、剖心、炮烙[1]等手段来杀人。西周的死刑方式则有斩、磬（强迫罪犯悬吊自杀）[2]、磔（有可

---

[1] 沈家本在《历代刑法考·炮格》中指出，炮烙应为炮格，即强迫犯人在架于火堆之上并涂有膏油的铜柱上行走，滑倒则掉入火堆活活烧死。商务印书馆2011年版《历代刑法考》（上册），第83—84页。

[2] 《礼记·文王世子》："公族其有死罪则磬于甸人"，即贵族犯死罪，悬吊自杀，像古乐器"磬"悬吊于架子上一样。

能是指支解尸体后张尸示众)、焚(把罪犯烧死)等。处死普通的罪犯,一般在热闹的街市,于稠人广众之中、众目睽睽之下公开进行,这即是《礼记·王制》篇所说的"刑人于市,与众弃之"的意思,所以又称"弃市"①。秦代以严刑峻法著称,死刑以斩刑为主,同时也采用具五刑②、车裂③、凿颠(凿击人的头顶)、抽胁(抽去肋骨致人死亡)、镬烹(把罪犯扔进锅中烹煮)等方式。

(三)"五刑"

"五刑"的说法由来已久,根据《尚书·吕刑》的记述,苗民的首领蚩尤就曾发明了劓、刵、椓、黥、大辟这"五虐"之刑。其中"大辟"就是死刑,郑玄解释说:"死是罪之大者,故谓死刑为大辟"。《晋书·刑法志》有"夏后氏之王天下也,则五刑之属三千"的记载。商代的刑罚主要有墨、劓、刖、宫、大辟五种。西周时期的刑罚体系,依然是夏商以来代代相传的"五刑":墨、劓、剕、宫、大辟。④ 这五种刑罚的实施,在西周出土的青铜器铭文资料中,已得到相关的印证,说明墨、劓、剕、宫、大辟这"五刑"确实是中国早期的主体刑罚体系。

至于为什么要以"五刑"指称主要的刑罚,可能与古人认为刑是圣人效法自然的产物有关。《汉书·刑法志》称:"刑罚威狱,以类天之震曜杀戮也",故圣人"因天讨而作五刑。"《白虎通·五刑》载:"圣人治天

---

① 弃市的执行方式究竟是斩首还是绞刑,学术界尚有争议。

② 《汉书·刑法志》记载:"当三族者,皆先黥、劓、斩左右趾,笞杀之,枭其首,菹其骨肉于市。其诽谤詈诅者,又先断舌,故谓之具五刑。"即对被判处夷三族罪的,先施之墨、劓之刑,又斩左右趾,再以笞杖杀之,然后割下首级并悬于木杆示众,最后将尸体剁成肉酱。《史记·李斯列传》记载:"二世二年七月,具斯五刑,论腰斩咸阳市。"即秦末李斯就是具五刑而死。

③ 具体执行方式史载不详,俗称"五马分尸",实际情形未必如此。沈家本在《历代刑法考·辑》中提出,可能是杀人后将尸体分裂示众。商务印书馆 2011 年版,第 92 页。

④ 《周礼·秋官·司刑》载,周初有"五刑"二千五百条:"墨罪五百、劓罪五百、宫罪五百、刖罪五百、杀罪五百";《尚书·吕刑》载,西周中期有"五刑"三千条:"墨罚之属千,劓罚之属千,剕罚之属五百,宫罚之属三百,大辟之罚其属二百,五刑之属三千。"

下，必有刑罚何？所以佐德助治，顺天之度也。故悬爵赏者，示有所劝也。设刑罚者，明有所惧也"；"刑所以五何？法五行也。大辟法水之灭火，宫者法土之壅水，膑者法金之刻木，劓者法木之穿土，墨者法火之胜金。"

（四）劳役刑

1. 西周的"圜土之制"与"嘉石之制"

劳役刑是指剥夺罪犯一定期限的自由并强制其服劳役的刑罚，最早见于西周。

圜土是早期的监狱，"圜土之制"是指将那些虽有罪过但是尚不够适用五刑处罚的违法犯罪者，关押进监狱，进行劳动改造的制度。《周礼·秋官·大司寇》载："以圜土聚教罢民，凡害人者，置之圜土而施职事焉，以明刑耻之。"西周专门设有"司圜"一官，"掌收教罢民。凡害人者弗使冠饰，而加明刑焉，任之以事而收教之。能改者，上罪三年而舍，中罪二年而舍，下罪一年而舍。其不能改而出圜土者，杀。虽出，三年不齿。凡圜土之刑人也，不亏体；其罚人也，不亏财。"① 这种刑罚既不属于残人肢体的身体刑，也不属于罚人钱财的财产刑，而是限制自由的劳役刑，并在精神和人格上加以羞辱。冠饰是古代男子身份和地位的标志。《礼记·曲礼上》："男子二十，冠而字。"贵族男子年满二十岁时，要举行隆重的冠礼，所以加冠是贵族男子成人的标记，而"弗使冠饰"无疑是一种严重的羞辱。"明刑"依《周礼·秋官·司圜》贾公彦疏："以版牍书其罪状与姓名，著其背表示于人，是明刑也。"即把犯罪人的姓名、罪状写在木板上，挂在背上，公之于众，使人尽知，达到惩罚的目的。"不齿"据《周礼·秋官·大司寇》郑玄注："不齿者，不得以年次列于平民"，类似于今天所说的剥夺政治权利。"圜土之制"的服刑期限是一至

---

① 《周礼·秋官·司圜》。

三年,能够悔改的期满释放,反映了中国早期的教育刑思想。

嘉石是一种有纹理的大石头①,相传西周时立于官府朝门左侧。"嘉石之制"是指将那些虽有罪过但是尚不够被关进圜土的轻微违法犯罪者,戴上束缚手脚的刑具,先坐在嘉石上一定时日反省思过,再移交司空,由司空监督他们服一段时间劳役的制度。《周礼·秋官·大司寇》载:"以嘉石平罢民,凡万民之有罪过,而未丽于法,而害于州里者,桎梏而坐诸嘉石,役诸司空。"重罪在嘉石上坐十三日,罚服一年的劳役;较轻的罪,坐九日,罚服九个月的劳役;更轻的罪,坐七日,罚服七个月的劳役;又轻的罪,坐五日,罚服五个月的劳役;最轻的罪,坐三日,罚服三个月的劳役。可见,"嘉石之制"是以感化教育为主。

2.秦代的劳役刑

中国古代刑罚发展到秦代,呈现出身体刑的适用日益减少、劳役刑和财产刑逐渐增多的趋势。秦代的许多土木工程建设,如修筑长城、建造宫殿和陵墓等,都有大批的劳役刑徒参加,劳役刑的种类增多,由重到轻依次为:(1)城旦、舂。男犯为城旦,服筑城等苦役;女犯为舂,服舂米等杂役。《汉书·惠帝纪》注引应劭曰:"城旦者,旦起行治城;舂者,妇人不豫外徭,但舂作米。"《史记·秦始皇本纪》记述焚书令时载:"令下三十日不烧,黥为城旦。"实际从事的劳役并不限于筑城和舂米。(2)鬼薪、白粲。男犯为鬼薪,主要为宗庙砍柴供祭祀等使用;女犯为白粲,主要为宗庙择米供祭祀等使用。《汉书·惠帝纪》注引应劭曰:"取薪给宗庙为鬼薪,坐择米使正白为白粲。"实际从事的劳役也并不限于砍柴和择米。(3)隶臣、隶妾。被罚作官府奴婢,服各种杂役,"男子为

---

① 根据《周礼·秋官·大司寇》郑玄的注解,嘉石也称"文石",指有文理的美石,将规劝罪犯改邪归正的所谓嘉言刻在石上,使犯罪者坐于其上,究思这些文理而受感动,产生自悔,改恶从善。

隶臣,女子为隶妾。"①(4)司寇、候。指被强制到边地伺察寇盗,警戒敌情。

(五) 财产刑

1. 赎刑

是指交纳一定数目的金钱、物品或是服劳役来代替原判刑罚的一种代用刑。赎刑产生很早,《尚书·舜典》中就有"金作赎刑"的记载,《尚书·吕刑》则系统规定了"五刑之疑有赦"的赎刑制度,规定对适用五刑有疑义的案件以赎刑抵罪,对墨、劓、剕、宫、大辟,分别缴纳一百锾、二百锾、五百锾、六百锾、一千锾铜来赎免。睡虎地秦简中也记载了"赎黥"、"赎耐"、"赎迁"、"赎宫"、"赎死"等多种名目的赎刑,可见适用范围比较广泛。

2. 赀刑

是指强制犯人缴纳一定的财物或者以劳役折抵的经济处罚。赀刑是独立的刑种,在秦代的适用相当普遍,有"赀甲"、"赀盾"、"赀布"、"赀徭"、"赀戍"等多个种类。

(六) 耻辱刑

古人认为"身体发肤,受之父母,不敢毁伤,孝之始也。"②即人的躯体为父母所赐予,必须爱惜敬重,最后完整无损地还给父母,这是敬爱父母的重要表现,否则就是不孝。所以强制剔除一个人的头发髯须,是一种严重的羞辱。早期的耻辱刑主要有:

1. 髡刑

是指强制剃去头发。《说文解字》曰:"髡,剃发也"。最早见于《周

---

① 《汉书·刑法志》颜师古注。
② 《孝经·开宗明义》。

礼·秋官·掌戮》："髡者使守积。"髡刑在秦汉时期的文献中多有记载，如《睡虎地秦墓竹简·法律答问》："擅杀、刑、髡其后子，谳之。"《太平御览》引《风俗通》："秦始皇遣蒙恬筑长城，徒士犯罪亡依鲜卑山，后遂繁息，今皆髡头衣褚，亡徒之明效也。"《汉书·季布传》："乃髡钳布，衣褐，并与其家僮数十人，之鲁朱家所卖之。"

2. 耐刑

是指强制剃除鬓毛胡须而保留头发，所以轻于髡刑。《说文解字》曰："耐，罪不至髡也。"段玉裁注："耐之罪轻于髡，髡者剃发也，不剃其发，仅去须鬓，是曰耐。"耐刑始于战国时期的秦国，既可以独立适用，如《睡虎地秦墓竹简·秦律杂抄》："分甲以为二甲蒐者，耐"，又捕盗律曰：捕人相移以受爵者，耐"；又可以附加适用，如《秦律杂抄》："伪听命书，废弗行，耐为候"，《睡虎地秦墓竹简·法律答问》："公祠未阕，盗其具，当赀以下耐为隶臣"。

（七）放逐刑

放逐是指将罪犯由原籍强迫押解到艰苦的边远地区的刑罚，被称为放、窜、逐、谪、遣、迁等。该刑起源很早，《尚书·舜典》载有"流宥五刑"，蔡沈注曰："流宥五刑者，流遣之使远去，如下文流放窜殛之类也。""下文"是指该篇所记舜执政时适用放逐刑的四个实例："流共工于幽洲，放驩兜于崇山，窜三苗于三危，殛鲧于羽山，四罪而天下咸服。"

关于放逐刑的适用，史书中多有记载。如《史记·夏本纪》：商汤率兵讨伐夏桀，"桀走鸣条，遂放而死。"《史记·殷本纪》：商王太甲"不明，暴虐，不遵汤法，乱德，于是伊尹放之于桐宫。"三年后悔过从善，又被伊尹迎立归朝当政。《史记·周本记》：周初管叔、蔡叔与武庚作乱，"周公奉成王命，伐诛武庚、管叔，放蔡叔"；周厉王暴虐无道，使卫巫监谤，"国人莫敢言，道路以目"，终于导致国人暴动，"袭厉王，厉王出奔于彘。"

《国语》中亦载有:"于是国人莫敢言。三年,乃流王于彘。"

秦时的放逐刑可以分为三种情况:

1.有罪放逐,即对罪犯直接处以放逐刑。"秦法,有罪迁徙之于蜀汉。"①《史记·秦始皇本纪》:九年,嫪毐作乱,其舍人被"夺爵迁蜀四千余家。"《睡虎地秦墓竹简·秦律杂抄》:"吏自佐、史以上负从马、守书私卒,令市取钱焉,皆迁。"《睡虎地秦墓竹简·法律答问》:五人盗,赃"不盈二百廿以下到一钱,迁之。"

2.赦罪放逐,即对死刑犯减死后的处置,将其迁徙到边远地区或新开发的地区。《史记·秦本纪》:秦昭襄王二十七年,"赦罪人迁之南阳";二十八年"取鄢、邓,赦罪人迁之。"

3.无罪放逐,即对威胁统治或危害社会者实施的处罚。《汉书·地理志下》:"秦既灭韩,徙天下不轨之民于南阳。"《史记·商鞅列传》:"秦民初言令不便者有来言令便者,卫鞅曰:'此皆乱化之民也。'尽迁之于边城。其后民莫敢议令。"

(八) 身份刑

身份刑是指剥夺一个人的社会地位及身份的处罚方式。

1.禁锢

是指剥夺犯罪官吏本人及其亲友做官资格的处罚。春秋时期已有记载,如《左传·成公二年》:"子反请以重币锢之。"杜预注:"禁锢,勿令仕。"杨伯峻注:"锢,后汉以后曰'禁锢',相当于近代之'永不录用'。"《汉书·贡禹传》记载,汉文帝曾下令:"贾人、赘婿及吏坐赃者,皆禁锢不得为吏。"②东汉党争激烈,为了打击政敌,甚至有禁锢二世乃至三世的。

---

① 《汉书·高帝纪上》颜师古注。
② 杨伯峻编注:《春秋左传注(修订本)二》,中华书局1990年第2版,第805页。

2. 废

是指撤职永不叙用,剥夺罪犯的任官资格。《睡虎地秦墓竹简·秦律杂抄》载有:听朝廷的命书,"不避席立,赀二甲,废","任废官者为吏,赀二甲。"整理小组注释:"废官者,已受撤职永不叙用处分的人。"

3. 夺爵

是指削夺罪犯的爵位。秦时实行二十等爵制,犯罪者将被逐级削夺爵位。《史记·秦本纪》载:昭襄王五十年,"武安君白起有罪,为士伍"。如淳注曰:"尝有爵而以罪夺爵,皆称士伍。"

中国人深受儒家思想影响,以"修身、齐家、治国、平天下"为人生理想,以经世济民、安邦定国、建功立业、名垂青史为毕生追求,而"学而优则仕",踏上仕途则是实现"立德、立功、立言"[①]之不朽目标的重要前提。《孟子·离娄上》明确指出:"于礼有不孝者三事。谓阿意曲从,陷亲不义,一也。家贫亲老,不为禄仕,二也。不娶无子,绝先祖祀,三也。"可见,"不为禄仕"和"不娶无子"等一样,都是"不孝"的重要表现。身受禁锢,不能担任官职,甚至牵连亲朋好友,累及子孙二世、三世,不仅断送了受处罚者的大好前程和人生理想,不能光宗耀祖,而且使其愧对祖先,承受"不孝"的压力。这种精神上的折磨无疑也是相当痛苦的。

二、西汉文景时期的刑制改革

汉朝初年,大体沿袭了秦的刑罚制度,那些残害人的身体、破坏生理机能的肉刑仍然在大量适用。这不仅是对社会生产力的一种破坏,而且阻塞了罪犯的自新之路,并且有违于黄老思想宽缓刑罚的主张,因

---

① 《左传·襄公二十四年》:叔孙豹答范宣子问"死而不朽","豹闻之,大上有立德,其次有立功,其次有立言,虽久不废,此之谓不朽。"

此进行刑制改革已是历史发展的必然。文帝统治时期,社会矛盾相对缓和,违法犯罪明显减少,为刑制改革创造了良好的客观环境,而促成这一改革的直接原因则是"缇萦上书"。

根据《汉书·刑法志》[①]的记载,文帝十三年(前167年),齐太仓令淳于意获罪应被处刑,他的小女儿缇萦自愿跟随父亲来到长安,上书文帝:"妾伤夫死者不可复生,刑者不可复属。虽后欲改过自新,其道亡由也。"她请求没官为奴,替父赎罪。汉文帝被缇萦的孝行所打动,于是下诏改革不合理的刑罚制度。具体说来,改黥刑为髡钳城旦舂,劓刑为笞三百,斩左趾为笞五百,斩右趾为弃市。被判处完为城旦舂的,劳役满三年后改为鬼薪白粲;鬼薪白粲满一年,改为隶臣妾;隶臣妾满一年,免罪为庶人。被判处隶臣妾的,劳役满二年后改为司寇;司寇满一年,免罪为庶人。被判处司寇的,劳役满二年后,免罪为庶人。这次改革从法律上废除了肉刑,并且明确了劳役刑的刑期,具有重大意义,但也不尽理想。如斩右趾改为弃市死刑,由轻变重;劓刑和斩左趾虽改为笞刑,但是笞数太多,受刑者性命难保。因此,班固评论这次改革是"外有轻刑之名,内实杀人",还有待进一步完善。

景帝即位后,在文帝改革的基础上,两次下诏减少笞刑数目。他于元年(前156年)下令,将代替劓刑的笞三百改为笞二百,代替斩左趾的笞五百改为笞三百。中六年(前144年)又下令,减笞三百为二百,笞二百为一百。同年,景帝还颁布了《箠令》,规定执行笞刑的刑具以竹杖制成,杖长五尺,杖头宽一寸,杖梢宽半寸,削平竹节,行刑时只能击打受刑人的臀部,并且中途不得换人。景帝的改革,大大减轻了笞刑对人体

---

① 东汉班固撰写的《汉书·刑法志》,第一次比较系统地叙述了自古以来法律制度的沿革,特别是西汉时期法律、法令的主要内容及其在实施过程中的利弊得失,开创了中国古代正史设《刑法志》或《刑罚志》的先河,至今仍是我们考察中国法律发展历史的重要资料。

的伤害。

至于肉刑中的宫刑,文帝改革刑制时曾将其废除,但景帝时期又被恢复,作为死刑的代替刑。即死刑犯请求改处宫刑者,允许以宫刑代替之。近代人程树德亦云:"终汉之世,时以宫刑代死罪,皆沿景帝定制也。"[1]

文帝、景帝时期的刑制改革,顺应了历史发展的潮流,是中国古代法律跨越野蛮、走向文明的一个重要转折点,为后世建立新的刑罚制度奠定了基础。

三、隋唐时期新"五刑"的确立

(一) 隋唐的"五刑"制

隋文帝杨坚在重新统一中国后,认真总结了历代王朝的统治经验,在经济、政治、法律等方面进行了一系列改革。鉴于南北朝时刑罚严酷,以致上下愁怨,内外离心,隋初立法以"以轻代重,化死为生"[2]为原则,所颁行的《开皇律》较前代简明完备,废除了鞭刑、枭首、轘裂等酷刑,死刑只用斩、绞,确立了死、流、徒、杖、笞这一新的"五刑"制,并减省刑律至五百条。《开皇律》博取南北各朝、各民族的法律精粹,择善而从,在古代法制史上具有划时代的意义,因此成为唐律制定的蓝本,它所确立的新"五刑"体系也被后世继承下来。以唐律为例,将隋代"五刑"的排列顺序改为由轻到重,即笞、杖、徒、流、死。笞刑分为五等:十、二十、三十、四十、五十;杖刑分为五等:六十、七十、八十、九十、一百;徒刑分为五等:一年、一年半、两年、两年半、三年;流刑分为三等:二千里、两千五百里、三千里,各居作一年;死刑分为两等:绞、斩。

汉文帝进行刑制改革时,建立了一套以有期徒刑为核心的刑罚体

---

[1] 程树德:《九朝律考·汉律考》,商务印书馆2010年版,第51页。
[2] 《隋书·刑法志》。

系。据东汉卫宏的《汉旧仪》所载：髡钳城旦舂，刑期五年；完城旦舂，刑期四年；鬼薪白粲，刑期三年；司寇，刑期二年；罚作、复作，刑期一年；隶臣妾，刑期一年。此外，还有"输作左校"、"输作右校"、"输作若卢"等不定期刑，即将某些刑徒送付将作大匠或少府等官署所掌管的宗庙、陵园、宫室、道路、苑囿之类的工程建设中，从事不定期的劳役。魏晋南北朝时期，徒刑获得进一步发展。那时的徒刑或称"髡刑"、"完刑"、"作刑"，或称"刑罪"、"耐刑"等，直到北周正式称为"徒刑"①。北魏采用死、流、徒、鞭、杖等五刑，始将徒刑列入五刑之中，并将徒刑分为五等，刑期从五年至一年，每等差一年。北齐、北周沿用了五等徒刑之制，但北周所加鞭笞之数少于北齐，"徒一年者，鞭六十，笞十。徒二年者，鞭七十，笞二十。徒三年者，鞭八十，笞三十。徒四年者，鞭九十，笞四十。徒五年者，鞭一百，笞五十。"②隋代时徒刑大为减轻，不仅刑期改为从一年到三年，每等仅差半年，而且不再附加鞭笞，唐代亦然。

魏晋南北朝时期流刑得到很大发展。北魏以死、流、徒、鞭、杖为五刑，流刑正式成为刑罚的一种。北齐时的流刑也是仅次于死刑的刑罚。隋朝的流刑依路程与时间的不同，分为三等：一千里，居作二年；一千五百里，居作二年半；二千里，居作三年。并且都加处杖责，"近流加杖一百，一等加三十。"唐律对流刑作了较大改进。同样分为三等，但里数与隋不同，为二千里、二千五百里、三千里，并且只服一年劳役，称为常流。《唐律疏议·名例》卷三"犯流应配"条载："诸犯流应配者，三流俱役一年。妻妾从之。父祖子孙欲随者，听之。移乡人家口，亦准此。若流移人身丧，家口虽经附籍，三年内愿还者，放还。即造蓄蛊毒家口，不在

---

① 如《晋书·刑法志》载，曹魏的刑罚中"髡刑有四，完刑、作刑各三"；《隋书·刑法志》载，北齐的五种刑名中，"三曰刑罪，即耐刑也。有五岁、四岁、三岁、二岁、一岁之差。凡五等。各加鞭一百。其五岁者又加笞八十。四岁者，六十。三岁者，四十。二岁者，二十。一岁者，无笞。并锁输左校而不髡。无保者，钳之。妇人配舂及掖庭织。"

② 《隋书·刑法志》。

听还之例。"《旧唐书·刑法志》载：唐朝初年，曾将一部分绞刑宽减为"断其右趾"，因唐太宗"悯其受刑之苦"，故"除断趾法"，以"加役流"（即流三千里、居作三年）作为死刑减等的代用刑。

（二）宫刑的废止

汉文帝在进行大规模刑制改革以前，已经废除了宫刑，但是景帝又将其恢复，作为死刑的代用刑。司马迁因为李陵辩护而被汉武帝论处死刑，为了能够保全性命以完成《史记》的写作，他被迫忍受了宫刑。北魏时期将宫刑适用于谋反大逆的犯罪，《魏书·刑罚志》载："大逆不道腰斩，诛其同籍，年十四以下腐刑，女子没县官。"直到西魏大统十三年（547年）和北齐天统五年（569年），先后分别下诏："自今应宫刑者，直没官，勿刑"，"应宫刑者普免刑为官口"①，此后将应受宫刑者改为没入官府，宫刑才从法律上正式废止。但是《辽史·刑法志》载，辽穆宗曾对强行凌辱未成年女子者适用宫刑。清朝加重对谋反、谋大逆等罪的处罚，制定新例规定对实系不知情的年仅11至15岁的子孙可以免死，但要阉割发往新疆为奴，十岁以下的幼童监禁至11岁时阉割。

（三）族刑范围的变化

中国古代重视血缘亲情，一人犯罪，往往也要追究犯罪人亲属的连带责任，反映了"一荣俱荣，一损俱损"的观念。族刑，是指一人有罪，诛灭亲族的酷刑，也叫族诛，通常是"夷三族"，即诛灭三族。三族包括哪些人？说法不一，一种认为是"父母、兄弟、妻子"，另一种说是"父族、母族、妻族"。《尚书》中就有夏王启和商王盘庚对不执行命令的人实行"孥戮"（把罪犯的妻子儿女一并杀戮）、"无遗育"（斩尽杀绝，不留后代）的记述，但族刑的正式确立，始于春秋时期的秦国。《史记·秦本记》记载：秦文公二十年（前746年），"法初有三族之罪。"商鞅变法，制定了严

---

① 《北史·魏本纪·西魏文帝纪》，《北齐书·后主纪》。

密的什伍连坐制度,使得族刑在秦代被广泛适用。如《史记》载有"以古非今者族"(《秦始皇本纪》)、"妄言者族"(《项羽本纪》)、"诽谤者族"(《高祖本纪》)等。

根据《晋书·刑法志》的记载,曹魏后期规定妇女出嫁后,族刑连坐只从夫家,不从父母家。即"在室之女从父母之诛,既醮之后从夫家之罚",改变了之前"父母有罪,追刑已出之女;夫党见诛,又有随姓之戮。一人之身,内外受辟"的不合理状况。曹魏《新律》还规定,"大逆无道,腰斩,家属从坐,不及祖父母、孙",即大逆无道罪,只腰斩罪犯本人,不再株连祖父母和孙辈。西晋《泰始律》规定,养子女也不再缘坐亲生父母的弃市死罪。东晋时规定族刑不再株连妇女[①]。

南朝《梁律》规定,犯谋反、叛降、大逆以上重罪,本人处斩,父子、同胞兄弟弃市,但妻妾、姊妹等女眷籍没为奴婢[②]。北魏前期曾实行门房之诛,又称"门诛",即凡大逆罪犯的亲属,不分男女老少,一律满门抄斩。北魏太武帝时改为,大逆不道,本人腰斩,诛杀同户籍人口,但是14岁以下的男子处腐刑,女子籍没为奴婢。北魏孝文帝时规定,非大逆犯上重罪,只处罚罪犯本人,废除门房之诛[③]。太和五年(481年)又限定大逆罪的族诛范围:"五族者,降止同祖;三族,止一门;门诛,止身。"即原来诛及五族的,降止同祖三代直系血亲;夷三族的,只刑及本人一门;原来门诛的,仅处罚罪犯本人。在《唐律疏议》中,规定"谋反"、"大逆"两罪,父、子年16以上一同处死,其他亲属均免去死刑。然而到明、清时,族刑株连的范围又有所扩大。如"谋反"、"大逆"这类重罪,不仅本人凌迟处死,其祖父、子、孙、兄弟及同居之人,不分异姓,及伯叔父、兄弟之子,凡年16以上,不限籍之异同,不论笃疾、废疾,一律处斩。

---

① 《晋书·明帝纪》。
② 《隋书·刑法志》。
③ 《魏书·刑罚志》。

女性亲属则"给付功臣之家为奴"。族刑直到清末修律时,于1905年被废止。

(四) 官员的除免制度

针对官员犯罪,唐代规定了比较完备的除免制度,在中国古代社会具有代表性。根据《唐律疏议·名例》卷二的记载,具体依处罚轻重,分为除名、免官、免所居官三个等级。除名是指除去所有的官职和爵位,即"诸除名者,官爵悉除,课役从本色。六载之后听叙,依出身法。"它主要适用于那些严重犯罪,即"诸犯十恶、故杀人、反逆缘坐,狱成者,虽会赦,犹除名。即监临主守,于所监守内犯奸、盗、略人,若受财而枉法者,亦除名;狱成会赦者,免所居官。其杂犯死罪,即在禁身死,若免死别配及背死逃亡者,并除名;会降者,听从当、赎法。"免官是指免去本人所担任的所有官职,即"二官并免,爵及降所不至者,听留。""二官"为职事官、散官、卫官为一官,勋官为一官。免官的适用对象是,"诸犯奸、盗、略人及受财而不枉法;若犯流、徒,狱成逃走;祖父母、父母犯死罪,被囚禁,而作乐及婚娶者:免官。"免所居官是指免去本人所任官职中的一项官职,即"免所居之一官。若兼带勋官者,免其职事。""称免所居官者,职事、散官、卫官同阶者,总为一官。若有数官,先追高者;若带勋官,免其职事;如无职事,即免勋官高者。"免所居官的适用范围是,"诸府号、官称犯父祖名,而冒荣居之;祖父母、父母老疾无侍,委亲之官;在父母丧,生子及娶妾,兄弟别籍、异财,冒哀求仕;若奸监临内杂户、官户、部曲妻及婢者:免所居官。"

四、宋元以后刑罚的演变

(一) 墨刑的演变

1. 北宋的刺配刑

汉文帝下令废肉刑时,以髡钳城旦舂取代了黥刑。隋唐律典中均没有墨刑。到了五代后晋石敬瑭统治时期,创立了刺配刑。即对罪犯刺字,然后发配边远地区指定场所令充军役或服其它劳役。北宋初年,为宽贷死罪,开始使用刺配刑,并有所发展。根据《文献通考·刑考》,这种刑罚在实施时,"既杖其脊,又配其人,且刺其面,一人之身,一事之犯,而兼受三刑。"刺面的部位,有刺面、刺额等之分。所刺的标记,有刺字和刺其它记号的分别。《宋史·刑法志》载神宗时规定:"凡犯盗,刺环于耳后:徒、流,方;杖,圆;三犯杖,移于面。径不过五分。"意即凡是盗犯,都要在耳后刺有环形标记:徒罪、流罪刺方形;杖罪刺圆形;三次犯杖罪,改刺面部。所刺标记的大小,直径都不得超过五分。刺字和刺其它记号的深度,又因所配地区的远近而有不同:配本城的刺四分,配牢城的刺五分,配沙门岛和远恶州军的刺七分。刺配刑起初是宽贷死罪的轻刑措施,并非法定常用刑种,后来却被广泛适用。

2.宋代以后的变化

元、明、清均沿袭宋制,但又有所变化。元朝公开实行同罪异罚,一般人犯盗窃罪,初犯刺左臂,再犯刺右臂,三犯刺颈项;但是对于蒙古人则不准刺字,如果司法官刚愎自用,"辄将蒙古人刺字者,杖七十七,除名,将已刺字去之。"[①]明代窃盗罪"初犯并于右小臂膊上刺'窃盗'二字,再犯刺左小臂膊,三犯者绞,以曾经刺字为坐。"[②]根据《清史稿·刑法志》,清代的律文规定刺字刑只适用于贼盗。但后来条例渐渐增多,对缘坐者、凶犯、逃避军遣及流刑的要刺字,对外遣、改遣、改发的要刺字。有的刺上犯罪事由,有的刺上发遣的地方,并且还要分别刺上满、汉两种文字。初犯刺右臂,再犯刺左臂,再犯刺右面、左面。一般说来,律文规定多为刺臂,而条例规定多为刺面。如果犯窃盗罪的人被指使

---

① 《元史·刑法志》。
② 《大明律·刑律·窃盗》。

充当眼线,二三年中没有过失,或者缉拿强盗两名以上、窃盗三名以上的,条例规定允许他起除刺字,重新成为良民。但是旗籍官吏犯罪仅刺臂而不刺面。据说清朝的刺字是在鬓下颊上或者肘下腕上刺成一定的字形,字方一寸五分,笔画宽一分半,将刺孔中填上黑色,以显示文字[①]。墨刑在中国存留了两千多年,直到清末法制改革时才彻底废除。

(二) 笞、杖刑的演变

隋代的笞刑由十至五十分为五等,还以杖刑取代了鞭刑,使杖刑成为五刑之一,从六十至一百分为五等,并为后世所延用,但是也有一些新变化。

1.宋代的折杖法

《宋刑统·名例律》"五刑"之下,规定了折杖法,即将五刑中的笞、杖、徒、流四种刑罚折成相应的臀杖或脊杖,使"流罪得免远徙,徒罪得免役年,笞杖得减决数。"[②]具体说来,加役流,决脊杖二十,配役三年;流刑三等,分别决脊杖二十、十八、十七,配役一年;徒刑五等,分别决脊杖二十、十八、十七、十五、十三;杖刑五等,分别决臀杖二十、十八、十七、十五、十三;笞刑五等,分别决臀杖十、八、八、七、七;流刑免去流放远方;徒刑免去劳役;徒、杖、笞刑决杖后释放。折杖法是一种"折减"性质的代用刑,意在宽省刑罚,改变五代以来刑罚苛重的局面。虽然死刑及反逆、强盗等重罪不适用折杖法,但是它的适用对于减轻刑罚、缓和社会矛盾起了一定的作用。

2.元代笞、杖刑,以"七"为尾数

元朝的笞刑包括七、十七、二十七、三十七、四十七、五十七共六等,

[①] 参见高潮、马建石主编:《中国历代刑法志注译》,吉林人民出版社1994年版,第1027页注⑧。

[②] 《文献通考》卷一百六十八《刑考七·徒流附配没》。

杖刑包括六十七、七十七、八十七、九十七、一百零七共五等。之所以改为以"七"为尾数,据明代叶子奇《草木子》卷三下《杂制》所载,是源于元世祖忽必烈所说"天饶他一下,地饶他一下,我饶他一下"的民族习惯。

3. 明代的廷杖

明朝仍沿用隋唐的五刑制度,但是徒刑五等分别附加杖六十至一百,每等递加十杖,流刑三等分别附加杖一百。

明朝在法定杖刑之外,实行廷杖。即按照皇帝指示,由司礼监太监监刑,锦衣卫行杖,在殿廷之上,当众责打违背皇帝旨意的大臣。廷杖之名始见于三国时期的东吴。隋文帝杨坚经常在朝廷殿堂用杖打人,甚至一天之中有时发生多起,往往致人死命。到明太祖朱元璋时将廷杖作为常刑。《明史·刑法志》言:"廷杖之刑,亦自太祖始矣。"正是朱元璋将"永嘉侯朱亮祖父子皆鞭死,工部尚书薛祥毙杖下。"其后世子孙纷纷效仿,使廷杖的实施愈演愈烈。"正德十四年,以谏止南巡,廷杖舒芬、黄巩等百四十六人,死者十一人。嘉靖三年,群臣争大礼,廷杖丰熙等百三十四人,死者十六人。"由皇帝下令在朝廷上被当众殴打,不仅使挨打的臣僚羞辱难当,而且轻者皮开肉绽,重者立毙杖下,可谓惨不可言,加剧了明王朝的统治危机。

4. 清代的"四折除零"

清朝的徒刑和流刑,同明朝一样,也要附加杖刑。此外,清朝的笞、杖刑还实行独特的"四折除零"制,即每十下折为责四板,再去掉不足五板的零数。笞刑十至五十依次折为四、五、十、十五、二十小竹板;杖刑六十至一百依次折为二十、二十五、三十、三十五、四十大竹板[①]。

---

① 《大清律例》卷四《名例律上》。

(三) 充军刑和发遣刑

1. 充军刑

强迫罪犯充实军伍,这是古已有之的刑罚方式,如秦二世胡亥就曾征调修建骊山墓的刑徒去迎击陈胜的起义军,宋代的刺配刑也主要是让罪犯充当军役。但是充军发展成为正式刑是始于明代。明代实行卫所制度,军人世袭为兵,列为军籍。明代的充军刑是指把罪犯发放到边远地区充当军户,服苦役,是轻于死刑、重于流刑的一种刑罚。明初的充军刑,只是把犯人送到边疆地区开荒屯种,后来逐渐成为经常适用的刑罚。按照路途远近及充军地区情况的不同,充军刑分为极边(四千里外)、烟瘴(四千里外)、边远(三千里)、边卫(两千五百里)、沿海(一千里)、附近(一千里)六等,并有终身充军和永远充军两种形式。终身充军是指罪犯本人充军到死,人死刑罚执行完毕;永远充军是指罚及子孙,本人死后还要有子孙后代接替,直到"丁尽户绝"为止。《明史·刑法志》称:"明制充军之律最严,犯者亦最苦"。清代虽然不再实行卫所制度,但是仍沿用了充军这一刑罚名称。清代的充军刑分为五等:极边(四千里)、烟瘴(四千里)、边远(三千里)、近边(二千五百里)、附近(二千里),称为"五军"。乾隆年间制定了《五军道里表》,记载了各地各等充军所应发往的地点。清代还废止了明代的永远充军,只处罚罪犯本人,不累及家人。

2. 发遣刑

清朝又新增了重于充军的发遣刑,即将罪犯发配东北、新疆、蒙古等边疆地区,充当驻防官兵的奴隶。

(四) 枷号刑

枷号刑是指强制罪犯戴枷,于监狱外或官衙前示众,对其进行羞辱折磨的一种刑罚。枷作为囚禁犯人的一种刑具,早在商周时期就开始使用了,直到明朝才发展成为一种独立的刑种。明初创立的枷号刑,刑期分为一个月、二个月、三个月、六个月及永远五种,枷的重量从十几斤到几十斤不等。明武宗时期的宦官刘瑾,曾设置过一百五十斤重的大枷,戴上此枷的囚犯往往几天内就会毙命。刘瑾还创制了立枷("站笼"是"立枷"的俗称),即将枷固定在一木笼的顶部,强迫犯人在木笼内颈套重枷而昼夜直立,以致疲劳过度而死①。可见枷号已从"枷项示众"的耻辱刑演变成了致命的酷刑。

清代的枷号多用作替代刑或是附加刑。旗人犯罪后享有优待,可以把充军、流刑、徒刑折换成枷号刑,以免发配远方或监禁服役②。普通人犯了其它罪,为了加重处罚,也常常附加枷号刑。枷号刑在清末修律时被废除。

(五) 死刑的演变

1.立决和监候

明清时实行朝审和秋审制度,被判死刑的罪犯大多要被关押到秋季进行最后的复核。于是死刑逐渐被分为两种:一种是罪大恶极、"决不待时"的,称为"立决";一种是一般的死罪,需要监禁等候朝审、秋审的,称为"监候"。清代的斩、绞死刑明确区分为"斩立决"、"绞立决"、"斩监候"、"绞监候"四类,分别在律文后以小字注明。而凌迟刑一律属于"决不待时"。

2.真犯死罪和杂犯死罪

明清时期的死罪分为"真犯死罪"和"杂犯死罪",前者是指罪行和危害十分严重、不可赦免的死罪,一律严惩不贷;后者是指那些相对来

---

① 据《野获编·刑部·立枷》载:"近来厂卫多用重枷,而最毒则为立枷。荷此者,不旬日必绝。"

② 《清史稿·刑法志》:"凡旗人犯罪,笞、杖各照数鞭责,军、流、徒免发遣,分别枷号。"

说罪行和危害不太严重的死罪,罪虽至死,但是可以宽宥。唐代已出现"杂犯死罪"这一说法,《唐律疏议·名例律》"除名"条规定:"其杂犯死罪,谓非上文十恶、故杀人、反逆缘坐、监守内奸盗略人、受财枉法中死罪者。"清代首次在律典死刑后明确注明是否为杂犯死罪,以决定能否赦免或赎免。《大清律例》中凡未注明"杂犯"字样者,皆为真犯死罪。真犯死罪将被执行死刑,用以严惩重罪;杂犯死罪则可以被赦免、减等为流刑或准照五年徒刑来赎免,用以减少打击面、缓和社会矛盾。真犯死罪和杂犯死罪的划分,体现了立法经验的成熟,使得刑罚体系更加合理。

3. 凌迟刑

中国古代各种残酷的刑罚中,最惨无人道的莫过于凌迟。凌迟,原来写作陵迟,本意指山丘的缓延的斜坡,强调以很慢的速度把人处死。而要体现这种"慢"的意图,就一刀一刀地脔割人身上的肉,最后才割喉断首,使犯人毙命。所以,凌迟也叫脔割、剐、寸磔等,是使受刑人在极端痛苦中慢慢死去的刑罚。所谓"千刀万剐",就是指的凌迟。一般认为,其源头为"具五刑"。《宋史·刑法志》称:"凌迟者,先断其支体,乃抉其吭,当时之极法也。"

将凌迟作为正式刑罚,人们大都认为始于五代。南宋陆游主张废止凌迟刑,他在《渭南文集·条对状》中记载:"五季多故,以常法为不足,于是始于法外特置凌迟一条。肌肉已尽,而气息未绝,肝心联络,而视听犹存。"凌迟被列入刑律,成为法定死刑,则始于辽。《辽史·刑法志》称:"死刑有绞与斩、凌迟之属"。但是宋初禁用凌迟刑。宋太祖赵匡胤颁布的《宋刑统》,规定死刑使用斩或绞,没有凌迟。直到北宋仁宗天圣六年(1028年),荆湖地区出现杀人祭鬼的犯罪,诏令"自今首谋若加功者,凌迟斩",首开使用凌迟刑的先例①。宋室南渡后,凌迟不仅没有如陆游所愿被废止,反而堂而皇之地被载入南宋宁宗嘉泰二年(1202年)编纂的《庆元条法事类》,与斩、绞同为法定死刑,并为后世元、明、清各代所沿用。

  凌迟虽然载于律典,但法律上并未明确规定其施刑方法,连博通古今的律学大家沈家本也不得其详。他认为,这是因为凌迟的施刑方法皆系刽子手师徒口传身授,以致外人无法得知。② 1905年,身为修订法律大臣的沈家本奏请删除凌迟等重刑,获清廷准奏,这种非人的酷刑才从法典中消失。③

---

  ① 《文献通考》卷一百六十七《刑考六》:"凌迟之法,昭陵(宋仁宗陵号)以前,虽凶强杀人之盗,亦未尝轻用,熙丰间诏狱繁兴,口语狂悖者,皆遭此刑。"
  ② 沈家本:《历代刑法考》(上册),商务印书馆2011年版,第99页。
  ③ 沈家本:《寄簃文存·删除律例内重法折》,商务印书馆2015年版,第5页。

第五章　诉讼法律

内容提要

本章重点介绍中国古代诉讼审判制度的基本内容、发展演变规律及特点,并揭示其诉讼文化的丰富内涵。首先,中国传统官方与民间在诉讼观念和价值取向上存在着"息讼"与"健讼"的对立与统一,虽然"息讼止争"代表着主流意识形态,但社会民众仍然为了追求和维护自身合法权益而据理力争;其次,中国古代的司法机构十分复杂,在中央和地方分别设有常规的司法机构,此外还有许多发挥着司法职能的特殊机构和群体。刑名幕友和讼师曾积极参与地方司法活动之中,对案件的受理与审判发挥着一定的影响作用。再次,为了保障诉讼运行的规范有序,在我国不同的历史时期均建立了包括诉讼管辖、回避、强制措施、期间与诉讼时效、辩护与代理等基本的诉讼制度,并通过起诉、一审、上诉与复审等程序来保障诉讼机制的正常运行,体现着中国古人心目中公正司法的价值追求。司法程序的最后环节是判决执行,判决的依据除了国家成文法律令之外,还有判例和类推判决,同时,情理因素在司法审判中也发挥着重要的作用。最后,中国古代的调解制度历史悠久,其存在和发展具有深厚的思想基础和社会根源,且调解的依据多元化,调解的方式形式多样,成为古代诉讼制度的重要补充,达到了息事宁人、维护社会安宁与和谐的目的。

第一节 "息讼"与"健讼"：官方诉讼观念与民间诉讼对策

在中国传统社会，由于所处地位和身份的不同，人们在对待诉讼的观念和态度是不同的。传统官方与民间社会在诉讼观念和价值取向上存在着"息讼"与"健讼"的对立与统一。官方为了维护自身地位和秩序的稳定，大力倡导和推行"无讼"价值观，采取"大事化小"、"小事化了"的方式来化解社会矛盾；民间百姓受困于昂贵的诉讼费等诸多原因，一般也倾向于选择调解的方式来解决纠纷，从而使得"息讼止争"成为一种主流的意识形态。但是在面对具体的矛盾和纠纷时，民间百姓为了追求和维护自身合法权益却常常要据理力争，甚至不乏采取"小事闹大"、"无中生有"、"危言耸听"的方式将大量的纠纷演化为诉讼而诉诸官府的情况，以致在民间社会"好讼"之徒日增，"健讼"之风盛行。

一、官方的选择："息讼"，"大事化小，小事化了"

（一）传统的"无讼"价值观

由于深受儒家文化的影响，倡导"中庸"、"和谐"的精神，中国传统诉讼文化总的价值取向是追求"无讼"。《易经》上说"讼则凶"。孔子说："听讼，吾犹人也，必也使无讼乎。"在孔子眼里，一个最理想的社会是由于人们普遍道德修养的提高，没有犯罪，以致不需要法律、使之束之高阁的社会。依据儒家的道德标准，君子应当重义轻利、谦和礼让，不能因为财产利益而与人争讼，兴讼被视为道德滑坡，世风日下。

受这种思想影响，古代社会普遍认为纠纷和诉讼都是破坏和谐的不稳定因素．基于私人利益的争讼，是对道德和国法的背弃和挑战．这是历朝历代的统治阶层对诉讼行为所持的基本态度。传统中国社会把诉讼看作是不吉利之事,并把"无讼"作为其最终的司法价值追求。

"无讼"的价值观导致中国传统社会和心态具有"贱讼"特点,其体现是在中国古代,大凡描述"诉讼"的活动及诉讼参与者的词汇几乎全是贬义的,如"滋讼"、"聚讼"、"兴讼"、"争讼"、"讼棍"、"包揽词讼"等。这种"贱讼"观导致诉讼参与者们在整个诉讼过程中不得不"贱",不得不"厌",并且丧失了应有的尊严,把"打官司"、参与诉讼看作是不光彩的事和不得已的选择,正如南宋文人陆游所云:"纷然争讼,实为门户之羞","门户之辱"①。传统社会中,不仅文人士大夫厌讼、贱讼,连老百姓也十分厌恶打官司,所谓"家丑不外扬"、"屈死不告状"、"宁私了不官了"。

"无讼"与"德治"如影随形,为了实现"无讼","德治"不可或缺。在纠纷尚未出现或爆发时,即以德礼教化来防止;在纠纷发生之后,以德服人、以理服人,这在传统社会是惯常运用的解纷方法。

(二)官方"息讼"策略

在中国传统社会,官方对于"无讼"价值观一直是采取倡导和支持的态度,在其为政实践中大力推行"息讼止争"的政策。一方面通过道德教化的方式来防止矛盾的发生,同时还通过多种调解方式来平息矛盾、化解纠纷,以期达到无讼息讼、社会安定的状态。

为了劝民息讼,从皇帝到各级官员无不倡导止讼之善,告诫诉讼之害。以清朝为例,清朝历代皇帝都通过圣训、圣谕的形式推行"息讼"政策,康熙《圣谕十六条》中有如下诸条涉及到"息讼":

"和乡党以息争讼"、"明礼让以厚风俗"、"敦孝弟以重人伦"、"笃宗族以昭雍睦"、"息诬告以全良善"、"训子弟以禁非为"等等②。

---

① 《陆游诸训·戒子录》。
② 参见康熙《圣谕十六条》,载《圣祖实录》,康熙九年十月癸巳。周振鹤撰集,顾美华点校《圣谕广训:集解与研究》,上海书店出版社 2006 年版,第 652 页。

各级官员面对讼事繁兴的社会现实,一方面日益细化诉讼规则,勉责官吏谨慎讼狱,追求无冤祥刑,缉拿唆讼讼师,清理讼源以求"狱空"、"无讼";另一方面,特别强调建立息讼机制,将讼争化解在萌芽阶段,从而实现"最喜民无讼,乡村共力耕"的治道境界。

1. 主张调解"息讼"的指导思想

从古代官方文献和其他资料看,无论官箴吏训还是家谱族约,抑或里社申明约束,均以涉讼公庭为戒,即使诉之公庭的案件也应当尽量和解,得理容人,相互谦让,提倡从思想上强调息事宁人、忍字为先。《牧令全书》就特别强调"公庭之曲直,不如乡党之是非",表达了对一般民事财产纠纷的民间甚至官方和息的重要认识。如光绪《抚州府志·人物·宦业》记载,康熙年间杜时禧为宁国知县,"爱民无讼,特建省气楼一所,延僧住持,凡涉讼者必令寓焉,为僧劝释者半。"僧人"四大皆空",现身说法,俗人还有何争!

历史上的清官廉吏的著名代表人物,如吴祐、刘旷、海瑞等都是主张调解息讼的,他们的主张影响和代表了中国古代官员对诉讼的基本理念,也是影响清代地方官员乐于付诸实践的一种解决纷争的模式。

清代名吏黄六鸿从情理的角度劝导民众接受调解的方式来解决纠纷,他曾说:"以情而论,在彼未必全非,在我未必全是。况无深仇积怨,胡为喜胜争强。我之所欲胜,岂彼之所肯负乎?以此平情,其忿消矣。"[①]这也反映了广大民众倾向于调解的普遍心理。

清代地方官汪辉祖常常劝说或告诫民众要尽量调解息事,平定纷争。他在总结处理民间纠纷的经验时曾说:"词讼之应审者什无四五。

---

① [清]黄六鸿:《福惠全书》卷十一,载刘俊文、田涛主编:《官箴书集成》,黄山书社影印本1997年版。

其里邻口角,骨肉参商细故不过一时竞气,冒昧启讼,否则有不肖之人,从中拨弄。果能审理,平情明切,譬晓其人,类能悔悟,皆可随时消释,间有难理,后亲邻调处,吁请息销者,两造既归辑睦,官府当予矜全,可息便息。宁人之道,断不可执持成见,必使终讼。"①

刘衡在《劝民息讼告示》中把诉讼与和息的利弊进行比较,对老百姓进行一番劝导:"只要投告亲族和息,就吃点亏总比到官较有便宜,若还只有五六分道理,更要快快和息。"

2.地方立法和告谕,推行禁讼措施

清代州县地方政府纷纷出台大量的禁讼文约,以地方立法(告谕)的形式来劝民息讼,甚至威胁诉讼者。例如,清代道光年间,四川一地方官曾在《宦海指南五种》一书中专门列出一份《劝民息讼告示》,向老百姓宣传调处诉讼的好处。这样规定:"凡有户婚、田土、钱债、口角、斗殴细故,实系理直者,不如邀同公亲……理处息事,既不伤和气,又不须花钱,毋得轻听讼师言语,动辄告状。"②

类似的州县官劝导息讼的告示还有《岁暮停讼》:

"为遵例停讼事。照得时当岁暮,尔民正宜安其室家,顺时休息,岂期好斗喜争,终年不倦。本县前已谆谆劝谕,尔当此例停讼之时,而每日讼谍纷陈,依然如故。虽概不准理,然投词者空劳守候,批答者亦徒费笔墨,实觉无谓。且非上宪息讼宁民之意,合亟出示晓谕。为此,示仰县属军民知悉,以出示之日为始,除人命、贼盗及真正光棍害民,大冤大枉仍需不时陈告外,其余户婚、田土、债负、口角一切细故,俱俟来年二月初三日开告之期,方许陈控。尔等各有宁宇,务宜息争安业,共乐

---

① [清]汪辉祖:《佐治药言》,载刘俊文、田涛主编:《官箴书集成》,黄山书社影印本1997年版。
② 《澎湖厅志》。

升平。不得听信讼棍刁唆,在邑观望,自误时日。各宜恪遵。"①

3. 判词、批词、息词,宣传"息讼"思想

古代的判词和诉讼档案,一定程度上能够为我们展现中国古代诉讼司法实践的真实样貌。知州、知县的判词真实地体现了社会矛盾和百姓的民事经济活动,州县官在这些判词中剖析案情,申明义理,宣传教化。例如《新纂四六合律判语》中有一则民事判词这样写到:"今某心迷法网,身遂贪图。不师焚券之高风,只解执筹之小智。假本将图于千倍,鹜鸡唱之典;取利辄过于三分,汲汲蝇头之计。巧若同于钻核,害何止于青苗。……宜加过取之刑,用示伤廉之儆。"②在地方官看,老百姓对自己合法权利的追求是只顾蝇头小利而丧失高风亮节的行为,如果对此加以提倡的话只会贻害无穷。所以,地方官在民事判决书中也不忘宣传息讼止争的思想。

又如,康熙时陆陇其任河北灵寿县知县,在审理民事案件时,每次都必传唤原告和被告到庭,力陈兴讼的弊端,劝导双方和解"息讼":"尔原被告非亲即故,非故即邻,平日皆情之至密者,今不过为户婚、田土、钱债细事,一时拂意,不能忍耐,致启讼端。殊不知一讼之兴,未见曲直,而吏有纸张之费,役有饭食之需,证佐之友必须酬劳,往往所费多余所争,且守候公门,费时失业。一经官断,须有输赢,从此乡党变为讼仇,薄产化为乌有,切齿数世,悔之晚矣。"③

从大量资料看,官员认为采取诉讼的方式解决纠纷是不足为取的。

---

① [清]吴宏:《纸上经纶》卷五《岁暮停讼》,郭成伟、田涛点校整理:《明清公牍秘本五种》,中国政法大学出版社1999年版,第234页。
② 佚名:《新纂四六合律判语》,载郭成伟、田涛点校整理:《明清公牍秘本五种》,中国政法大学出版社1999年版,第100页。
③ 吴炽昌:《续客商前话》卷三。

首先，花费高，要支付官吏的办公费、差役的伙食费、证人的辛劳费，而且"往往所费多余所争"。其次，损失大，诉讼当事人"守候公门，费时失业"使"薄产化为乌有"。除了这有形的损失外，更重要的是失去了乡情、亲情等，"从此乡党变为讼仇"。殊不知，在传统的乡土社会中，这些无形的东西却是人们赖以生存的宝贵资源，往往是官司虽然打赢了，却世代为仇，得不偿失。再次，"贱讼"、以讼为耻的观念是客观存在的，甚至一场官司打过，几代人为人所不齿，"切齿数世"，后悔莫及。

"息讼"不仅是古代官吏为了实现统治者理想而处理人们纠纷诉讼的一种方法，更是作为一种限制诉讼的指导思想贯穿在中国古代法律文化之中。对于乡土社会的小老百姓来说，维护自己的利益是异常紧要的事。而对官吏来说，解决民间纠纷，维护社会安定虽然是其重要职责，但除此之外，他们在日常还必须处理其他大量复杂的事务，民事纠纷只是其中繁杂政务中的一个部分，在他们的观念中，比较起来，户婚田土钱债纠纷乃"鼠牙雀角"，微不足道。官吏从小接受儒家经典的熏陶和规训，受"君子喻于义，小人喻于利"的观念影响，他们上任之后自然更关注对老百姓推行道德教化。统治者通过对官员自身素质和对民间治理的情况进行考核，以自上而下的方式进行思想的传播并使其逐渐渗入到整个社会之中，成为一种不逊于"无讼"的成熟思想。

官吏加强道德教化的过程实际上是使儒家思想逐渐上升为古代社会主流意识形态的过程。在历代统治者看来，法律只是禁恶锄奸的工具，它以其潜在的强制威慑力确保社会相安无事地存在与发展。但法律不得不接受道德的指导，道德法律化才是秩序形成的关键。儒家特别强调社会秩序的和谐，认为纠纷和争讼对于确保社会秩序的和谐只会起到消极的作用。在儒家看来，基于私人利益的争讼，是对道德和国法的背弃和挑战，而崇尚的是大公无私和因公废私，如果仅仅是为了私人利益而争讼，那么在道德上是不支持的。法律上的正当性源于道德上的正当性,而判断道德上的正当性的标准则在于是否有利于秩序的形成与维护。因此,"在法律制度经过两千多年的高度发展的中国,人们将法律看作是政府用来自上而下地惩罚那些破坏社会和政治秩序的行为的手段,而不是将其作为维护自身权利、主张个人要求、并排除他人或政府对自身权利的侵犯的工具。"因为从维护秩序的角度看,一旦赋予民众将民间细故诉诸官府的行为以道德正当性,必然会从正面激活诉讼机制而累及秩序的追求(我们可以从"鼠牙雀角"之类的表述中体会个中含义)。明白了这一点,我们也就不难理解为何在法律简单沦为"平治"工具的古代中国,"国家和家族都要尽一切努力,哪怕明显地有失公平、曲解律意,也要争取大事化小,小事化了,变有讼为无讼。"①

州县地方官之所以对民事纠纷主张采取调处的态度,原因还在于他们对自己政治前途的关注。因为民事纠纷一旦进入诉讼程序,当事人就可能对州县官的处理不服而提起上控,州县官的业绩考核将大受影响,因为上控案件的多少是衡量地方官员功过的重要指标之一。如果上控案件较多,则该州县官将被认定为不理民事不得民心②,这对急于谋求升迁的官员来说无疑是不希望的结果。此外,法律规定民事案件须在20日内审结,还要将当月审判情况做成循环簿送交上级官员核查,有遗漏或限期未结而未说明理由的要受到处分③。在自然经济条件下,居住分散,交通不便,证人传唤困难,20日内不能结案是常有的

---

① 参见尤陈俊:"中国传统社会诉讼意识成因解读",载《法律思想网·法制史》,2006年2月13日。
② [清]刘衡:《庸吏庸言》,载刘俊文、田涛主编:《官箴书集成》,黄山书社影印本1997年版。
③ 《大清律例·刑律·捕亡·盗贼捕限》:"府州县自理事件,俱限二十日审结。"《大清律例·刑律·诉讼·告状不受理》有一条例规定:"州县自行审理一切户婚田土等项,照在京衙门按月注销之例,设循环簿,将一月内事件填注簿内,开明已未结缘由。其有应行展期及覆审者,亦即于册内注明,于每月底送该管知府、直隶州知州查核,循环轮流注销。其有迟延不结、朦混遗漏者,详报督抚咨参,各照例分别议处。"

事。此外,州县官不愿每次都用大量笔墨解释未结的原因,因为那样势必给上级造成能力不够的印象,所以就干脆釜底抽薪控制民事纠纷进入诉讼的数量,劝导进行调解便是其中的重要策略。对诉至衙门的民事纠纷,州县官一般先批令由民间调解,只有民间解决不了时才开庭审判。因为,对于民间细故即使州县官无暇处理,也不许佐贰官染指,这是由于国家有"官非正印者,不得受民词"①的规定,而且实践中也予以严格贯彻,即所谓"佐贰官不许擅受民词,久经严禁,……凡民间一切户婚、田土、斗殴等事,自有印官准理,非奉批审批查,该衙无庸干预。"②

4. 在乡规民约和家法族规中"息讼"

除了官方文本的记载外,古代各种乡规民约和家法族规也有大量反映"息讼"思想的内容。如清代安徽桐城《祝氏宗谱》规定:"族众有争竞者,必先鸣户尊、房长理处。不得遽兴讼端,倘有倚分逼挟持符欺弱事及遇事挑唆者,除户长禀首外,家规惩治。"江西南昌《魏氏宗谱》记载:"族中有口角小忿及田土差役账目等项必须先经投族众剖决是非,不得径往府县诳告滋曼。"浙江萧山《朱氏宗谱》曰:"和乡里以息争讼,安欲涉讼者,家法必先禀明本房房长理处,或理处不明方许伊赴祠告祖先,公议其是非,令其和息。"③

二、民间诉讼意识与策略:"健讼","小事闹大"

尽管在传统社会,官方大力倡导和极力推行"息讼止争"政策,"厌讼"、"贱讼"成为传统社会普遍的诉讼心理和文化特点,但是民间社会

---

① 《大清会典》卷五十二。
② [清]吴宏:《纸上经纶》,载郭成伟、田涛点校整理:《明清公牍秘本五种》,中国政法大学出版社1999年版,第224页。
③ 以上族谱,均转引自郑秦:《清代司法审判制度研究》,湖南教育出版社1988年版,第223页。

的现实却是残酷的,似乎朝着相反的方向发展。由于制度和文化等多种因素的影响,民间百姓倾向于以调解的方式来解决纠纷,但并不等于他们放弃采取诉讼的方式。当他们由于自己的权利被严重的侵犯,不得已选择诉讼时,其诉讼的策略则是"无中生有"、"小事闹大"。这一诉讼策略和官方主流的"大事化小,小事化了"正好形成鲜明的反差,导致传统社会出现"诉讼爆炸"、"健讼"成风的现实。

随着古代社会经济出现长足的进步,商品经济日益活跃。然而由于人口的迅速增长,土地呈现缺少之势,"人地矛盾"不断尖锐,土地流转逐渐频繁,地权关系呈现复杂化。所以,尽管社会经济在整体上不断繁荣,但小民百姓的物质生活反而日趋匮乏,一旦自己的利益受到他人侵害,便奋起抗争。所以,在看似远离帝国衙门的静谧祥和的乡土社会里,矛盾和冲突也是无法回避的。在现实法制生活中,几乎没有一日不产生争讼,以致官方与士人阶层每每哀叹"世风浇漓"、"人心不古"。争讼的目的主要是图财,既包括山场、粮田、墓地、房宅等有形财产,也包括谱牒、承继和婚姻等其它无形的财产权利,而以田产之讼为最。在聚族而居的乡村社会,平常邻里之间的口角细故都可能成为讼端,但更多的涉讼却是围绕着个人乃至家族的财产权利而进行的。可见,传统中国人所追求的没有纷争的"无讼"社会,始终只能是一种难成现实的理想。

清代学者崔述认为诉讼的产生是正当合理的,他在著作《讼论》中说:"自有生民以来莫不有讼;讼也者,事势之所必趋,人情之所断不能免。"各种史料记载告诉我们,两宋以后全国很多地方都有百姓"好讼"的现象。南方地区表现尤其突出,例如,山西人好讼,四川人好讼,江西人好讼,徽州人好讼,湖南人好讼,广东人好讼,福建人好讼等[①]。随着

---

① 参见徐忠明:"明清诉讼:官方的态度与民间的策略",载《社会科学论坛》2004 年第 10 期。

社会经济的发展，明清时期"好讼"的现象在全国已经非常普遍，我们常常在明清方志和官书吏训中看到时人用"珥笔健讼"一词来形容地方恶俗。俗话说的"士大夫讲礼，老百姓好利"虽然偏颇，但"争利"却从一个侧面反映了明清时期形成"好讼"风气的重要原因。

以《黄岩诉讼档案》为例，老百姓在告状时采用"四字珠语"的形式来说明告状事由，常常故意将小事夸大其辞，说得耸人听闻，例如：把"争水纠纷"起诉成"强屏水塘"，把"财产继承"说成"霸吞继产"，把"债务纠纷"说成"霸噬肆蛮"，把"债务纠纷"说成"恃强霸吞"，把"失窃案件"说成"黉夜撬窃"，把"遗产纠纷"说成"惑众阻葬"，把"契约纠纷"说成"为中遭害"，把"合同纠纷"说成"图烹诬制"等。其余的故意把小事闹大的珠语还有"因奸荡产"、"恃泼串诈"、"朋谋贩卖"、"恃妇横占"、"义子强占"等。这些花样翻新的珠语，所涉及的纠纷内容无非是兄弟失和或债务争端，甚至是一些合同之争、契约误解之类的纠纷，他们之所以把问题描述成重大的案情，目的之一是为了引起官方的重视[①]。

由此可见，尽管官方极力推行"无讼"、"息讼"的价值取向，但一旦纠纷无法通过调解来获得解决的时候，老百姓为争取自己的权利和公正的结局，就不再受"些小词讼莫如休"及"屈死不告状"的训诫之束缚，有些人甚至颇为"健讼"，他们的基本诉讼策略就是"把事情闹大"。清代民间诉讼状态说明，传统中国民间社会并非完全是和和美美、温情脉脉的"无讼"社会，它也是一个纠纷层出不穷的"健讼"社会。

第二节　司法机构与司法官

诉讼流程中关键的一环是司法机构对司法案件的处置，对于古代

---

① 参见田涛、许传玺、王宏治主编：《黄岩诉讼档案及调查报告》（上卷），法律出版社2004年版，第20页。

诉讼法制而言,中央与地方以及特殊司法机构设置的重要性亦是毋庸置疑的。中国古代的司法机构的设置与运作模式具有东方特色,并随着华夏文明程度的抬升而不断进步。

一、中央司法机构

(一) 西周雏形时期

远古时期是诉讼法制缘起的时期,展现着中国传统诉讼法制文明的司法机构初始面貌,由于时代的久远,这段时期的司法制度颇为模糊,我们仅能从文献中端详大概。《尚书·皋陶谟》记载帝舜委任皋陶"汝作士,五刑有服,五服三就",这里的"士"就是上古舜帝时期所设置的中央司法机构,皋陶也就成为中国历史上最早的履行司法职能的官员。汉代郑玄称:"夏曰大理,殷曰司寇",可见在中国夏代中央司法官员被称之为"大理",汤武革命取代夏朝之后建立的商朝,中央司法官员被称为"司寇"。另外,"王"在远古社会时期对司法权力的掌控,使其成为中央司法机构不可忽视的组成部分,反映了远古时代最高统治者对中央司法权力的掌控,成为中央司法机构的最高一级。

西周时期,远古社会在征战与革新中走向成熟,中央司法机构也在逐渐摆脱初生时期的稚嫩,构筑了相对完备的司法机构体系。西周的中央司法机构由周王管制,其与夏商时期的司法模式一样,周王作为天子,是一切赏罚祸福、生杀予夺的最高司法权力来源,"大司寇以狱之成告于王,王命三公参听之;三公以狱之成告于王,王三宥,然后制刑"[1],"及刑杀,告刑于王"[2]。周天子之下,设置功能多样的辅助官僚,首先是中央的司寇及其属官,司寇分为大司寇与小司寇,他们专门管辖审理

---

[1] 《礼记·王制》。
[2] 《周礼·秋官·掌囚》。

王畿内的诉讼案件。大司寇是六卿之一,掌握周天子以下的诉、刑权力,协助周天子管理司法系统,大司寇之下的小司寇为具体的事务官员,"以五刑听万民之狱讼"[1],是诉讼和刑狱受理、处置的之间裁量者。除了这种具有专门性质的司法机构之外,天官冢宰作为一种后世宰相的雏形,其中一部分权力也延展到了司法领域,他"掌建邦之六典","以刑百官,以纠万民",兼具监察意义上的司法权限。值得注意的是,以现代人们的观念,世界所认知的司法与古人观念世界中的司法有一定的差异性,这种差异带了对权力划分的不同选择,在西周,司法并非孑然独立于其他各类权力而独成一体,西周大司马与大司徒都拥有一定程度的司法权力,《周礼·地官·司徒》就记载"凡万民之不服教而有狱讼者,与有地治者听而断之",大司马则可以诛后至者"、"不用命者斩之"、"以行禁令,以救无辜伐有罪"等情形。

(二) 秦汉塑型时期

中国古代社会进入春秋战国的历史阶段,此间社会急剧转型,新的制度要素孕育在即将崩溃的周王朝,司法制度在激荡中逐渐走向帝制时代。这一时期,作为周朝最高统治者的周天子,在群雄争霸的局面中势力渐趋衰微,已然失去了对王朝司法案件管控的能力,齐、晋、楚等几个诸侯霸主突破礼制的约束,"晋侯使士匄平王室"[2],公然挟天子以令诸侯,代行中央司法权,成为非常时期,具有了非常态的中央司法机构。

秦朝是帝制时代的开创朝代,奠定了此后千百年的司法机构的存在形态。秦代的中央司法机关是廷尉,属于九卿之一,《汉书·百官公卿表》应劭、颜师古注之称:"廷尉,秦官,掌刑辟"。廷尉主要负责审理皇帝指定的案件,以及地方上报给中央处置的疑难案件。廷尉的属官包括

---

[1] 《周礼·秋官·司寇》。
[2] 《左传·襄公十年》。

有正、左右监等官职,负责协理廷尉处理具体任务。作为廷尉长官的丞相,自然也可以对其属下司法职能的运作,作出自己的决断。此外,御史大夫除了行使其监察职责之外,也经常作为中央要员,参与到案件的处理流程中来,把控重大案件的审判方向。

汉代皇帝依然是中央司法审判的最高决策者,汉高祖时就命令说:"县道官狱疑者,各谳所属二千石,二千石以其罪名当报之;所不能决,皆移廷尉,廷尉亦当报之。廷尉所不能决,谨具为奏,傅所当比律令以闻"①光武帝则经常在朝堂之上,观摩疑难案件的处置。同时,汉代中央司法机构基本沿袭秦制,设置廷尉一名,在皇帝之下专门掌管案件审判,贵为九卿之一。景帝、哀帝时曾经改称为大理,武帝与光武帝恢复廷尉的名称。在廷尉之下设有左右正、左右监、左右平、史、奏谳掾、奏曹掾、文学卒史、从史、书佐、行冤狱、治狱使者等,可以看出中央司法机构与前代相比更加完备,职能分工更加细致有序。汉代的御史大夫是中央最高的监察官员,其职能在于典正法度,弹劾官员过失,如遇重大案件仍与秦代相同,与丞相、太尉等官员一起审理。汉武帝时期为了分解丞相的权力,尚书台的地位逐渐抬升,成帝在尚书台设"三公曹",分解了廷尉的一部分职能,取得了部分司法权,是后世刑部的前身。

魏晋南北朝时期在因袭前朝司法机构设置的基础上,有了不少新的变化。一般而言,这一时期司法机构以"廷尉"为主,不过孙吴改称"大理",北周称之为"大司寇",这反映了帝国分裂时期,各具特色的司法体制,权力分散状态下,殊途同归的司法体制演进路径。其中,北齐将中央司法机关更为"大理",官署称之为"大理寺",设置大理寺卿、大理寺少卿,寺丞各一人,又设正、监、平各一名,中央法司体制更加完善。

---

① 《汉书·高帝纪》。

魏明帝时，廷尉中产生了中国最早从事法律教育的机构与官职——律博士，他们负责教授律令制度，培育司法官僚，律博士被后来的西晋、北齐所继承，并由一人增设至四人，统治者开始注意到并逐渐重视司法官僚专业素养培育的问题。魏晋南北朝是三省制度萌生的时期，尚书台地位的独立性进一步凸显，逐渐与少府脱离。对司法机构而言，此时虽无"刑部"的设置，但已经初见端倪，如曹魏的"比部郎"，晋初的"三公尚书"，晋武帝太康年间的吏部尚书，南朝宋的"都官尚书"，北齐时期的"殿中尚书"与"都官尚书"等，都在一定程度上依托尚书台（省）执行着司法职能，这些设置成为隋唐时期设置刑部的制度来源。

（三）隋唐宋定型时期

隋唐是中国古代法制文明健全完善的一个高峰时期，曾经碎片化的版图被整合在一起，沿着不同轨迹演进的司法体制特色，也在被集权中央所吸收、借鉴、统一。隋代虽然仅存在了37年，但却是司法制度承前启后的朝代，其中央司法机关以都官省负责司法行政，大理寺执掌审判，御史台负责司法监督为特点，遇重大案件一起参与审判。开皇初年的都官曹，由都官尚书统摄都官侍郎，刑部、比部侍郎与司门侍郎，在开皇三年改都官尚书为刑部尚书，刑部这一重要的帝制时代的司法机构，从此开始正式设立，这一时期刑部的主要职能在司法行政上，负责律令规范的制定。隋代以大理寺为最高审判机关，模仿北齐官制，设正、监、评各一人，置司直十人，律博士八人，明法20人，狱掾八人，随着隋代统一进程的加快，社会的进步，大理寺的规模也随之不断扩大，文帝与炀帝多有添设官员。

唐代继受隋代法制遗产，将其逐渐发扬光大，并定型稳固下来。皇帝在唐代掌握最高司法权力，突出的一点表现是皇帝掌握死刑案件的复核权，并掌握着赦免犯罪人的权力。皇帝之下的司法机构，由大理寺、刑部、御史台分别行使不同的司法权力。大理寺是唐代最高审判机构,主要审判朝廷命官以及京师徒刑以上的犯罪。刑部是唐代最高司法行政机构,负责制定、修改律令规范,并复核大理寺徒流刑以下和州县徒刑以上的案件,如有问题可以发回重审或者由刑部改判,死刑案件须移交给大理寺重审。御史台是最高监察机构,除了弹劾百官以外,也监督大理寺与刑部的司法事务。唐代的三大司法机构之间,相互配合与制衡,共同行使司法权力,到唐中期以后,遇有疑难大案常常由大理寺长官大理寺卿、刑部长官刑部尚书、御史台御史中丞共同审判,历史上称其为"三司推事",这是后来演化为"三法司"会审制度的前奏。当地方有重大案件还未押解至中央时,可以由刑部员外郎、监察御史、大理寺评事会同前往审理,历史上称之为"三司使"。对民间百姓向朝堂直诉的案件,会由御史台侍御史、中书舍人、门下给事中共同组成"小三司",对案件进行初步审查,符合受理条件的再移交司法机构审判。

宋代的中央司法机构仍设置大理寺、刑部、御史台,只不过大理寺的职权进一步增强,为中央最高审判机构,主要负责全国各州县报上来需要复审案件的评断。宋太宗淳化二年(992年)在禁中添设审刑院,院事为长官,并设置评议官六人,当时凡是上奏的案件都需要在此院备案后,方可以交付大理寺审判,随后再进入审刑院进行复核,评议后的报奏皇帝作最后裁决,审刑院的设置是皇权对国家司法权的进一步干涉。元丰改制后,因精简机构,审刑院被撤销,职权划归刑部。刑部在元丰改制前只是负责大理寺判为死刑的全国案件以及官员平反等事,元丰改制后刑部因吸纳了审刑院与刑狱司,权限进一步扩大为刑法、狱讼、奏谳、赦宥、叙复等权力。对于各种不同类型的案件,其他主管部门也有相应的司法权力,枢密院在宋哲宗以后拥有对军事案件的监督权,对于官员经济犯罪,盐铁、户部、度支有参与审查的权力。同时,中书门下省作为重要的中央机构,对疑难案件的裁决有权讨论,提出意见。

元代作为第一个少数民族入主中原的大一统王朝,其司法机构的设置颇为多元复杂,具备一定的少数民族色彩。元朝的中央司法机关以大宗正府、刑部、宣政院为主。大宗正府在元代与中书省、枢密院并列中央,管理蒙古王公贵族的事务以及"诸四怯薛及诸王、驸马、蒙古、色目之人犯奸盗、诈伪,从大宗正府治之"①,"达鲁花赤"是其主要审判官员。至元元年(1328年)以后,大宗正府的管辖范围缩小至元上都和大都的蒙古人以及集赛(管理喇嘛的事务机关)、军站、色目人与汉人相犯的词讼案件。刑部在元代以司法行政兼理审判为职能,"掌天下刑名法律之政令。凡大辟之按复,系囚之详谳,孥收产没之籍,捕获功赏之试,冤讼疑罪之辨,狱具之制度,律令之拟议,悉以任之"②,职权较唐宋有所扩大。元代统治者信仰喇嘛教,为了便于管理僧众,特设置宣政院,其也成为负责管理重要僧侣案件和僧俗纠纷的最高宗教审判机关。一部分由地方审理的僧侣重案,也必须上报宣政院。对于一些特殊的案件由特殊机关处置,如内廷官吏犯案由管理宫廷的中政院管辖,道教案件由掌管道教事务的道教所管辖,军事犯罪由掌管军权的枢密院处理等情况。

(四) 明清固型时期

朱元璋将蒙元驱逐至漠北,元亡明兴,汉法、汉制得以恢复。明代在中央设立刑部、大理寺、督察院合称"三法司",划分不同职权共同行使国家司法权。明代的刑部一改前代复核机关的职权,取代唐宋大理寺的职能,成为国家最高审判机构和司法行政机构,地位明显提高,其主要负责受理、审查地方上报的徒刑以上案件以及重审案件,并审理地方重案要案,以及中央官员和京师地区重要案件,有时也会代表皇帝去各地录囚,监督全国监狱的运行情况。大理寺掌管对案件的复核之权,

---

① 《元史·刑法志》。
② 《元史·百官志》。

职能发生了重要的变化，从唐宋时期的审判机关转变为慎刑机关。对于案件判决结果，大理寺有异议的可以将其驳回重审或者经行交给刑部重审，对于死刑案件大理寺复核以后，仍需上报皇帝作最后裁决，然后才可以执行。大理寺仅存的审判职能，体现在其参与重大案件时的录审、三司会审以及九卿会审等制度中。督察院是中央的纠察机关，前身是御史台，除了纠察风纪，弹劾百官之外，有一部分司法权限，一是对刑部和大理寺的司法活动进行监督，并审查地方司法运行情况；二是与刑部、大理寺一起会审重大案件，参与三司会审、九卿会审、朝审。

清代相较于明代在司法机构的设置与职能方面变化不大，继承明代中央司法机构的设置，由刑部、大理寺、督察院组成"三法司"。刑部是中央政府的最高审判机关，在"三法司"中地位最高，权力也最为显赫，有甚于明代，刑部执掌全国死刑案件的审核，并报皇帝批准执行，审核批复全国充军流放案件，对于京师发生的笞杖刑以上的现审案件和中央百官的犯罪进行审判，刑部还掌握全国司法行政职权，主管律例等规范的修订，统辖全国狱政。大理寺在清代的地位一落千丈，理论上是"掌平天下之刑名"，实际上却成为死刑复核程序和秋审、朝审时的陪衬机构。督察院依旧是"风宪衙门"，负责监察百官，其司法职能体现在对刑部拟处死刑的案件进行审核，并参加秋审和朝审。

（五）清末变形时期

清朝末年，西方工业文明时代的政法知识输入清帝国，清政府开启了艰难的司法改革进程，司法机构的设置也随之大变，逐步迈向近代世界。1906年满清政府诏令改刑部为法部，成为主管司法行政的机关，负责监督管理全国监狱，执行刑罚，并督察各级审判机关的运作情况，除了这部分司法行政职能以外，有一些审判权能，例如复核大理院和高等审判庭确定的死刑案件等。大理寺在清末被改为大理院，成为全国最高审判机关，还可以对法律进行解释，各级审判组织都需要按照其解释作出判决。清末司法机构的一系列改革,标志着司法体制从皇权管控下的"三法司"时代,逐渐朝着近代化方向演进。

二、地方司法机构

(一) 司法权力分散时期

夏商时期司法机构开始有了中央与地方的区别,一般学界认为在地方夏朝所设置的司法机构是"士"或者"理","士"属于军事与刑事合一的机构。到了商代,地方司法机构除了"士"的设置,也设置称为"蒙士"的机构,他们主要在王畿统治范围内的地方行使司法权。

西周时期地方司法机构按照乡、遂、县、都的行政等级不同,设置有乡士、遂士、县士就地处理司法案件。对于各个诸侯国而言,其司法系统的设置也基本与周王朝中央司法系统一致,设有司寇、士师等官员,同时各诸侯在其管辖范围内拥有最高的司法审判权,上级贵族对下级人员所发生的案件也有权力进行裁决。

(二) 司法权力整合时期

海内一统的秦王朝,对地方政权的控制更加强化。秦代地方司法机构按照等级分为郡、县两级,各郡县长官具有行政兼司法职能,一般的民事、刑事案件由各郡县长官处置即可,如遇有重大、疑难案件则需要上报中央政府处置。为了辅助各地长官处理民刑案件,郡内设辞曹掾史、决曹掾史,县内添设辞曹掾史以及狱掾,是长官断案的左膀右臂。对于基层的乡与里而言,啬夫对于发生在乡内的微小案件及民事案件有权进行调解和处置,并报告县一级政府。里长则对里内发生的一般案件可以进行调解。

汉代的地方司法机构与秦代差异不大,同样是司法与行政合一的体制,司法权由各地郡、县长官行使,在郡内设决曹掾专职辅助长官进行司法审判活动。汉代的地方司法机构可以直接判处死刑,而无需中央政府的同意,如遇重大疑难案件则需要上报中央朝廷,由廷尉或丞相商议裁决,并由皇帝作出最后决断。因为汉代恢复了封邦建国的制度,除了郡县这一司法系统以外,各地封国也有司法权力,各封国的内史掌握审判权,景帝之后封国丞相承担了重要的司法职能。到了东汉灵帝时期,州成为地方最高的行政单位,与此同时州牧也成为各个州司法案件的最高裁决官员。基层的司法机构是县令长、邑道尹、候国相等长官,以令史、狱史、尉史等为其司法活动的辅助官员。在乡一级设有三老、有秩、啬夫、游徼负责教化、听讼以及捕盗。

（三）司法权力调整时期

三国两晋南北朝时期地方司法机关的设置沿袭东汉传统,有州、郡、县三级,各地方长官行政兼领司法。因为群雄逐鹿中原,天下大乱,所以版图分裂时期的司法机构职权有一大倾向就是集权,这里的集权又分为两个面向,一是中央加快收紧地方权力,一些重大疑难案件需要由中央审理,以利于实现权力统一的目标;二是地方集合行政司法权力于一身,展现了分裂时期地方机构在军事斗争中的重要作用。

隋唐时期地方司法机构由州县两级组成,同样是司法与行政不分,州县长官控制本辖区的司法权力,随着经济社会的进步,大量的户婚田土纠纷出现,唐代县一级设置了专门处置民事与刑事案件的司法机构,其中"司法佐"专门处理刑事案件,而"司户佐"则处置户婚田土等民事纠纷的处置。此外,中央御史台派出的监察御史在巡查地方政务的时候,也会参与地方重要案件的处理。

宋代以冗官、冗政著称与中国古代史,其地方司法机构设置颇为繁琐。宋代司法机构层级分为路、府、县三级,淳化二年(991年)在路一级设置提点刑狱司,监察路一级的刑事案件以及狱政,并对死刑案件进行批复。州一级长官司法与行政兼管,为最高长官,并设置"司法参军"与"司理参军","司法参军"主要负责对适用法律问题进行判断,而"司理参军"则负责对案件的事实问题进行调查取证。县一级以知县为最高司法长官,县可以审断杖刑以下的案件,在处置案件过程中,刑名幕友扮演了非常重要的角色,对案件的处置结果通常有较大的影响力。对于开封府这种特殊的京畿地区,其司法长官是开封府府尹,并设置判官四人辅助府尹断案。

元代在地方设置了省、路、府、州、县四级来管理国土广袤的地方事务,并在西藏地区(时称吐蕃)设立宣政院与宣慰司使负责边疆事务。行省是元朝最高的地方政务与司法单位,设置肃政廉访使,负责对本省司法活动进行监督。路一级专设推官负责司法审判。路、府、州、县的行政长官负责本辖区内司法案件的裁判,蒙元作为少数民族政权,为了加强对汉人的统治,设置只能有蒙古人出任的达鲁花赤在路、府、州、县中的权力最大,所以他们有权对管辖范围内的案件进行审判。

(四) 司法权力集中时期

明代地方司法机关划分为省、府、县三级,其中与府同级别的还有直隶州,最基层的司法机构是里甲与乡约等组织机构。省一级机构中设按察使司,长官称为提刑按察使,专管刑事司法,掌握一省刑名监察,与布政使司、都指挥使司一同合称"三司",分管各自不同职能。布政使司主要是管理行政,而都指挥使司则主管一省军务。知府、知州、知县兼理行政和狱讼,是府、县司法权力的最高行使者。里老是明代比较特殊的地方制度,在基层乡村中负责纠纷的调解,有一定的司法权力。

清代的地方司法机构分为督抚、按察使司、府、州县四个等级。省一级的督抚作为封疆大吏,享有本辖区内最高的行政与司法权力,可以直接批复徒刑案件,对于军、流案件则审核后报刑部,死刑案件由督抚具题之后,交中央三法司评议。省内设置的按察司主要负责对本省上报的徒刑案件、军、流案件进行复核,如发现有问题可以发回重审或改由其他地区审断,没有问题的交由督抚决断。府一级主要处理县一级上报的案件,并制定出最终的判决上报省衙门。对于县一级,他们有权力决断户婚田土等民间细故的纠纷,刑事案件则需要上报府一级进行审查。

三、特殊司法机构

除了常设的中央与地方司法机构以外,在不同时代,不同社会环境下,一般还会专门设立特殊的司法机构,以处理特殊的司法事务,或者期待特殊司法机构可以弥补常设司法机构的不足,对全国的司法权力运作更好地进行掌控。

(一) 军事司法机构

军事司法机构是比较特殊的司法机构,这些机构着重处理军役内或军役与民众以及军役之间所发生的司法案件。宋代的枢密院、殿前司、侍卫马步军司、经略安抚等机构就对军事案件有审判的权力。到了元代统管地方军务的"奥鲁"对辖区内的军事案件,以及与军事有关的户婚田土等案件有审判的权力。明代卫所制度特色突出,设立的五军都督府统辖全国卫所军队,自然卫所内所发生的司法案件也由其管辖,其下设的五军断事官负责具体审理工作。

(二) 民族司法机构

一些少数民族政权以民族身份为标准,特别设立了司法机构来处置不同民族之间或者是本民族内部的争端。如元朝初期的大宗正府就"止理蒙古公事",成为管理蒙古王公贵族的司法机构,后期管辖范围逐渐扩大,将色目人也纳入到司法管辖的范围内。到了清朝,专设内务府慎刑司审理满人诉讼案件,东三省的满人诉讼由盛京将军、满洲将军和副都统审理,对于满族贵族宗室的诉讼则由宗人府负责审理。作为管理蒙、回、藏的最高机关的理藩院是这些民族争端处置的上诉审判机构,驻藏大臣、伊犁将军、札萨克等在西藏、新疆、蒙古等民族地区有相应的司法审判权。

(三) 特务司法机构

明朝在特务机构设置上在历朝历代达到了登峰造极的程度,形成了一整套明代独特的特务司法机构。《明史·刑法志三》:"刑法有创之自明而不衷古制者,廷杖、东西厂、锦衣卫镇抚司狱是已。是数者,杀人至惨,而不丽于法。踵而行之,至末造而极。举朝野命,一听之武夫、宦竖之手,良可叹也。"东厂、西厂、内行厂、锦衣卫虽然并不是正式的司法机构,却直接听命于皇帝,拥有着极大的综合性的司法权力,集逮捕、审判、刑狱等职权于一体。厂卫制度的设立,破坏了常设司法机构的正常运作,逐渐成为皇帝任意杀害忠良,政治对手铲除异己的工具,实为中晚明一大弊政。

第三节 刑名幕友与讼师

在中国古代社会,司法机构的组成人员除了正规的司法官吏之外,还包括刑名幕友和讼师,他们是地方司法活动不可或缺的参与者,对案件的审理判决发挥着重要的影响作用。

一、刑名幕友的身份地位

刑名幕友是指参与古代司法审判过程中的专职事务顾问的总称,又可分为刑名书吏和幕友两类。

刑名书吏又称刑房书吏,简称"刑吏",是古代地方衙门中专门办理有关司法事务的文职人员。州县衙门仿照中央六部体制,相应设置了吏、户、礼、兵、刑、工六房,每房都设有书吏,其中有专掌刑名的书吏,故称刑名书吏。

幕友又称慕客、慕宾,是由地方官署的主管吏聘请,帮助他处理各方面事务的无官职的左治人员。幕友作为官员礼聘的顾问,其地位相当于礼聘的教师,与"东家"对称"西席"。刑名幕友居于"宾师"之位,官员以下的书吏衙役都必须尊称为"师老爷",简称为"师爷",其职责是在受理、讯问和判决过程中,帮助受雇的地方官处理好审判事务。

(一) 刑名幕友的产生

在中国传统政治机构中,中央到地方各级官员往往兼行政和司法于一身,仅凭一己之力难以处理好繁杂众多的政务,这就为刑名幕友的产生提供了很好的机会。自秦汉到隋唐前,官和吏都能掌握一定的法,隋唐以后直至明清,法多由吏掌握,而官则不甚了解。因为官员大多是通过科举取士上任的,科举考试以儒家经典为核心内容,重经典轻实践,导致官员普遍不熟悉法律专门知识和诉讼实践。而书吏却因为长期在政府部门任职,其职责就是具体地办理刑名、钱粮等公务。因业务所系,他们逐渐熟悉和掌握了本地本部门的情况以及贯彻适用法律的具体操作方式,久而久之成为了行政和法律上的专家,从而事实上掌握了权力。一方面为了弥补自身行政和执法能力的不足,另一方面为了加强对书吏、胥吏的有效控制,限制其权力,官员就私自招雇既有行政能力又懂法律知识的人来帮助自己断案解纷,于是"刑名幕友"便应运而生。

刑名幕友是官府衙门中幕僚的统称,俗称"师爷",萌芽、酝酿于明代,至清代出现全盛景象。清代立国之初,社会动荡、制度草创,地方官员兼理行政和司法于一身,事务杂多。清朝中叶以后,刑名幕友在社会上发展起来,地方各级政府中都有他们活跃的身影,上至总督、巡抚,下至知州、知县,都常聘请师爷处理政务或案件,尤其府、县地方衙门最为典型,几乎所有民事、经济和刑事纠纷及诉讼的解决都要借助于师爷的参与。

清代刑名幕友之所以能得到很好的发展机会,离不开以下背景:

其一，清朝官僚体系从中央到地方都是以满族贵族为核心，初到中原的满族官员不懂汉语、不通风俗、不谙政务，且法律素质普遍低下，急需各类处理政务的人才，尤其是法律人才。

其二，清初立国基本沿袭明律，随着社会形势的发展，清律开始大量地增修条例，律例的增多造成司法审判的困难，这也要求审案者必须经过专门的法律训练。然而，清朝庞大的官僚队伍对律例、案牍以及儒家诗书，都知之甚微，更难以驾驭司法实务，因此不得不借助于刑名幕友的帮助，因此造就了清代刑名幕友的兴盛。

（二）刑名幕友的身份地位

清代刑名幕友操纵着地方政府衙门的司法大权，执行着官府的决定，是国家政治生活中是一种不容忽视的力量，他们的一切活动都是为官所做，最终决策权掌握在主官手中，因而具有特殊的身份地位，具体体现为：

首先，刑名幕友不是国家官吏，是官员私人聘请的师友和宾客；刑名幕友和地方官员之间不是行政上的上下级关系，而是主客关系，来去自由。幕友是官员礼聘的法律顾问，有可能成为官员的朋友，故称"幕宾"、"慕客"、"西席"，平时幕友以平礼与官员相见，他们在衙门中的地位非同一般，不要说胥吏、衙役，就是佐贰、杂职官，对幕友也是礼敬有加。幕友是主官私人聘请的顾问和帮办，由主官支付薪金。

其次，从刑名幕友的来源和组成看，他们大部分是科举道路上不顺利的读书人，依靠官场朋友的推荐而获得幕席。幕友的籍贯大多集中在江、浙、皖、赣、鲁等省，因为这些地区经济文化发达，交通便利，人们受教育的程度高、人口密集，其中最为集中的是浙江绍兴，以致出现著名的"绍兴师爷"的提法。

再次，刑名幕友学有专长，他们是法律专门人才，帮助官员处理司法审判事务，案件处理得好与坏直接关系到官员的宦途前程。从地方州府到朝廷刑部官员都必须聘请刑名幕友帮助处理案件,尤其是应聘刑部的幕友,他们长期接触全国的大案要案疑难案件,法律知识更深刻更专业,在司法实践中起到了很大的作用。

最后,幕友与主雇之间是建立在互信基础上的一种佣雇关系,刑名幕友的身份决定了他们必须尽职尽责,忠心耿耿地为他所辅佐地官员服务,当然也并非对主人唯唯诺诺,而是应该保留独立的人格与立场。

二、刑名幕友在司法过程中的作用

地方审判实践中刑名幕友属于专职的司法顾问,他们的工作性质很特殊,贯穿于案件的受理、讯问和判决整个过程,因此,他们在司法审判活动中发挥着重要的影响作用,主要体现在以下方面:

(一) 审拟控词

刑名幕友负责庭审前的许多工作,如收受状纸、登记案件、拟写公文传票等,他们可以在以上工作环节中影响甚至决定案件的受理情况。刑名幕友首先要对原告诉状文书进行审查,审查控词是由原告本人亲自书写或是由代书人照本人情实据实眷写;审查控词是否波及无辜,控告者是否为被囚禁之人,然后在三日之内对诉状做出准或不准的决定。幕友有时甚至在"本官尚不知呈中所告何事"的情况下就做出"准"或"不准"的决定,形成了"批出内幕之手,官画诺"的现象[①]。

(二) 庭审与断案

呈词获准确定立案后,刑名幕友就依照法律程序着手进行审判前的各项准备工作,如确定案件审理日期,发出传票给原被告当事人,必要时还要传唤证人,搜集证据。以清代为例,在庭审阶段州县到督抚必

[①] 参见高浣月:《清代刑名幕友研究》,中国政法大学出版社 2000 年版,第 43 页。

须亲自坐堂审理案件,刑名幕友不能出现在大堂,大堂之上也不设刑名幕友的位置。刑名幕友虽不露面,但实际上是介入庭审的,如在案件审理后审阅供词,或在幕后参与庭讯。主官通常也会与刑名幕友商讨案情,刑名幕友替主官办事,所以必须听命于主官,但在一般情况下,案件的定罪和量刑多由刑名幕友裁断。

(三) 拟定司法文书

刑名幕友在司法审判的不同阶段都要拟定司法文书,如庭审前对案件中原被告、被害人家属和证人查证,制作勘验报告。还包括制作结案的判词,如代州县官对答、杖刑案件做出拟判;对徒、流、死刑案做出呈报案情的司法文书及详文等。详文有通详、申详等。所谓"通详"是指下级向上级随时详报案件审理进展的详文;所谓"申详"是指下级向上级禀告审转案件审理经过、判决意见的详文,这些都是由刑名幕友一手操办。① 处理详文还需要运用一定技巧和套路,在这个过程中,刑名幕友必须充分运用自己的法律专业知识和生活智慧,灵活善变,以避免许多不必要的麻烦发生。

(四) 审转复核

明清司法上实行法定覆审制度,在层层审转和复核中会产生驳案和上控等各种司法文书,其中上级衙门对上报法律文书提出质疑和不同意见时下级呈报机构必须做出答复。

从以上刑名幕友所参与的地方司法活动看,其对司法的作用主要通过两个方面的工作体现出来,即拟判引律和批答案牍。

其一,拟判引律是在审理后对案件适用的具体法律做出明确引用。幕友不能代理听讼,甚至不能出现在公堂,很多时候幕友只能屏后听

---

① 参加郭润涛:《官府、幕友与书生——"绍兴师爷"研究》,中国社会科学出版社1996年版,第138页。

审。但科举出生的官员对法律尤其例的掌控水平并不高超,故只能委托幕友操办具体案件的法律适用,以免错案。因为清朝法律繁杂,除有《大清律例》外,还有数量繁多的条例、则例和成案等。这些法律必须经过专业学习才能掌握。汪辉祖曾指出"幕客佐吏全在明习《律例》,幕客之用律犹秀才之用四子书也"。①

其二,批答案牍是帮助主官批答各类司法文书,如写判词、呈报、指语、札饬等。州县官接受民刑诉状后,往往分发给刑名幕友审读,做出初步分析,幕友代理知县审理案件后还要代为书写批语,并且在批语后面钤印"闲章",这些"闲章"常常刻记一些表明心志的"寄语",如"若合符节"、"议事以制"、"临事而思"等,这些内容反映了其内心所追求的司法原则。再如"岂能尽如人意,但求无愧我心"、"勤慎"、"率真"等自我勉励的内容。由此可见刑名幕友在法律适用上对高度专业化和职业化的追求。

(五) 评价

中国古代刑名幕友是地方州县官所聘请的法律专门人才,其来源很广并且没有确定的服务年限,他们一般与州县官的私人关系很好,因此享有较高的社会地位且来去自由,各级地方官府都有他们活跃的身影,他们操纵着地方政府衙门的刑事大权,执行着官府的决定,在中国古代社会的政治生活和法律生活中是一种不容忽视的力量。对这一特殊现象的评价可以从两个方面进行:

从其积极一面看,在州县刑名幕友群体中也不乏刚直不阿,敢于秉公执法之人,运用自己的法律专业知识很好地推动了地方司法的正常有序发展。作为国家纸面法律到现实生活中法律实施环节,刑名幕友

---

① 汪辉祖:《佐治药言》,"读律",辽宁教育出版社1984年版。

所发挥的作用是举足轻重的,他们帮助地方政府处理行政事务,影响着国家地方治理中司法、财务和整个国家公牍文书的文体与风格。

但是从严格的法治意义上看,这种现象也是不正常的,刑名幕友中也表现出擅权弄法、营私舞弊的一面,容易导致暗箱操作,加重司法的不透明程度,出现刑名幕友和贪官污吏同流合污,为虎作伥,加重吏治的腐败。

三、讼师的身份地位和作用

在中国传统社会中人们普遍不通晓法律常识,遇到诉讼时就得求助于讼师。讼师又被称为"刀笔先生"、"刀笔邪神",他们替当事人书写诉讼状等法律类文书和非法律性文书,也为当事人提供法律咨询,谋划诉讼事宜,传授法律知识。讼师之所以在古代社会扮演着"准律师"的角色,就因为他们与现代律师具有一个基本的相同点,即利用自己所具备的法律知识和专业技能帮助当事人打官司,维护当事人的权益。

(一) 讼师的起源与发展

作为一种独特的法律职业,讼师在中国古代有着悠久的历史。早在西周时期伴随着民事代理活动的普遍增多,就产生了文书代写人。据记载当时由基层小官吏完成,如《周礼·秋官·司寇》载:"司约……凡大约剂书于宗彝,小约剂书于丹图。"以代书人的身份为职业可能出现在春秋时期。

春秋时期,"礼崩乐坏"为讼师的出现奠定了政治环境;成文法的公布和立法的不完善为讼师的活动提供了切入点。郑国大夫邓析不仅在政治上非常活跃,而且还重视法律,编制竹刑、对法律很有研究。他还办起诉讼学堂,私家招收门徒,传授法律知识和诉讼方法,并助人诉讼。《吕氏春秋·离谓》记载:邓析"与民之有讼者约,大狱一衣,小狱襦袴,而学讼者,不可胜数。"邓析颇有古代律师的味道,他以擅长辩论著称:

"操两可之说,设无穷之词"①,并能"持之有故,言之成理"②。他在诉讼中常常打破周礼的限制,"以非为是,以是为非"③,在郑国掀起一股革新浪潮。总体而言,春秋战国时期虽然也存在一些来自于官方的打击与非难,但社会上给予讼师的评价较好,也为讼师的发展提供了较为宽松的环境。

但是自秦朝统一六国实行高度的集权专制主义后,国家严格管控思想,禁绝法家以外的任何学说,使讼师几近绝迹。秦朝实行官方代书以承担一部分讼师的职能,据统计,《秦简·封诊式》中"爰书",即秦朝的官方代书,就有22处④。但由汉至唐,中国传统法律走向儒家化方向,允许私家注解律文,使得讼师的产生有了广阔的空间。汉代出现了专门从事代书这一职业的人,这就是讼师。汉代引经注律蔚然成风,私人注释得到官府的承认,具有法律效力,律学受到重视,学律之风盛行,更多的法律人才产生,那些未进入仕途的律学学子们极有可能成为流落民间的讼师。

从唐代起,代书已经十分盛行并得到法律的承认和肯定。讼师代人书写的文书范围很广,例如,代写遗嘱;代写涉及到买卖、典当、借贷、租佃、租赁、运输等各个民事法律方面的契约;代写借以证明当事人所有财产或经营权的类似工商行政管理方面的申请性文书;代写呈词或呈状;代写官府告示。

经汉唐几代的铺垫,讼师最终在宋朝蓬勃兴起并形成燎原之势。宋代商品经济十分发达,民间"好讼"、"健讼"之风盛行,甚至出现了专

---

① 刘歆:《邓析子·序》。
② 《荀子·非十二子》。
③ 《吕氏春秋·离谓》。
④ 转引党江舟:《中国讼师文化:古代律师现象解读》,北京大学出版社2005年版,第32页。

门教习讼学的学校,即"业嘴社"。讼师职业如此活跃乃至于讼师活动开始得到有限度的合法化,官府承认了写状钞书铺户的合法地位。

明清时期,在思想文化领域的高压下对讼师的打击和限制愈来愈严厉,然而事实上讼师活动却非常活跃,甚至出现了"词讼必由讼师"[①]的局面,记载明清时代风俗的古籍资料中有大量"好讼之风"、"健讼之风"的描述,侧面反映了民众诉讼观念的转变。清末变法以后,西方的律师制度引入中国,《大清刑事民事诉讼法草案》对律师的全面代理做了规定,传统的讼师职业逐渐向西方律师转型。

(二) 讼师的两面性

讼师通过书写诉讼状来为当事人谋划诉讼,提供法律咨询服务,对诉讼的发生和审理发挥着重要的作用。随着传统社会经济的发展和民间纠纷的增加,法律对于诉讼状尤其是原告的起诉状在书写上有严格的规定。讼师代写诉状不仅严格符合法定的格式,而且还通过整个诉状的布局、提起诉讼的用词和构思来引起官府的重视和受理。讼师运用自己法律知识如实解答当事人的问题,为案件受理和审判的顺利进行发挥积极作用。

然而,传统讼师的社会角色一直具有比较尴尬的一面,从诞生之日起,他们一直受到社会上各种嘲讽、诘难和压制,明清时期讼师的地位更是跌入谷底,民间社会常常以讥嘲的口吻对待讼师,官府更是大力推行"贱讼"思想,斥之为"讼棍"、"土棍"。讼师之所以在传统社会地位如此之低,原因是多方面的:

其一,讼师的某些不良行为对正常诉讼秩序起到破坏作用。

如,有些讼师在对案件进行解释和出具咨询意见时故意夸大其词或挑拨是非,怂恿当事人无理取闹,扩大诉讼规模,讼师则从中渔利。

---

① [清]袁守定:《图民录》。

这种典型的"教唆词讼"行为是为官方所严厉禁止和打击的。再如,讼师通过"打点衙门"和"串通蠹吏"而对司法秩序造成负面影响。衙役介于审判者和讼师及涉讼当事人之间,他们掌握审判案件的重要信息。讼师和衙役、蠹吏串通一气,为害深远,地方官对之深恶痛绝,称之为"出入官府,与吏为市"[①]。"涛至所右,官吏右之,所左,官吏左之,少弗其意。"[②]"狱吏畏其奸凶,在狱视之如兄。"[③]另外,讼师通过明目张胆的行贿吏役而出入官府,把持捏造,包揽词讼,欺压百姓,掣肘官府,干扰司法过程。《名公书判清明集》录有诸如豪横类、把持类、哗徒累、告讦类等专门惩罚讼师的判例,反映了官府对此进行严厉打击的决心。总之,部分讼师舞文弄墨,挑拨是非,伪造证据,兴讼缠讼,勾结官府敲诈百姓,其恶劣行径大大破坏了讼师的名声。

其二,法律的禁止和官府的打压。

历代法律都规定了一些特殊罪名,官府以此禁止讼师参与诉讼,如唐宋法律有"为人作辞牒"、"教令人告事"等罪名;《大清律例》规定:讼师唆使告状按律查处;所控不实,发边疆充军(云、贵、两广);上官对讼师失察,按例严处;明知不报,将地方官照奸棍不行查拿例,交部议处;坊肆所刊刻的"讼师"秘本,如《惊天雷》、《相角》、《法家新书》、《刑台秦镜》等一切构讼的书籍,查禁销毁,不准销售,否则,刊刻者,照淫辞小说罪,杖一百,流三千里;复刻贩卖者,杖一百,徒三年;买者,杖一百;藏匿者,减刊刻者一等治罪[④]。按照法律上的这些禁止性规定,讼师办案常常冒着犯罪或掉脑袋的危险。不仅如此,地方各级官府也在实践中把

---

① [宋]《名公书判清明集》卷十二,《教唆与吏为市》。中国社会科学院历史研究所宋辽金元史研究室校:《名公书判清明集》,中华书局1987年版。
② 同上书,《士人教唆词讼把持县官》。
③ 同上书,《捏造公事》。
④ 参见《大清律例》卷三十,《刑律·教唆词讼》。

讼师作为对立面加以打击,甚至把对讼师的有效控制作为政绩上报。

(三) 讼师的地位

在中国古代社会生活和司法实践中,讼师一直是一个神秘的群体,其地位难以言喻。尽管在儒家传统的"无讼"观念影响下,国家一直严令禁止打压讼师,据大量官方史料的记载,讼师被描绘成无耻之徒的讼棍,但在民间司法活动中,讼师却非常活跃,以致我们常常在戏剧、小说里看到讼师那种伸张正义、为民伸冤的侠者形象,这看似矛盾的现象实际上在某种程度上反映了讼师地位的重要性。

首先,讼师的存在弥补了古代法律职业群体的单一和不足,对于古代诉讼制度的完善起到了有益的补充。如前所述,古代司法程序的启动对当事人提交诉状有着严格的规定,在传统社会绝大多数人受教育的程度不高,要求当事人都自行书写符合要求的诉状是不现实的;同时,即使存在"代书"这样一种官方制度,但由于其管理混乱,人员构成良莠不齐,其注定无法替代为当事人权益负责的讼师。相比之下,讼师的第一职责在于代人书写诉状,因而,讼师在当事人背后出谋划策,以自己的专业素养弥补了当事人亲身参与诉讼程序的诸多不足,使大量纠纷得以顺利解决。

其次,与州县官员在司法活动中所持的"维稳立场"相比,讼师则是从当事人的立场出发,为维护当事人的利益而努力,这在一定程度上有利于古代司法制度的发展。根据日本学者滋贺秀三的研究,中国古代州县官的司法审判活动具有明显的"教谕式的调停"特点,州县官员以"父母官"的姿态居中调停,在司法过程中,州县官员并非主要追求对当事人各项权利的保障和维护,而更多是为了尽快息讼止争、推行教化,稳定地方秩序,以追求自己仕途亨达。所以,讼师参与司法有利于古代诉讼制度的发展。

第四节 诉讼基本制度

虽然以现代西方法学概念、体系来看中国古代的司法诉讼制度,并没有严格意义上独立存在的司法诉讼,这一概念总是依附于统治权、行政权而存在,但就像我们不能以今天的飞机诘问昨日的马车一样,并不能因此而责备古人,他们毕竟找到了能够适应自己文化背景的制度。

一、案件的管辖与回避

(一) 民事案件的管辖

前一节我们提到了中央与地方的司法机构,我们侧重的是刑事案件的管辖机构,在中国古代历史上另一条脉络是民事案件的管辖。这种按照案件法律性质的不同对案件进行划分管辖权的认识,有助于我们全面的理解民事在整个法律制度中的地位和其背后所隐含的制度考量。

早在夏商时期,统治者即重视对民事案件的处置。《尚书》:"帝曰:'契,百姓不亲,五品不逊。汝作司徒,敬敷五教,在宽。'"即是将"百姓不亲,五品不逊"的民事案件交由司徒管辖,可见,在制度缘起时期统治者就已经注意到民事领域的重要性了。

西周时期统治者承接夏商对民事案件的管辖安排,亦将民事案件交由司徒管辖,《周礼》说:"凡万民之不服教而有狱讼者,与有地治者听而断之,其附于刑者归于士。"郑玄注:"争罪曰狱,争财曰讼。"就是说只要人民有不服从教化,交相争讼的,就与当地官员一起审判他们,但是对于刑事类的案件,需要由司寇、士等刑法官吏审断。大司徒之下设置小司徒"掌其政教与其戒禁,听其辞讼"[①],以及司救、司市、遂师等,都

---

① 《周礼·地官·小司徒》。

是专门对接民事案件的管辖而设置的。秦代受到法家思想的影响,以刑事司法最为发达,对民事司法的管辖力度不足,但仍有机构负责民事案件的管辖,例如乡啬夫,《汉书·百官公卿表》就将其描述为听讼,收税的官职。

西汉时期统治者推行与民生息的政策,减轻刑事法律对人民的压迫,开始重视民事纠纷的解决。《后汉书·百官志》:"辞曹主辞讼事。"将辞曹列为中央处置民事诉讼的机构,同样,沿袭西周时期的传统,依旧设置有司徒一职,后汉书云:"掌人民事。凡教民孝悌、逊顺、谦俭,养生送死之事,则议其制,建其度。凡四方民事功课,岁尽则奏其殿最而行赏罚。"明确将民事一类事务交给司徒管辖。另外,中央也设置有二千石曹,专掌辞讼、罪法等事。秦朝时期的乡啬夫同样也被保留下来,在基层起着处理民事纠纷的职能。

魏晋南北朝时期,由于各地战乱不断,刑事案件、军事司法案件的重要性再次凌驾于民事之上,此外因为战乱,导致民事活动受到诸多限制,所以民事司法管辖制度相对模糊与混乱。

隋唐时期民事交易行为极大增多,并且王朝的各种制度设计可以说在帝制时代达到了一个前所未有的高峰时期,民事诉讼案件的司法管辖也更加健全。据《通典·职官》对都官郎中载曰:"掌簿录、配役、官私奴婢、良贱诉竞、俘囚等事。"另外,针对比部司郎中描述道:"掌内外诸司公廨及公私债务、徒役公程、赃物账及勾用度物",可见都官郎中与比部司郎中是中央设置的专管民事纠纷的司法机构,另外司门司据《通典》记载也负责门籍、道路、遗物等事务职责,也是民事司法事务的管辖机构。在地方各州下设司户参军,县一级则设置有司户佐掌握本辖区内有关户婚田土等相关司法诉讼事务。

宋代除了因袭唐代的制度设计外,户部有了审判各地州县上诉的民事案件的权力,凡是各地区不服地方民事裁决的可以上诉到户部审理，或者由户部发到其他地区审判，以保证民事案件审判的公平公正。元丰改制之后，户部有左右两个曹职，分别管辖不同类型的民事案件，左曹职主管户婚田土的诉讼，右曹职主管水利、义仓、保押等民事诉讼。在一些重要的地方政府也设有专门的民事诉讼管辖机构，例如开封府特设司录司，专门掌握户婚田土诉讼，宋室南迁之后，在临安亦设有司户参军、录事参军等职务专门处理民事诉讼。

由于元代海外贸易兴盛，统治者比较重视民事案件的处置，特别是在基层民事机构的设置上，元代统治者规定推官专管刑狱，正官专理词讼，而且规定："诸南北兵马司，职在巡警非违，捕逐盗贼，辄理民讼者，禁之。"[1]严禁这些机构插手民事诉讼，对于民刑案件的管辖安排有明确的区分。另外，元代统治者注意将民事纠纷的矛盾化解在基层，《新元史》明确记载了基层的社长负有调解基层民事纠纷矛盾的职责，以免耽误农事，并避免造成基层司法机构负担过重。

明朝时期，三法司共同治理天下讼狱，除了刑部管辖范围主要在刑事领域，而都察院则有权对民事案件的处置情况进行监督和处理。"凡布政司官不许受词自问刑名；抚按官亦不许批行问理。其分守官受理所属所告户、婚、田、土等情，许行理问所及各该府属问报。"[2]地方司法机构中在省一级布政司中专设理问所，用来主要受理管辖民事诉讼案件。县级以下设立"申明亭"，里甲老人对民间细故有审断的权力，民事诉讼必须先经过里甲老人审断，才能进一步向官府申诉，《教民榜文》规定："民间户、婚、田、土、斗殴、相争一切小事，不许辄便告官，务要经由本管里甲老人理断。若不经由者，不问虚实，先将告人杖断六十，仍发

---

[1] 《元典章·刑法志·职制》。
[2] 《明会典》。

回里甲、老人理断。"对于那些在基层审判机构中不服的民事案件,可以赴巡按御史衙门继续上诉。

清代虽然司法制度基本上承袭了明代,但因为清代统治者对民事活动的轻视,以及重视刑事法规在治理国家上的作用,所以在民事诉讼审判上却并未像明代那样设立若干民事诉讼专理机构,各省基本上都是以刑名幕友为主处理民事领域的司法问题。

（二）级别管辖

根据司法机关上下级权力范围的差异,每一级管辖案件的重要程度也有不同。

西周时期,周天子与地方诸侯政权都设置有"司寇"与"士师",很明显,这种中央官僚主要负责的是中央官吏犯罪或者是各地的大案要案,在地方则将那些小案件交给地方司法官僚"士"来处理,因为社会发展阶段的关系,这个时期的级别管辖的制度设计简单。

秦汉时期,郡县制的施行,更加健全了级别管辖的内容,各地郡守负责审断郡一级的案件,并负责复核县一级报上来的案件,各个县的县令则负责本地方小的刑事案件以及民事纠纷。魏晋南北朝时期,基本上形成了县、郡、州、廷尉（大理）、皇帝的审判等级制度。后世的级别管辖也基本上是沿袭这种以地区行政等级划分审判级别管辖的做法,只不过增加了一些更加细致的规定,如案件大小、性质对级别管辖的变更,各级管辖权更加细致的规定等。

（三）回避制度

回避制度是指司法案件的审判人员或者与之相关的人员,在处理案件时,遇到法律规定的特定情形需要回避的制度,中国古代的回避主要包含籍贯回避、亲属回避、故旧回避、司法官吏回避等制度。

东汉桓帝时期颁布的"三互法"是我国历史上第一部有关官员籍贯回避的法律规定。此后,这项制度不断地被继承和发展,唐代继续增加细致的规定,将地方的刺史、县令列为不能本籍乃至于临近户籍的人出来担任官职。到了明代进一步扩大了回避的范围,将省一级列为应当籍贯回避的单位。清代乾隆时期更加明确了各级官吏籍贯回避的内容,规定任官地与籍贯地应当距离五百里以外,如此细致的规定反映了中华法系的法律制度发展之成熟与完善。

唐代在制度设计中,为了防止审判人员徇私舞弊,规定了一套"换推"的制度,《狱官令》规定:"诸鞫狱官与被鞫人有五服内亲,及大功以上婚姻之家,并受业师,(曾)经为本部都督、刺史、县令,及有仇嫌者,皆须听换推;经为府佐、国官于府主亦同。"这里规定了两种需要换推的情况,一是有亲属、师生、仇嫌关系的,判官需要换推,另外一种情况是同职连署连判的官员之间,有大功以上的亲属关系同样也需要换推。

元代在《刑法志》中第一次提到了"回避"一词,规定法官在审判案件时,应当避免出现与案件的当事人有血缘、姻亲等关系,否则就应当回避。

明清法律对于回避的规定比前代更加严格,尤其是对官员极刑犯罪案件的审判,要严格遵照回避制度的有关规定,并且更加细致的规定了因亲属关系、联姻关系等需要规避的种类和情形。

在中国古代的司法回避制度中,回避人员广泛,不仅包含有主审法官,还有一些参与案件审判的技术人员需要回避,这能在较大程度上维护司法审判的公平公正。此外,回避情形也是多样,不仅有血缘关系回避,还有籍贯回避,故旧回避等回避情形,反映了中国古代对司法审判的法律现象细致的观察。除了上述两个特点,中国古代的司法回避还规定了未能按照法律回避,需要承担司法责任的制度,规定了具体明确的刑罚措施,有力地保障了回避制度的顺利实施。

二、强制措施

(一) 拘传与逮捕

中国古代司法强制措施是指中国古代当告者或者司法机关指控某人有罪时,为了保证案件能够顺利进入司法程序,防止案件证据灭失,国家通常要采取限制和剥夺其人身自由的强制方式。

春秋战国时期的法律制度明确规定了强制措施,如在《法经》中专门设有捕法,用来规范强制措施的执行。值得注意的是,春秋战国时期的诸侯国之间,经常发生犯罪人流窜与各个国家的现象,为此诸侯国之间就约定了对罪犯互负逮捕责任,《左传》记载诸侯盟誓称:"毋保奸(藏罪人),毋留匿(速去恶)",要求对方国家不可以隐藏犯罪者,要对其采取强制措施。对于施行强制措施的方式而言,可以有绳索、枷锁、桎梏、铁链等方式。

秦朝时期将强制出庭措施称之为"执",是司法机关强制被告人出庭应诉的一种方式,《睡虎地秦简》中就有"令令史某往执丙"的记载,这应该属于现代概念体系中的拘传。对于确定有罪而逍遥法外的情况,秦律中也有使用逮捕的强制措施之案例,《睡虎地秦简》记载了一个典型的逮捕案例:"爰书:某亭校长甲、求盗才(在)某里曰乙、丙缚诣男子丁,斩首一,具弩二、矢廿,告曰:'丁与此首人强攻盗人,自昼甲将乙等徼循到某山,见丁与此首人而捕之。此弩矢丁及首人弩矢殴(也)。首人以此弩矢□□□□□乙,而以剑伐收其首,山佥(险)不能出身山中。'讯丁,辞曰:'士五(伍),居某里。此首某里士五(伍)戊殴(也),与丁以某时与某里士五(伍)己、庚、辛,强攻群盗某里公士某室,盗钱万,去亡。己等已前得。丁与戊去亡,流行毋(无)所主舍。自昼居某山,甲等而捕丁戊,戊射乙,而伐杀收首。'"这则记录完整再现了秦代追捕犯人的全过程,其中可以看出基层的校长、求盗等小官吏有追捕犯罪者的责任。同时，秦代严苛的法律要求人们对各类犯罪都负有协助纠察、逮捕的责任，同时也会奖励这些追捕犯人有功的人，《睡虎地秦简》载："捕亡完城旦，购几可（何）？当购二两。"即是说谁能捕获犯罪者，就可以奖励黄金二两，这在当时应该是比较诱人的条件，说明了秦代对犯罪者采取追捕、逮捕的强制措施的重视。

到了法律制度的定型时期，唐宋对于强制措施的规定更加细致规范。唐代将传唤到庭的强制措施称之为"追摄"，《唐律疏议》曰："诸鞫狱官，停囚待对问者，虽职不相管，皆听直牒追摄。虽下司，亦听。牒至不即遣者，笞五十；三日以上，杖一百。"对于关押的囚犯，如果本衙门要拿来审问的，虽然职务并不互相管辖，可以直接向他地官员发出文牒，要求其管辖的囚犯押解至本地审判。唐代对于逮捕案犯的制度规定在《唐律疏议·捕亡》中，逮捕的权限只属于州县以上的官府，并且由主管官员授权逮捕，由吏来执行。不过，因为毕竟官府的司法资源是有限的，唐律对逮捕的执行也留下了一定的余地，《唐律疏议》："诸追捕罪人而力不能制，告道路行人，其行人为能助而不助者，杖八十，势不得助者，勿论。"可以看出，唐律对强措施的执行是有变通空间的，这些规定的制定是向中国古代司法资源紧缺基础条件的妥协。

明清时期将强制到庭的制度称之为"勾取"，或是叫做"勾问"，《大明律》规定："凡鞫狱官推问罪囚，有起内人伴现在他处官司停囚待对者，虽职分不相统摄，皆听直行勾取。"这属于唐宋鞫问制度的变形，只要是案件需要有人到场，就可以发文将在他处的人员拘押到本地，并且明清律例还规定了拘传所应该遵循的时间期限，违反者要受到处罚。

明清时期对逮捕的规定也更加细致，反映了立法技术的成熟。明清律例除了规定有唐宋对于追捕的期限、人员所负有的刑事责任之外，还增加了免除刑罚的情形，例如在押解途中，罪犯逃亡的，如果责任人能够在一百日以内追回逃跑者，就会免于处罚，这显然要比直接处罚责任人具有更好的社会效果。也反映出明清律例的完善。另外,相对与唐宋时期严格的逮捕实施主体而言,明代对逮捕实施主体相对宽泛,朱元璋甚至规定臣民可以直接将犯罪人押赴京城受审。与此同时,清律例还增加了奖励追捕犯人的规定,《大清律例·刑律·捕亡》规定:"其邻境、他省之文武官,有能挐获别案内首盗、伙盗,质审明确者,该文武各官,交部分别议叙,兵役分别酌量给赏。"这些规定都是在试图最大限度地调动社会资源,对犯罪行为进行打击和惩处,以最大限度地解决司法资源不足的问题。

(二) 囚禁

中国古代的囚禁制度并非是将限制犯人的人身自由作为一种刑罚来对待的,其目的而是将犯人控制在一定的空间内,使其等待审判的作出。

囚禁在中国古代法律中叫做"囚拘"、"囚桎"、"囚系"等。夏商时期将关押拘禁犯人或者当事人的场所叫做"圜土",西周时期,犯人常常在白天需要劳作,到了晚上再关进圜土之内,以剥夺他们的自由权。秦汉时期,囚禁制度进一步发展,有了更加规范化的设置,秦律规定只要被提起了刑事诉讼,被告人就要被囚禁起来,并且要进行一定量的劳动。同时秦律也规定不可以对被囚禁者长时间的囚禁"所弗问而久(系)之,大啬夫、丞及官啬夫有罪。"否则,相关官员就要承担相应的刑事责任。

汉代《九章律》中规定有"捕律",应该有规定囚禁法律制度,遗憾的是"捕律"现已不能知晓其内容,但我们从有关汉代的史书中,仍能够看到汉代关于囚禁的有关施行情况,如《汉书》中就记载:"诣阙告太子丹与同产姊及王后宫奸乱,交通郡国豪猾,攻剽为奸,吏不能禁。书奏,天子怒,遣使者诏郡发吏卒围赵王宫,收捕太子丹,移系郡诏狱,与廷尉杂治,法至死。"这里的"移系郡诏狱"就应该是汉代的囚禁制度。

唐宋时期囚禁制度因为整体法制文明程度的提高而进一步完善、

发展。唐代对犯人施行囚禁，必须是犯有杖刑以上的案犯才能使用，还明确规定了对那些应囚禁而不囚禁的，或者是不应囚禁而囚禁了的，相关司法官员都要承担相应的刑事责任。到了宋代关于囚禁的制度规定更加文明细致，比如宋代就规定对年老、怀孕、残疾人等囚禁时不用戴着枷，散禁就可以。并且规定对案件有关联的证人，也不能使用囚禁等，这都反映出了唐宋时期司法文明的进步。

明清时期对囚禁制度增加了唐宋法律"违法囚禁"所没有的七个条例，使得囚禁制度的司法责任更加明白清晰，达到了帝制时代相关法律规定的完备高峰。

三、期间的法律制度

西周对审理时间有明确的规定，收禁人犯要五六天或十天后才可以进行审理，这种制度设计应该是为了前期仔细阅览卷宗，分析案件的事实情况之后再审判犯人，体现了慎刑的思想。《周礼·秋官·大司寇》载有："以两剂禁民狱，入钧金三日，乃致于朝，然后听之。"则是规定了起诉之后交齐诉讼费，需要三天后进行审理。《周礼·秋官·朝士》："凡士之治有期日：国中一旬，郊二旬，野三旬，都三月，邦国期。期内之治听，期外不听。"规定了基层的司法官"士"审理案件时所需要遵循的时间限制。

宋代对审判时间限制有十分明确的规定，二十缗以上的大事，需要在25天以内完成审判，十缗以上的中事，需要在20天以内完成审判，不满十缗的小事则需要十日内处理完毕，这里的"缗"指的是案件所值的钱财价值。另外，审刑院的复核也有相应时间限制，大事、中事、小事分别为十五、十、五日内复核完毕。宋代还规定了受理民事诉讼的时间限制，这种规定在历史上称之为"务限"，每年的十月一日到次年的正月三十日为可以受理民事诉讼的时间，宋代称之为"务开"，其他时间为

"入务",反映了小农经济条件下,为了减少农户因诉讼迁延不决而荒废农务,影响粮食产量和社会安定的情况。明代清代并没有承袭这种唐宋时期的制度传统,而是由基层官僚自创了一套"放告日"制度,规定只有在每月的三、六、九"放告日",才可以提起民事诉讼。

四、辩护与代理

虽然中国没有明确的律师辩护制度的法律规定,但是可以肯定的是中国古代存在帮人打官司的法律现象,我们知道中国古代很早就产生了"辩护士"、"讼师"的法律角色,虽然其与现代律师制度有较大差异,并且受到官府与社会的双重打压,但不能否认的是,这里面隐含了社会对法律职业化、专业化要求的要素。

辩护制度在古代不能成形的原因,归根结底还是因为中国古代社会的身份等级属性,义务本位的法律文化难以容忍权利本位制度下诞生出的辩护制度,君主专制的集权要求也不可能向为民请命的辩护制度妥协,这本身就是两种难以相容的事物。

代理制度是指案件当事人并不直接出庭参与应诉,而是由自己选定的代理人帮助自己完成诉讼流程,代为受审的制度。中国古代诉讼代理的制度始于元代,元代法律规定有两种人可以适用这种制度,一种是年龄在70岁以上的,15岁以下的,或有严重的残疾不能告诉的可以找人代诉,另外一类人是闲居官,可以令其子侄为其代诉。另外元朝法律规定,妇女、典客、干人不得给别人代位诉讼,这一方面说明元代法律考虑客观情况,又给予统治阶级特权,并且贬低妇女等的身份地位,不给予他们应有的权利。

第五节 诉讼与审判程序

诉讼与审判程序是诉讼审判机制顺利运行的基础和有效保障,没有诉讼与审判程序的严格规范,诉讼与审判的权威与功能均无从谈起。中国古代诉讼和审判程序的设置是受其政治体制、经济结构和法治文化等诸多因素的影响和制约的,它既是一种程序和规则,又是一个文化符号,具有丰富的传统诉讼法制文化内涵。本节按照案件由起诉到审判执行的时间顺序,就中国古代诉讼审判程序中的起诉与受理、一审、上诉、复审、判决与执行等程序的主要内容予以简要论述。

一、起诉与受理

当事人起诉案件及官府正式受理案件标志着诉讼审判程序的启动。中国古代已经有了关于司法诉讼起诉与受理的相关规定,虽然这种规定并非是按照现代西方的法学概念所构建,但中国古代的起诉与受理制度仍然具有本土的实用性。

（一）起诉的方式

中国古代诉讼制度中的起诉方式大体上分为以下几种,一种是自诉,自诉即是说自己或者自己的亲属的利益受到损害时,由自己或者亲属向官府提起诉讼的一种诉讼方式。一种是举告,是指与案件无关的被害人及其亲属以外的人向官府告发,提起诉讼的一种方式。另一种是官纠,这是指由官府、官员直接对犯罪进行追究的一种诉讼方式。此外还有自首等进入司法程序的方式。

西周时期,刑事与民事的诉讼都是由原告向官府告状而提起的,这种告状方式必须要交齐诉讼费才能开庭,西周时期规定"以两造禁民讼,入束矢于朝,然后听之。以两剂禁民狱,入钧金三日,乃致于朝,然后听之。""讼者坐成,以束矢入于朝,乃听其讼。两人讼,一人入矢,一人不入则曲,曲则服。入两矢乃治之。"束矢指的是百支箭,而钧金就是三十斤铜,只有交齐了这些诉讼费用官府才会在三天以后开庭审理,但凡双方有一个没有缴费,诉讼就不能开始,或者直接判处告者败诉。如此高的开庭费用,以及苛刻的开庭条件,说明西周统治者对诉讼的态度是消极的,统治者希望较少地调动司法资源去解决纠纷。这与我们今天诉讼费用设置的目的有相通之处,当下诉讼爆炸,基层法院不堪其负担,如何利用多种方式解决纠纷,减少司法资源的浪费是我们下一步努力改革的方向。

西周时期还有一种肺石、路鼓的司法制度,《周礼·秋官·大司寇》记载:"以肺石达穷民,凡远近惸独老幼之欲有复于上,而其长弗达者,立于肺石三日,士听其辞,以告于上而罪其长。"就是说如果出现官员欺压贫苦百姓的情况,向长官申诉,上面的长官不予上报朝廷的,这些受到侵害的百姓就可以立在肺石之上三日,朝廷官员就要接见老百姓,听取其诉求,并处罚基层官员。"太仆……建路鼓于大寝之门外,而掌其政,以待达穷者与遽令"①是一种路鼓制度,将大鼓置于宫门之外,有冤屈的人民可以击鼓,来提起诉讼。这两种制度都属于中国古代的起诉制度。

官纠的诉讼方式起源于西周,西周设有专门负责纠举的"禁暴氏",《周礼·秋官·禁暴氏》载:"掌禁庶民之暴乱力正者,挢诬犯禁者,作言语而不信者,以告而诛之。凡国聚众庶,则戮其犯禁者以徇。凡奚隶聚而出入者,则司牧之,戮其犯禁者。"对于上述不法行为,禁暴氏可以查明之后向司寇提起诉讼,由司寇判决处罚。

秦代自诉制度的法律规定更加明确,据《睡虎地秦墓简》记载案例:

---

① 《周礼·夏官·太仆》。

"某里士五(伍)乙告曰:'自宵臧(藏)乙复(複)结衣一乙房内中,闭其户,乙独与妻丙晦卧堂上。今旦起启户取衣,人已穴房内,篡(彻)内中,结衣不得,不智(知)穴盗者可(何)人、人数,毋(无)它亡殹(也),来告。'"即是说乙前来报案,乙与丙在房中休息,早起开门拿衣服的时候却发现,衣服已经被人盗取,其将案件的详细情况告诉给了官员。这就是一个典型的自诉案例。对于这种普通的自诉案件,秦律还进行了更加细致的规定,将自诉案件分为"公室告"与"非公室告"。秦简《法律答问》曰:"公室告可(何)殹(也)?非公室告可(何)殹(也)?贼杀伤、盗它人为公室;子盗父母,父母擅杀、刑、髡子及奴妾,不为公室告"。"子告父母,臣妾告主,非公室告,勿听。而行告,告者罪。"这是秦简中关于公室告与非公室告的区分。公室告是指对于那些与起诉人没有血缘关系的,侵害起诉人利益的情况,官府必须受理其诉讼。"非公室告"指的是如果起诉人控告子女盗窃自己的财产,或者子女、奴妾控告家长杀伤、侵害行为的案件,对于这类案件官府不能受理,坚持起诉的人还要承担法律责任。

秦代更加重视纠举的作用,期望纠举可以在发现犯罪方面作出更多贡献。秦代法律规定官吏如果发现犯罪就应该向官府举报,如果不举报就会被认为有罪。监察机关作为一种监督机关,自然更有责任举报官员违法犯罪。

汉代的自诉既可以书面的形式也可以口头的形式提起诉讼,汉代将自诉称为"告",书面形式起诉的称为"书告",口头形式起诉的称为"自言"。秦汉时期的自首叫做"自告"或"自出",汉代自首亦可以减免罪行。

魏晋南北朝时期,直诉作为一种常设的司法制度开始确立下来。晋武帝时期在朝堂以外设置登闻鼓,此制度与西周没有太大差别,都是允许有冤屈的百姓可以直接击鼓鸣冤,上达天听,只不过从这时起,登闻鼓制度一直延续到清朝,成为常设制度。

唐宋时期是诉讼制度定型的时期,自诉制度发展到成熟的阶段。《唐律疏议》中专门设置了"斗讼篇",有意思的是唐代规定遭受侵害的人必须向司法机关起诉,"当告而不告"者还要承担法律责任,可见自诉在唐代不仅仅是一种权利,更是一种义务,这同样适用于纠举的起诉方式,如果与案件无关的人发现了他人的犯罪行为,应当经行举报,否则就会受到法律的制裁。唐代的直诉方式更加多样,除了继受前代的"登闻鼓"制度以外,还可以通过"邀车驾"即阻拦皇帝的车马队伍来告状,或者也可以直接向尚书省申诉。唐代的自首制度增加了由他人代为自首的规定。

宋代继续沿袭前代关于起诉制度的相关规定,变化并不是很大,有的制度设置更加完备,如登闻鼓制度,在宋代更加完善,直接设置了"登闻鼓院"来处理直诉案件,同时细化了自诉适用的案件范围,其中案件涉密,枉法判杖刑,官员受贿枉法、欺压百姓的都可以向中央直诉讼。宋代自首制度中增添了自首期限的规定,《续资治通鉴长编》载诏令称:"诸民伪立田产要契,托衣冠形势户庇役者,限百日自首,改户输税。限满不首,许人陈告,命官除名,余人决配。"即是自首期限的限制性规定。

从《元典章》《元史》等元代的典籍来看,元代诉讼成为法律规定中单独的篇章,反映了诉讼制度在国家司法制度中越来越重要的地位。元代亦重视官员对犯罪纠察的作用,元代设置了一些鼓励官员纠察的措施,并细化了军民犯罪、司法官员犯罪举告的规定。

明清商品经济急速发展,基层讼案不断增多,对自诉有了一些限制性的规定,尤其是举告的案件,《教民榜文》规定:"凡有冤抑干于己,及官吏卖富差贫、重科厚敛、巧取民财等事,许受害之人,将实情自下而上陈告。非干己事者,不许。"这里就是说只有于己相干的案件才允许自下而上举告。

(二) 起诉的原则

为了及时发现犯罪情况,消除对王朝的统治威胁,秦代统治者鼓励告发,对告发的行为给予奖励,"商君说秦孝公以变法易俗而明公道,赏告奸,困末作而利本事。"同时,发现犯罪而不举告者将会被处罚,《睡虎地秦墓竹简》载曰:"甲盗不盈一钱,行乙室,乙弗觉,问乙何论?毋论。其见知之而弗捕,当赀一盾。"并且秦代明文规定禁止诬告,对诬告他人的承担法律责任,适用诬告反坐的法律制度。秦代投递匿名信告状的行为被称之为"投书"、"飞书",法律明确禁止这种举告形式,不仅发现匿名信要立即销毁,还鼓励人们告发投递信件的人。

汉代将儒家思想中的"父子相为隐"演变为"亲亲得相首匿"的起诉原则,汉代明确规定儿子、妻子、孙子与父母、丈夫、祖父母之间相互隐藏犯罪行为而不告发属于"亲亲得相首匿",不必追究他们的法律责任。在汉代起诉应该遵照审级管辖的规定,并逐级向上告劾,不过汉代并未阻塞冤抑上报的路径,确有冤抑案件的发生,当事人可以直接向皇帝上书。另外,沿袭了秦代"公室告"与"非公室高告"的法律理念,除了大逆、谋反等危害皇权的犯罪外,不允许同居卑幼告发尊长,否则就会按照"干名犯义"处罚。《张家山汉简·二年律令》中的《告律》规定:"子告父母,妇告威公,奴婢告主、主父母妻子,勿听而弃告者市。"另外,对于一些特殊身份的罪犯,要"上请"皇帝得到旨意之后,法司才能审理,这里的特殊身份主要是指官僚贵族等。汉代也对不满十岁的未成年人以及在押犯人的起诉权进行了限制,《张家山汉简·二年律令》规定"年未盈十岁及系者、城旦舂、鬼薪白粲告人,皆勿听"。汉代对投递匿名信的行为处罚更加严重,凡是使用匿名信举告的,都要被处以死刑。

唐律将"亲亲得相首匿"的起诉原则扩大了适用的范围,囊括了部曲、奴婢为主人隐,并且五服中小功亲属为相隐的虽然并不免除刑罚,但是可以罪减三等。唐律还依据五服制度,规定了告发亲属所应该承担的罪责,告发尊亲属的,亲属关系越近处罚就越重,告发卑幼的,亲属关系越近处罚越轻。

唐宋时期对告发犯罪的规定比前代更加细致,《唐律疏议》与《宋刑统》专门设置条文,对告发进行了规定。唐代起诉人资格受到严格限制,首先是起诉人不得是被囚禁的囚犯,《斗讼律》规定:"诸被禁囚,不得告举他事。其为狱官酷己者,听(告)之。"《断狱律》规定:"诸囚在禁,妄引人为徒侣者,以诬告罪论。"同时延续前朝,规定除了危害皇权的谋反、谋叛等犯罪之外,同居相隐的不能起诉自己的亲属,部曲奴婢也不得起诉自己的主人以及其近亲属。另外,对于八十岁以上的老人,十岁以下的儿童以及残疾人除了严重的罪名可以起诉以外,其他罪行均不能起诉状告他人。唐宋时期第一次将匿名举报的刑事处罚制度规定在了法典中。

明清时期对"谋反"、"谋大逆"、"谋叛"等危害皇权的案件异常重视,统治者极力奖赏告发,而惩处不告的行为。明清律例规定:"凡谋反及大逆……有能捕获者,民授以民官,军授以军职,仍将犯人财产全给充赏。"可见皇权在明清时期拥有至高无上的地位,统治者竭尽其力保护皇权的安稳。除了危害皇权的犯罪,一些严重的刑事案件如杀人罪、造妖书妖言罪、强盗罪等,对于明知有案件发生而隐匿不报官的要加以处罚。明清时期同样继承前代关于诬告反坐的法律原则,并增加了对被诬告人的经济损失的赔偿条款。明清对匿名举告的行为处罚更加严重,《大清律例》规定:"凡投隐匿姓名文书、告言人罪者,绞。见者即便烧毁。若将送入官司者、杖八十。官司受而为理者,杖一百。被告言者不坐。若能连文书、捉获解官者官给银一十两充赏。"由此可见明清时期针对禁止匿名举告的法律规定更加详尽,处罚也更加严厉。

二、一审程序

诉讼提起以后即进入一审审判程序。在西周前期审判一般是以"神权法"的审判方式进行,人们崇尚天、神,并用占卜的方式决定案件应该如何判决,《礼记·曲礼上》记载:"卜筮者……所以使民决嫌疑,定犹与也。"

西周时期,随着生产力的提高和社会文明水平的上升,人们由"神权法"式的审判转变为"人判法",逐渐提升人在审判作用中的地位和作用,西周时期出现了制度化的"先议后判",这主要表现在对享有法律特权的人可以对其犯罪行为进行先议后判,另外是对于地方政府上报的案件,在司寇判决以前也要集中审议。

秦代允许司法官运用刑讯的方法来获取口供,不过对刑讯的使用应该是一种备用的方法,官方并不提倡使用刑讯逼供的方式来获取口供,《封诊式·治狱》记载:"能以书从迹其言,毋笞掠而得人情为上;笞掠为下;有恐为败",这里就明确将那种靠刑讯的方法搞清案件事实的审判方法定性为下策,恐吓的审讯方式更是失败的。

唐代对案件的审判确立了"长官同断"、"都堂集议"等制度,以此来保证案件审判的公正性。"长官同断"指的是唐律要求对于徒刑以上的案件,必须由长官来主持审判,相关官员一起共同审断案件。"都堂集议"指的是对于"八议"范围内的特殊犯人,有司不能直接判决,需要将案件上报皇帝,然后交给大臣们集体审断。明清时期基本上继承了前代关于一审的制度性规定,并在此基础上加以完善。

三、上诉程序

上诉制度早在我国西周时期就已经存在,《周礼》明确记载了上诉期限的有关情况:"凡士之治有期日,国中一旬,郊二旬,野三旬,都三月,邦国期,期内之治听,期外不听。"西周时期的上诉并非是严格的逐级上诉制度,可以直接上诉至中央司寇。

秦代将当事人不服判决结果上诉的情况,称之为"乞鞫"。《睡虎地秦墓竹简》记载:"以乞鞫及为人乞鞫者,狱已断乃听,且未断犹听也?狱断乃听之。"这段记载说明秦代上诉请求不仅可以当事人自己"乞鞫",也可以委托别人代为"乞鞫",不过需要注意的是,秦代的上诉必须等候本级审判结束并作出判决结果以后再行上诉。

汉代的上诉制度与秦代的上诉制度差别不大,也是称为"乞鞫",但较秦代的规定更加细化,《张家山汉简·二年律令》中的《具律》规定:"罪人狱已决,自以罪不当,欲气(乞)者,许之。气鞫不审,驾(加)罪一等;其欲复气鞫,当刑者,刑乃听之。死罪不得自气鞫。其父母兄姊弟夫妻子欲为气者,许之。其不审,黥为城旦舂。年未盈十岁为气鞫,勿听。狱已决盈一岁,不得气鞫。气鞫者,各辞所在县道。县道官令长丞谨听,书其气鞫,上狱属所二千石;二千石官令都吏覆之。都吏所覆治,廷及郡各移旁郡,御史丞相所覆治移廷。"[①]这里要求一般案件的上诉人必须是其本人,死刑案件的重审则只能由其父亲、兄弟等近亲属提起。另外,如果上诉人提出的上诉理由不成立,就要罪加一等,而其近亲属则要被处以黥刑。此外"乞鞫"也有时间限制,必须在案件判决后一年之内提出,否则无效。

隋唐时期上诉制度成为一种制度化的设计。隋文帝为了减少冤狱,治理司法腐败的问题,诏令全国,允许在本级重审以后,仍然不服的可以逐级上诉至中央政府。唐代进一步规定了重审要求不被受理法官应该负的司法责任,《唐律疏议》规定:"诸狱结竟,徒以上,各呼囚及其

[①] 张家山247号汉墓竹简整理小组:《张家山汉墓竹简二年律令》篇114—116简,文物出版社2001年版。

家属,具告罪名,仍取囚服辩。若不服者,听其自理,更为审详。违者,笞五十;死罪,杖一百。"可见统治者对重审、慎刑的重视。

元代时期,法律规定不准越级诉讼,需要逐级上诉,否则就会受到比唐律更加严重的惩罚。不过如果是官员受贿枉法,元代法律仍然留有空间,允许人们越级诉讼。

明清时期上诉制度的规定更加详尽,《大清律例》规定:"凡狱囚徒流死罪,各唤囚及其家属,具告所断罪名,仍取囚服辩文状。若不服者,听其自理,更为详审。……其囚属在三百里之外,止取囚服辩文状,不在具告家属罪名之限。"如果司法官不严格执行法律规定,也如同前朝确定的制度一样,需要承担法律责任。

四、复审程序

复审程序指的是,当事人对案件的判决不服或者按照制度规定案件需要逐级上报的上一级司法机关要进行复审的制度。我国历史上的复审制度分为上诉复审与申报复审以及会审制度三种类型。

我国古代的上诉复审制度从隋唐时期开始,要求由原审判机关审判之后仍然不服的可以进一步向上一级审判机关申请复审,隋代还第一次出现了逐级复审的制度,并在唐宋时期进一步发展,在后世演变为一种定例。清代的上控案件,上一级司法机关可以选择自己来提审案件,也可以指定另一司法机关重新审判。

申报复审是我国古代一个特色鲜明的法律制度,这有利于中央政府掌握基层司法运作的情况。秦代开始,由于中央集权制度的加强,开始要求部分案件要上报复审。到了汉代,要求疑难案件需要向上一级申报审核。明代将复审分为书面审和言辞审两种,复审的结果可以分为发回重审、逐级复审或者批复执行。清代的申报复审被称之为"审转复核制度",施行严格的逐级复审制度,重罪案件在基层审查清楚事实并拟定刑罚以后要上报府、省、中央,逐一审核,并最终由中央朝廷或者皇帝作出终审裁决。清代规定,州县一级只能审决杖刑一百以下的案件,高于这个量刑标准的案件需要由州县官员将案件事实调查清楚,并将自己的判刑意见随案件全部卷宗上报上一级官府。案件到了府一级以后,由府一级长官阅览案件卷宗,并给出自己的量刑意见,再次上报省按察司。清代规定省按察司可以审结本省徒刑的案件,但是对于应判流刑或充军、死刑的案件在经复审后将自己的处理意见上报中央朝廷,由中央的刑部终审全国流刑以上案件。

会审制度是中国古代对重大疑难案件的复审制度,体现了中国古代对刑罚的慎重态度。会审起源于汉代的"杂治",成形于唐代的"三司推事",明清时期会审制度趋于完备。明代的会审制度主要有三司会审、九卿会审,朝审、大审、热审等。三司会审,是指遇到大案要案、疑难案件,由刑部尚书、大理寺卿、都察院左都御史三法司长官配合共同审理案件的制度,三法司审理后的结果报皇帝裁决。九卿会审,指的是大案要案经审理以后,被告人不服案件的判决结果,由大理寺卿、左都御史、通政史、六部尚书等"九卿"共同审理的制度,审判结果依然要报请皇帝裁决。朝审,指的是死刑案件由"三法司"长官会同公、侯、伯等高爵位者复核审理的制度,其复核结果报皇帝批准。大审,指的是由"三法司"会同皇帝特派的太监,共同审录囚犯的制度。热审,指的是刑部与都察院、锦衣卫在暑期来临的时候共同审录囚犯的制度。会审制度在清代发生了一些变化,明代的朝审转变为清代的秋审制度,而秋审前一天对京师刑部狱中在监死囚进行复核,则成为朝审制度。

五、判决与执行

(一) 判决

秦代的司法机关对案件作出判决,需要使用口供,并且口供需要与其他证据加以配合使用,并且秦代对审讯的方法做了非常细致的规定,例如《睡虎地秦墓竹简》:"凡讯狱,必先尽听其言而书之,各展其辞,虽知其訑,毋庸辄诘",即是说审讯时要将犯人的口供全部记录在案,让他们各自交代各自的问题,即便是知道他们在说谎也不要立即打断讯问,这说明秦代人们就已经知道运用审判心理学来发现案件的事实真相。审案完成后,法官须向当事人当面作出判决,并宣读判决结果,这个过程被称之为"读鞫"。汉代沿袭了秦代"读鞫"的制度,案件的判决结果必须向当事人或者其亲属宣告。这些制度都被后世继承下来,成为中国古代判决制度的底色。

(二) 执行

据《礼记·月令》记载:"孟秋之月,……戮有罪,严断刑。仲冬之月……斩杀必当。季秋之月,乃趣刑狱,毋留有罪。"可见,西周时期就已经有关于刑罚日期的论述,这应当是后世秋冬行刑的制度来源。春秋时期劳役为徒刑的主要执行方式。这个时期的隶臣妾、城旦舂、鬼薪白粲、司寇等,既是一种刑罚,又是一种刑罚执行方式。

汉代除了继承秦朝判决执行的有关制度外,还创立了秋冬行刑的制度,即是除了那些罪大恶极的案件,对于死刑案件的执行,应该都安排在秋冬季节执行。《后汉书》记载:"王者生杀,宜顺时气。其定律:无以十一月、十二月报囚"。这种制度的形成与阴阳学家与汉代儒学家的共同创造不无关系,汉代大儒董仲舒将儒家的"天人合一"学说与阴阳家的"德行时令"结合起来,成为秋冬行刑制度的理论基础,将司法权力神权化,此后的帝制王朝对这项制度都有沿袭。

唐代规定了违法行刑官员所应承担的法律责任。《唐律·断狱律》就规定:"诸死罪囚,不待覆奏报下而决者,流二千里;即奏报应决者,听三日乃行刑。若限未满而行刑者,徒一年。"同时,对怀孕妇女违法执行死刑和拷答,违反法律规定执行答杖刑罚等,都要承担法律责任。这反映出唐代司法的人性化、文明化程度相比前朝有了进一步的提升。

宋代刑罚执行制度发生一定变化,建隆四年(963年)出现了"折杖法",即是原来的流、徒、杖、笞之刑被脊杖和臀杖分别取代。折杖法的出现使得流罪不再远迁他地,而徒刑也免除了服役的年限,笞杖刑得减决数,缓和了五代以来激烈的社会矛盾,有利于宋代社会的安定,从此以后,封建制五刑已经是名存实改。不过,相较于较轻刑罚的减轻趋势,死刑的执行在宋代却是十分严酷的,除了绞刑、斩刑以外,还有杖杀和五代遗留下来的凌迟等相当残忍的死刑执行方式。这些刑罚执行方式也基本都沿袭至后世,展现了中国古代独特的刑罚执行样态。

第六节 调解制度

美国学者费正清在谈到传统中国社会纠纷解决的特点时说:"法制是政体的一部分,它始终是高高地超越农民日常生活水平的表面上的东西。所以,大部分纠纷是通过法律以外的调停以及根据旧风俗和地方上的意见来解决的。"[1]中国传统社会对于"户婚、田土、钱债"类所谓民间细故类纠纷以及轻微的刑事案件多采取调解的方式来解决。中国古代的调解,是指双方当事人发生纠纷时,由第三者出面主持,依据一定的法律规范,结合情理等因素,以说服、教育、感化或官府调处等方式进行劝解、说和,使双方当事人协商解决纠纷,化解矛盾,以达到息事宁人、维护社会安宁的目的。按照主持调解的主体不同,中国古代调解可分为民间调解、半官方性质调解以及州县官的诉讼内调处等三种类型。其调解的依据呈现出多元化的特点;调解的方式灵活多样,因而具有自

---

[1] 〔美〕费正清:《美国与中国》,张理京译,商务印书馆1987年版,第86-87页。

身独特之处。

一、调解制度的来源

中国调解制度历史悠久,之所以发端并盛行于古代中国是基于其独特而广泛的农业社会条件、丰富的哲学思想基础和文化根源。一方面,调解制度切合了传统文化和社会心理。① 中国古人独特的自然观与人文观使中华文化自古以来就带有协调、平衡、中庸、合一,排斥对立与倾轧的特质;另一方面,在"家国同构"的传统社会结构中,国家政治法律制度与宗法制度互为一体,调解也就自然成为解决纠纷和维护乡土社会秩序的重要方式。

(一) 调解的乡土社会条件

马克思曾说:"社会不是以法律为基础的,那是法学家们的幻想。相反地,法律该以社会为基础。"② 中国古代调解制度的社会基础是几千年来自给自足的农耕文明和家国一体的宗法家族制社会根基。

1. 自给自足的农耕社会

中国自古就是以农为主的农耕社会形态为主导,那种男耕女织、自给自足的传统自然经济形式导致了文化上具有很强的封闭性、等级性、血缘性、非经济性等诸多特征。地缘上的限制制约了社会成员的活动空间,将他们的民事行为压缩到乡村邻里的狭小范围内。血缘上的限制也使得民事关系的发生往往未能超出亲友地邻的范围,基本内容亦不超出自然经济的藩篱,即使产生了纠纷,由血缘、地缘因素构成的熟人社会要素也常常冲淡了对立情绪。如因民事活动发生了纠纷,其内

---

①② 《马克思恩格斯全集》(第6卷),人民出版社1995年版,第291页。

在的人际关系基础就为调解提供了必要性和可能性。在这种情况下,纠纷当事人常常采取恢复、维持或者至少不故意破坏原有人际关系的方式来解决纠纷。为了实现这样的解决,与其把具有外在强制性的判决作为处理方式,还不如尽量说服当事人自觉地结束争议更为合理、合算。故而,纠纷的解决常常是规避诉讼而转向调解。

2.家国一体的宗法家族制

中国传统乡土社会是一个典型的宗族社会,聚族而居的自然社区形成一个个牢固的宗族群体或宗族组织,而这些家族和与之相连的宗族是基层社会的实体组织。那种"田土相连、守望相依、聚族而居"的传统使得所有的个人和家庭都有或近或远的血缘姻亲关系,乡村成为典型的"熟人社会",这种乡土社会结构使得调解成为解决纠纷最好选择。同时,中国传统社会对于纠纷的解决采取"调解为主、辅之以刑"的政策也是与其社会结构和政治模式分不开的。中国古代的社会政治呈现出"家国一体、君父相通"的模式,国被视为家的放大,国政的原型是家务,国法是家法的放大和延伸。国民诉讼频繁、社会动荡不定,往往与家庭的不和睦、不稳定有关联。按照这一逻辑,治国犹如治家,以安定和睦为先。所以,处理国民间的争讼,就好比排解家庭内部的纠纷一样,必须以调解为主,调解不成,然后诉诸于法,以求得社会和谐为最终价值。[①]

3.礼治的社会根基

中国传统的宗法家族制社会同时也是礼治的社会。在礼治社会里,社会秩序的维护主要依靠在日常生活中自然形成的伦理道德,而这

---

① 参见张中秋:《中西法律文化比较研究》,南京大学出版社1999年版,第320页。

种自然形成的伦理道德便成为社会的主要行为规范。中国早在周朝就确立了尊尊、亲亲的宗法制度和观念,通过家族制度的形式延续下来,并融进了国家政治领域。国家组织与家族组织的同构性使得用于维持日常生活秩序的伦理准则上升为治理国家的政治原则,还使得强调"亲亲"、"尊尊"的儒家文化成为指导人们社会生活的主导文化。儒家文化重"人情",强调"和为贵",在人与人之间的关系中,相互间情义要重于相互间的权益。正因为如此,人际间的和谐、温馨成了传统中国人所追求的人生价值,人与人之间的和睦相处则是中国传统所体现的理想社会生活。在这种人生价值和理想引导下,人们在处理社会关系时,更注重对双方应尽义务的认定而不是双方应有权益的划定,正是这种文化背景使得中国人习惯于把调解作为解决纠纷的首选方式。

(二) 调解的哲学基础

中国古代调解制度的普遍存在和发展是建立在深厚的哲学基础上的,具体现在"天人合一"的观念以及讲折衷、倡调和、崇尚中庸等方面。

1. 崇尚和谐

在传统中国人的世界观中,宇宙是一个和谐统一的整体,世界万物都是以天为中心的,人与天的关系是宇宙间最基本的关系,天道与人道相通,人必须顺应自然的客观规律,求得与自然的和谐统一。人与自然的和谐推衍到人类社会,便是人与人之间的人际和谐、社会和谐。对于中国来说,和谐不仅是他们关于人生、社会、自然乃至宇宙的最高理想,也是他们解决一切纷争的出发点。在这种以和谐为核心的思想影响下,中国古人把诉讼视为一种破坏社会和谐秩序的极端方式,所谓"讼,终凶",[①]因此,主张"讼不可长"、"讼不可妄兴",对破坏和谐的诉讼极

---

① 《周易·讼卦》。

力予以反对。① 和谐运用到社会关系方面,最简单的对应便是"无讼"。

2.崇尚中庸

和谐价值观在孔子仁学体系中发展为"中庸"之道。在孔子看来,"中庸"的本意是指不偏不倚,无过无不及,恰如其分的"中行"。孔子特别强调"中",强调不"过"、"不及",要求使矛盾的双方处于和谐的状态之中,双方的发展都有其适当的限度而不致破坏均衡实现统一,这正是中国古代"和"观念的真谛所在,也是传统调解机制的内在原理。所以,运用刑罚同样如此,所谓"礼乐不兴,则刑罚不中,刑罚不中,则民无所措手足。"②在孔子看来,"中庸"原则的实现,使社会生活中种种互相矛盾的事物和谐统一起来,从而达到一种均衡,这是其政治学的最高追求,故《论语·学而》曰:"礼之用,和为贵,先王之道斯为美"。以孔子"仁学"体系为坚实基础的调解制度,既富于原始民主精神,又是符合亲情的解决纠纷的温和手段,所以才能在中国传统社会发展过程中获得强大的生命力。

二、调解的类型、依据与方式

中国古代调解制度的类型存在不同的划分标准,如以调解的客体来划分,具体包括:户婚类调解(如有关分家析产、夫妻、家庭关系、宗祧继承、赡养等纠纷)、田土类调解(如有关土地买卖、土地租借、土地田界等纠纷);钱债类调解纠纷;侵权类调解(如因斗殴、轻微伤害所致纠纷);邻里利益关系类调解(如宅基地的边界和耕地的边界等纠纷)。在

---

① 参见梁治平等:《新波斯人信札》,中国法制出版社2000年版,第142页。
② 《论语·子路》。

此按照组织、主持调解的不同主体身份来划分,中国古代存在着三种类型的调解,即民间调解、州县的官方调处以及介于民间和官方之间的半官方性质调解。

(一) 民间调解

民间调解,是指由民间组织或个人主持的,以民间通行的相关社会规范为依据,通过是非曲直的分析来对纠纷当事人进行说服、劝解,促使他们以互谅、互让的精神化解矛盾,消除纷争的活动。中国传统社会民间调解的形式由来已久,具体方式是纠纷不直接诉诸官府,而是由双方或其中一方请求家族、宗族、亲邻、村社、宗教组织和乡绅等解决,或者虽有一方已告官,但由宗族、乡里抢先进行成功调解,然后请求官府销案。与官府调解不同,民间调解属于诉讼外调解,明清时期称为"私休"。"私休"的大量存在,使民间发生的民事纠纷,如婚姻家庭、继承、钱债等一般都通过民间调解的方式,在告官兴讼之前就解决了。事实说明,民间调解在中国古代乡土社会的法律实践中占有重要地位。这种民间调解,一方面是民间宗族、村社、宗教组织等为了维护自己团体体面而采取的主动积极的行动,另一方面则是由于朝廷及各级官府的积极倡导与鼓励的结果①。

民间调解属于诉讼外调解,没有法定的程序,其方式多种多样,因各地乡情风俗习惯而异,因调解人的身份地位而异,调解地点或祠堂公所,或田头村舍,只要便于纠纷解决,什么样的形式都可以采取,民间调解对双方当事人来说是一种相当和缓、体面的息讼方式。在官府的大力倡导和支持下,许多民间纠纷即使已报到官府并且官府已经作为民

---

① 参见范忠信、郑定、詹学农:《情理法与中国人》,中国人民大学出版社1992年版,第191页。

事案件受理,民间调解仍然可以继续进行。如若调解成功,官府也准予销案。

(二) 半官方性质的调解

半官方性质调解是指介于官府司法机构调解与民间调解之间的一种调解机制。具体而言,是指由族长(族正)、乡正(或乡保)、约长、保长、里正等人主持进行的调解。半官方调解主体介于国家公权力与民间私权力之间,他们在乡土社会中具有一定的地位,通过调解纠纷的实践活动,对官方和民间乡土社会发挥着一定的沟通和桥梁作用。虽然民间调解十分盛行,但靠单纯民间的力量,如家族、宗族、邻里乡亲等显然是难以建立有效完善的解纷机制的。而历朝历代正式的司法体制力量有限,无法把所有民间纠纷的解决权都纳入国家正式司法管辖之中,于是便承认半官方组织的合法性,并把大部分民间纠纷的调解权交给半官方、半民间性质的社会控制系统,如带有基层社会自治性质的保甲长、族正和乡约等,以保持乡土社会秩序的稳定,统治者从实践中认识到对于民众最有效的统治方法是所谓"保甲为经,宗法为纬"。①

(三) 州县官诉讼内调处

州县官诉讼内调处是指对于那些通过民间和半官方力量采取和解、调停等方式解决不了的纷争,最后不得不由州县官方在诉讼内采取多种方式解决纠纷的调解制度。以清代为例,根据《清史稿·刑法志》的解释,"各省户、婚、田、土及笞、杖轻罪,由州县完结,例称自理。"对于这类州县官具有管辖权的"自理案件",州县官吏拥有较大的自主权和依法裁判权,对此或审理或调处,完全由州县官自行决定。官方调处是诉讼内的调解,带有一定的强制性。

州县自理案件的调解方式是多种多样的,概括起来主要有以下

---

① [清]冯桂芬:《校邠庐抗议·复宗法议》。

几种：

1."当堂问谳"，当堂结案

当民事纠纷的当事人以"呈词"的形式向县衙门提出诉讼请求并经半官方调解无效时，州县官最常见的处理方式就是"当堂问谳"，即当堂对原被告当事人或具呈人进行法庭调查，在弄清案件事实以后，作出"准"或"不准"的判词，当堂结案。州县官当堂审理或调解完纠纷后，对当事人的诉求（如禀呈）进行批示，通常称为"批词"、"判词"。这些"批词"、"判词"就是最后的判决书，具有法律效力，其格式不定，随情而判，形式多样。我们可以从中国古代的批牍、公牍、判牍以及地方州县的诉讼档案中看到大量的这类判词，其中有的相当简明扼要，而有的判词却非常完备，几乎就是一份民事纠纷的调解文书，包括了对案情的完整叙述和分析，更重要的是反映了主审官吏的价值判断和思想。

2.官批民调

在审理案件过程中，对于一些事属细微、不值得传讯，或认为事关亲族关系，不便在堂上公开处理的案件，州县官有时依据案情做出一般性结论后，直接发回到民间去调处，并要求将调处的结果报告官府。从中国古代地方诉讼档案记载的大量民事诉讼案件看，州县官一般都发回有关乡邻、中证、亲朋好友等调解，充分发挥其作用，即使双方不服再告到县衙，一般堂判都采取息事宁人的调解原则，以不加深矛盾使之和睦相处为宜。这种官批民调的调处方式具体包括：州县官批令乡里亲族、宗族去调解；批令乡绅、保甲长去调解。

3.既判既息，调判结合

为了调处息讼的顺利进行，州县官在对自理案件调处过程中，常常把诉讼内调处和诉讼外调解相结合，调动乡邻、宗族和乡绅等多方力量，共同努力，采取堂上调处和堂下调解同时进行、相互作用的方式，以达到纠纷的迅速解决。当事人双方达成一致意见后，将调处结果报告给官府，由官府"赏准和息"结案。州县官在审理民事纠纷的过程中采取堂上堂下互动的方式，堂上州县官查清事实、严明审判，堂下亲友、族长、乡绅等积极调解劝导，分清财产，使纠纷双方达成一致意见，最后在州县官的判批下结案。

4. 自行和解，达成协议

有些州县官在审理民事案件的时候并不急于作出判断和处理决定，而是积极促成纠纷当事人自动地和解。在纠纷当事人经过调解或协商之后，责令他们自己拿出非常具体的解决方案，并立下和息文书，最后，州县官再以批词的形式准予和息，使纠纷得以解决。这种纠纷调处方式最大的好处在于可以从根本上解决纠纷，"永杜后患事"，因为解决方案是当事人之间自主达成的，根本就不存在执行难的问题。

此外，州县官指示当事人进入调解程序。有些纠纷当事人特别的"缠讼"，但州县官吏始终认为没有诉讼的必要，常常批令采取调解的方式结案。

（四）调解的依据

无论是民间调解、半官方性质的调解还是州县官的诉讼内调处，尽管形式各样、程序不一，但无不贯穿着大致相同的原则和精神，其调解的依据呈现出多元化的特征。中央及地方政府颁布的相关法律、法规是调解的基本依据，但是，仅仅依据国家制定法来解决民事纠纷，在实践中是远远不够的。为了使纷繁复杂的纠纷和矛盾得到解决，地方州县官常常以儒家学说与礼仪为基础，以各地的传统习惯或者风土民俗、乡规民约、家法族规等为参照,这些都是纠纷调解的重要依据。

1. 依据礼仪与情理调解

中国古代调解制度在很大的程度上是依礼调解。传统的"礼"是指以儒家思想为核心的伦理纲常。以儒家礼教所推崇的基本原则和传统乡土社会公认的道德规范作为调解依据。《礼记》曰"纷争诉讼,非礼不决。"①儒家伦理道德在调解纠纷的过程中所起的作用有时比法律大得多,能在更广泛的领域内整合社会关系,促进社会稳定与发展。

在儒家思想主导的古代社会,对于纠纷调处来说,其重要的依据是还包括"情"、"理",而非颇为"冰冷"抽象的法律。情理与法律既有其内在逻辑统一的一面,又有其对立、冲突的一面。清代名吏汪辉祖曾说:"勤于听断善矣。然有不必过分皂白可归和睦者,则莫如亲友之调处。盖听断以法,而调处以情。法则泾渭不可不分,情则是非不妨稍揆。"②这段话告诉我们,民间调解并非一定要在当事人之间分个青红皂白、谁是谁非,调解的根本目是在各方利益大体满足的情况下促使当事人相安无事。在汪辉祖看来,只要以情理来调处,哪怕是没有完全分清你是我非,也是合乎"安人之道"的。

2. 依据家法族规与乡规民约调解

家法族规是家族和宗族内部共同制定的或由祖先遗留的要求族人必须遵守和实行的行为规范,它具有约束宗族成员的效力,在维护家族和睦,化解家族、宗族矛盾,稳定乡土社会秩序方面发挥着重要的作用。因此,家法族规成为乡土社会民事纠纷调解的重要依据之一,凡涉及家

---

① 《礼记·曲礼》。
② [清]汪辉祖:"学治臆说·断案不如息案",载刘俊文、田涛主编:《官箴书集成》,黄山书社影印本 1997 年版。

事、族事的纠纷主要是依据家法族规来调解，它往往比国家制定法起着更深入和更广泛的作用。

3.依据民事习惯调解

所谓"民事习惯"，泛指人们在处理物权、债权、亲属继承等有关民事方面约定俗成的行为。在中国古代民事法律的构成中，习惯占有重要的地位，有关"户婚、田土、钱债"之类的法律纠纷多以民事习惯为法律依据。对此，中外法学研究者均有论述。戴炎辉先生认为："各朝代的实体法偏重于刑事法，其关于民事法的部分甚少，大率委于年间习惯法。"[①]从社会学角度来说，民事习惯是一种社会规范，它与道德、宗教、法律、规章制度等组成了制约和调整人们社会生活的规范体系。从法学的角度来说，民事习惯在未被国家正式认可前不能称之为习惯法，而是一种社会习俗，但它却在一定范围内发挥着近似法律的效力。它既不像法律那样具有强制性，也不像道德那样需经过内化的自觉行为，而是人们通过长期社会实践认定和形成的共同行为规范。

三、调解制度的功能与局限性

（一）调解的功能

中国古代调解是其诉讼法制与文化的重要组成部分，在平息纠纷、维护社会秩序的稳定方面曾经发挥了无可替代的作用，其主要功能表现在以下方面：

1.维护或恢复人际、家际、族际秩序

在中国传统社会，调解制度的理论指导是儒家伦理和宗法等级观

---

① 戴炎辉：《中国法制史》，台北三民书局1986年版，自序。

念,人们理想的社会就是"无讼"、"息讼"、"和睦无争"的社会,人际冲突和家族冲突都被视为是对这种社会秩序的破坏和威胁。采取调解的方式来解决民事纠纷,能够更好地稳定社会秩序。调解的重要目的是为了维护或恢复人际、家际、族际和乡邻之间的和睦秩序,而不是单纯追求权利的保护和救济。所以,中国传统社会的地方官在调解民间纠纷时为了保护人伦秩序,完全以儒家礼教为指导。同样,在家族、宗族纠纷调解过程中,目的仍然是维护家族内部乡邻之间的感情和宗法秩序,有时甚至牺牲真正的权利归属。譬如,发生在长辈与晚辈之间的轻度伤害案件,调解的主题往往不是追究具体的加害人,而直接议定晚辈的赔偿或补偿方式;兄弟与孀妇之间发生关于房屋等财产权利的纠纷,调解人往往劝导兄弟将财产转让孀妇,以体现"矜恤孤寡"等等。尽管传统纠纷调解机制具有一定的单一价值取向,但它在维护特定的社会秩序和恢复被破坏的社会关系上,具有不可抹杀的作用。

2.息事宁人,推行道德教化

古代纠纷调解机制的一个重要功能就是对争讼者进行道德教化。历代统治者面对日益加重的"累讼"现实,在化解矛盾、稳定社会秩序的过程中,用通俗易懂的方式向老百姓宣讲纲常道德,使其品质由卑劣变高尚,以促其良心自觉、自省、自责,从而止讼。先秦儒家的典籍中有许多关于教化的论述,《周礼·大司徒》规定所谓"十二教",即"以祀礼教敬则民不苟,以阳礼教让则民不争,以阴礼教亲则民不怨,以乐礼教和则民不乖,以度教节则民知足……";又有以"六德"(即知、仁、圣、义、忠、和)和"六行"(即孝、友、睦、姻、任、恤)教育民众之说。《礼记·曲礼》在论述礼的作用时特别指出"分争辩讼,非礼不决"。《礼运》篇也将礼义的意义阐发为"正君臣,笃父子,睦兄弟,和夫妇,设制度,立田里"等。汉代以后历代统治者把先秦儒家的这些经典著作奉为正统,并借助于国家权力的支持向全社会民众大力灌输,影响深远。古人认为正本必须清源,"人有争讼,必(先)谕以理,启其良心,俾悟而止"[①]。中国古代统治者在实践中确立了"教化为本"的原则,除了严重危害封建统治秩序的犯罪必须交付国家依法治罪外,对于因财争讼的大量民事纠纷则主要是依靠社会以礼来加以调处。

3.预防纠纷发生

古代调解制度也具有预防纠纷发生的功能。很多民间契约实际上是在纠纷发生之前签订的,立约双方预计将来可能会发生纠纷或矛盾而提前邀集相关人就有关事宜协商出预防方案,签订契约,大家共同遵守,否则按事先约定制裁。诸如"日后两姓勿得生端异说。今欲有凭,立字为据"、"此后不得生端异言。空口无凭,立此和约存照"之类预防纠纷发生的话语,在契约中是常见的。这样一方面可以有效地预防、阻止纠纷的发生,另一方面也为日后发生纠纷规定了明确的解决办法和违约者所应承担的责任。另外,相对于国家正式的审判制度而言,中国传统社会民事纠纷调解无疑是一种成本低,而又快速、简捷的解纷机制。中国传统社会矛盾和纠纷无处没有,无时不在,如果事事都诉诸官府的话,官府将不堪重负,而通过宗族、邻里乡亲、中人、乡约、保甲等进行调解,所花费的经济成本和时间成本都是最低的,而且调解还具有加强家族、宗族内部凝聚力的功能。

(二) 调解的局限性

尽管中国古代调解制度在平息纠纷、化解矛盾、维护社会秩序的稳定方面曾发挥了积极的作用,但是仍然存在着一定的局限性,具体表现

---

① 《金华黄先生文集·叶府君碑》。

如下：

1. 纠纷调解的执行效力不强

这一点在民间调解中显得尤其突出，由于民间调解的某些调解人缺乏足够的权威，往往导致调而不解。有的调解案件即使取得了阶段性的成功，但调解达成的协议最终不能落到实处。民间调解协议的执行主要靠当事人个人的信用和对周围舆论的遵从。如果当事人不讲信用且对舆论满不在乎，调解人所能做的仍然只能采取动之以情、晓之以理的方式进行规劝。但在签订了纠纷调解书而一方当事人拒不履行协议的情况下，另一方当事人最终还是必须依靠官府的强制力量解决。

2. 调解人可能从中渔利

有些应邀进行调解的人或为了名声，或为了从中获利，竟有意挑起事端，反而增加了当事人之间的分歧，使矛盾变得更加复杂，尤其在某些遗产纠纷的调解过程中，我们就可看出所谓"说和者"的真实目的并非调解矛盾，解决纠纷，而是从中渔利或伺机报复。

3. 调解可能忽视是非

从法制的角度看，中国古代纠纷调解中，由于族长的意志、长者和官员的威望起着极大的作用，调解的推行以致影响纠纷当事人的合法权利。从州县官调处自理案件的档案材料看，纠纷当事人在法律上的主体身份不平等，缺乏人格独立性。例如，无论原被告、参与调解之人或见证人，都必须自称"蚁民"、"子民"、"小民"、"蚁"等，而对州县官则必须称"大人"、"大老爷"、"仁宪"、"宪天"等。不仅如此，女性的法律地位也是不健全的。另外，由于受儒家"无讼"价值观的长期影响，州县官吏在审理民事案件和调处民事纠纷中，往往过分注重息事宁人，忽略了对纠纷事实的认真查实和法律责任的明确划分,有些案件的调处损害了当事人的合法权益,过分的道德说教也不利于人们权利意识的健康发展。

第六章　近代中国法律的转型

内容提要

　　1840年鸦片战争后,随着与西方的接触与碰撞,中华民族遭遇到"数千年来未有之强敌",经历了"四千年来未有之创局",面对西方异质法律文化的侵袭与挑战,早已定型的传统法律文化,只能在被动应对中不断进行调适和变革,并最终发生了彻底的转型。就法律精神层面而言,从西方舶来的民主宪法政治思想得到广泛传播,个人本位法律观植入了家族宗法伦理的铁幕;从法律的宏观样式来看,以往诸法合体、实体法程序法混一的格局被解构,参照日本及欧陆法系的模式,以宪法为统领,起草制定了刑事、民事、诉讼等部门法,逐步建立并形成了近现代部门法体系,而晚清民国社会变革的风云际会,又为大理院将判例作为裁判法源提供了适当的机缘,民间礼俗与习惯在解纷中的作用渐趋式微;从法律适用的角度而言,为适应立宪的要求,构建了立法、司法、行政等相应的法律设施,表现在立法方面,先后有资政院、参议院、立法院、国民大会等专门立法机关行使立法权,立法程序逐步完善并日益规范,司法方面则打破了行政兼理司法的传统,由预备立宪开其端绪,从清末到民国,大理院、高等法院、各级司法审判庭等专门司法机构次第建立,创制了有利于保障当事人合法权益的诉讼程序,在微观层面也体现了法律实实在在的进步。

本章以清末新政与预备立宪为起点,以南京国民政府结束在大陆的统治为终点,梳理了宪法、行政法、刑法、民商法、诉讼法等各部门法的发展脉络,在比较中西方法律文化的异同中,探索法律文化从传统向现代转型的基本路径。

第一节　从"万世一系"到主权在民

中国古代社会自秦汉以来，从意识形态到典章制度，均以维护皇帝专制集权为中心，对皇权较少约束和限制，与此相应的则是对臣民权利的漠视。近代以来，知识分子在探寻中国的富强之路时，意外地发现"外夷"之强，不仅仅是坚船利炮，更在于其与中国完全不同的"政教制度"。于是，在对西方"政教制度"的倾慕、译介中，逐步形成了早期改良派、戊戌维新派、革命派、人权派等不同的政治派别，使民权、民主、宪法政治、人权等思想在中华大地上得以传播，并促成了对立宪体制的引入和专制体制的变革。从戊戌变法开始到南京国民政府结束在大陆统治的几十年间，立宪成为一个不断被言说的话题，制宪活动日益常态化，无论是帝制的清廷，还是共和时期的中华民国南京临时政府、北京政府及南京政府，都以制宪的方式来确立其统治的合法性和正当性。从总体上看，由西方舶来的宪法政治，带来的是中国古代法律文化最重要的变革，它将"奉天承运"、"万世一系"的皇权无限思想送进了历史，也使主权在民、权力有限的观念植入人心，中国的历史也因此而开启了新的纪元。

一、民主宪法政治思想的发萌与完善

对西方民主政治制度的认识，是从第一代"开眼看世界"的魏源提出"师夷"之"长技"开始的，经过冯桂芬的"君民不隔"、早期改良派的"君民共主"、戊戌维新派的"君主立宪"、革命派的"民主共和"，直到人权派提出反对独裁专政、实行宪法政治以保障人权止，是一个认识从宪法政治表象到深入精髓的渐进过程，也是宪法政治后发型国家的必经历程。

(一) 从"民权之义"到"君民不隔"

19世纪上半叶,当西方列强携坚船利炮入侵中国的时候,满清统治者却依然做着天朝上国的迷梦,面临严重的统治危机而不自知。针对这一现实,清醒的知识分子提出了一系列具有改革特点的思想,并将西方的民主制度介绍给了国人。

面对清朝统治的种种积弊,龚自珍(1792—1841)认为只有更法、改革,才能推动社会的发展,"与其赠来者以勃改革,孰若自改革",而改革的关键,则在于能否选拔到有用之才。他认为科举制度使知识分子满足于"万喙相因"的陈词滥调,文字狱之屡兴又让人们"避席畏闻文字狱,读书只为稻粱谋",造成了整个知识界的沉闷窒息,呼吁统治者"不拘一格降人才"。龚自珍著文论证"后政不道,使一人绝天不通民,使一人绝民不通天"状况的不合理,由此而得出了改变社会不平等、使一般社会成员解放个性的结论。龚自珍不满束缚、崇尚自由、张扬个性的态度,影响了半个世纪后的梁启超(1873—1929),"(定庵)于专制政体,疾之滋甚,集中屡叹恨焉(《古史钩沉论》、《乙丙之际箸议》等篇,皆颇明民权之义)……语近世思想自由之向导,必数定庵。"[①]龚自珍思想中的"民权之义",标志着近现代民主思想的发萌。

作为"开眼看世界"的第一代中国人,魏源(1794—1857)认识到"夷"之所"长",既在于"战舰、火器、养兵练兵之法",也在于其政治法律制度。在谈到英国的立宪政治时,他充分肯定"巴厘满"(议会)对来自民间的意见实行"大众可则可之,大众否则否之"的办法,"刊印逐日新

---

① 梁启超:《论中国学术思想变迁之大势》,上海古籍出版社2001年版,第125—126页。

闻纸,以论国政"①,认识到了百姓议论国政及舆论监督的重要性。在言及美国的民主共和制时,魏源也给予高度评价,"公举一大酋(总统)总摄之,匪惟不世及,且不四载即受代,一变古今官家之局,而人心翕然,不可谓公乎？议事听讼,选官举贤,皆自下始,众可可之,众否否之,众好好之,众恶恶之,三占从二,舍独循同,即在下预议之人,亦先由公举,不可谓周乎？"②美国总统不能世袭,且四年一选、官员任用由民众选举的做法,既"公"且"周",很值得我们学习。他对"天子自视为众人中之一人,斯视天下为天下之天下"的总结③,是对西方民主原则的精准把握。

冯桂芬(1809—1874)认为中国社会存在着上下不通的积弊,而"君民不隔"正是西洋国家"何以小而强"的原因。在《校邠庐抗议》中,他指出中国"人无弃才不如夷,地无遗利不如夷,君民不隔不如夷,名实必符不如夷"④,其中的"君民不隔"则是君主专制统治的顽症。对此,他提出了"公黜陟"、"复陈诗"、"许自陈"的改革措施,其核心是"强调选举,让人们能表达自己的意见"⑤,主张学习西方民主制度。不过,冯桂芬的学习又是有限度的,即应"以中国之伦常名教为本,辅以诸国富强之术"⑥,这也成为后来盛行的"中体西用"观的张本。

---

① 魏源:《大西洋·英吉利国广述上》,载《海国图志》(三)卷51,岳麓书社2011年版,第1425、1441页。
② 魏源:《外大西洋·墨利加州总叙》,载《海国图志》(三)卷59,岳麓书社2011年版,第1619页。
③ 魏源:《默觚下·治篇三》,载《魏源集》,中华书局1983年版。
④ 冯桂芬:"制洋器议",载《戊戌变法》(第一册),上海人民出版社1957年版,第29、30页。
⑤ 熊月之:《中国近代民主思想史》,上海人民出版社1986年版,第93页。
⑥ 冯桂芬:"收贫民议""采西学议",载《戊戌变法》(第一册),上海人民出版社1957年版,第18、28页。

(二) 早期改良派的"君民共主"与"设议院"

在19世纪60年代兴起的以学习西方"器物"文化为主的洋务运动中，随着大批洋务官员、外交人员、留学生被派到欧美留学、考察，越来越多的人表现出对西方民主宪法政治制度的倾慕。他们逐步认识到，西方富强的根本原因，在于"朝廷政教"而非"造船制器"，"西洋立国，有本有末。其本在朝廷政教，其末在商贾。造船制器相辅以益其强，又末中之一节也。"①而民族资本主义的发展，更促进了知识分子对西方民主思想的认可、接受与传播，郑观应、王韬、陈炽、陈虬、何启、胡礼垣等认识到，发展工商业是西方国家富强的原因，但当时的清政府"虽采取了鼓励政策，但在实际执行中仍有许多阻碍、束缚，官府的刁难使一些投资者裹足不前，苛重的捐税窒息着企业的生机，关卡层层勒索的厘金制度更让商人畏如猛虎"②，这也因此而促成了早期改良主义思想的产生，他们要求政府立"商部"，定"商律"来保障"商"的权利："不立商部，何以保商？不定商律，何以护商？"③继而要求对现有体制进行改革，在决策层中谋求自己的代言人，这也是他们把目光投向"泰西列国"议会制度的原因。这些早期改良派人物，把实行君民共主看作救亡图强的最佳方案，提出了以"倡民权""设议院"为核心的改良思想。

倡民权、反专制是早期改良派的共同主张。郑观应（1842—1921）在《论议政》中指出："窃考三代之制，列国如有政事，则君卿大夫相议于殿廷，士民缙绅相议于学校，""后世不察，辄谓天下有道，庶人不议，""故于政事之举废，法令之更张，惟在上之人权衡自秉，议毕即行，虽绅

---

① 郭嵩焘："福建按察使郭嵩焘条议海防事宜"，载《洋务运动》（第一册），上海人民出版社1961年版，第142页。
② 侯宜杰：《二十世纪初的中国政治改革风潮：清末立宪运动史》，中国人民大学出版社2009年版，第84页。
③ 陈炽："续富国策·创立商部说"卷4，载《陈炽集》，中华书局1997年版，第233页。

耆或有嘉言,未由上达……于是利于上者,则不利于下矣;便于下者,则不便于上矣。情谊相隔,好恶各殊,又安能措置悉本大公,舆情咸归允惬也哉?"他否定"在上之人权衡自秉",要求赋予"绅耆"以发表"嘉言"的权利;肯定三代"相议于殿庭"、"相议于学校"的制度,是为了说明给予"绅耆士商、才优望重者"以议政权的西方议会制的合理。在《原君》中,郑观应认为君主专制、百姓无权且无以"伸"其"冤抑",是造成古代"治乱相寻,无百年而不变"的根本原因,要走出这个圈子,"则必自恢复民权始"①。明确提出了复民权的主张。王韬(1828—1897)、陈炽(1855—1900)等也很推崇泰西各国"无论政治大小,悉经议院妥酌,然后举行"的制度,认为这是"英美各邦所以强兵富国、纵横四海之根源"。② 宋恕、邵作舟等也都对西方"一兵之发,一钱之税,一条教之变,上不能独专"③的制度备加赞许,并且认为"一君家天下之制","必不能久存于中国"。黄遵宪(1848—1905)在《日本国志》中,对日本地方议院"公国是、伸民权"的做法予以肯定,表现出对"人人得自伸其权,自谋其利,君民上下无甚差别"④的向往。

早期改良派虽对西方的民主制度备加推崇,但又认为在君主、民主及君民共主三种政体中,君民共主最适合中国。郑观应认为三种政体各有特点:"君主者,权偏于上;民主者,权偏于下;君民共主者,权得其平。凡事虽有上下议院议定,仍奏其君裁夺。"⑤对郑观应著作《易言》十分推崇并为之作序的王韬,也持中国当行"君民共主"的意见,"朝廷有兵刑礼乐赏罚诸大政,必集众于上下议院,君可而民否,不能行;民可

---

① 郑观应:"盛世危言·原君",载《郑观应集》(上),上海人民出版社1982年版,第333—337页。
② 陈炽:"庸书外篇卷下·议院",载《陈炽集》,中华书局1997年版,第107页。
③ 邵作舟:《邵氏危言·异势》,上海商务印书馆1898年版。
④ 黄遵宪:"学术志一",载《日本国志》卷32,上海古籍出版社2001年版,第332页。
⑤ 同①书,上海人民出版社1982年版,第316页。

而君否,亦不能行,必君民意见相同,而后可颁之于远近,此君民共主也。"①只有君民共治,才可以使上下相通,民隐得以上达,君惠得以下逮,且符合"三代"之时的古意。薛福成(1838—1894)在详尽分析了君主制与民主制的利弊得失后,认为君民共主"最为斟酌得中"②。陈炽对英、德两国"君民共主"的具体制度极为赞赏,认为"合君民为一体,通上下为一心",是其"所以强兵富国,纵横四海之根源"③。其实,早期改良派之所以选择君民共主制,是因为可以在保留君主制的前提下,为民众争取到在一定范围内发言、议论的权利,这也正是其思想的局限之所在。

要实现君民共主,上下通情,就需有民众议论政事的场所或机构。早期改良派都提出了设立议院的构想。崔国因是近代中国向朝廷明确提出开设议院要求的第一人④,"设议院者,所以因势利导,而为自强之关键也。"⑤而一些身居高层的官吏或身处民间的有识者,也将开设议院列为中国自强的首要措施。曾为两广总督的张树声(1824—1884),于1884年10月临终前口授遗折,"育才于学校,论政于议院,君民一体,上下一心,务实而戒虚,谋定而后动,此其体也。"⑥对学习西方"论政于议院"的态度跃然纸上。不惟如此,人们还设计了在中国开设议院的具体方案。这些方案可分为两类:一类是由汤震、陈炽、陈虬等设计的官办议院或半民选议院,这类议院并无决策权力,只是供皇帝咨询,或向皇帝反映意见的机构,其作用无非是"广言路","通上下之情",与

---

① 王韬:《弢园文录外编·重民下》卷1,中华书局1959年版,第22—23页。
② 同上书,第605—606页。
③ 陈炽:"庸书内篇卷下·议院",载《陈炽集》,中华书局1997年版,第107页。
④ 参见熊月之:《中国近代民主思想史》,上海人民出版社1986年版,第130页。
⑤ 崔国因:《枭实子存稿·奏为国体不立后患方深请鉴前车速筹布置恭折》,光绪年间刻本。
⑥ 《张靖达公奏议·遗折》,光绪己亥(1899)刻本卷8。

西方的议院有着本质区别。另一类是由何启、胡礼垣设计的民选议院，议员的任务即是议政，有较强的民主性质，可以对君权发挥一定的制约作用。

（三）维新派的"君主立宪"及其民主理论

1894年的中日甲午战争失败后，以康有为（1858—1927）、梁启超为代表的戊戌维新派提出了"变通新法"，"更新百度"①的变法主张，并最终促成了1898年由光绪帝下诏施行、以君主立宪为方向的政治改革，史称"百日维新"或"戊戌变法"。在此前后，维新志士宣传其变法思想，与早期改良派相比，他们的民主理论有了较大程度的提高。

1. 变法思想

康有为在多次"上清帝书"中提出"更新百度"、讲求变法的主张，因为他认为中国"能变则全，不变则亡；全变则强，小变仍亡"，②要从经济、政治、军事、社会风俗、文化教育、科学技术诸方面进行改革，全面向西方国家学习。为阐明其变法维新的理论根据，康有为先后撰写《新学伪经考》和《孔子改制考》，以"托古改制"的形式，宣传维新变法新思想，论证实行君主立宪政体的合理性和必要性。康有为的论证虽显牵强，却也是生活在中国文化大背景里知识分子的无奈之举，"即令存心改变制度的人，也不敢和所要改变的制度正面去碰，而在战术上必须抄到这一制度的后面，利用这个制度来打击这个制度。这就是为什么康有为要'托古改制'。"③梁启超在《变法通议·论不变法之害》中，也认为"变之权操诸己，可以保国，可以保种，可以保教"，而被迫的变法，则"变之

---

① 康有为："上清帝第二书"，汤志钧主编：《康有为政论集》（上册），中华书局1981年版，第122、123页。
② 康有为："上清帝第六书"，载同上书，第211页。
③ 殷海光：《中国文化的展望》，上海三联书店2002年版，第127页。

权让诸人,束缚之,驰骤之",后果的严重性"则非吾之所敢言"了。严复(1854—1921)在《救亡决论》中阐明中国如不变法则必定灭亡,这是"天下理之最明,而势所必至者"。这些变法主张,适应了当时社会发展的要求,最终促使光绪帝(1871—1908)下诏定国是,变成法,实行新政。

维新派也十分重视上下通情的问题,把设议院作为改良制度的主要内容。康有为认为西方各国政事皆出于议院,议政大事由人民选举的优秀分子进行,议员认为不合适的则加以改变,不称职的则应罢免,要做到上下通情,须"霁威严之尊,去堂陛之隔,使臣下人人得尽其言于前,天下人人得献其才于上"①,其方法是设立议院,作为上下通情的机构,因为议院中"人皆来自四方,故疾苦无不上闻,政皆出于一堂,故德意无不下达;事皆本于众议,故权奸无所容其私;动皆溢于众听,故中饱无所容其弊。"②他还多次建议召开国会,恳请光绪"大开国会,以庶政与国民共之",把实行议会制的立宪看作救国良方。严复也主张"设议院于京师,而令天下郡县各公举其守宰。是道也,欲民之忠爱必由此,欲教化之兴必由此,欲地利之尽必由此,欲道路之辟、商务之兴必由此,欲民各束身自好而争濯磨于善必由此。"③梁启超认为"强国以议院为本。"④有了议院或国会,才会有宪法,"天下无无国会之立宪国",而宪法应由国会"参与制定"。

在维新派的主张中,定宪法是变法成功的关键。康有为认为应仿效日本把"定宪法"作为"维新之始","各国之一切大政皆奉宪法为圭臬"。因为国家之有宪法,"犹船之有舵,方之有针,所以决一国之趋向,

---

① 康有为:"上清帝第一书",载汤志钧主编:《康有为政论集》(上册),中华书局1981年版,第127页。
② 康有为:"上清帝第四书",同上书,第150—151页。
③ 严复:"原强",载翦伯赞、郑天挺主编:《中国通史参考资料·近代部分》(下册),中华书局1985年版,第83—95页。
④ 梁启超:"古议院考",《饮冰室合集》文集之一,中华书局1989年版,第96页。

而定天下之从违者也"①。只有"宪章草定",才能够"奉行有准,然后变法可成,新政有效"。若能立定宪法,"改官制,行真维新,则内乱必不生"。梁启超也认为"制定宪法,为国民第一大业"②,视宪法"为国家一切法律根本之大典"③。中国要想变法成功,就必须成立立法部以制宪法,"无宪法不足以立国"。同时,还要学习西方实行权力分立的做法,"盖自三权鼎立之说出,以国会立法,以法院司法,以政府行政,而人主总之,立定国宪,同受制焉。人主尊为神圣,而政府代之。东西各国皆行此政体,故人君与千百万之国民合为一体",才有国家的强盛。也就是说,施行君主立宪,是维新派变法的根本目标。

2. 在民主理论上维新派有所提高

戊戌变法在短短的"百日维新"后便告失败,但维新派在变法前后对西方民主等理论的介绍和宣传,为中国人思想的启蒙发挥了积极作用。

天赋人权论。赋予民众以权利,是实行变法的基础。维新派以中国人所熟知的"天",与西方的人权理论进行了嫁接,提出"天赋人权"说,作为民权思想产生的根源。在中国人的传统观念中,天是最崇高神圣且具有无限权威的力量,始终代表着正义和公平。康有为将民权视为"天权",是上天赋予每个人的,"凡人皆天生。不论男女,人人皆有天与之体,即有自立之权,上隶于天,人尽平等,无形体之异也。"④人天生即具有相等的自立的权利,是不可侵犯的,"侵权者谓之侵天权,让权者

---

① 康有为:"上清帝第六书",载汤志钧主编:《康有为政论集》(上册),中华书局1981年版,第212页。
② 梁启超:"进步党政务部特设宪法问题讨论会通告书",《饮冰室合集》文集之三十,中华书局1989年版,第82页。
③ 梁启超:"各国宪法异同论",载《梁启超论宪法》,商务印书馆2013年版,第25页。
④ 康有为:《大同书》,中州古籍出版社1998年版,第302页。

谓之让天职"。① 梁启超也认为"人权者出于天授者也,故人人皆有自主之权,人人皆平等"②。这种天赋的权利是人类生存的前提条件,"天生物而赋之以自捍自保之良能"。严复的论述则更干脆,"民之自由,天之所畀"③。这些主张,对否定君权至上、开启民智产生了积极作用。

自由论。君主专制制度的危害之一,就是压抑、束缚人的个性,扼杀人的创造才能。维新派认为西方之所以富强,还在于法律能保障人们的自由权。严复主张中国要由弱致强,就必须通过移入西方式的个人自由以激发每个人的活力,舍此别无它途。在《论世变之亟》中,严复认为中西方的差别在于人民"自由不自由异耳"。"彼西人之言曰:唯天生民,各具赋畀,得自由者乃为全受。故人人各得自由,国国各得自由,第务令毋相侵损而已。侵人自由者,斯为逆天理,贼人道,其杀人伤人及盗蚀人财物,皆侵人自由之极致也。故侵人自由,虽国君不能,而其刑禁章条,要皆为此设耳。"④在《原强》中,严复还论证了自由与民主的关系,认为西方国家"以自由为体,以民主为用",即民主是自由的表现形式,其作用在于造成国家的民主制度,以便使国家制定利民的政策和法律,而自由才是国家的根本,人们的自由能否得到保证,关键在于人们能否自治。"是故富强者,不外利民之政也","政欲利民,必自民各能自利始;民各能自利,又必自皆得自由始;欲听其皆得自由,尤其自其各能自治始"。⑤ 可见自治是自由、自利并促进国家行利民之政的前提。在当时的中国,欲造就具有新观念的国民,要从"鼓民力、开民智、新民德"方面着手。当然,要开启民智,还需处理好与君权的关系,"夫君权

---

① 康有为:《大同书》,中州古籍出版社1998年版,第302页。
② 梁启超:《梁启超全集》第一册,北京出版社1999年版,第458页。
③ 严复:"辟韩",载王轼主编:《严复集》(第一册),中华书局1986年版,第35页。
④ 严复:"论世变之亟",同上书,第3页。
⑤ 严复:"原强",同上书,第14页。

之重轻,与民智之浅深为比例。论者动言中国宜减君权兴议院,嗟呼!以今日民智未开之中国,而欲效泰西君民共主之美治,是大乱之道也。"①严复的"比例"说,确有一定道理,因为提高国民程度,唤起民众参与政治的热情,教会民众行使自由权利,正是实行民主的先决条件。

在《新民说》的"论自由"中,梁启超对"自由界限"及"自由内容"有过精彩阐释,"自由之界说曰:人人自由,而不以侵人之自由为界。夫既不许侵人自由,则其不自由亦甚矣。而顾谓此为自由之极则者何也?自由云者,团体之自由,非个人之自由也。……使滥用其自由,而侵他人之自由焉,而侵团体之自由焉,则其群已不克自立,而将为他群之奴隶,夫复何自由之能几也?故真自由者必能服从。服从者何?服法律也。法律者,我所制定之,以保护我自由,而亦以箝束我自由者也。"②梁启超所说的自由,是在法律范围内,以公众利益和他人自由为行使界限的自由。梁启超还将自由分为四种,即政治自由、宗教自由、民族自由和经济自由,这也正是中国实行民主宪政最需要的政治文化土壤。

平等论。天赋人权理论自然地导出了"人人皆独立平等"的结论。在康有为看来,中国先贤圣人之论述中就有"平等之义":"自由平等乃孔子立治之本。"③他还着重讨论了男女平等,"男与女虽异形,其为天民而共受天权一也。人之男身,既知天与人权所在,而求与闻国政,亦何抑女子而攘其权哉?女子亦何得听男子擅其权而不任其天职?"他还说,"以公共平等论,则君与民且当平等,况男子之与女子乎?"④所以夫为妻纲是违背公理的,"男为女纲,妇受制于其夫。又一夫可以娶数妇,

---

① 严复:"中俄交谊论",载王轼主编:《严复集》(第二册),中华书局1986年版,第475—477页。
② 梁启超:《新民说》,商务印书馆2016年版,第109页。
③ 康有为:"中庸注",载同上书,第198页。
④ 康有为:《大同书》,中州古籍出版社1998年版,第199页。

一妇不能配数夫。此更与几何公理不合,无益于人道"。基于此,他认为男女婚姻应是一种自由合意的结果,离婚也应该是自由的。

民约论。维新派在戊戌变法期间提出了民约论的观点。谭嗣同(1865—1898)说:"生民之初,本无所谓君臣,则皆民也。民不能相治,亦无暇治,于是共举一民为君。"①由不能相治也无暇治的民,来选立君王进行治理。严复则具体讨论了选立国君的原因。他说,因为民"有相欺相夺而不能自治也,故出什一之赋而置之君,使之作为刑政、甲兵以锄其强梗,备其患害"。在他看来,民众忙于从事各种生产活动,如果再让他们"主其斗斛权衡焉以信,造为城郭甲兵焉以守,则其势不能",所以才"择其公且贤者立而为之君"。②君既然由民约产生,当然也可以得出民可废君的结论。谭嗣同认为,"夫曰共举之,则且必可共废之。君也者,为民办事者也;臣也者,助办民事者也。赋税之取于民,所以为办民事之资也。如此而事犹不办,事不办而易其人,亦天下之通义也。"③

法治论。对君主专制的批判,导出了对君主权力的约束和限制;对民权的积极倡导,也必然要求给民权以有效保障。限制权力与保障权利,都离不开法治。维新派在探索富强之路时,也强调法治的作用。严复在译介《法意》、《社会通诠》、《原富》等时,在按语中对中西方法制进行了比较。首先是法律来源不同,西法是由民众选出的议会制定或由君民共同制定的,而中法则来自皇帝的谕旨或诏书。其次是法律效力不同,西法对本国君民都有约束力,而中法只约束臣民,君主超乎法律之上。第三,法律所遵循的原则和奉行的宗旨也不相同,西法遵守"三权分立"原则,且"首明平等",而中法则将诸权统于皇帝一人,法律的宗

---

① 谭嗣同:"仁学"(四),载《谭嗣同全集》(下册),中华书局1981年版,第158页。
② 严复:"辟韩",载王栻主编:《严复集》(第一册),中华书局1986年版,第34页。
③ 谭嗣同:"仁学"(三十一),载《谭嗣同全集》(下册),中华书局1981年版,第339页。

旨也最重"三纲"。严复认为要"自强保种",就必须以西方良善的法律制度改革旧法。他强调要制定为民之法,以行法治,就应该建立一套上下咸遵,"一国人人必从"的完备的法律制度。要推行法治,就要仿行三权分立,特别是司法机关应进行独立审判,只有审判不受行政和社会的干扰,才会有持平之狱,国民的利益才能受到保护。

梁启超是在宪法政治架构内对法治理论进行研究的。他对先秦政治思想进行梳理,认为在儒、墨、道、法各家的政治理论中,只有法家是倾向于法治主义的。梁启超特别讨论了法治主义与势治主义的区别,认为"势治"是以势力压制人,是一种绝对的强制,在次序上先有权后有法;法治则意味着先有法后有权,权力受法律的约束,法律也通过相应的权力得以贯彻和落实。法治支配权力,意味着政府权力有了约束,公民自由与权利有了保障,这也正是宪法政治的核心和精髓。梁启超所言"法治"之法,是指由多数人共同制定并应合乎"公意"的法,他极力推崇法治,认为"法治主义为今日救时之惟一主义",但他并不完全否认人的作用,良法的制定需要人,法的实施也离不开人,因此要"变法",首先要"变人","法治主义言之成理,最少亦必须有如现代所谓立宪政体者盾其后",但"如果政治习惯不养成,政治道德不确立,虽有冠冕世界之良宪法犹废纸也"。改良派对法治问题的关注和重视,也为中国宪法政治的推行找到了基点。[①]

(四) 革命派"建立民国"的主张与权力分划方案

维新派的变法运动失败后,社会舆论暂归于沉寂。1901年八国联军的入侵,列强的掠夺暴行及清廷的卖国丑行,使越来越多的爱国志士投身于革命,希冀推翻满清专制统治,建立一个真正属于人民的国家。

---

① 详见梁启超:"中国法理学发达史论",《梁启超法学文集》,中国政法大学出版社2000年版,第69—119页。

以孙中山为代表的革命派,以"建立民国"为目标,以"三民主义"为旗帜,构建了20世纪上半叶独具中国特色的五权宪法理论,丰富并指导了中国的民主宪政实践,在中国近现代史上留下了浓墨重彩的一笔。

1. 主张"建立民国"

革命派最基本的主张是推翻满清统治,废除君主专制,"建立民国",这也是与维新派的根本不同之处。从1902年6月到1907年7月,孙中山、邹容、章太炎、陈天华等,以保皇还是革命、实行君主立宪还是民主共和为焦点,与梁启超等改良派展开了激烈的论战,这使革命派自身更加坚定争取民主、建立民国的决心,他们的主张也赢得了社会越来越多的认同和支持。

1894年,孙中山(1866—1925)在檀香山创立革命团体"兴中会"时,提出了"驱除鞑虏,恢复中华,创立合众政府"的口号。进入20世纪后,民主共和的宣传声势日渐浩大。章太炎(1869—1936)认为在今之世"以合众共和结人心者,事成之后,必为民主。民主之兴,实由时势迫之,而亦由竞争以生此智慧者也。"革命则可以养成共和民主制度所需要的品质。[①] 邹容(1885—1905)在《革命军》中提出了"中华共和国万岁"、"中华共和国四万万同胞的自由万岁"的口号,认为"二十世纪之天地,盖断不容专制余威稍留其迹。"人们越来越相信,20世纪之中国"必现出一完全无缺之民族的共和国"[②]。

1905年8月成立的中国同盟会,"建立民国"为其四大纲领之一。"今者由平民革命,建立民国政府,凡我国民皆平等,皆有参政权,大总统由国民共举,议会以国民公举之议员构成之,制定中华民国宪法,人

[①] 章太炎:"驳康有为论革命书",《辛亥革命前十年间时论选集》第1卷,下册,三联书店1977年版,第760页。

[②] 竞庵:"政体进化论",《辛亥革命前十年间时论选集》第1卷,下册,第541、545页。

人共守,敢有帝制自为者,天下共击之。"同年11月,孙中山在《民报》的发刊词中,系统地提出了以民族主义、民权主义、民生主义为基本内容的三民主义,作为中国民族资产阶级革命的指导思想。1906年12月,孙中山在《民报》创刊周年庆祝会上说:"政治革命的结果,是建立民主立宪政体","中国革命之后,这种政体最为相宜","所以我们定要由平民革命,建国民政府。"①此后,"建立民国"即成为资产阶级政治革命的目标以及政权建设和法制建设的基本方针。

为论证建立民主共和国的合理性,邹容、陈天华(1875—1905)等人还对民主共和制度进行热情的讴歌和宣传。在《革命军》中,邹容对"自秦始皇统一宇宙"以来的专制制度进行了系统批判,并以天赋人权理论为基础,设计了一套系统的中华共和国的方案。在此方案中,不管是政府还是议院,也无论是总统还是议员,都只是由人民创造或选举,并由人民加以控制或可由人民来推翻的机构或职务。他赋予人民以创造和推翻政府的双重权利,"然政府之中,日持其弊端暴政,相继放行,举一国人民,悉措诸专制政体之下,则人民起而颠覆之,更立新政,以求遂其保全权利之心。"这也是"人民至大之权利,且为人民自重之义务。"②确认公民对政府有合法的反抗权。陈天华则以主权在民思想为理论根据,来规划中国建设民主政治的道路。他认为国家是公共的产业,应当由公共来主宰。当皇帝、官府不能管好国家的时候,百姓可以更换政府,就像法国人"把那害民的国王贵族""除得干干净净"③一样。陈天华主张在革命后,中国应首先成立一个开明专制的政府,经过一番开民

---

① 孙中山:"在东京〈民报〉创刊周年庆祝大会的演说",《孙中山全集》第1卷,中华书局1981年版,第325—326页。
② 邹容:《革命军》单行本,第48—49页。
③ 陈天华:"猛回头",《陈天华集》,湖南人民出版社1982年版,第50页。

智的工作,然后再来建设民主共和政府,"欲救中国,惟有兴民权、改民主;而入手之方,则先之以开明专制,以为兴民权、改民主之预备;最初之手段,则革命也。"①

戊戌变法失败后,维新派人士流亡海外,继续倡导在中国实行君主立宪制度,得到海外华侨的普遍响应,梁启超等也被史家称为"立宪派"或"改良派",主张拥戴光绪帝实行君主立宪,与革命派推翻满清统治,建立民主共和政体的主张势同水火。改良派在《清议报》、《新民丛报》等刊物上发表文章,宣传、鼓吹君主立宪,革命派则以《民报》为阵地,围绕要不要推翻清王朝以建立共和制的问题,与立宪派展开了激烈的争论。改良派以"中国人无自由民权之性质"为由,从根本上否定在中国实行民主制度的可能性;革命派则力图证明中国人民具有自由民权之性质,完全有能力、有条件实行民主政治。改良派认为,即使中国人也有实行民主共和的资格,但由于"人民程度未及格",在短期内还不能实行民主制度;革命派则认为中国国民的能力并不逊于世界上别的民族,中国人具有实行民主制度的"天然美质"。改良派认为即便中国最终可以进入民主立宪,那么也必须先经由君主立宪这一不可逾越的重要阶段;革命派则认为中国完全可以不经君主立宪而直接进入民主共和,就像中国人仿造火车完全可以学习西方最先进的模式,而不必从最老式的火车学起一样。这场争论,反映的是当时知识分子对中国实行民主政治元问题的思考。建立民主制度的必要条件是什么,中国人民是否具有实行民主政治所需要的素质,以及怎样解决人民"程度不足"等问题,这都是值得时人和后人深长思之的。从积极的方面看,革命派在这场争论中,大力宣传民主共和思想,对唤醒国民的权利意识,反对专制制度,建立自由平等的民主共和国,进行了必要的启蒙,为辛亥革命的

---

① 陈天华:"猛回头",《陈天华集》,湖南人民出版社1982年版,第50页。

发生做了舆论和思想上的准备。

2. 关于国家权力结构的规划

宪法政治的精髓在于规范权力以保障权利。在20世纪初年,无论是改良派还是革命派,都已对民权有了较多关注,而对权力的规划则有根本性分歧。改良派主张在君主之下实行权力的分立;革命派则以推翻满清统治为职志,在"主权在民"的旗帜下规划权力。革命派在其设计中,对公民与政府的关系问题、不同国家机关之间的关系问题进行了探讨,提出了不同于西方一般民主理论的新主张。

(1) 章太炎的"四权分立"

章太炎是"中华民国"一词的发明者,他反对君主专制,赞成民主共和;反对实行代议制,主张实行总统制与直接民主制,"恢廓民权,限制元首"。他对国家权力结构的规划是"四权分立",即在立法、行政、司法三权之外,再加上教育权。其最具特色的是教育独立,主要目的是便于"民智发越"。辛亥革命后,章太炎曾一度期望实现自己的政治设计,并将四权修正为五权,主张"将教育、纠察二权独立"[①],建立纠察院或督察院,由"骨鲠之人"担任纠察,上至总统,下至齐民,均有权弹劾。无论是四权还是五权,章太炎的设计都是为了实现"主权在民"这一目标。

(2) 孙中山的"五权宪法"思想

对国家权力结构进行分划且对现实政权产生重大影响的则是孙中山。"三民主义"是孙中山民主宪政思想的理论基础,而"民权主义"又为三民主义的核心,其目的在于建立平等、民治的民主共和国。在公民与政府的关系问题上,孙中山也反对把议会作为公民行使国家权力的

[①] 章太炎:"中华民国联合会第一次大会演说辞",《章太炎政论选集》(下册),中华书局1977年版,第533页。

机关，主张实行直接民权，由人民行使选举、罢免、创制、复决诸权，而直接民权的实现，则有赖于实行"五权宪法"。

孙中山"五权宪法"的思想基础是权能分治理论。他将民主时代的政治力量分为政权和治权两种，"政是众人之事，集合众人之事的大力量，便叫做政权，政权就可以说是民权。治是管理众人之事，集合管理众人之事的力量，便叫做治权，治权就可以说是政府权。所以政治之中，包含有两个力量，一个是政权，一个是治权。这两个力量，一个是管理政府的力量，一个是政府自身的力量。"人民是国家的主人，但人民不可能亲自去管理国家的各项事务，所以民主时代要给予政府"很大的力量"，使其得以"治理全国事务"；但人民也不能对政府采取放任的态度，还要防止政府演变为专制政府，所以人民需有"管理政府的力量"，只要"人民有了充分的政权，管理政府的方法很完全，便不怕政府的力量太大，不能够管理"。同时，在民主国家，公民是有"权"的人，但并不是所有的人都有管理国家事务的能力，尤其在中国，由于中国人民"素为专制君主之奴隶，向来多有不识为主人、不敢为主人、不能为主人者"[①]，人民的知识程度、觉悟水平及政治素质现状堪忧。这就需将"治理全国事务"的权力交到有能力的人手里，把"政权"与"治权"分开，即"权""能"分开，实行"权能分治"。当然，分治的前提，是必须规定和保障人民"直接管理国家"的权力，即选举、罢免、创制、复决这"四权"，"人民有了这四个权，才算是充分的民权；能够实行这四个权，才算是彻底的直接民权。"[②]其目的是使人民有完全的管理国家的权力和制约政府的能力。

人民掌握的是政权，治权则要交由政府来行使。关于政府权力的

---

① 孙中山：《孙中山全集》第6卷，中华书局1981年版，第211页。
② 孙中山：《孙中山选集》下卷，人民出版社1981年版，第759页。

内部结构,孙中山反对照搬英美的三权分立原则,而是适应中国需要,设计了别具一格的"五权宪法"。"宪法者,为中国民族历史风俗习惯所必需之法。三权为欧美所需要,故三权风行欧美;五权为中国所需要,故独存于中国。"①政府实施"治权",宜采用五权分立体制,即立法权、司法权、行政权、考试权、监察权相互独立,相互制约。与此相应,中央政府则实行五院制,"以五院制为中央政府,一曰行政院,二曰立法院,三曰司法院,四曰考试院,五曰监察院。"②考试与监察"这两个权是中国固有的东西",中国古代设御史等官掌监察权,"官品虽小而权重内外,上自君相,下及微职,儆惕惶恐,不敢犯法",代表国家人民之正气,"是自由与政府中间的一种最良善的调和方法",监察权独立是中国政治制度的传统。同样,中国历代考试制度"合乎平民政治",通过考试,平民可以成为国家官员,且科场条例严格,任何权力不得干涉。孙中山希望增加监察与考试两权以弥补三权分立之不足,克服代议制的缺点,矫正西方选举制和聘任制的弊病,造成一个"集合中外的精华,防止一切流弊"的"五权分立"政府,这"才是世界上最完全最良善的政府"。③

3."为一般平民所共有的"民权

在公民权利方面,革命派试图建立一种真正为全社会绝大多数人所享有的民主制度,民权主义"为一般平民所共有,非少数人所得而私也。"④为此,革命派不仅在规划政治权力结构时否定了人民只能行间接民权的议会制度,而且还注意从其他方面探讨确保一般平民享有民

---

① 孙中山:"与刘成禺的谈话",《孙中山全集》第1卷,中华书局1981年版。
② 孙中山:《孙中山选集》上卷,人民出版社1981年版,第151页。
③ 孙中山:"三民主义·民权主义",《孙中山全集》第9卷,中华书局1981年版,第444页。
④ 孙中山:"中国国民党第一次全国代表大会宣言",载同上书,第120页。

权的具体方案,从经济上奠定民权之基。

革命派把民权与财产问题联系在一起。刘光汉(即刘师培,1884—1919)在其《悲佃篇》中指出,田主压迫农民"与暴君同",如果不把农民从田主土地所有制下解放出来,即使推翻清朝,实行了普选制,选举之权也会操纵于田主。因为"多数之佃民,属于田主一人之下,佃民之衣食,系于田畴,而田畴与夺之权又操于田主,及选举期届,佃人欲保其田,势必曲意逢迎,佥以田主应其举"。如此选举的结果,"有田之户,不替世袭之议员,无田之户,虽有选举之名,实则失自由之柄"。既然民权的实现以公民经济上的独立地位为条件,所以革命派都十分关心经济革命。孙中山是把经济革命与民权革命结合的典型,其"平均地权"的口号是同"建立民国"联在一起的,而"三民主义"理论更是把民权主义同民生主义视为不可分割的两个方面。为使民权真正为一般平民所共有,他非常重视民生主义,"民生主义如果能够实行,人民才能够享幸福,才是真正以民为主;民生主义若是不能实行,民权主义不过是一句空话。"中国的农业人口占绝大多数,在民权问题上,孙中山特别注意解决农民的土地问题,使耕者有其田,"将来的民生主义真是达到目的,农民问题真是完全解决,是要'耕者有其田',那才算是我们对于农民问题的最终结果。"他还具体提出用"规定土地法、土地使用法、土地征收法及地价法"等办法,以确保土地占有上的均衡和农民经济上的独立。

(五) 人权派的人权保障思想

在中国近代政治思想发展史上,人权与自由、民主、宪政、法治等外来词语一样,被赋予救亡图存、振兴民族和国家富强的重任,人们在各种意义上阐释人权,探索保障人权的方法和举措,最终在20世纪20年代末30年代初形成了一个以主张制定约法、保障人权、实现民主政治为职志的"人权派"。其代表人物胡适(1891—1962)、罗隆基(1896—1965)、梁实秋(1903—1987)、王造时(1903—1971)等,都是曾留学欧美的知识分子,他们揭露国民党统治下人权"破产"的状况,发动了一场存在时间短但却影响深远的人权运动,促进了中国近现代以来人权理论的完善和人权实践的进步。

1927年南京国民政府的成立,使中国完成了形式上的统一,然而,国民党的一党专政、"党化教育"和以"训政"名义实施的政治专制,激起了以胡适为核心的自由主义知识分子的反感。他们以《新月》杂志为阵地,以"平社"为依托,与南京国民政府进行理性的抗争。人权运动缘起于1929年4月南京国民政府颁布的一条保障人权令,"世界各国人权均受法律之保障。当此训政开始,法治基础亟宜确立。凡在中华民国法权管辖之内,无论个人或团体均不得以非法侵害他人身体、自由和财产。违者即依法严刑惩办不贷。"①胡适以讨论该保障令为切入点,写成《人权与约法》一文,发表在《新月》杂志上,随后罗隆基、梁实秋等亦相继撰文,阐释他们的人权思想和主张,在社会上引起广泛影响,人权运动的序幕借此拉开。

人权派首先对国民党治下的人权状况进行揭露,认为"人权破产是中国目前不可掩盖的事实"。② 他们用铁的事实证明,在当时人民的生命、健康和安全被肆意践踏,人民有不经任何手续,随时被军警拘捕的可能和危险;言论和出版自由受到无端限制,因言获罪的事例比比皆是,思想自由完全不存在,"上帝可以否认,而孙中山不许批评。礼拜可以不做,而总理遗嘱不可不读,纪念周不可不做。"③在抨击国民党治下人权无保障现状的基础上,人权派列出了当时的中国最需要保障的人权清单,有针对性地提出了自己的人权主张。

从"功用主义"人权观出发,人权派认为"人权,简单说,是一些做人

---

① 《国民政府公报》,1929年4月23日。
② 罗隆基:"论人权",《新月》第三卷第5号,上海书店影印本。
③ 胡适:"新文化运动与国民党",《新月》第2卷,第6、7号合刊。

的权。人权是做人的那些必要的条件。""人权是衣、食、住的权利,是身体安全的保障;是个人'成我至善之我',享受个人生命上的幸福,因而达到人群完成人群可能的至善,达到最大多数最大幸福的目的上的必须的条件。"①凡是对维持生命、发展个性、培养人格、达到人群最大多数的最大幸福的目的有功用的,就是做人必要的条件,就都是人权。人权既包括公民与政治权利,也包括人的社会经济与文化权利;人权的主体,既有单个的个人,也有如民族自决、民族解放和保障少数民族宗教、思想自由的集体人权。人权包括民权,又不止于民权,而在不同的时代、不同的国家,会有不同的人权要求,即人权具有时间性与空间性,在"1929年"的"中国",当然也有中国人最需要的人权清单,那就是在主权在民、法律面前人人平等、法治、司法独立、法不溯及既往、法律的正当程序、生命、人格与尊严、劳动权、受教育权等普通人权之外,还有在国民党一党专制、军事独裁现状下所急需保护的生命权、人身安全权、财产权及思想言论的自由。为保障人权,人权派还对人权与国家、人权与法律的关系进行了厘清,认为人权是先国家而存在的,国家的功用在于保障全体国民的人权;人权是法律产生的来源和根据,法治是人权的根本保障。因此,人权派主张实行民主政治,反对国民党一党独裁的"党治",强调实行法治,提出了"争人权的人,先争法治;争法治的人,先争宪法"②的主张。他们认为,法治的真义在于执政者的守法;宪法的实施则有赖于人权的行使,人们只有"把保持自己的人权作为对自己的义务",③才能使宪法、法律上的权利,变为现实的权利,否则宪法、法律就会是一纸空文。

在人权运动中,人权派既将人权作为评判国家实行仁政或暴政的

---

①② 罗隆基:"论人权",《新月》第2卷第5号。
③ 徐显明:"人权与自律",载《法理学教程》,中国政法大学出版社1994年版,第395页。

标准,又将其作为人类的社会理想和奋斗目标,并由此而建构了一个完整的人权保障体系;由于对人权构成最主要侵害的敌人是政府,故对政府权力需要限制和防范;宪法规定人权和政府的职权范围,因此,宪法是保障人权的基础;宪法作为保障人权的起点,却不能自动生成对权力的约束,需要以限政为其内核的法治的发动。其背后所蕴含的哲理是:它有对政府合法性的审视,即政府的目的只能是实现和促进人权;有对宪法善恶之别的检验,即一部好的宪法应约束权力以保障人权;有对政府行为正当性的最高诉求,即政府行为不得突破法律为其设定的界限。它既有制度层面上的合理设计,又有观念层面的理想追求,二者的有序互动,使人权的保障和实现成为可能。可以说,人权派的人权保障思想在中国现代史上具有里程碑式的意义和价值。

二、近现代以来的制宪活动

从上述分析可以看出,近代以来,为应对列强的入侵与需索,实现国家的富强,中国人逐渐将注意力转移到了完全异质的西方政治文化领域,对陌生的民主宪法政治思想,也从最初的好奇、钦慕,发展为引介和学习,并最终在清末演化为对西方民主立宪制度的移植与建构,从清末的晚清政府,到20世纪中期在大陆统治终结的南京国民政府,制宪成为各种性质政权的重要立法活动,由此产生了各种具有时代特色的宪法文本,并影响了各个时期法律的发展。从此以后,宪法遂成为国人法律生活中不可或缺的重要组成部分。

(一) 清末预备立宪

19世纪下半叶,在经历了冯桂芬等对"君民不隔"的呼吁、早期改良派对"君民共主、设议院"的鼓吹后,康有为、梁启超等维新志士终于在1898年发动了声势浩大的戊戌变法运动,提出了开国会、立宪法的要求。尽管他们还没有提出具体的宪政方案,没来得及起草宪法,运动刚刚开始旋被镇压,不过,这场未完成的变法,却是中国制宪历史的试水之作,艰难的宪法政治之旅也由此启航。

1.《钦定宪法大纲》的制定

1900年的庚子之乱及继之而来的《辛丑条约》的签订,使中华民族遭遇更加深重的生存危机,清廷不得不下诏宣布变法,设立督办政务处,实施新政。在相对宽松的政治环境下,一些封疆大吏、朝廷重臣、驻外使节或工商实业界人士,倡言立宪,敦请政府"仿行宪政"。1904年爆发的日俄战争,因实行宪政由弱而强的东邻日本,一举打败专制的俄国,重新点燃了国人的立宪热情,人们普遍认为,立宪可以"合通国之民共治一国",不立宪则"君臣孤立,民不相亲",欲摆脱羸弱的局面,只有"仿英德日本之制,定为立宪政体之国"。[①] 为江山永固计,满清统治者只得把立宪事宜列入议事日程,"立宪一事,可使我满洲朝基永久确固,而在外革命党亦可因此泯灭。"[②]1905年,亲贵五大臣出洋考察日、英、德等九国政治,为立宪提供决策依据。在出洋考察报告中,五大臣力陈立宪的好处,"一曰皇位永固,一曰外患渐轻,一曰内乱可弭。"[③]经过审慎的考虑和权衡,清廷终于在1906年9月1日发布预备立宪上谕,宣告"仿行宪政",在勘定君民权力界限,即"大权统于朝廷,庶政公诸舆论"的同时,又认为当时的中国"规制未备,民智未开",缺乏立即施行宪政的"可行性",决定从整顿官制、厘定法律、广兴教育、清理财政、整顿武备、普设巡警等方面积极"预备",民众则应"尊崇秩序,保守和平,以预储立宪国民之资格"。1908年8月27日,清廷颁布《钦定宪法大

[①] 孙宝琦:《出使法国大臣孙上政务处书》,载《东方杂志》第1年第7期。
[②] 《辛亥革命前十年间时论选集》(第二卷),三联书店1978年版,第70页。
[③] 载泽:"奏请宣布立宪密折",《近代中国宪政历程:史料荟萃》,中国政法大学出版社2004年版,第41页。

纲》,作为"仿行宪政"的纲领性文件,同时颁布《逐年筹备事宜清单》,为各职能机构提出了预备阶段的分期目标。

清廷颁布了《钦定宪法大纲》以下简称《大纲》,却为时人和世人所诟病,认为这是清廷精心设置的一场"骗局"。究其原因,在于"大纲"首列"君上大权",其内容着重体现了"大权统于朝廷"的精神,而臣民的权利义务,则规定在了"附录"中。"君上大权"共14条,主要包括如下几项:①

①确定君主的永久统治地位。"大清皇帝统治大清帝国,万世一系,永永尊戴。""君上神圣尊严,不可侵犯。"

②规定了皇帝在立法、行政、司法方面的各项权力。如"钦定颁行法律及发交议案之权"、"设官制禄及黜陟百司之权"、"统帅海陆军及编定军制之权"、"宣战媾和,订立条约,及派遣使臣与认受使臣之权"、"宣告戒严之权"、"爵赏及恩赦之权"、"总揽司法权"等。

③对皇权做了某些限制。如在皇帝总揽司法权之后,规定"委任审判衙门,遵钦定法律行之,不以诏令随时更改"。

④规定皇室的地位及皇室事务的处理。

附录中臣民的权利义务共9条。其中前6条为权利部分,包括"为文武官吏及议员"的权利、"言论著作出版及集会结社"等"自由"、"非按照法律规定"不得"加以逮捕监禁处罚"的权利、"请法官审判其呈诉之案件"的权利、"专受法律所定审判衙门之审判"的权利、"财产及居住""无故不加侵扰"的权利等。后3条规定了臣民有"纳税当兵"、"遵守国家法律"等义务。

《大纲》的这些内容,确乎存在着对权力约束及权利保障均显不足的弊病,不过,如果将其置于历史的情境中时就会发现,该《大纲》基本

---

① "宪法大纲",载《大清新法令》第一卷,商务印书馆2010年版,第118—120页。

上符合宪法的要求,只是距离理想中的宪法有一定的差距。在"君上大权"中,人们抨击最多的是"大清帝国万世一系,永永尊戴"、"君上神圣尊严不可侵犯"这两条,并将此作为清廷"以君主立宪之名,行君主专制之实"的证据,也是"骗局"之说的由来。其实,满清政府推动预备立宪运动的目标非常明确,就是要确保"皇位永固",没有这一点,也就不会有新政的施行和预备立宪。任何一项从体制内兴起的变革,如果不能给现任统治者带来更大利益,其改革就会缺乏动力。另外,君主立宪制也好,民主共和制也罢,确定主权之归属都是宪法的首要问题,《大纲》规定"大清帝国万世一系,永永尊戴",只不过是在明确主权之所属,而"君上神圣尊严不可侵犯"这一条,则既可以解读为君主专制时代"君为臣纲"观念的自然延续,也可以将其看作立宪国家中,宪法对其主权享有者地位的确定和保障。在君主立宪制国家,作为国家象征的元首,如英国的国王、日本的天皇、德国的皇帝,也都会在宪法中作"君主权威神圣不可侵犯"的规定。《大纲》的这一规定,确有固化皇权的用心,"宪政主义对于一个威权递减的专制国家及其领袖的意义,类似于法人制度对于一家合伙企业及其主要合伙人的意义",对于满清统治者来说,"宪政制度则是赋予一个政权以永续性的类似方案。"因此,《大纲》中这两条,倒也符合君主立宪国家的通行做法,是清廷仿行宪法政治的底线,无需对其苛责。

《大纲》的正文部分还规定了立法、行政、司法三权之所属,其特点是三权在运作过程中,不是相互之间的制衡,而是在皇权统驭下的各司其职,三权之上是统揽一切统治权的君主。从内容上看,君主权力确实占了较大比重,不过,《大纲》已对皇权做了一定限制,这在中国政治发展史上具有重要意义。在宪政编查馆及资政院会奏宪法大纲折中,明确表明"宪法者,国家之根本法也,为君民所共守,自天子以至于庶人,皆当率循,不容逾越",并认为宪法最精之大义,在于"君主总揽统治权,按照宪法行之",说明君主也须在宪法范围内行使权力,这就为总揽统治权的皇权设定了"边界"。《大纲》的内容中确有对皇权的约束。在立法方面,《大纲》虽规定君上有"钦定颁行法律及发交议案之权"、"发命令及使发命令之权",同时又规定,"惟已定之法律,非经议院协赞奏经钦定时,不以命令更改废止",在议院闭会期间,遇有紧急情况,君上发代法律诏令,且以诏令筹措必需费用,仍需于次年会期,交议院协议,君主无权修改经议院协赞的法律。也就是说,议院的"协赞"(同意、批准、通过)是对皇帝立法权的一种约束。在行政权和军事权方面,《大纲》规定这些权力的行使不受议院干预,而由大臣辅弼,体现的是"以政府辅弼行政"的宗旨,即行政事务应听取行政大臣意见,并经其同意,以区别议院立法之权与政府(以君上为首脑)行政之权,是君主立宪制的题中之义。《大纲》在一定程度上体现了司法独立精神,即"君上"对司法权的"总揽",仅体现在"委任审判衙门"方面,而审判衙门行使司法权则应"遵钦定法律行之,不以诏令随时更改",这与"法官审判,只服从法律"异曲同工。

《大纲》另一为人诟病处,是臣民的权利被置于"附录"中,且还须在"合于法律"的范围内行使。关于这一点,则和清廷对宪法"所以巩固君权,兼保护臣民者也"的认识有关,《大纲》据此"首列大权事项,以明君为臣纲之义,次列臣民权利义务事项,以示民为邦本之义"。一个"兼"字,宣明了臣民权利在整个宪法框架中的位置,也说明了采用"首列"、"次列"结构的原因。其实,附录中臣民的权利也是权利,它是"君上大权"的对应物,作为臣民,可以向政府主张权利,在遭遇侵害时有要求政府给予救济的权利,而保障臣民权利也成为包括"君上"在内的政府义不容辞的责任。臣民权利规定在附录中的另一个原因,则是制定者认为这只是一个"大纲",研究者往往忽略了"其细目当于宪法起草时酌定"这句话。另外,有论者批评《大纲》要求臣民行使权利时,必须合于法律范围的规定。这样做也无可厚非,因为正如孟德斯鸠所言,"自由是做法律所许可的一切事情的权利;如果一个公民能够做法律所禁止的事情,他就不再有自由了,因为其他的人也同样会有这个权利。"① 这种"法律下的权利",也是一种对宪法政治国家通行做法的"仿行"。

从上述分析中可以看出,晚清政府深明"规范政府权力"和"保障臣民权利"的宪法政治精义,只是在这场由政府自上而下推动的立宪运动中,清廷对其做了最有利于巩固政权的处理,形成了"最弱意义上的权力限制"和"最弱意义上的权利保障",由此而招致批评,也算是咎由自取了。

2. 咨议局、资政院的设立与《宪法重大信条十九条》

按照《逐年筹备事宜清单》要求,各省应积极筹设咨议局②,作为"采取舆论之所"。③ 咨议局的选举,是中国人第一次亲自参加的民主投票活动,也是中国近代政治民主化进程中迈出的重要一步。到1909年8月,各省咨议局已纷纷建立,并于9月1日开议,在讨论和议决各省兴革大事、预算、决算、税法等方面,咨议局发挥了一些作用,并且还通过发动国会请愿运动,迫使清政府加快了立宪进程。在各省筹设咨议局的同时,清政府于1910年10月正式成立了资政院,以"取决公论,预立上下议院基础"为宗旨,其职能在于"议决"国家的预决算、税法及公债,议定宪法以外的新法典及法律修改事件及其他"奉特旨交议事件"。1910年10月3日,资政院举行第一次常年会,开院议事,其中速开国会案和弹劾军机大臣案引起较大反响,而在议决刑律过程中,又引

---

① 〔法〕孟德斯鸠:《论法的精神》(上册),张雁深译,商务印书馆1979年版,第154页。
② 有关咨议局职能,参见孟森等著:《各省咨议局章程笺释》,商务印书馆2015年版。
③ "宪政编查馆会奏各省咨议局章程及案语并选举章程折并章程",载《大清新法令》第一卷,商务印书馆2010年版,第77页。

发了礼法之争；1911年的同一月日，资政院举行第二次常年会，会议期间武昌起义爆发，资政院仅用三天的时间就制定并通过了《宪法重大信条十九条》，于11月3日正式公布。

与《钦定宪法大纲》相比，《十九信条》采用英国君主立宪模式，按照权力制衡原则，缩小了君主的权力，扩大了国会的权力，具有一定的进步性。它规定"皇帝之权以宪法所规定者为限"，而"宪法由资政院起草议决"，"宪法改正提案权属于国会"，使皇帝置于宪法之下，确立了宪政的基本前提。《十九信条》削减了《大纲》中由皇帝行使的某些权力，规定"官制官规，以法律定之"，"总理大臣由国会公举，皇帝任命"，"其他国务大臣由总理大臣推荐，皇帝任命"。在军权方面，《十九信条》虽仍规定陆海军由皇帝统率，但同时规定军队"对内使用时，应依国会议决之特别条件，此外不得调遣。"外交方面，规定"国际条约，非经国会议决，不得缔结"。《十九信条》体现了三权分立原则，并宣布立即实行宪法政治。《十九信条》是清政府在武昌起义的压力下，迫不得已抛出的急就章，虽体现了宪法政治的原则，也反映了立宪派的主张，但对处于风雨飘摇中的满清王朝已于事无补，不久之后，清朝统治即告崩溃。

（二）南京临时政府的立宪与《临时约法》

武昌起义后，由革命党人、前咨议局议员及各界绅商代表举行会议，成立湖北军政府，制定《中华民国鄂州约法》，规定了行政权、立法权及司法权之所属，同时在"人民"章中规定人民享有广泛的民主、自由权利。该法虽未施行，却成为其后南京临时政府颁布的《临时约法》的蓝本。随着革命形势的发展，各省代表联合会起草了《中华民国临时政府组织大纲》，于1911年12月3日颁布，为未来中央政权的组建与运作提供法律依据。《临时政府组织大纲》（以下简称《大纲》）共四章21条，包括临时大总统、参议院、行政各部及附则。受美国宪法影响，《大纲》基本上采用了总统制及国家元首与行政首脑合一的制度，规定临时大总统有"统治全国""统率海陆军"之权,得参议院之同意有"宣战、媾和及缔结条约"、"任用各部长及派遣外交专使"之权;参议院的职权,除对大总统决定之大事项的同意权之外,还有"议决临时政府之预算"、"检查临时政府之出纳"、"议决全国统一之税法、币制及发行公债"、"议决暂行法律"等权。与典型的三权分立原则相比,《大纲》中的司法权,处于立法权与行政权的从属地位,"临时大总统得参议院之同意,有设立临时中央审判所之权",对司法机关的组织机构也未作规定,"这无疑是一个'两权分立'的共和制方案"[①],临时中央审判所的地位只相当于行政各部,是行政权力控制下的一个机构。之所以如此,与《大纲》乃一筹建统一政府的权宜之计有关,其"施行期限,以中华民国宪法成立之日为止"[②],这种"临时性"决定了不可能有更周全的考虑。

1912年元旦,中华民国南京临时政府成立。临时政府参议院于2月7日召集《临时约法》起草委员会,对约法草案进行审查讨论,3月8日经临时参议院三读通过后,3月11日由临时大总统孙中山正式公布。《临时约法》共分七章,包括总纲,人民,参议院,临时大总统、副总统,国务院,法院,附则,共56条。基本内容有以下几个方面:

①确认了"主权在民"的原则和民主共和国的国体,规定"中华民国由中华人民组织之。""中华民国之主权属于国民全体。"从根本上否定了君主主权的合法性,肯定了国民在国家政治生活中的主人翁地位。

②规定中华民国人民享有的权利和应尽的义务。《临时约法》从根本法的高度,确认了"法律面前人人平等"原则,规定"中华民国人民一律平等,无种族、阶级、宗教之区别"。规定人民享有人身、言论、出版、集会、结社、通信、居住、迁徙、信仰、保有财产及营业等自由,享有请愿、

---

① 王人博:《宪政文化与近代中国》,法律出版社1997年版,第289—290页。
② 《时报》,1911年12月11日。

诉讼、参加任官考试、选举和被选举等权利,同时规定人民应尽纳税和服兵役的义务。

③按照三权分立原则,规定了临时政府的组织。"中华民国以参议院、临时大总统、国务员、法院行使其统治权。"其中,参议院是立法机关,行使立法权,议决一切法律,议决临时政府的预算、决算,议决全国的税法、币制及度量衡之准则,议决公债之募集及国库有负担之契约,承诺临时大总统对国务员及外交大使公使的任命及宣战、媾和、缔结条约、宣告大赦等事件;临时大总统、副总统、国务员是行政机关,行使行政权;法院是司法机关,由临时大总统及司法总长分别任命的法官组织之,行使司法权,法官独立审判,不受上级官厅之干涉,法官在任中不得减俸或转职,非依法律受刑罚宣告,或应免职之惩戒处分,不得解职。

④规定了对《临时约法》严格的修订程序,约法须由参议院议员2/3以上或临时大总统之提议,经参议员 4/5 以上之出席,出席员 3/4 之可决,得增修之。

《临时约法》的颁布,是中国宪政史上的一件大事,开创了中国宪政的新局面,具有积极的进步意义。与《大纲》相比,《临时约法》改总统制为责任内阁制,一方面扩大了参议院的权力,要求临时大总统在行使宣战、媾和、缔约、任免国务员等重要权力时,必须得到参议院的同意,参议院有权弹劾临时大总统和国务员;另一方面,临时大总统提出法律案、公布法律、发布命令,均须国务员附署,使临时大总统行使权力时受国务员牵制。《临时约法》做如此之规定,与当时的革命党人希望约束和限制袁世凯的专断、保障民主共和成果的特殊历史环境有关。不过,《临时约法》"虽有责任内阁制之精神,而实未备责任内阁制之体用"[1],因为它既没有规定参议院对内阁的信任权问题,也没有规定内阁对参

---

[1] 陈茹玄:《中国宪法史》,台湾文海出版社 1985 年版,第 32 页。

议院有要求解散的权力,使得责任内阁制中国会与内阁部长之间相互监督制约、立法权与行政权之间的平衡合作精神无从体现,再加上《临时约法》未规定具体的实施机构,"它的效力全仗于参议员、临时大总统、国务员等官员政客的良心与善行",让袁世凯"依靠自己的政治操守去保护实施的时候"①,该法的意义也就仅存于理论的层面,其后被袁架空也就不足为奇了。

(三)北洋政府的立宪及其宪法文本

1912年3月10日,袁世凯(1859—1916)在北京就任临时大总统,到1928年6月奉系军阀张作霖(1875—1928)从北京退回关外的16年间,中华民国北京政府为袁世凯、北洋军阀段祺瑞(1865—1936)、曹锟(1862—1938)和张作霖为首的不同派系集团所把持,是为北洋政府或北京政府时期。期间,军阀政府立宪活动频繁,先后制定"天坛宪草"、《中华民国约法》、《中华民国宪法》,是动荡政局中的一贴黏合剂,也是军阀黑暗统治中的一抹亮色。

1. 形神皆备却胎死腹中的"天坛宪草"

1913年4月8日,正式国会在北京开幕。7月12日,国会成立了国民党人占优势的宪法起草委员会,草拟宪法。10月6日,袁世凯当选中华民国大总统。在迭遭破坏、阻压的情况下,宪法起草委员会于10月31日完成草案的三读程序,定名为《中华民国宪法草案》,提交国会参、众两院宪法会议审议、通过,此即"天坛宪草"。袁世凯对此却耿耿于怀,因为这部宪草的重心,即在于以法律的形式限制其权力,为保卫共和与宪法政治树立法律屏障。"天坛宪草"共十一章,113条。宪草确立了责任内阁制,规定"国务总理之任命,须经众议院之同意","国

---

① 王人博:《宪政文化与近代中国》,法律出版社1997年版,第299页。

务员赞襄大总统,对于众议员负责任",国务总理及各部总长在职责上向议会负责,而不是向总统负责,使总统处于虚位的国家元首状态。同时,"天坛宪草"还特意增设国会委员会,作为国会常设机构,在国会闭会期间行使国会部分权力,对总统法定紧急处分权等的行使进行限制。此外,"天坛宪草"还确立独立于行政机构之外的审计制,由审计院对国家财政收入、支出决算案行使审核权,对财政支出的支付命令行使核准权,而审计长及审计员均由国会选举产生,总统无权插手其任命。总体上看,"天坛宪草"的起草者有以宪法手段保卫宪政、保卫共和、防止专制政体复活的良苦用心,却终不免遭遇因人立法、因人废法的诟病。1913年11月4日,袁世凯下令解散国民党,取消参、众两院内国民党党籍议员的资格,致使国会不足法定人数而无法开会,"天坛宪草"还来不及交国会审议即胎死腹中。1914年1月10日,袁世凯发布《布告解散国会原因文》《停止两院议员职务令》,正式解散了国会。

2. 袁氏印记的《中华民国约法》

国会解散后,袁世凯着手修改作为国家根本法的《临时约法》,以期赋予总统更多、更大的权力。1914年3月16日,成立了特设的"造法机关"约法会议,起草制定了《中华民国约法》,并于5月1日正式公布施行,史称"袁记约法",《临时约法》同时废止。《中华民国约法》共分国家、人民、大总统、立法、行政、司法、参议院、会计、制定宪法程序、附则十章68条。其主要内容突出体现在国家政体的变化方面。"袁记约法"极力扩大大总统的权力,规定采用总统制,不设国务总理,各部总长直接隶属于大总统,不仅几乎全部取消了《临时约法》对大总统权力的所有限制,废除了大总统公布法律等需要国务员副署的制度,而且还增加了大总统起草和公布宪法、发布紧急命令及经济财政处分的权力。"袁记约法"废除国会,改设立法院,而立法院不仅不能制约大总统,对大总统行使的各项权力无否决权,相反大总统对立法院议决的法律却有批准权和否决权,大总统甚至还可以召集、关闭甚至解散立法会议。由此可见,立法院只不过是一个形式上的立法机关。该约法在形式上规定了"大总统对于国民之全体负责任",但由于大总统既非选民直接选举,也不由民意机构选举,所以大总统既不必对选民负责,也不必对议会负责,在没有任何监督和制约的权力"裸奔"状态下,所谓的"大总统对于国民之全体负责任"也就成了一句动听却无实际意义的口号。不仅如此,"袁记约法"第14条还明确宣布,"大总统为国之元首,总揽统治权",将行政权、立法权和司法权在内的全部国家权力,统摄于大总统麾下,从根本上动摇了民主共和制的政体。通过该约法,袁世凯建立了实际上的总统独裁制,最终为其复辟帝制提供了法律支援。

3. 名声欠佳的《中华民国宪法》("贿选宪法")

1916年6月6日,复辟帝制未果的袁世凯病逝后,北洋军阀群龙无首,陷于分裂的境地。各派系拥兵自重,以武力为后盾,轮番把持北京政府,给近代中国带来了更为深重的灾难,"失去一满洲之专制,转生出无数强盗之专制,其为毒之烈,较前尤甚。于是而民愈不聊生矣!"①在此期间,无论哪一派上台,都会扛起宪法大旗,为自己武力之下的统治披上合法外衣,其中,尤以《中华民国宪法》最为著名。1923年10月,直系军阀首领曹锟通过为议员提供贿选费或其他特别条件为手段,收买国会议员,最终以"高票"当选为中华民国大总统。10月10日,曹锟就任大总统,宪法会议于同日举行典礼,公布《中华民国宪法》,这就是中国近代史上声名狼藉的"贿选总统"和"贿选宪法"。

《中华民国宪法》受曹锟贿选丑闻的影响,名声欠佳,不过,该法是在继承《临时约法》部分内容的基础上,汇集了民国建立后十年间的制

---

① 《孙中山选集》上卷,人民出版社1981年版,第116页。

宪成果,经过断断续续的起草讨论后逐步形成的,它对三权分立的民主共和制度做了系统完整的规定,在宪法理念、制度设计和立法技术上都达到了较高的水平。宪法共十三章,141条。首先,在国家体制方面,规定"中华民国为永远的统一、民主共和国","国体不得为修正之议题",并且为防止诸如袁世凯帝制自为、张勋复辟等变更国体情况的发生,宪法还赋予地方各省维护国体的权力和责任,"国体发生变动,或宪法上根本组织被破坏时,省应联合维持宪法上规定之组织,至原状恢复为止。"其次,在政体方面,采行责任内阁制。规定中央设大总统和国务院,"国务院以国务员组织之","国务总理及各部总长,均为国务员",由大总统和国务院共同行使最高行政权,大总统行使职权受内阁牵制,发布命令非经国务员副署,不发生法律效力。国务总理及各部总长不向总统负责,而向国会负责。众议员可对国务员、各部部长、内阁总理提出不信任案,经参议院同意后,罢免其职务。再次,规定了三权分立的政权组织原则。国会是立法机关,由参众两院构成;行政机关及其组成人员由国会选举或同意产生,依据国会制定的法律行使行政权;"中华民国之司法权,由法院行之","法官独立审判,无论何人,不得干涉之";"法官在任中,非依法律,不得减俸、停职或转职",确立了司法独立原则,为法官独立审判提供了身份及物质待遇方面的保障。复次,《中华民国宪法》在制定"国权"的同时,增列"地方制度"专章,对中央权力和地方权力以列举的方式作了较为明确的划分,"中华民国之国权,属于国家事项,依本宪法之规定行使之;属于地方事项,依本宪法及各省自治法之规定行使之。"以解决中央和地方的矛盾。最后,《宪法》在"国民"一章中,详细规定了人民享有广泛的自由和权利。总的来说,中国历史上第一部"正式"宪法虽因曹锟的贿选而被污名化,但在形式上仍不失为一部民主性质的"好"宪法,只不过其"生不逢时",缺乏相应的政治和社会环境,未能发挥应有的效用,终成一纸具文。

（四）南京国民政府的制宪实践

孙中山的"五权宪法"理论，辅之以"建国三时期"学说，在南京国民政府时期得到了很好的实践。在《国民政府建国大纲》中，孙中山要求建国需分为军政、训政、宪政三时期来进行。军政时期为破坏时期，拟在此时期内施行军法；训政时期是朝向宪政的过渡时期，拟在此时期内施行约法，建设地方自治，促进民权发达；待全国平定后，所有已经完全自治的县，都得选代表一人，组织国民大会，以制定五权宪法，选举总统和议员，革命政府即应归政于民选总统，结束训政，最终进入宪政时期。

1.《中华民国训政时期约法》

1926年7月，国民革命军开始北伐。1927年4月18日，南京国民政府成立，1928年下半年，以"铲除军阀"为目标的北伐完成，标志着"军政时期"的结束，进入了"训政时期"。同年10月，国民党中常会制定并通过了《中国国民党训政纲领》，依据"训政保姆论"，实行党治，以"训练国民使用政权"；通过了《中华民国国民政府组织法》，规定国民政府采取委员制与五院制相结合的组织原则，国民政府下设行政院、立法院、司法院、考试院、监察院，分别行使各项权力。1931年5月5日，南京国民政府召集国民会议，通过《训政时期约法》，于6月1日由国民政府公布施行。

《中华民国训政时期约法》共八章，89条。第一章为"总纲"，规定"中华民国之主权，属于国民全体"，国体为"统一共和国"。第二章为"人民之权利义务"，规定了人民的各项权利和自由，第一次在宪法上提出了男女平等，尤其是男女享有平等的受教育权，即"男女教育之机会一律平等"。对于人民的权利和自由，均附有"依法律"或"非依法律不受限制"的条件，约法也因此而广受诟病。第三章为"训政纲领"，规定"训政时期由中国国民党全国代表大会代表国民大会行使中央统治权。

中国国民党全国代表大会闭会时,其职权由国民党中央执行委员会行使之",以根本法的形式,将国民党一党专政的国家政治体制固定了下来。第四章为"国民生计",规定了奖励生产、发展农村经济、劳资协调、缔约自由等内容,其中有"国家应举办油、煤、金、铁、矿业,并对于民营矿业,予以奖励和保护";"国家应创办国营航业,并对于民营航业,予以奖励及保护"等规定,实际上为发展官僚垄断资本提供了保障。第五章为"国民教育"。规定以三民主义为中华民国教育的根本原则,全国公、私立教育机关要负责推行国家所规定的教育政策。第六章为"中央与地方之权限"。规定依建国大纲"采均权制度",同时又规定"各地方于其事权范围内,得制定地方法规,但与中央法规相抵触者无效";地方可以课税,但不得妨害中央收入之来源;工商专利、专卖特许权属于中央;省政府受中央指挥等。这种均权名义下的集权主义,使地方很难有自由发展的机会。第七章为"政府之组织",分为中央制度和地方制度两节。关于中央制度,规定政府组织实行五院制,五院之上设政府主席,是实际上掌握国家权力的元首,这与蒋介石扩大权力、实行个人独裁的要求相适应。地方制度方面,简单规定县设县自治筹备会,及省于宪政开始时期国民代表会得选举省长外,其余均无详细规定。第八章"附则",规定了《训政时期约法》的解释方法及宪法制定的程序。

《训政时期约法》是南京国民政府训政时期的根本法,从其公布后即遭到学者的批评,前述人权派代表罗隆基撰文《对训政时期约法的批评》,从"功用"的角度分析《训政时期约法》存在的不足;著名宪法学家王世杰(1891—1981)、钱端升(1900—1990)在《比较宪法》中也对其提出了批评,"约法虽已颁布,而党治的制度初未动摇,统治之权仍在中国国民党的手中。在党治主义下,党权高于一切;党的决定,纵与约法有所出入,人亦莫得而非之。""约法,并未尝为中国政治划一新的时期。"[①]

---

① 王世杰、钱端升:《比较宪法》,商务印书馆2012年版,第482页。

该法一直施行到1947年宪法公布,是近代史上实施时间最长的一部宪法性法律。

2.《中华民国宪法》

《训政时期约法》制定后仅仅过了4个月,"九一八事变"爆发,在民族生死存亡的关头,国民党决定提前结束训政,召开国民大会,议决宪法。1932年12月,国民党四中全会决定起草宪法,筹备宪政。1936年5月1日,立法院通过宪法草案,于5月5日正式公布,史称《五五宪草》。《五五宪草》规定"中华民国为三民主义共和国",用根本法的形式确认国民党党义为国家的指导方针;确立了五院制与总统实权制的政治体制,在经济制度上实行"平均地权"与"节制资本",中央和地方的关系上实行县级自治,省为中央与县联络机关的制度;规定了人民享有的各项权利,采行"法律限制主义原则"。《五五宪草》公布后,社会各界不断提出各种修正意见。由于"七七"事变后日本全面侵华,中国进入全面抗战状态,《五五宪草》因此而未正式颁布实施。抗战胜利后,结束训政、制定宪法以实施宪政的呼声越来越高,南京国民政府在对《五五宪草》修改的基础上,于1946年11月15日召开国民大会,于12月25日审议通过《中华民国宪法》,1947年1月1日公布,于同年12月25日正式实施。

《中华民国宪法》是中国历史上第二部"正式"宪法,分总纲、人民之权利与义务、国民大会、总统、行政、立法、司法、考试、监察、中央与地方之权限、地方制度、选举罢免创制复决权、基本国策、宪法之施行与修改等十四章,147条。首先,宪法规定"中华民国基于三民主义,为民有、民治、民享之民主共和国","中华民国之主权属于国民全体",国民大会"代表全国人民行使政权",这些规定体现了"还政于民"的特点。其次,宪法规定了人民享有广泛的权利义务。人民有迁徙、言论、出版、信仰、集会、结社、通信等自由,享有选举、罢免、创制、复决、应试、服公职、受教育等项权利,人民的生命权、工作权、财产权及人身自由受法律保障,国家公务人员侵犯人民的自由权利,人民有权向国家请求赔偿;人民有纳税、服兵役等义务。第三,关于国民大会,规定为行使间接民权的"有形国大",其职权为选举、罢免总统、副总统,修改宪法并得复决立法院所提之宪法修正案。第四,关于政府体制,规定以总统为国家元首,另设五院,行使立法、司法、行政、监察、考试等权力,采类似于国会制和责任内阁制的制度。总统的任期为六年,连选可连任一次。总统缺位,由副总统继任或代行其职权,总统、副总统都缺位或不能履行其职权,则由行政院长代行其职权。总统统率陆、海、空军,有缔结条约、宣战、媾和及依法大赦、减刑、复权、任命官员之权;可依法公布法律,发布命令,宣布戒严,发布紧急命令;总统有行政院院长、司法院正副院长、考试院正副院长的提名权及行政院副院长的任命权。立法院和监察院的委员由人民选举产生,院长、副院长由本院委员互选产生。地方政府分省、县两级,各设省长、县长,由人民直接选举产生。第五,对国防、外交、国民经济、社会安全、文化教育及边疆事项等做了规定。第六,在中央与地方的关系方面,宪法采用列举的方式,列举中央事权33项,省事权12项,县事权11项。规定遇有未列举事项发生时,基于事务的"性质"确定其归属。省县自治法的制定须依据中央制定的《省县自治通则》。

《中华民国宪法》,是集国民政府20年制宪经验之产物,与以往的宪法或宪法性文件相比,具有广泛的民主性和进步性。[1] 它对人民自由权利的规定,采直接保障主义原则;总统的权力大多不能独立行使,从形式上限制了总统的权力;政府组织的设计更为合理;在中央和地方的关系上,使地方享有更多的自治权。尽管《中华民国宪法》的公布并

---

[1] 参见张君劢:《中华民国民主宪法十讲》,商务印书馆2014年版。

未能挽救国民党在大陆的统治,但从文本的角度看,《中华民国宪法》仍然具有较高的价值。

第二节 以官制改革为起点的现代行政法制的构建

鸦片战争后,为因应交涉情形与社会发展变化的需求,满清的政府机构发生了一些变化,于传统的部院之外,又增设了总理各国事务衙门(后改为外务部)、商部、学部、巡警部等新机构,而行政类的法律并没有发生实质性变化。其行政法规汇集于《光绪会典》中,各部、院、寺、监等中央机构则以"则例"这种单行行政法规作为行为依据。从1906年宣布预备立宪时起,满清政府以改革官制为突破口,对相沿已久的传统行政法制进行改革。辛亥革命后继起的历届民国政府,将改革不断向前推进,到南京国民政府时期,已经形成了较为完整的行政法体系,成为"六法"的重要组成部分。

一、清末的官制改革与现代行政法制的开端

清末行政法制的变革,始于光绪三十二年(1906年)九月。在清廷宣布"预备立宪谕"决定"仿行宪政"后,又认为"目前规制未备",以六部为权力中枢的官僚机构不足以担当立宪政府的职能,于是先后颁布《预备立宪先行厘定官制谕》和《厘定中央官制谕》,由此而开始了"官制改革",为预备立宪奠定组织基础。为保证官制改革的顺利进行和确认新官制,清廷还设立了编制馆,指派载泽(1876—1929)等14人为编纂大臣,命令各总督选派司道人员到京随同参议,并由庆亲王奕劻(1838—1917)、文渊阁大学士孙家鼐(1827—1909)、军机大臣瞿鸿禨(1850—1918)总司核定,改革中央和地方官制。

中央的官制改革，势必会触动一批权贵官员的既得利益，所以改革还未进行，即在是否取消军机处和建立责任内阁制方面发生了分歧。奕劻、袁世凯、瞿鸿機等人主张取消军机处，按照君主立宪国家的模式设立责任内阁，而清廷则担心君主大权削弱，遂在《预备立宪先行厘定官制谕》中否决了这一提议，"军机处为行政总汇，雍正年间本由内阁分设，取其近接内庭，每日入值奉旨，办事较为密速，相承至今，尚无流弊，自毋庸复改。内阁军机处一切规制，著照旧行。"①而在御前会议上，还提出了军机处、内务府、八旗、翰林院、太监事"五不议"原则。由此可见，"官制"要不要改，不是取决于是否符合立宪的要求，而是取决于与君主权力的关系。而对其它机构则做了相应的调整：以巡警为民政之一端，改为民政部；户部改为度支部；将太常、光禄、鸿胪三寺并入礼部；将兵部改为陆军部，并将太仆寺、练兵处并入；将刑部改为法部，责任司法；大理寺改为大理院，专掌审判；将工部并入商部，改称农工商部；轮船、铁路、电线、邮政应设专司，着名为邮传部；将理藩院改为理藩部；原已设立的外务部、吏部仍旧。为显示"革新"，在厘定官制过程中，清廷还改变一些中央机构官制的称号，如用"大臣"、"副大臣"、"左右丞"、"参议"、"参事"等名称来代替"尚书"、"侍郎"、"员外郎"等传统官称。这些"变革"措施，只不过是用几个新鲜的名词来代替旧称呼，对原有的行政体制并没有实质性的触动，比如清廷在改革中声称任命各部官员"不分满汉"，事实上却是将原来各部大臣满汉平分变成了满七汉四，且将外务、陆军、度支、农工商等重要部门都控制在满人手中，使满洲贵族在中央占据绝对优势，达到了排挤汉族官僚、加强中央集权和满洲贵族统治地位的目的。在宣统年间，又增设海军部，将礼部改为典礼院，以适应形势的发展。

---

① 《清末预备立宪档案史料》上册，第471页。

为加强行政管理,清政府在其统治的最后几年,陆续制订和颁布了涉及官制和对于职官考选、惩戒的法律,如《民政部官制章程》、《度支部职掌员缺章程》、《学部官制》、《礼部职掌员缺》、《陆军部官制》、《农工商部职掌员缺》等,制定了有关职官的选任与考察奖惩的法律,如《法官考试任用暂行章程施行细则》、《考核巡警官吏章程》等。此外,为加强对全社会的控制,清政府还颁布了几项单行行政法规,如《结社集会律》[1]、《违警律》、《户口管理规则》、《警示户口调查规则》、《调查户口执行法》、《各学堂管理通则》、《大清印刷物专律》、《大清报律》[2]、《著作权律》[3]等,企图运用这些法规来限制集会、结社、出版等对满清统治构成威胁的行为。

在《钦定宪法大纲》颁布后,为适应预备立宪中行政与立法、司法权力分划的要求,清政府积极进行行政体制改革,制定了《钦定行政纲目》,在序言中明确宣布"谨按宪法大纲,君主立宪政体,君上有统治国家之大权,凡立法行政司法皆归总揽。而以议院协赞立法,以政府辅弼行政,以法院尊律司法。"《钦定行政纲目》将国家事务分为"国家事务"与"皇室事务"两种,并称此为立宪政体的"第一要义",据此原则,行政纲目将主要内容局限于"以属于国家行政事务为限",有关皇室事务均不列入。纲目明确了政府在立宪国家中的地位,"所谓政府者,乃君主行使大权所设机关之一,绝非以君主为政府之长",同时又强调政府必须分职明责,"所谓政府,又必先将政府事务分配明确,始知责任之所属也。"行政纲目对各部诸司的职掌列表详叙,加注案语,以期达到"分别部属,条分缕析之"的目的。《钦定行政纲目》制定后未及施行,满清王

---

[1] "宪政编查馆民政部会奏结社集会律折附法并清单",《大清新法令》第三卷,商务印书馆 2011 年版,第 39—44 页。
[2] "报律",同上书,第 33—38 页。
[3] 参见王兰萍:《近代中国著作权法的成长(1903—1910)》,北京大学出版社 2006 年版。

朝即覆亡。不过它在预备立宪的大环境下,首次将国家事务与皇室事务分开,在立法、行政、司法三权分立原则的基础上,明确政府的地位和职责,这在中国历史上尚属首次,对于建立现代政府,具有重要的意义。

二、北洋政府时期的行政法制

南京临时政府在存续的短暂期限内,曾制定颁布过一些行政法律法规,比如关于行政组织方面,制定了《中华民国临时政府中央行政各部及其权限》、《各部官制通则》等法律;有关行政官员的选任和管理方面,曾拟订《文官考试令》、《外交官及领事官考试令》等,由大总统咨送参议院议决;制定改变称呼礼节方面的规定,如《大总统令内务部通知各官署革除前清官厅称呼文》及《内务部咨各省革除前清官厅称呼文》,改变前清官厅"大人""老爷"等称呼,废止了跪拜等礼节;为"育人才而培国脉",临时政府发布了改革学校教育制度的法令法规,如《普通教育暂行办法》、《普通教育暂行课程标准》、《教育部禁用前清各书通告各省电文》等。总之,在几个月的时间里,南京临时政府开展了广泛的立法活动,对社会各方面加以规制,用法律来恢复和重构社会秩序。遗憾的是,南京临时政府很快即结束了过渡时期的使命,许多法律只具有文本意义而未能发挥实际作用。当然,有些法律被后续的北洋政府加以修订后施行,为其后行政法律的制定和完善奠定了基础。

由于前清的"帝制"性质,使原有的以君权为中心的行政法制已不敷实用,承续了南京临时政府法统的北洋政府,为适应"民国"国体的需要,确立新的政府体制,制定了一系列具有近代性质的行政法规。

作为一个新型政权,行政组织法的建构首当其冲。北洋政府时期制定了相应的法律法规,如1912年到1914年间的《内务部官制》、《交通部官制》、《国史馆官制》、《铨叙局官制》、《法制局官制》、《修正财政部官制》、《修正司法部官制》、《修正教育部官制》、《全国水利局官制》、《蒙藏院官制》、《审计院编制法》、《京师警察厅官制》、《省官制》、《县官制》等。1916年颁布了《政府组织令》、《修正政府直属官制》，1918年颁布《币制局官制》及1921年的《修正外交部官制》，这些法律都带有行政组织法的性质。在设立行政组织后，行政官员的选任、管理与奖惩也必须有章可循。北洋政府时期，颁布了《文官高等考试法》、《文官普通考试法》、《外交官领事官考试法》、《文职任用令》、《文官甄用令》、《征收官任用条例》、《中央行政官官俸法》、《官吏服务令》、《官吏违令惩罚令》、《文官惩戒条例》、《审计官惩戒法》、《纠弹法》等。

此外，北洋政府还制定了大量的法律、条例、规程、章程等，织成了一张细密的行政管理网络，在维护社会秩序方面发挥着积极的效能。包括《国籍法》、《行政执行法》、《违警罚法》、《治安警察条例》、《土地收用法》、《森林法》、《出版法》、《勘报灾欠条例》、《传染病预防条例》、《火车检疫规则》、《内务部管理药商章程》、《民业铁路条例》、《修治道路条例》、《印花税法》、《契税条例》、《所得税条例》、《会计法》、《审计法》、《商业注册规则》、《大学规程令》、《国民学校令》、《私立大学规程》、《高等师范学校规程》、《警官高等学校章程》、《内务部订定保存古物暂行办法》、《诉愿法》、《行政诉讼法》、《平政院编制令》、《平政院裁决执行条例》等，内政、地政、财政、学政、军政、经济等无所不包，体现了政府管理的规范化趋势。

值得一提的是，《临时约法》曾规定人民有向议会请愿和向官署陈述的权利。1913年北洋政府据此公布了《诉愿条例》，1914年升格为《诉愿法》。该法规定，人民对于官署违法或不当的行政处分，有权在60日内向作出该处分决定的官署的上级官署提起诉愿。如果仍不满意上级官署的裁决，则可以逐级向再上级官署提起诉愿，中央官署所作裁决为最终裁决。同时制定的《行政诉讼法》则规定官署行政执行违法，人民可以向平政院提起行政诉讼，还规定肃政使也可以代替人民就官署违法案件提起行政诉讼。北洋政府于1914年设立平政院,负责审理行政诉讼案件。《平政院编制令》中规定了平政院的性质及职能,"平政院直隶于大总统,察理行政官吏之违法不正行为,但以法令属特别机关管辖者,不在此限。平政院审理纠弹事件,不妨及司法官署之行使职权。"关于平政院内部设置方面,在其设立初期,设有肃政厅,负责纠察、弹劾行政官吏的违法行为,并可提起行政诉讼,监视平政院裁决的执行,兼具行政监察与检察性质,1916年肃政厅撤销。《平政院编制令》《平政院裁决执行条例》《诉愿法》《纠弹法》《行政诉讼法》等,构成了有关平政院组织与运作的一整套完备的法律制度,在中国历史上第一次为"民告官"提供了组织和程序保障。在平政院受理的行政诉讼案件中,以1925年秋教育部佥事周树人(1881—1936)(鲁迅),起诉当时以章士钊(1881—1973)为总长的教育部,要求教育部撤销对周树人的免职令最为著名,最后平政院做出的"教育部之处分取消之"的裁决,所依据的法律即有《文官惩戒条例》与《行政诉讼法》,从一个侧面反映了当时的法制状况。

三、南京国民政府时期的行政法制

按照孙中山的五权宪法理论,南京国民政府设立行政院以行使行政权,行政法制得到重大发展,行政法律体系更加完备,成为六法体系中的重要一支。不过,南京国民政府时期的行政法并未法典化,而是将数量众多的行政法规按内容性质加以汇编,分为内政、教育、军政、地政、财政、经济、人事、专门职业、行政救济等九大门类,构成了一个独立的行政法律部门,这在六法体系中也是独一无二的。

南京国民政府根据行政法规调整对象的不同,将其分为行政组织法与行政行为法两大类。行政组织法主要有《国民政府组织法》《行政院组织法》《省政府组织法》和《县组织法》等。行政行为法则细分为以下几个方面：第一为内政类，包括《国籍法》、《户籍法》、《工会法》、《农会法》、《商会法》、《医师法》、《药师法》、《都市计划法》、《建筑法》、《出版法》、《著作权法》、《行政执行法》、《违警罚法》等。第二类为军政类，主要有《兵役法》、《海陆空军惩罚法》等。第三类为地政类，主要有《土地法》、《土地施行法》、《土地登记规则》、《地价调查估计规则》等。第四类是财政类，有《预算法》、《决算法》、《公库法》、《会计法》、《审计法》、《统计法》、《银行法》、《所得税法》、《营业税法》、《盐法》等。第五类为教育类，包括《大学法》、《中学法》、《小学法》、《师范学校法》、《职业学校法》、《学位授予法》、《专科学校法》、《幼稚园设置办法》等。第六类为经济类，有《商业登记法》、《商标法》、《标准法》、《专利法》、《度量衡法》、《矿业法》、《水利法》、《邮政法》等。第七类为人事类，包括《公务人员任用法》、《公务人员俸给法》、《公务人员服务法》、《公务人员考绩法》以及《公务人员惩戒法》等。[①]

职官的选任，决定着行政管理的质效，故在南京国民政府时期有关公务员方面的法规，数量较多，内容也较为详备，上述分类中的第七类"人事"部分，就反映了这方面的内容。根据公务员类法律的规定，公务人员通过考试取得任职资格，负责考试的单位不再是北洋政府时期的行政机关，而是改由五院之一的考试院进行。应试者的条件是年满20岁以上的中华民国公民，专科以上学校毕业资格或高级中学毕业资格，禁止应试的情形为被褫夺公权者、亏空公款、因赃私处罚有案者、吸食鸦片或其代用品者。考试分为高等考试、普通考试和特种考试，其任用有特任、简任、荐任、委任，除特任因涉及政务官按其他办法确定外，其余根据考试的种类和成绩的优劣，以及原来的任职经历等决定任职的等级。公务员及其遗属依法享有俸给权、保险金权、抚恤金权、身份保

---

① 见《中华民国法规大全》点校本，第十卷补编（上册），商务印书馆2016年版。

障权（指非因法定原因和法定程序，不得予以免职、停职及处分的权利），同时应尽执行职务、服从长官命令、忠实于国家利益、保守秘密、保持品行等义务。另外，公务人员会因其违法、废弛职务、失职等受到惩戒，惩戒的种类有免职、降级、减俸、记过、申诫五种。对公务员进行惩戒的是公务员惩戒委员会，隶属于司法院。从法律文本及制度方面而言，南京国民政府时期的公务员制度可谓全面而完备，只是在实践中却难以全面落实，公务员人浮于事，贪污腐败，公务员惩戒制度形同虚设。

与北洋政府时期相比，南京国民政府时期的行政诉讼制度发生了一些变化。1930年3月24日国民政府颁布了《诉愿法》，1937年1月8日修正公布。该法是人民对行政官署的处分或决定不服而向上级行政官署提起申诉的程序法，以纠正行政官署的不法行为，保障人民的合法权益。有关行政诉讼方面的法律，则主要有经数次修订最终确定的《行政法院组织法》与《行政诉讼法》。主要内容有：行政诉讼由北洋政府时期的平政院改为行政法院来审理，行政法院属于司法院，设院长一人，综理全院行政事务，行政法院分设二庭或三庭，行政法院之审判，以评事五人合议行之。诉讼采取诉愿前置原则，对行政法院的判决与裁定，当事人不得上诉或抗告，但可请求再审；得命令利害关系人参加诉讼；行政诉讼一般无停止原处分或原决定执行的效力；对判决之执行采用行政手续而非司法程序，等等。

总之，南京国民政府时期的行政法规及其他法律中涉及行政的规定大量增加，形成了比较完备的行政法律体系，以期将南京国民政府纳入依法行政的法治轨道。

第三节 近现代刑事法律制度的变革

1900年的庚子之役，是中国近代史的一个转折点。随着列强瓜分中国现实危险的迫近,使更多的中国人痛感非进行根本的政治变革,不足以挽救空前严重的民族危机。连顽固的慈禧统治集团,也不得不在"变亦变,不变亦变"的形势逼迫下,下诏实行"新政",以图"自强雪耻"。晚清修律作为新政的一项重要内容,在沈家本(1840—1913)的主持下搞得有声有色,它不仅使相沿已久的中华法系大厦轰然崩解,"诸法合体,民刑有分"的法典编纂模式,为部门法的分别制定方式所取代,同时也触发了中、西方法文化的直接对话与碰撞,中国法制近代化的序幕也由此拉开,改良旧律和制定"务期中外通行"的新律成为法律发展的趋势。表现在刑法方面,即是在资产阶级刑法原则的指导下,对传统的律典进行删修,由此而引发了一场旷日持久的礼法之争,也使晚清政府通过的《大清现行刑律》、《大清新刑律》呈现新旧交融的特点。这一特点在北洋政府时期刑律的修订、南京国民政府时期《中华民国刑法》的制定中都有所反映和体现。

一、清末修律及《大清新刑律》的制定

(一) 清末修律过程

1901年1月29日,慈禧太后以光绪皇帝的名义发布了一道改革上谕,标志着清末新政的开始。"世有万古不易之常经,无一成不变之治法。穷变通久见于《大易》,损益可知著于《论语》。……大抵法积则蔽,法蔽则更,要归于强国利民而已。"[①]根据这道上谕,江督刘坤一(1830—1902)和楚督张之洞(1837—1909)联衔上奏《江楚会奏变法三折》,提出了一套较为系统的"除旧蔽"和"行新法"方案,这可以说是清末较早提出修律的文献。而修律的直接动因,则在于收回中国久已失去的司法主权,因为在中英商约谈判过程中,英国政府即授权其谈判代

[①] 《清德宗实录》卷四七六。

表在条约内增加一款:"中国深欲整顿本国律例以期与各国律例改同一律,英国允愿尽力协助,以成此举,一俟查悉中国律例情形,及其审断方法,及一切相关事宜皆臻妥善,英国即允弃其治外法权。"[1]也就是说,晚清修律还有对维护司法主权完整的期许。1902年,清廷发布修订法律谕旨:"中国律例自汉唐以来,代有增改。我朝《大清律例》一书,折衷至当,备极精详。惟是为治之道,尤贵因时制宜,今昔情势不同,非参酌适中,不能推行尽善。……总期切实平允,中外通行,用示通变宜民之至意。"[2]1902年5月13日,清廷正式任命熟悉中西法律的沈家本、伍廷芳(1842—1922)为修订法律大臣,主持修律。1904年5月15日修订法律馆成立,修律活动正式启动。晚清修律包括翻译东西各国法律、改革旧律与制定新律几个方面。

1. 翻译东西各国法律

晚清修律的目的是采撷西法以补中法之不足,"参酌各国法律"、"务期中外通行",故无论是旧律的改革,还是新律的编纂,都须以西方各国法律为参照,所以翻译各国法律例就成为修律的一项重要内容。沈家本认为"参酌各国法律,首重翻译","欲明西法之宗旨,必研究西人之学,尤必翻译西人之书。"[3]在他的主持下,到清室覆亡时止,共翻译出几十种外国的法律法规和法学著作。

1905年,在《删除律例内重法折》中,沈家本对开馆近一年的翻译做过一次统计。译出的外国法律有:德意志《刑法》、《裁判法》,俄罗斯《刑法》,日本《现行刑法》、《改正刑法》、《陆军刑法》、《海军刑法》、《刑事

---

[1] 《辛丑条约订立以后的商约谈判》,中华人民共和国海关总署研究室编译,中华书局1994年版,第139页。
[2] 《清德宗实录》卷四九五。
[3] 沈家本:"新译法规大全序",《新译日本法规大全》点校本第一卷,商务印书馆2007年版,第8页。

诉讼法》、《监狱法》、《裁判所构成法》，法学著作则有日本《刑法义解》。初期翻译主要侧重刑法，且以日本东洋法为多。到 1907 年，沈家本在《修订法律情形并请归并法部大理院开同办理折》中，对翻译又作了一次统计，计有：《法兰西刑法》、《德意志刑法》、《俄罗斯刑法》、《荷兰刑法》、《意大利刑法》、《法兰西印刷律》、《德国民事诉讼法》、《日本刑法》、《日本改正刑法》、《日本海军刑法》、《日本陆军刑法》、《日本刑法论》、《普鲁士司法制度》、《日本裁判所构成法》、《日本监狱访问录》、《日本新刑法草案》、《法典论》、《日本刑法义解》、《日本监狱法》、《监狱学》、《狱事谭》、《日本刑事诉讼法》、《日本裁判所编制立法论》，另外还有已译而未完成的《美国刑法》、《美国刑事诉讼法》等十种。从所译法律和著作来看，仍以日本的为多，以刑法为重，但其种类、数量和国家等都比以前更多、更广泛，这与配合刑律的制定有关。

1909 年，沈家本对 1907 年法律馆独立以来的翻译成果又作过两次统计，这一时期的翻译主要集中在西方各国及日本的商法、海商法、国籍法、民法、破产法、票据法、公司法、亲族法、刑事诉讼法、民事诉讼法及裁判访问录等方面。此外，还有其它官方机构和一些民间的翻译，数量之大，难以计数。

总的来说，这一时期对外国法律、法学著作的翻译，其涉及范围之广，数量之多，为中国门户开放以后之最。而翻译的质量方面，其系统性和准确性，都是以往同类工作所无法比拟的。这是因为，一方面，修订法律馆所译法律书籍多为清朝驻外使节通过正式外交途径收集购买，因而较为准确完整；另一方面由于主持此事的沈家本极为重视翻译工作，广罗翻译人才，"当时东西洋之习政治法律归国稍有声誉者，几无不入其彀中。"[①]译员每译成一种，他都要与"原译之员，逐字逐句，反复

---

① 江庸：《趋庭随笔》。

研究,务得其解"①,惟恐翻译的疏漏误译导致参酌甄采的失误。总之,修订法律馆的译介活动,为当时折衷中西制定新律奠定了基础,也为中国近代法学的产生、西方法律文化的传播创造了条件。

此外,还有盛宣怀主持南洋公学初译、上海商务印书馆补译校订的《新译日本法规大全》。②

2. 修改旧律

自修订法律馆成立后,修律大臣沈家本、伍廷芳即参照西方法律,修订中国旧律例。按照乾隆定制,清朝修律的方式是律文不动,定期对例进行删除、修改、修并、移并、续纂等。然而,《大清律例》自同治九年(1870年)以后就再没修订过,而晚清政局的激变,使《大清律例》的修订变得刻不容缓,沈家本他们的修律任务也是很艰巨的。

从"各法之中,尤以刑法为切要"③的认识出发,本着"刑法之当改重为轻"④的宗旨,修订法律馆对旧刑法中残酷、野蛮、落后的部分进行了修改。首当其冲的就是废除凌迟、枭首、戮尸、缘坐、刺字等重刑。沈家本、伍廷芳在《删除律例内重法折》中提出:"凡死罪至斩决而止,凌迟及枭首、戮尸三项,著即永远删除。所有现行律例内凌迟、斩、枭各条,俱改为斩决;其斩决各条,俱改为绞决;绞决各条,俱改为绞监候入于秋审情实;斩监候各条,俱改为绞监候,与绞侯人犯仍入于秋审,分别实缓办理。至缘坐各条,除知情者仍治罪外,余著悉以宽免。其刺字等项,

---

① 《清末筹备立宪档案史料·法律和司法》。
② 《新译日本法规大全》点校本,商务印书馆2007—2008年版。
③ "奏刑律草案告成分期缮草呈览并陈修订大旨折",《清末筹备立宪档案史料》下册,第845页。
④ 沈家本:"删除律例内重法折",《寄簃文存》卷1,第2页,《沈寄簃先生遗书》上册,中国书店1990年版。

亦著概行革除。"自此之后，这些酷刑遂在法律中被明令革除。其次是刑讯的禁止。晚清禁止刑讯之议，始发于《江楚会奏变法三折》中的"恤刑狱"条。1905年，沈家本、伍廷芳复奏，对张之洞等人禁用刑讯主张表示赞同，并将刑讯的范围进一步缩小，只对"罪犯应死"者准其刑吓，而"徒流以下各罪，概不准刑讯。"第三是关于酌减死罪、虚拟死罪改为流徒，删除比附等方面的规定。沈家本在《虚拟死罪改为流徒折》中，建议将虚拟死罪戏杀、误杀、擅杀改为流刑与徒刑。由于比附与立宪相矛盾，容易造成审判的不统一和民众的无所适从，沈家本主张要及时立法，以调整新出现的社会关系并断罪处刑，反对临事无所适从和比附断案，提出"一切犯罪须有正条乃为成立，即刑律不准比附援引。"此外，修律中还注重体现平等精神，删除奴婢律例，取消旗人的特殊法律地位，主张满、汉族人在法律上"一体同科"。

在上述一系列局部改造的基础上，1908年，沈家本等依据"总目宜删除也，刑名宜厘正也，新章宜节取也，例文宜简易也"的原则，对《大清律例》进行了大刀阔斧的改造，于1910年5月完成了《大清现行刑律》，删去吏、户、礼、兵、刑、工六曹之目，统分为三十门类，废笞、杖、徒、流、死五刑之名，改为死刑、安置工作、罚金等。将同治九年以来制定的一百多条通行章程，分别去留，纂为定例。对近二千条繁碎例文统一重加删并，以归简易。经过反复修正，最后定本为律文389条，例文1327条，附《禁烟条例》12条，《秋审条例》165条。卷首除奏疏外，附有律目、服制图、服制等。经过全面改造后的《大清现行刑律》，虽然仍未完全脱离传统法律的窠臼，但它集晚清旧律改革之大成，掺进了部分西法内容，成为传统法典中最后的也是最进步的一部法典。

3．制定新律

晚清的修律活动，以1906年的预备立宪为界，大体上可以分为两个阶段。在预备立宪之前的修律活动,因为新政"规模虽具,而实效未彰"①,所以主要以删削旧律和翻译外国法律为主,是散漫而枝节性的,也是基础性的,具有应急而功利的色彩;而在宣布预备立宪后,新政的实施,以建立君主立宪国家为明确目标,除了制定宪法外,还须"将各项法律详慎厘订,……以预备立宪基础。"②而这各项法律则指"一切刑法、民法、商法等之法律皆是也。"③这就需要抛开中华法系诸法合体的固有体例,仿照西法,建立以宪法为中轴、由刑法、民法、商法、诉讼法等组成的近代法律体系。因此,1906年宣布预备立宪后,修律活动呈现出大规模、系统化、成批量的特点,成为晚清修律"提速"的助推器。

清廷的"仿行宪政"主要以日本为对象,既包括对宪法的仿行,也包括对其他部门法的移植,其原因正像权臣张之洞所言,"日本法律学最讲究,其法学共分六门,民法一门极为西人称赞佩服,于东方风土民情,尤为相宜可行,并不专泥欧洲法家言。"因此,清廷除派员赴日进行考察外,还高薪聘请日本法政学者帮助或直接起草部门法,如冈田朝太郎(1868—1936)、松冈义正(1870—?)和志田钾太郎(1868—1951)等,就分别协助修律馆起草了《大清刑律草案》、《大清民律草案》和商法总则等,有的法律草案可以说基本上是对日本相关法律的照搬④,法律修订的速度,也因"仿行"而明显加快,从1907年到1911年短短的几年间,基本上完成了主要部门法律草案的起草工作。其中,除了宪政编查馆拟定的《钦定宪法大纲》、《咨议局章程》等"宪法性文件"外,修订法律馆会同有关部院机关起草了一系列重要的部门法草案,包括《钦定大清刑

---

① "派载泽等分赴东西洋考察政治谕",夏新华等:《近代中国宪政历程:史料荟萃》,中国政法大学出版社2004年版,第37页。

② "宣示预备立宪谕",《大清新法令》第一卷,商务印书馆2010年版,第37页。

③ "请定国是以安大计折",夏新华等编:《近代中国宪政历程:史料荟萃》,第48页。

④ 参见任达:《新政革命与日本——中国,1898—1912》,江苏人民出版社1998年版,第200—211页。

律》、《大清民律草案》、《大清商律草案》、《大清刑事诉讼法草案》、《大清民事诉讼律草案》、《大清监狱律草案》、《法院编制法》及《违警律》、《国籍条例》、《破产律》等。与前期对大清律例的修修补补不同,后期的修律主要服务于"预立宪政之基础",有了全方位、有条理、有系统的立法规划,修律工作自然是高歌猛进,也因此而取得了不俗的成绩。[①]

(二)《大清新刑律》的制定及其内容

在修律之初,沈家本即提出"各法之中,尤以刑法为切要",所以在对《大清律例》进行删修作为过渡的同时,修订法律馆也着手起草新刑律。该律的制订从1906年起,历时六年,七易其稿,至宣统二年十二月(1911年1月25日)正式颁布,定名为《大清新刑律》。这是中国近代第一部专门的刑法典,它摒弃了传统诸法合体的编纂模式,以规定犯罪和刑罚为唯一内容。其正文分为总则和分则两编,共五十三章,411条,正文之后还附有"暂行章程"5条。

《大清新刑律》的总则是关于刑法一般原则的规定,分为法例、不为罪、未遂罪、累犯罪、俱发罪、共犯罪、刑名、宥减、自首、酌减、加减例、缓刑、假释、恩赦、时效、时例、文例等十七章。分则则以罪名为纲,分为侵犯皇室罪、内乱罪、外患罪、妨害国交罪、漏泄机务罪、渎职罪、妨害公务罪、妨害选举罪、骚扰罪、逮捕监禁人脱逃罪、藏匿罪人及湮灭证据罪、伪证及诬告罪、放火决水及妨害水利罪、危险物罪、妨害交通罪、妨害秩序罪、伪造货币罪、伪造文书印文罪、伪造度量衡罪、亵渎祀典及毁掘坟墓罪、鸦片烟罪、赌博罪、奸非及重婚罪、妨害饮料水罪、妨害卫生罪、杀伤罪、堕胎罪、遗弃罪、私擅逮捕监禁罪、略诱及和诱罪、妨害安全信用名誉及秘密罪、盗窃及强盗罪、诈欺取财罪、侵占罪、赃物罪、毁弃损坏罪等三十六章。所附5条《暂行章程》的主要内容,规定对无夫妇女通

[①] 散见于《大清新法令》点校本全十一册,商务印书馆2010—2011年版。

奸处以刑罚,对尊亲属不得适用正当防卫,加重对严重危害皇帝、危害国家、卑幼杀害直系尊亲属及亵渎祀典和掘坟、强盗等犯罪的处罚。

沈家本在《奏进呈刑律草案折》中,总结《大清新刑律》对传统旧律进行的重大改革,主要体现在"更定刑名"、"酌减死罪"、"死刑唯一"、"删除比附"、"惩治教育"①五个方面。从总体上看,一方面,《大清新刑律》引进了近代刑法原则和刑罚制度,并厘定了罪名,删除了比附,实行罪刑法定,取消了在法律适用上的等级特权;根据近代刑法理论,明确了罪与非罪的界限,对故意、过失、正当防卫、紧急避险等作了规定,明确了既遂与未遂、累犯与俱发等概念;确认了近代刑罚制度,将刑罚划分为主刑与从刑,主刑有罚金刑、拘役刑、有期徒刑、无期徒刑和死刑,从刑有褫夺公权和没收;确立了假释和缓刑制度;删除了旧律中"十恶"名目,增设了有关国交、选举、交通以及妨害卫生等方面的罪名。另一方面,新刑律还具有较浓厚的封建色彩,如规定了相当于旧律中的"谋大逆"、"大不敬"的"侵犯皇室罪",且处刑极重;继续维护以家族主义为基础的礼教纲常,以"根本经义"、"推原祖制"为宗旨,对于亲属相犯、相奸等,均有与常人犯罪截然不同的特别规定,这一点在"暂行章程"5条中尤为突出。

《大清新刑律》颁布后,未及实施,清朝覆亡,但它作为一部兼采中外的新法,对嗣后刑法的发展产生了深远影响。谢振民在《中华民国立法史》中对其曾有这样的评价,"《大清新刑律》大体上继受日本刑法。历代律例以至于《大清现行刑律》,均属民刑不分,此律则为单一之刑法法典。其要旨除沈氏原奏所列五点外,并规定犯罪行为之责任能力与条件,及违法阻却之原因,明示犯罪构成之要素,采用缓刑与假释之制

---

① "修订法律馆奏刑律草案告成分期缮单呈览并陈修订大旨折",《大清新法令》第一卷,商务印书馆2010年版,第458—461页。

度,明定起诉权、行刑权时效之期间,凡此均为旧律之所无。至关于亲属之范围,仍以旧服制图为准,以期适合习惯。分则所定,井井有条,要而不繁,简而得当,沟通中外,融贯新旧,实为当时最进步最完善之法典。"[①]杨鸿烈(1903—1977)对此律的特点也做过总结,"这部新刑律虽曾参酌自唐以来的旧有规定,但大部分实在是甄采那时欧洲大陆派德意志等国最新的法案。"[②]《大清新刑律》对传统法的继承和对外来法的继受,正是对"会通中西"这一修律原则的诠释。

(三) 礼法之争

《大清新刑律》之所以呈现"沟通中外,融贯新旧"的特点,是因为在其制定过程中,曾在如何对待传统礼教的问题上,发生过激烈的论争。如所周知,古代中国是一个礼俗社会,礼教渗透于法律之中,与法律水乳交融,唐律"一准乎礼"就是中华法系特征的最精确概述,而晚清修律则以移植西方法律为主要方法,这就不可避免地要对固有的礼法观念造成一定的冲击,而礼法传统的抵抗力量则出人意料地顽强,最终酿成了一场旷日持久的"礼法之争"。争论的双方是以张之洞、劳乃宣(1843—1921)为代表的"礼教派"和以沈家本、杨度(1875—1931)等为代表的"法理派",其焦点则在于制定《大清新刑律》是否应恪守礼教纲常,旧律中有关礼教的问题是否要写入新刑律以及如何写入等问题。

早在1906年,张之洞即对修律大臣沈家本、伍廷芳奏进的《刑事民事诉讼法》进行驳议,总的结论是该法"似有碍难通行之处",根本性的理由则在于其有违中国礼教,与传统的民情风俗不合(详见下文"近现代诉讼法律制度变革"部分),该法也因此而被搁置。

1907年,修律大臣完成了《新刑律草案》的起草工作,沈家本先后

---

① 谢振民编著:《中华民国立法史》(下),张知本校,中国政法大学出版社2000年版,第886—887页。
② 杨鸿烈:《中国法律思想史》,商务印书馆2017年版,第387页。

将总则与分则上奏朝廷,说明"旧律之宜变通者"为"更定刑名、酌减死罪、死刑唯一、删除比附、惩治教育"五个方面,对旧律例作了全面修改,并特别强调《新刑律草案》分则的"修订大旨",在于"折中各国大同之良规,兼采近世最新之学说,而仍不戾乎我国历世相沿之礼教民情"。①尽管如此,《新刑律草案》仍招来张之洞等人的非难。首要的一条是认为"草案"违背了以三纲五常为核心的传统礼教。张之洞认为,中国古代圣王"因伦制礼、准礼制刑",三纲五常是立法的根本,但草案恰恰与君臣、父子、夫妻之义大谬,破坏了男女之别,破坏了尊卑长幼之序,因而提议作进一步修改,"其有关伦纪之处,应全行改正,总以按切时势而仍不背礼教为主。"②清廷于是发布上谕,确定修改宗旨,"惟是刑法之源本乎礼教,中外各国礼教不同,故刑法亦因之而异。中国素重纲常,故于干犯名义之条,立法特为严重,……凡我旧律义关伦常诸条,不可率行变革,庶以维天理民彝于不蔽。"③依据这一修改宗旨,沈家本等又会同法部,对草案进行全面修订,在正文后面加上《附则五条》,并特别说明:"大清律中,十恶、亲属容隐、干名犯义、存留养亲以及亲属相奸相盗相殴并发冢犯奸各条,均有关于伦纪礼教,未便蔑弃"。中国人犯以上各罪,仍照旧律办法惩处。"危害乘舆、内乱、外患及对于尊亲属有犯"应处死刑者,仍用斩刑。卑幼对尊亲属不能使用正当防卫之法,《修正刑律草案》于1910年2月奏进。此时张之洞已去世,随后劳乃宣拿起了礼教派的接力棒,继续这场论争。

清廷接到《修正刑律草案》后,批交宪政编查馆进行核议。该馆参议、考核专科总办、后授江宁提学使的劳乃宣,认为《修正刑律草案》正文"有数条于父子之伦、长幼之序、男女有别有所妨",大失"明刑弼教"

---

① 《光绪朝东华录》第5册,总第5809页。
② "会奏改正刑律草案折并清单",《张之洞奏稿附录各件》,所藏档甲182—205。
③ 《光绪宣统两朝上谕档》第35册,第36页。

之意,《附则》规定旧律有关礼教条文另辑单行法不入正文,是"本末倒置",于是向宪政编查馆上《修正刑律草案说帖》,遍示京外,要求把"旧律有关伦常诸条逐一修入新刑律正文。"在他的倡导下,礼教派对新刑律群起而攻之,使"新律几有根本推翻之势"。沈家本对此"愤慨异常,独当其冲,著论痛驳",写了《书劳提学新刑律草案说帖后》等文进行反驳。协助修律的日本学者冈田朝太郎、松冈义正及宪政馆、法律馆诸人"亦助沈氏辞而辟之"。① 礼教派、法理派双方就刑律的具体条文,以文字互相辩难。最后,宪政编查馆基本未采纳礼教派的意见,将稍作调和的《修正刑律草案》核订后,改名为《大清新刑律》,《附则》改为《暂行章程》,上奏朝廷,并交资政院议决。

1910 年 10 月,资政院正式开院议事。在议决法律过程中,宪政编查馆特派员杨度到议场说明新刑律的国家主义立法宗旨,批评旧律的家族主义原则,又遭到劳乃宣等的激烈反对。杨度支持沈家本等法理派的主张,认为"今馆中宜先讨论宗旨。若以为家族主义不可变,国家主义不可行,则宁废新律而用旧律。……若以为应采国家主义,则家族主义决无并行之道。而今之新刑律,实以国家主义为其精神,即宪政之精神也。必宜从原稿所订,而不得以反对宪政之精神加入之。"②劳乃宣则不仅在议场加以辩驳,而且还撰文批驳杨度的国家主义,认为中国的礼教源于农桑之国的经济形态,因此立法应"本乎我国固有之家族主义",只要使人"深明家国一体之理,知非保国无以保家",就可以"渐近于国家主义"③。劳乃宣还邀集亲贵议员向资政院提交《新刑律修正案》,增加一些维护礼教的条款,从而引发了礼法两派的再次争论,以至于在资政院会期届满时,只议决通过了新刑律总则,分则部分则未及议

---

① 江庸:《五十年来中国之法制》。
② 杨度:"论国家主义与家族主义的区别",《法政浅说报》,宣统三年第 20 期。
③ 劳乃宣:《新刑律修正案汇录序》。

决，留待来年开院时继续审议。

礼教派与法理派的争论焦点，主要集中在五个方面：一是关于"干名犯义"罪的存废问题。干名犯义是指子孙告发祖父母、父母及妻妾告夫和告夫之祖父母、父母的行为，在传统法律中被规定为犯罪。礼教派主张在新律中保留该罪名，而沈家本等则认为依据法理，干名犯义为"告诉之事"，属诉讼法范围，"不必另立专条"。二是关于"存留养亲"应否继续保留的问题。存留养亲是一种对有特殊情况的死罪案件实行特殊处理的制度，如犯罪人家中有祖父母、父母需要赡养而该犯又是唯一赡养人，一般不按通常案件处以死刑，以使犯罪人得以供养其祖父母、父母。礼教派主张保留此制，而沈家本则认为，中国古代并无"罪人留养之法"，北魏出现这种法条，但后来多遭非议，更有嘉庆谕旨的"祖训"：凶恶之徒"自恃身系单丁，有犯不死，竟至逞凶肆恶，是承祀留养非以施仁，实以长奸，转似诱人犯法"。这条不进正文，完全"无悖于礼教"。三是关于"无夫奸"的问题。劳乃宣认为刑律草案只列有夫和奸罪，而无夫和奸不为罪，"失之太过"。因为中国的风俗，特别重视处女和寡妇的和奸罪，如果完全不以为罪，不符合中国人心。沈家本反驳说，无夫妇女与人和奸，西方国家没有治罪明文，"此最为外人着眼之处，如必欲增入此层，恐此律必多指摘"。且该问题主要与道德风化有关，应从教育方面另想办法，不必编入刑律之中。礼法双方在该问题上的争论最为激烈，"新旧之争，关于此点较前尤剧，所谓甚嚣尘上也。反对之领袖为劳乃宣，被选为资政院议员。康（董康）因兼职宪政编查馆科员，政府遣派出席，被咨询。……时邀至法律股辩论，几于舌敝唇焦。"[①]四是关于"子孙违犯教令"问题。中国传统法律对子孙违反祖父母、父母教令者给予刑事处罚，礼教派对于未将其列入新刑律草案"殊

[①] 杨鸿烈：《中国法律思想史》，商务印书馆2017年版，第389页。

非孝治天下之道"。沈家本则认为这属于家庭教育问题,"无关于刑事,不必规定于刑律之中",应设立感化院之类的机构,"以宏教育之方"。五是关于卑幼能否行使正当防卫权的问题。礼教派认为子孙不能对其父母、祖父母行使防卫权,而法理派则认为子孙可以行使该权利。

清末修律中的这场礼法之争,实际上反映的是中西方法律文化的冲突,是中国传统法律转型过程中必然会遭遇的问题。后人在评说这场论争时,多认为法理派代表的是"进步"与"开明",而礼教派则是顽固和保守势力的"代言人",而礼法之争的结局,似乎又体现了保守势力的强大和法理派的软弱和妥协。其实,这场论争,并非进步与保守、开明与顽固之争,也非变与不变的问题,而是关于怎么变、如何变的争论。争论中的一项基本内容就是:新律要不要,或怎样体现传统的精神,在多大程度上吸纳西学。近年来,法史学界的研究成果表明,人们对法理派及礼教派各自的功过是非已能给出较为客观公允的评价:"从后来中国法律的发展状况来看,无论是礼教派还是法理派都为中国法律向近代的过渡作出了贡献。如果没有法理派的推进,中国法律的近代改革将难以进行;而如果没有礼教派对中国传统的精辟阐述及对西学和西方政治的清醒认识,中国法律的近代改革也不免为传统的惰性力所粉碎,陷入'欲速不达'的境地。从这一点来说礼教派与法理派都有所收获。但从另一方面来说两者又都是失败者,因为无论是礼教派还是法理派都没有探索到真正解决问题的道路,这也许就是历史的局限性。"①

二、北洋政府的刑事法律制度

1912年3月10日,袁世凯在北京宣誓就任临时大总统时,发布

---

① 马小红:《礼与法:法的历史连接》,北京大学出版社2017年版,第253页。

《暂行援用前清法律令》，明确表示："现在民国法律未经议定颁布，所有从前施行之法律及新刑律，除与民国国体抵触各条应失效力外，余均暂行援用，以资遵守。"①4月3日，参议院经开会讨论，作出决议，决定"所有前清时规定之……《新刑律》……等，除与民国国体抵触之处，应行废止外，其余均准暂时适用。"②其中的《新刑律》，即是前述在资政院议场中，经过礼教派与法理派的较量和博弈，最终通过的《大清新刑律》。该律出台时，虽已是清廷仿行宪政的预备阶段，不过"君臣之伦"依旧是立法的准则，维护皇权仍然是刑法首当其冲的任务，因此，在《新刑律》分则中，第一章规定"侵犯皇室罪"，第二章"内乱罪"，相当于传统法中的谋反、谋叛、谋大逆等"十恶"之罪，而刑律后附设的《暂行章程》5条，维护的是纲常名教中的男女之别、尊卑长幼之序。从"民国"的表征来衡量，对皇权给予保护、将国民以性别尊卑长幼加以区别对待的律条，即属与"国体"相抵触之处，需要删除或修订。所以，根据大总统令的要求，临时政府司法部经过系统的甄别和删订，于1912年4月30日公布了《删除新刑律与国体抵触各章条》，将《大清新刑律》改名为《中华民国暂行新刑律》，分总则17章、分则35章，作为中华民国的刑律颁布施行。

被修改的部分主要有：一是删除了与保护皇权有关的条文，包括分则中"侵犯皇室罪"全章12条，伪造或毁弃"制书"、"玉玺"者，窃取、强取或损害"御物"者等7条。二是刑律中带有政治色彩的词语被替换，例如以"中华民国"取代原来的"帝国"，以"人民"取代依附性质的"臣民"，体现皇帝威权的"覆奏"、"恩赦"改为"覆准"、"赦免"等。三是删除了清末修律时就被多方质疑辩难的"暂行章程"5条。从总体上看，《暂

---

① 《临时公报》，中华民国北京政府印行，1912年3月11日。
② 转引自谢振民：《中华民国立法史》（上册），中国政法大学出版社2000年版，第55—56页。

行新刑律》只是删除了与共和国国体不符的内容,替换了一些名词,与《大清新刑律》相比,变化并不是很大。然而,对于一个重"名"的民族来说,却有非凡的意义,"名正"是"言顺"、"事成"的前提条件,所以对刑律中与国体抵触各条的删除和修订,恰恰为"民国"的存续和发展提供了恰当的语境,表明了一切与"民国"相悖的东西都不再具有合法性。

1912年8月,北京政府为实施《暂行新刑律》,由司法部拟定并颁布了相关的施行《细则》,主要涉及新旧政权交替、新法施行前后几种特殊案件的处理原则。《细则》规定,如新法施行前一罪已经判决,而余罪为新法施行后始发者,依新法更定其刑;以前判决之案于新法施行后发觉为累犯者,也按新法更定其刑;以前判而未执行者,分别不同情况,按新法的规定执行等。另外,还就死刑犯中孕妇和精神病患者的执行问题和无期徒刑以下各刑的执行起始日期等作出了规定。总之,该《细则》为解决政权鼎革所带来的法律效力的认定和新旧法的衔接,提供了操作依据。2014年12月,北京政府颁布了《暂行新刑律补充条例》,共15条,其内容包括两个方面。一是恢复和增加了一些维护传统礼教的规定,如对尊亲属一般不得适用正当防卫;尊亲属伤害卑幼情节轻微者可免除刑事责任;行亲权之父母可为惩罚其子而请求法院施以6个月以下之监禁处分;和奸良家无夫妇女处五等有期徒刑或拘役等。二是对一些犯罪增加了新的情节,并加重了某些犯罪的刑罚。如对强奸罪,《补充条例》增加了"二人以上共犯"的情节,处刑也相应地加重为"死刑或无期徒刑";对于藏匿罪人及湮灭证据罪,增加了藏匿刑事暂保释人的情节,规定对此种行为处以四等以下有期徒刑、拘役或三百元以下罚金;关于略诱罪,则增加了三人以上共同犯罪的情节,并规定各依本刑加一等处罚。

北洋政府成立之初,表明了因民国法律未经议定颁布,故对前清法律"暂行援用"的态度,所以在适用《暂行新刑律》的同时,北洋政府也在着手刑法典的修订工作。1915年2月,法律编查会在修改《暂行新刑律》的基础上,拟定了《修正刑法草案》,呈请大总统饬下法制局核定后交参政院审议。该草案分总则、分则两编,共55章432条。其特点是对传统礼教保留较多,采纳了《补充条例》中关于限制正当防卫、无夫奸之罪等规定,在总则中增加"亲属加重"一章,规定对侵犯直系尊亲属的犯罪依分则所定加重二等处罚,侵犯旁系尊亲属依分则所定加重一等处罚,另外还增加了"侵犯大总统罪"、"私盐罪"等罪名。不过由于其时政局动荡,该草案并未议决公布。

1918年北洋政府设立修订法律馆,重新修订刑法草案,编成《刑法第二次修正案》,1919年再次修改后纂成《改定刑法第二次修正案》,共49章393条。总则部分删除了《修正刑法草案》中的"亲属加重"一章,其余各章也有调整,取消了将有期徒刑分为五个等级的制度,直接以年月计算;删除了因亲属关系而限制正当防卫的规定。分则部分的改动也不少,如将"漏泄机务罪"并入"外患罪","杀伤罪"分为"杀人罪"和"伤害罪",改"亵渎祀典及发掘坟墓罪"改为"妨害宗教罪",增加了"妨害商务罪""恐吓罪"及"抢夺""海盗"等罪名。条文的内容方面,关于"无夫奸"的罪名,增加了"未满二十岁"及"良家妇女"这一构成犯罪的限制条件。总起来看,该修正案比此前的刑法各案均有明显的进步,只是因为各种原因,该案也一直未公布实施。

这一时期,北洋政府还制定了一系列刑事特别法,以加强对秩序的维系和对社会的控制。主要有《官吏犯赃条例》(1914年)、《惩治盗匪法》及《惩治盗匪法执行法》(1914年)、《私盐治罪法》(1914年)、《陆军刑事条例》(1915年)、《海军刑事条例》(1915年)、《办赈犯罪惩治暂行条例》(1920年)及《官吏犯赃治罪条例》(1921年)。其中《惩治盗匪法》最具特色。该法共11条,内容包括三个方面:一是规定对强盗、匪徒罪加重处罚。二是简化审判和执行程序。对于犯强盗、匪徒罪应处死刑者,由该管审判庭或兼理司法事务县知事审实后,附具全案,报高等审判厅厅长或司法筹备处处长,并转报巡按使,覆准后即可执行。《惩治盗匪法执行法》甚至对上述程序进一步简化,将上报核准的死刑案件全宗,简化为只需以电报方式"摘取犯罪事实",核准后即可执行。而对于强盗、匪徒案件,一经判决,即为终审,即使当事人对判决不服也不得上诉。[①] 三是授予军事机关审判强盗、匪徒的权力。由军事机关审判的强盗、匪徒死刑案件,则由管辖该军队的最高级长官核办、覆准。这一授权,使军人干预司法具有了合法性和正当性,受到地方军阀的欢迎,为北洋军阀强化军事专制提供了便利。

三、南京国民政府的刑事法律制度

南京国民政府时期,在继承清末民初刑事立法经验的基础上,曾制定实施了 1928 年及 1935 年两部刑法。此外,还制定了一系列刑事单行法,作为刑法典的补充。

(一) 1928 年《中华民国刑法》

1927 年,司法部长王宠惠(1881—1958)将《刑法第二次修正案》稍加损益后编成新刑法草案,在征求最高法院、国民政府法制局及相关国府委员等有关方面的意见后,经过多次修改,于 1928 年初,由"训政"时期行使立法权的国民党中央常务委员会审议通过,3 月 10 日颁布,9 月 1 日起施行。

1928 年《中华民国刑法》(俗称"旧刑法")分总则、分则两编,四十八章 387 条。其特点是在指导思想上增加了"三民主义"原则,废除了一些与此宗旨不符的条文,比如,出于保护劳工的需要,删除了以往刑

---

① 司法部"盗匪案件依法不得上诉批",1915 年 7 月 13 日"批贵州高检厅第 7197 号·37 号法",载 1922 年 9 月《改订司法例规》,第 1108 页。

律中有关禁止罢工的规定;为体现男女权利平等,规定"夫于妻之父母及祖父母以旁系尊亲属论,妻于夫之父母及祖父母同",改变了历次刑法中妻子与丈夫尊亲属的关系与丈夫相同的规定;将《刑法第二次修正案》中的"妨害商务罪"改为"妨害农工商罪",以示保护"民生"之意。另外,该法还删除了"侵犯大总统罪"及一直为人们所争论不休的"无夫奸"条文,体现了时代的变化。当然,将"妨害宗教罪"改为"亵渎祀典及侵害坟墓尸体罪",体现的则是一种对传统文化的尊重。总之,尽管这部刑法的制定比较匆忙,其立法水平仍然是较高的。

(二) 1935年《中华民国刑法》与《刑法施行法》

1931年12月,南京国民政府立法院决定成立刑法起草委员会,对刑法重加修订,并开始草拟刑法修订案。经过三年的时间,《中华民国刑法》于1935年1月1日起公布,7月1日起施行,史称"新刑法"。同时还公布实施了《刑法施行法》。

新刑法分为总则、分则两编,共四十七章357条。总则编有法例、刑事责任、未遂犯、共犯、刑、累犯、数罪并罚、刑之酌科及加减、缓刑、假释、时效、保安处分共十二章。与旧刑法相比,增加了"保安处分"一章,精简了"文例"及"时例"两章,将"刑之酌科"与"加减例"的内容合并为一章。分则编共三十五章,内容有内乱罪、外患罪、妨害国交罪、渎职罪、妨害公务罪、妨害投票罪、妨害秩序罪、脱逃罪、藏匿人犯及湮灭证据罪、伪证及诬告罪、公共危险罪、伪造货币罪、伪造有价证券罪、伪造度量衡罪、伪造文书印文罪、妨害风化罪、妨害婚姻及家庭罪、亵渎祀典及侵害坟墓尸体罪、妨害农工商罪、鸦片罪、赌博罪、杀人罪、伤害罪、堕胎罪、遗弃罪、妨害自由罪、妨害名誉及信用罪、妨害秘密罪、窃盗罪、抢夺强盗及海盗罪、侵占罪、诈骗背信及重利罪、恐吓及掳人勒赎罪、赃物罪、毁弃损坏罪等。与旧刑法相比,部分章的内容和标题略有变化,增加了"伪造有价证券罪"一章,增加了关于重利罪、滥捕滥押、凌虐人犯、故意给人传染花柳病和麻风病等罪的规定。

作为南京国民政府"六法体系"的重要组成部分，1935年刑法与同时期颁布的其它新法一样，既继受与吸收国外先进的刑法理论、原则与制度，采用罪刑法定主义，规定"行为之处罚，以行为时之法律有明文规定者为限"，又注重对合理的传统法律文化的继承，在立法精神与立法技术方面，均得到了完善和进步。

最能体现当时世界上最先进刑法理论的部分，当属该刑法用专章对"保安处分"的规定。在当时国外刑法理论界普遍流行"社会防卫主义"或曰"社会预防"的理论。持此论者认为，社会上有一部分人由于先天（父母遗传，即天生犯罪人）或后天（家庭环境影响）的原因，必然会犯罪，也必然会给社会带来危害。对这些人在其未给社会造成危害前，就应采取以限制其人身自由为主要手段的防卫措施，其目的不是为了报复犯罪人的恶行，而是为了预防犯罪的再次发生。社会防卫理论在刑法中的体现，就是对比较危险的人群，或曾经犯罪的人，采取积极的预防措施，必要时可将其送入特设的习艺所或类似场所，以减少其对社会的危险，即实施"保安处分"。1935年刑法在"保安处分"一章中规定，因不满14岁而不能处以刑罚者，可令入感化教育处所，施以感化教育，或加以管束；因心神失常而不罚者，可令入相当场所，施行监护，或加以管束；凡犯吸食毒品之罪者，亦令入相当场所，施以警戒，或加以管束；因酗酒而犯罪者，可于刑罚执行完后，入相当场所警戒，或加以管束；有犯罪习惯或因游荡懒惰成习而犯罪者，可于刑罚执行完后令入劳动场所强制劳动；对于隐瞒疾病致传染于人者，可令入相当场所强制治疗；受缓刑之宣告者，在缓刑期内可交由警察官署或自治团体或本人之最近亲属等加以管束。应该说，对某些确有危害社会可能的人员予以相应的监护，反映了其时世界刑法理论发展的最新成果，在现实生活中具有一定的可行性和价值。只是在当时的中国并不具备实施保安处分的硬件设施及条件,而且还极易沦为当政者打击和迫害异己的工具,该规定也因此而受到一些论者的批评。

与此前的刑法相比,1935年刑法在量刑方面的变化是有轻有重,但总体上则是朝着轻刑化的方向发展。如该法关于伪造货币、强奸、通奸、一般伤害、堕胎、遗弃等犯罪,均降低了量刑幅度;对于外患罪、渎职罪、鸦片罪、重伤害、勒赎掳人等犯罪,则刑罚有所加重;其余如妨害公务罪、脱逃罪、藏匿人犯及湮灭证据罪、伪证及诬告罪、公共危险罪、伪造度量衡罪、妨害名誉及信用罪、妨害秘密罪、窃盗罪、抢夺强盗及海盗罪、毁弃损坏罪等,量刑则没有明显变化;对"内乱罪"、"妨害国交罪""杀人罪"等则加重了处罚。

从清末以来,修订法律中就产生了继受外国法与继承传统法之间如何实现平衡的问题。在1935年刑法中,在引进国外先进法律理论的同时,也有对传统法律文化的继承和改造。对"无夫奸"是否治罪、对尊亲属能否适用正当防卫,是人们一直在争论的话题,新刑法则直接将其剔除出去,反映了时代的变迁和人们观念方面的变化。同时,新刑法又对本土资源中的合理成分给予保留,体现了对传统的尊重。保留的部分主要包括以下几个方面:一是对以卑犯尊者加重处罚。如杀人罪方面,杀害直系血亲尊亲属者,其最低刑为无期徒刑,而普通杀人罪的法定最低刑为十年以上有期徒刑;对普通人施加暴力而未致伤者,一般不构成犯罪,对直系血亲尊亲属施加暴力,未致伤也构成犯罪,判处一年以下有期徒刑、拘役或500元以下罚金;对直系血亲尊亲属实施诬告、伤害、遗弃、妨害自由等犯罪行为,均比常人加重量刑。二是有亲属关系者可以减轻或免除其藏匿、放纵罪犯等行为的刑事责任。这是对古代亲属容隐原则的改造。三是规定了一些与传统有关的罪名。如"亵渎祀典及侵害坟墓尸体罪"中所定各条,均与传统习俗有关,且量刑都较重。在"妨害风化罪"中设置了亲属和奸罪,直系或三亲等内旁系血亲相和奸者,处五年以下有期徒刑,而一般通奸只限于有配偶者才构成犯罪,处以一年有期徒刑。四是规定了义愤杀伤人减轻处罚的原则。普通杀人处死刑、无期徒刑或十年以上有期徒刑,当场激于义愤而杀人者,处七年以下有期徒刑。普通伤害处三年以下有期徒刑、拘役或一千元以下罚金,重伤害处五年以上十二年以下有期徒刑,当场激于义愤而伤人者,处两年以下有期徒刑、拘役或一千元以下罚金。

从上述分析可以看出,南京国民政府时期刑法的制定,既依据学理学说,采择世界各国最新立法例,又合理吸收传统资源,注重对中国实际问题的解决,故其在内容等方面都体现出一定的进步性和可行性,反映了其时立法水平的显著提高。

(三) 刑事特别法

南京国民政府除制定刑法典以维护社会和统治秩序外,还制定了大量的刑事单行法或特别法作为补充。按照所涉及的内容,这些单行法可分为以下几类:一是政治类刑事特别法。主要有《暂行反革命治罪法》、《危害民国紧急治罪法》、《党员背誓条例》、《惩治土豪劣绅条例》、《惩治汉奸条例》、《妨害国家总动员惩罚暂行条例》、《戡乱时期危害国家紧急治罪条例》等①。二是军法类刑事特别法。如《陆海空军刑法》、《妨害兵役治罪条例》等。三是一般刑事类。主要有《惩治盗匪暂行条例》、《惩治绑匪条例》、《惩治盗匪条例》、《惩治贪污条例》、《惩治走私条例》、《禁烟禁毒治罪条例》、《贩运人口出国治罪条例》、《徒刑人犯移垦暂行条例》、《减刑办法》等。这些刑事特别法大多属于暂时性质的法规,具有一定的有效期,施行一段时间后被明确废止;有的法律规定了重于普通刑法的量刑,不利于刑法体系内部的统一性和系统性,因而广受批评。

---

① 还有如《共产党人自首法》。

第四节　近现代民商事法律制度的变革

关于古代民商事方面的法律规范,近代法学家王世杰曾有这样的总结,"中国历代法典对于近代民法典中所规定之事项,规定极少,盖钱田户婚等事只涉及私人与私人之间之利益关系,专制国家以为与公益无涉,遂视为细故,因之律文亦多疏略(钱田户婚等案大都可由初审衙门判结,命盗等大案则否,即此亦可想见其重视刑事案而轻视今人之所谓民事案)。然钱田户婚等事之未经律文规定者,却亦大都有习惯法在那里支配。"①确实,自战国时期李悝制定《法经》起,至有清一代的《大清律例》止,历朝历代虽极注重法典的编纂,但其内容却呈现"诸法合体,以刑为主"的特征,不惟没有当代意义上的民法典,即便其中所涉民事方面的规范事项,也大都以刑罚制裁为其法律后果,民事法律的欠发达为法史学界之共识。从晚清修律时起,仿照西方立宪国家的做法,分别编纂包括民商法在内的部门法,于1911年完成了《大清民律草案》,可惜未及颁布,清廷覆亡。北洋政府时期曾两次起草民律,但均未完成立法程序。南京国民政府成立后不久,即开始民法典的编制工作,最终以分编起草、分别通过的方式,制定并颁布了《中华民国民法》,使其成为六法体系的重要组成部分。

一、清末民商律的纂修

清末修律,仿效大陆法系国家德、日的作法,采"民商分立"体制,分别纂修民律和商律草案。

---

① 罗志渊编著:《近代中国法制演变研究》,正中书局1966年版,第188页。

（一）《大清民律草案》的编纂及其特点

1.《大清民律草案》的编纂

清末民事立法是从1907年6月开始的。其时的大理院正卿张仁黼（？—1908）在《修订法律请派大臣会订折》中奏称："人与人之关系，则属乎私法"，"私法如民法、商法是"。"至民法为刑措之原，小民争端多起于轻微细故，于此而得其平，则争端可息，不致酿为刑事。现今各国皆注重民法，谓民法之范围愈大，则刑法之范围愈小，良有以也。"① 民政部大臣善耆（1866—1922）也在给朝廷的奏折中提出了制定民法的主张。同年九月，宪政编查馆正式将民法的编纂作为一项任务列入修律计划。1908年11月，修订法律馆一方面聘请时为法律学堂教习的日本法学家松冈义正等为顾问，开始民法的起草，另一方面则派员赴各省进行民事习惯的调查。1909年3月，内阁侍读学士甘大璋奏请将民律中与礼教牵涉较多的亲属、继承二编分出，改由礼学馆起草，然后会同修订法律馆一起商定。该二馆在起草民律过程中，围绕"注重世界最普通之法则"、"原本后出最精确之法理"、"求最适于中国民情之法"及"期于改进上最有利益之法"②之宗旨，一方面"或本诸经义，或参诸道德，或取诸现行法制"，另一方面，"依据调查之资料，参照各国之法例，斟酌各省之报告，详慎草订"，最终，在修订法律馆的组织下，由松冈义正起草的民律总则、债权、物权三编及由礼学馆负责起草的亲属、继承两编相继完成，依次排定，名之为《大清民律草案》。1911年9月，修订法律馆将前三编缮成黄册，奏请交内阁核定；后两编准备会同礼学馆商定后再行奏进。然而这些工作尚未完成，清朝即告覆亡。

《大清民律草案》分五编，共计三十六章，1569条。第一编总则，下

---

① 《清末筹备立宪档案史料》（下册），中华书局1979年版。
② 俞廉三："奏进民律前三编草案折"，《清末筹备立宪档案史料》（下册），中华书局1979年版，第911—913页。

设法例、人、法人、物、法律行为、期间及期日、时效、权利之行使及担保共八章,分别对自然人的权利能力、行为能力、责任能力、住所、人格保护及法人的意义和成立要件、法人的各项民事权利、社团法人、财团法人、意思表示、契约行为、代理行为、取得时效、消灭时效等民法上的基本问题作了规定。第二编为债权,下设通则、契约、广告、发行指示证券、发行无记名证券、管理事务、不当得利、侵权行为等八章,分别规定了债权的标的、效力、让与、承任、消灭以及各种形式的债的意义及有关当事人的权利义务等。第三编为物权,下设通则、所有权、地上权、永佃权、地役权、担保物权、占有等七章,主要规定了各种财产权的取得、行使、变更、消灭等。第四编为亲属,下设通则、家制、婚姻、亲子、监护、亲属会、扶养之义务等七章,分别对亲属关系的种类和范围、家庭制度、婚姻制度、未成年人和禁治产人的监护、亲属间的扶养等作了规定。第五编为继承,下设通则、继承、遗嘱、特留财产、无人承认之继承、债权人或受遗人之权利等六章,分别规定了自然继承的范围及顺位、遗嘱继承的办法和效力、尚未确定继承人的遗产的处置办法及对债权人和受遗人利益的法律保护等。

2.《大清民律草案》的特点

"由于民法与普通民众的联系极为密切,故民法的制定必须符合与国际接轨和适合于中国自身社会民情的特殊需要这两个方面的要求。'国际化'与'本土化',就成为清末民法的双重追求。"[1]《大清民律草案》前三编体现了其"国际化"的一面,而后两编则呈现出"本土化"的特色。

---

[1] 曹全来:《中国近代法制史教程》(1901—1949),商务印书馆2012年版,第178页。

草案的总则、债权、物权前三编的编纂,以日本民法典为蓝本①,同时参考了德国和瑞士的民法。草案采用了私有财产所有权不可侵犯、契约自由、过失致人损害应予赔偿等近代西方国家民法的基本原则。在"私有财产所有权"方面,"物权编"中规定:"所有人于法令之限制内得自由使用、收益、处分其所有物"(第 983 条)。"所有人于其所有物得排除他人之干涉"(第 984 条)。"所有人对于以不法保留所有物之占有者或侵夺所有物者,得恢复之"(第 986 条)。该法对私有财产的保护特别体现在土地所有制度方面,对土地所有权、地上权及永佃权的保护有详细的规定。关于"契约自由"原则,"总则编"规定,契约须经双方同意才能成立,"要约经拒绝者,失其效力"(第 204 条)。关于"过失损害赔偿责任"方面的规定,如"因故意或过失侵他人之权利而不法者,于因加侵害而生之损害负赔偿之义务","官吏公吏及其他依法令从事公务之职员因故意或过失违背应尽之职务向第三人加损害者,对于第三人负赔偿之义务","为某种事业使用他人者,于被用人执行事业加损害于第三人时,负赔偿之义务。"这些规定,基本上满足了当时社会成员对于法律上私人平等的要求和对私权益保护的愿望。

草案的后两编"亲属"、"继承"编中,虽也采纳了一些西方国家的民事法律,但更注重对中国传统礼教民俗的继承,尤其注重对父权和夫权的维护。"亲属律者,规定亲属与亲属关系之法律也。""此次编纂亲属法,其根本主义应取家属主义,不取个人主义,于婚姻、亲子之前先冠以家制一章。"②而"继承"编之定名,则因"中国于嗣续、宗祧等项,多通用继承字",③故有继承法一编。该两编体现传统礼俗的内容很多,如"家

---

① 《新译日本法规大全》第一卷,商务印书馆 2007 年版,第 255—359 页。
② 怀效锋主编:《清末法制变革史料·下卷·刑法/民商法编》,中国政法大学出版社 2010 年版,第 730、731 页。
③ 同上书,第 781 页。

政统摄于家长"(第1318条),"家长以一家中之最尊长者为之"(第1312条),"家属尊卑之分以亲等及其长幼为序"(第1313条),妇女只在"家中无男丁或有男丁而未成年"的情况下,才得为家长(第1316条)。在婚姻方面,规定男子不满30岁,女子不满25岁,无论结婚、离婚都须父母同意,否则无效。在继承方面,体现男女不平等的特点,在无直系卑属继承时,按照"夫或妻"、"直系尊属"、"亲兄弟"、"家长"、"亲女"的次序来确定应承受遗产之人,在草案中特加"说明":"亲女列于最后者,以吾国习惯,女子无继承财产之例,若非父母特别给予遗产为女子者,不得主张有此权。"[1]

(二) 清末商事立法

清末的商事立法,起步较早。早在19世纪70年代以来,就有一些地主、官僚、富商、洋行买办和旧式矿业主等借兴办"洋务"之风,开始投资于近代工矿业和交通运输业,出现了最初的民族工商业。从1872年起,国家开始举办民用工业、运输业、开矿山,人们越来越认识到,发展工商业是西方国家富强的原因,薛福成提出了"开矿务以采煤矿五金"、"制机器以兴织造"、"许民间用轮船以达内河"、"立公司贸易于外洋"的建议,"为中国计者,既不能禁各国之通商,惟有自理其商务而已。"[2] 马建忠(1845—1900)更进一步提出了国家保护商人以与外商抗争的经济政策:"以知近今百年西人之富,不专在机器之创新,而其要领专在保护商会。"[3]这些主张,反映了民间资本的利益所在。而在其时,"清政府虽采取了鼓励政策,但在实际执行中仍有许多阻碍、束缚,官府的刁难使一些投资者裹足不前,苛重的捐税窒息着企业的生机,关卡层层勒索

---

[1] 怀效锋主编:《清末法制变革史料·下卷·刑法/民商法编》,中国政法大学出版社2010年版,第784页。
[2] 薛福成:《筹洋刍议·商政》。
[3] 马建忠:《适可斋记言记行·记言》卷二《上李伯相言出洋工课书》(1877年)。

的厘金制度更让商人畏如猛虎。"①因此,民族资本家不仅主张工商业应"专由商办","全以商贾之道行之,绝不拘以官场体统",②而且还强调政府必须立"商部"定"商律",从法律方面保障"商"的权利:"不立商部,何以保商?不定商律,何以护商?"③政府应允许商人"自举商董",参加"商务局"、"商部",处理自己的事务,在各业"商务工所"中"毋恃官势,毋杂绅权。"④这些建立商部、制定商律的呼吁,也引起了清廷的关注,在张之洞、刘坤一的《江楚会奏变法三折》中,就提出了"定矿律、路律、商律、交涉刑律"一条作为回应,制定商律遂成为20世纪初新政的一项内容。

清末的商事立法分两部分:一是实际颁行的单行法;二是未曾颁布的商律草案。

1. 商事单行法
(1)《钦定大清商律》

1903年初,基于工商业日益发展,尤其是对外贸易不断扩大的形势需要,清廷成立商部,着手商律的拟订。考虑到"编辑商律门类繁夥,实非克期所能告成",商部提出"目前要图,莫如筹办各项公司,……则公司条例亟应先为妥订,俾商人有所遵循。"⑤遂草拟了《商人通例》及《公司律》,即《钦定大清商律》,于1904年1月奏准颁行。《商人通例》共9条,分别规定了商人的意义和条件、妇女经商、商号、商业账簿等,具有商法总则的性质。《公司律》共131条,分为公司分类及创办呈报

---

① 侯宜杰:《二十世纪初的中国政治改革风潮:清末立宪运动史》,人民出版社1993年版,第108页。
②④ 郑观应:《盛世危言·商务》。
③ 郑观应:《续富国策·创立商部说》。
⑤ 《大清法规大全·实业部》第九卷。

法、股份、股东权利各事宜、董事、查账人、董事会议、众股东会议、账目、更改公司章程、停闭、罚例等。《钦定大清商律》是中国第一部独立的商法,从颁布后一直使用到1914年,在北京政府颁布新的《商人通例》及《公司条例》后,方告失效。

(2)《破产律》

在颁布《商人通例》及《公司律》后,商部认为,商人"或经营未善,或因市价不齐,即不能不有破产之事"。为尽"保商之道",经"调查东西各国破产律及各部商会条陈、商人习惯",草成《破产律》,又与沈家本、伍廷芳会同商订,于1906年春奏准颁行。《破产律》分为呈报破产、选举董事、债主会议、清算账目、处分财产、有心倒骗、清偿展限、呈请销案、附则等9节,共69条。该律颁行后,因施行中争议较大,于次年冬废止。

(3)其它商律

清末在新政时还颁行过其它商事法律。计有《公司注册试办章程》、《商标注册试办章程》、《商标注册试办章程细目》、《大清矿务章程》、《银行注册章程》、《试办银行章程》、《银行通行则例》、《大小轮船公司注册给照暂行章程》、《出洋赛会章程》、《大清银行则例》、《普通银行则例》、《殖业银行则例》、《储蓄银行则例》、《运送章程》、《印花税则》、《印花税办事章程》、《奖励华商公司章程》、《著作权律》,等等。

2.《大清商律草案》

1908年9月,修订法律馆聘请日本法学博士志田钾太郎等帮助编纂商法典,1909年起,志田钾太郎负责起草的商法陆续脱稿,1910年最终完成了《大清商律草案》,后世称之为《志田案》。该草案分为总则(九章103条)、商行为(八章236条)、公司律(十六章312条)、票据法(十五章94条)、海船律(十一章263条),共五部分,总1008条。该律体例严谨,内容周详,但有不少内容与中国实际脱节。另外,按照大清宪政编查馆的立法计划,商律草案的修订作为筹备宪政的步骤,须于宣统五年(1913年)才能颁布,并于两年后才能施行,其编订起草的时间甚长,未及审议,清廷即已覆亡。

因《钦定大清商律》不尽人意,而"志田案"的颁行尚需时日,由农工商部于1910年拟订了一部《改订大清现行商律草案》,作为在此期间过渡衔接的法律。《改订商律草案》分为总则、公司两编。总则编分为商人、商人能力、商人注册、商号、商业账簿、商业使用人、代理商七章,86条;公司编分为总纲、无限公司、两合公司、股份有限公司、股份两合公司、罚例六章,281条。该草案无论在体例安排上,还是在内容方面,都远较《钦定大清商律》科学、合理,也更多地顾及中国固有商事习惯和通行的商法原则。该草案在提交资政院审查时,因清廷已被推翻,因而也未能颁行,但在1914年,却成为北洋政府修订《商人通例》和《公司条例》的蓝本。[①]

总的来说,清末商事立法在内容上,既有对德、日、英等西方国家商事法律的移植和模仿,也有对传统中国商事习惯的继承和吸收,在立法原则上,充分考虑到了商事活动的简便性与敏捷性,符合我国近代工商业发展的要求,为我国近代民商法律体系的形成和完善奠定了基础。

二、北洋政府的民事法源

清末虽由修订法律馆与礼学馆联合起草了《大清民律草案》,不过因未经立法机关审议,仍非正式的民法典,所以在民国成立后,根据参议院的决议:"民律草案,前清时并未宣布,无从援用。嗣后凡关民事案件,应仍照前清现行律中规定各条办理。"这里所说的"前清现行律",即

---

① 相关材料见刘朗泉:《中国商事法》,商务印书馆2011年版。

《大清现行刑律》。北洋政府时期先后设立"法典编纂会"、"法律编查会"及"修订法律馆"等机构起草法律,但除制定了少数单行民事法令外,也未制定出正式的民法典。故这一时期的法院,在遇到民事纷争时,会依据一定的法源顺序,处理裁判依据的选择问题。"民初遇有法律缺而不备时,大体上是依下列方式加以处理:1.清宣统二年(1910年)四月间所颁行的《大清现行刑律》中不与共和国体相抵触的'民事有效部分'。2.民国成立以后所公布的民事特别法令。3.民事习惯、民法草案、判例、法理及学说等。"[①]因此,北洋政府时期民事纷争的审判法源,"系由《大清现行刑律》中的'民事有效部分'、民事特别法、习惯以及包含判例、民法草案、外国立法例、学说见解等所组成的法理。"[②]这里我们仅就成文法部分略作介绍。

(一)《大清现行刑律》的"民事有效部分"

在颁布《大清新刑律》前数月,清廷曾在修订《大清律例》的基础上编成《大清现行刑律》,作为《大清新刑律》实施前的过渡性法律。该律在体例上虽与《大清律例》有所区别,但民刑混同、礼法合一的立法宗旨依然未变;虽名为刑律,却依然包含着一些民事规范。1914年,北京政府大理院在参议院决议的基础上重申:"民国民法法典尚未颁布,前清之现行律除制裁部分及与国体有抵触者外,当然继续有效。"[③]这里所说的有效部分,包括《大清现行刑律》中服制图、服制、名例、户役、田宅、婚姻、犯奸、钱债、市廛、河防等部分中的民事规范及清朝《户部则例》中的户口、田赋等有关条款。这部分法律在民初被确定继续有效后,作为

[①] 黄源盛:《大理院民事审判法源赜》,载《民初大理院与裁判》,元照出版有限公司2011年版,第146页。

[②] 黄源盛:《中国法史导论》,广西师范大学出版社2014年版,第409页。

[③] 大理院民事判决"三年上字第304号",中国第二历史档案馆,全宗号241,卷号1940。

北洋政府时期的法院审判民事案件的依据,一直适用到1929年10月南京国民政府公布民法典为止。

"现行律民事有效部分"是民国前期的主要民事法律,很多民事案件的判决都以此为依据。由于该部分有一些是从古代延续下来的法律规范,适用时会出现与其他新法相冲突的问题,这就需要司法机关在处理具体案件过程中,对有关规定以变通解释的方式来解决。而通过这样的适用,也为当时和以后的民事立法积累了经验材料。具体而言,《大清现行刑律》中的刑事规范,在适用于民事案件时需要进行相应的"转换",民初的做法,一般是"若民事法律行为是属于《大清现行刑律》所不禁止的行为,例如'不坐',则转成为'有效';至于被禁止的行为,通常被认定为'无效'或'得撤销'的法律效果。"而从大理院运用《大清现行刑律》的实例来看,有为数相当多的大理院判决(例),在征引某一"民事有效部分"时,每有"查现行律例"、"查现行有效之前清律例"、"按现行律载"等之类的用语,所以"如果说,《大清现行刑律》'民事有效部分'为民初大理院时期的'实质民法',实在有它的道理在。申言之,它虽无民法典或民事法之名,然实为民事有效的实定法规范。"①

(二) 1926年"第二次民律草案"

在援用《大清现行刑律》"民事有效部分"的同时,北洋政府也致力于民法典的修订。从1914年开始到1926年的这段时间,先后完成了总则、债、物权、亲属、继承编的修订,统称为"第二次民律草案"。它是在"第一次民律草案"即《大清民律草案》的基础上,历经十余年分编完成的。二者相比,"第二次民律草案"在继续吸收西方民法学原理的同时,更注重同中国固有惯例的结合。曾任修订法律馆总裁的江庸

---

① 黄源盛:《大理院民事审判法源蠡》,载《民初大理院与裁判》,元照出版有限公司2011年版,第161、163页。

(1878—1960),对《大清民律草案》(即前案)与"第二次民律草案"做过对比:"(一)前案仿于德日,偏重个人利益,现在社会情状变迁,非更进一步以社会为本位,不足以应时势之需求。(二)前案多继受外国法,于本国固有法源,未甚措意。如民法债权篇于通行之'会',物权篇于'老佃'、'典'、'先买',商法于'铺底'等全无规定,而此等法典之得失,于社会经济消长盈虚,影响极巨,未可置之不顾。(三)旧律中亲属继承之规定,与社会情形悬隔天壤,适用极感困难,法曹类能言之,欲存旧制,适成恶法,改弦更张,又滋纠纷,何去何从,非斟酌尽美,不能遽断。"[①]由于北洋政府时期政局动荡,该草案始终未由国会审议通过,因而未作为正式法典予以颁行,只由司法部通令各级法院作为条理运用。

(三) 单行商事法规

民国建立后,最初仍沿用清末的《钦定大清商律》,不过大多条文已不能满足社会发展的需要,人们呼吁制定新的商事法律。1914 年,北京政府将清末商事法律草案中比较成熟的《改订商律草案》加以修改后,更名为《商人通例》和《公司条例》颁布使用。同年又颁布了《商人通例施行细则》、《公司条例施行细则》、《商业注册规则》、《商业注册规则施行细则》、《公司注册规则》、《公司注册规则实行细则》等。1916 年,法律编查会又拟成《公司法草案》七章 259 条,但未能议决颁行。此外,北京政府还对清末起草的破产法草案、海商法草案、票据法草案等进行了修订,结果也都是未能颁行。

三、南京国民政府的民事立法

南京国民政府成立后,民法典的制定工作被迅速列上议事日程。

[①] 谢振民编著:《中华民国立法史》,张知本校定,中国政法大学出版社 2000 年版,第 748 页。

1929 至 1930 年间,为配合上海会审公廨的撤废,国民政府加大力度,援用当时世界流行的"民商合一"立法原则,以"社会本位"为立法基础,在两年左右的时间内,推出了完整的《中华民国民法》。该法典共五编,前三编总则、债、物权,主要仿效德国、法国及瑞士民法典模式,"西化"的特点比较明显;后两编亲属、继承则兼顾了中国传统法律习惯,并未将"社会本位"与"家族本位"截然分离,充分体现了中西法律文化的有机结合,有浓郁的"本土"气息。《中华民国民法》的制颁方式是分编起草,陆续颁布,最后统一定名,这是中国历史上第一部正式的民法典,从其颁布后至 1949 年南京国民政府垮台未再进行过修订。

(一)《中华民国民法》各编

《中华民国民法》共五编,1225 条。

第一编为"总则编",于 1929 年 5 月 23 日公布,同年 10 月 10 日施行。该编共七章,152 条。第一章"法例";第二章"人",分为自然人、法人两节;第三章"物";第四章"法律行为",分为通则、行为能力、意思表示、条件及期限、代理、无效及撤销六节;第五章至第七章分别为"期日及期间"、"消灭时效"、"权利之行使"。

第二编为"债编",于 1929 年 11 月 22 日由国民政府公布,1930 年 5 月 5 日施行。该编共二章,604 条。第一章"通则",分为债之发生、债之标的、债之效力、多数债务人即债权人、债之移转、债之消灭六节;第二章为"各种之债",分为买卖、互易、交互计算、赠与、租赁、借贷、雇佣、承揽、出版、委任、经理人及代办商、居间、行记、寄托、仓库、运送营业、承揽运送、合伙、隐名合伙、指示证券、无记名证券、终身定期金、和解、保证等 24 节。

第三编为"物权编",国民政府于 1929 年 11 月 30 日公布,1930 年 5 月 5 日施行。该编 210 条,共十章。第一章为"通则";第二章"所有权",分为通则、不动产所有权、动产所有权、共有四节;第三章至第六章分别为"地上权"、"永佃权"、"地役权"、"抵押权";第七章为"质权",分为动产质权、权利质权两节;第八章至第十章为"典权"、"留置权"、"占有"。

1930年12月3日,立法院审议通过了民法的亲属、继承两编,由国民政府于同年12月26日公布,1931年5月5日施行。

"亲属编"共七章,171条。第一章"通则",第二章"婚姻",分为婚约、结婚、婚姻之普遍效力、夫妻财产制、离婚五节;第三章"父母子女";第四章"监护",分为未成年人之监护、禁治产人之监护;第五章至第七章为"抚养"、"家"、"亲属会议"。

"继承编"共三章,88条。第一章为"遗产继承人";第二章"遗产之继承",分为效力、限定之继承、遗产之分割、继承之抛弃、无人承认之继承五节;第三章"遗嘱",分为通则、方式、效力、执行、撤销、特留分六节。

(二)《中华民国民法》的基本特点

《中华民国民法》荟萃了清末以来20多年民事立法经验,经法学家与社会各界的充分酝酿和讨论,在结合民初大理院民事审判实践的基础上编纂而成,无论是编制体例、立法原则,还是具体内容,都达到了较高水平。其基本特点主要体现在以下几个方面:

1."民商合一"的编纂体例

南京国民政府在民法典的编纂过程中,曾经就采"民商合一"还是"民商分立"的体例发生过争议。在清末修律时,采用民商分立体例,曾分别编纂《大清民律草案》和《大清商律草案》,民初的北京政府也基本上沿袭了清末民商分立的形式。南京国民政府成立后,国民党中央政治会议委员兼立法院院长胡汉民(1879—1936)、副院长林森(1868—1943)提议编订民商合一的法典,"查民商分编,始于法皇拿破仑法典。维时阶级区分,迹象未泯,商人有特殊之地位,势不得不另定法典,另设法庭以适应之。欧洲诸邦,靡然相效,以图新颖。然查商法所订定者,仅为具有商业性质之契约,至法律上原则或一般之通则,仍须援用民法。而商法上最重要之买卖契约,且多在民法中规定。是所谓商法者,仅为补充民法之用而已,其于条例,固已难臻美备。且社会经济制度递嬗,信用证券,日益发达,投资商业者风起云涌,一有限公司之设立,其股票与债券类分散于千百非商人之手,而签发支票、汇票等事,昔日所谓之商行为,亦非复商人之所专有,商行为与非商行为之区分,在学说上彰彰明甚者,揆诸事实,已难尽符。""吾国商人本无特殊地位,强予划分,无有是处。此次订立法典,允宜考社会实际之状况,从现代立法之潮流,订为民商统一之法典。"①这种严密的学理分析,获得了广泛认同,立法院"基于国内外的法制历史,为了适应社会变迁的需要、有利于世界各国的经济交往、顺应世界的最新立法趋势、有助于理顺法典编纂体例、贯彻法律之前人人平等,以及为了避免司法实践中法律适用可能产生的分歧与混乱等因素的考虑,乃采取当时尚不多见的'民商合一'立法例,编纂民商统一法典。"②据此,立法院在编纂民法典时,将通常属于商法总则之经理人及代办商,商行为之交互结算、行纪、仓库、运送营业及承揽运送等内容一并编入"债编";其他商事法中不能合并的内容,则分别制定单行的商事法规。实现了形式上"民商合一"。

2."社会本位"的立法原则

《大清民律草案》编纂时,侧重于对私有财产权的保护;时移世易,到南京国民政府成立时,注重对社会公共利益的保护已逐步成为世界发展的趋势,与此相应,实行"社会本位"的民事立法原则已成为一种时

---

① 谢振民编著:《中华民国立法史》,中国政法大学出版社2000年版,第758页。
② 黄源盛:《中国法史导论》,广西师范大学出版社2014年版,第428页。

代潮流。《中华民国民法》在编纂的过程中,即体现"社会公益之注重":"自个人主义之说兴,自由解放之潮流,奔腾澎湃,一日千里,立法政策,自不能不受其影响。驯至放任过甚,人自为谋,置社会公益于不顾,其为弊害,日益显著。且我国人民,本以自由过度,散漫不堪,尤须及早防范,籍障狂澜……此编之所规定,辄孜孜致意于此点,如对于法人取干涉主义,对于禁治产之宣告,限制其范围,对于消灭时效,缩短其期间等皆是。"①这一原则,法典的诸多条文都有反映,如第72条规定:"法律行为,有背于公共秩序或善良风俗者无效。"第148条规定:"权利之行使,不得以损害他人为主要目的。"第756条规定:所有权行使必须"于法令限制之范围内"。第773条规定:"土地所有权,除法令有限制外,于其行使有利益之范围内,及于土地之上下。如他人之干涉无碍其所有权之行使者,不得排除之。"等等。

3.吸收更多现代国家的民法原则

《中华民国民法》大量吸收西方国家的先进制度和原则,例如,法典从编目名称上改原来第二编的"债权"为"债",表明法律不单单保护债权人,而且也兼顾债权人和债务人的合法利益;在结婚的效力上,采用仪式制而非登记制;在亲属和继承等权利领域,该法典赋予女性与男性同样的地位,与男女平等的潮流相符,"此编(总则编)对于特别限制女子行为能力之处,一律删除。并以我国女子,于个人财产,有完全之处分之权,复规定已结婚之妇人,关于其个人之财产,有完全处分之能力。至其他权义之关系,亦不因男女而有轩轾。"②关于男女平等权利,集中体现在法典的《亲属编》和《继承编》中。亲属编中规定的离婚条件,男

---

① 谢振民编著:《中华民国立法史》,中国政法大学出版社2000年版,第756页。
② 同上。

女相同,亲权由父母共同行使,废除了夫权;对于亲等的计算,则采用罗马法的计算方法,排除了对姻亲的歧视。继承编中取消了嫡子与庶子的区别,废止了宗祧继承制度,规定了男女为同一顺位的继承人,男女享有平等的继承权。《中华民国民法》废除了宗法传统,规定个人在法律上都是自然人,不再具有宗法身份。这些制度,实为引进西方国家先进的平等、自由观念,以权利为法律基础的结果。近代法学家杨鸿烈对此有极中肯的评价:"这些规定虽然还不能说是极彻底的革命,但已经是能够根本推翻几千年来'藏污纳垢'伪善的旧礼教所护持的名分,亲属关系,宗法观念,造成了一种不流血的礼教革命了。"①

4.保留中国固有法

在法律变革中,移植外来法律制度的同时,如何对待固有法中的民商习俗,一直是清末以来的立法者所面临的课题。与民初的北洋政府一样,以五权宪法思想为指导而成立的新型的南京国民政府也不例外。对于传统习俗,南京国民政府并未一概斥之为封建落后,而是在尊重传统的前提下,对其中合理的成分给予保留,对某些虽已过时但却有深厚民情民意基础的部分进行改造,使制定出来的民法典更容易为民众所接受,以有效调整民商事法律关系。具体而言,《中华民国民法》对中国固有民商法及习俗的保留主要体现在以下几个方面:

一是典权制度。典权制度为中国古代独有的民事法律制度,即典权人向出典人支付典价,占有出典人的不动产,并对该项财产享有使用收益权,出典人于约定典期届满时交还典价,赎回典物。大清民律草案对其并未吸收,南京政府的立法者则认为,这种制度比之于国外的不动产质权制度更为优越,因为出典人多为经济上的弱者,典权制度体现了

---

① 杨鸿烈著:《中国法律思想史》,商务印书馆2017年版,第414页。

"济弱"的道德传统,且该制度操作便利,通过"找贴"即可完成典物的产权转移,"我国习惯无不动产质,而有典,二者性质不同。盖不动产质为担保债权,出质人对于原债务仍负责任,苟质物价格低减,不足清偿,出质人仍负清偿之责,而典则否。质权既为担保债权,则于出质人不为清偿时,只能将质物拍卖,卖得全额而为清偿之计算,无取得其物所有权之权利,典则用找贴方法,便可取得所有权。二者比较,典之习惯,实远甚于不动产质权。"①因而,民法宜将该制度保留下来,民法"物权"编中专设"典权"一章,明确了典权的法律性质,"典权者,谓支付典价,占有他人之不动产而为使用及收益之权",并对典权的期限、典权人与出典人各自的权利义务等加以严格界定。这种"新瓶装旧酒"的方式,使典权这一古老的制度重新焕发了生机。

二是家庭制度。中国古代以"家"为构成社会的基本单元,长期实行家长制度,给予家长较大的权力。南京国民政府制定民法时,对于是否保留家长制颇多争议,最终决定保留者占了上风,其理由不为不充分,"个人主义与家族主义之在今日,孰得孰失,故尚有研究之余地,而我国家庭制度,为数千年来社会组织之基础,一旦欲根本推翻之,恐窒碍难行,或影响社会太甚。在事实上似以保留此种组织为宜,在法律上自应承认家制之存在,并应设专章详定之。"②因此,在《中华民国民法》中专设"家"一章,规定"家务由家长管理,子女之特有财产由父管理,父不能管理时,由母管理","父母得于必要范围内惩戒其子女。"尽管有这些规定,但比之传统社会中家长及族长的权利已缩小了很多。这种对家庭家族制度的保留,有利于伦理价值的传承。

三是一定程度上对夫权的维护。在新民法中,虽有对西方男女平

---

① 谢振民编著:《中华民国立法史》,中国政法大学出版社2000年版,第772—773页。
② 同上书,第787页。

等原则的引进,但也规定了一些维护夫权的内容,如"妻以其本姓冠以夫姓","妻以夫之住所为住所",父母教养未成年子女"权利之行使意思不一致时,由父行使之"等。这些规定在今天看来有其落后的一面,不过若从当时世界范围内女权不彰的状况来看,也属情理中事,由此也可看出妇女地位提高之缓慢与艰难。

(三) 民事特别法

由于《中华民国民法》采"民商合一"体制,并没有制定专门的商法典,只是将商事法中不能并入民法典的内容,分别制定了单行的商事法规,被称为民事特别法。这些法律包括 1929 年 12 月公布、1931 年 7 月 1 日起生效的《中华民国公司法》;1929 年 10 月 30 日公布施行的《票据法》;1929 年 12 月公布、1931 年 1 月 1 日施行的《海商法》;曾公布了两部《保险法》,第一部于 1929 年 12 月 30 日公布,但未公布生效时间,第二部公布的时间为 1937 年;另外还有公布施行于 1937 年 7 月 17 日的《破产法》。这些特别法对中国商法的形成、发展及当时中国经济的发展起了一定的作用。

第五节　近现代司法诉讼制度的变革

1843 年 7 月,清政府与英国政府签订了《中英五口通商章程》,作为《南京条约》的补充条款。其中有"英人华民交涉词讼"一款,"凡英商禀告华民者,必先赴管事官处投票,候管事官先行查察谁是谁非,勉力劝息,使不成讼。间有华民赴英官处控告英人者,管事官均应听诉,一例劝息,免致小事酿成大案。其英商欲行投票大宪,均应由管事官投递,禀内倘有不合之语,管事官即驳斥另换,不为代递。倘遇有交涉词讼,管事官不能劝息,又不能将就,即移请华官公同查明其事,既得实情,即为秉公定断,免滋讼端。其英人如何科罪,由英国议定章程、法律发给管事官照办。华民如何科罪,应治以中国之法,均应照前在江南原定善后条款办理。"在这款貌似主要以调解息讼为方式和目的的无关宏旨的条文中,对于英国人来说,却包含着一项重要的权利,这就是领事裁判权。根据这项规定,英国侨民在华成为民事或刑事诉讼的被告时,只能由英国派驻中国的领事按照英国法律进行裁判,而中国法庭则无权过问。嗣后,其他列强纷纷效仿,在签订条约时,大多强迫清政府承认其在中国享有领事裁判权,对其侨民进行特别的司法保护,致使中国司法主权的完整日渐破坏。此外,西方列强通过在租界设立会审公廨、通过 1876 年《中英烟台条约》设立观审制度,使中国领土上出现了"外人不受中国之刑章,而华人反就外国之裁判"的怪现象。这种"丧权之痛",也成为晚清政府为收回治外法权而修律的直接动因。本节将主要介绍近代以来司法机构的创立及诉讼制度变革的基本情况。

一、近现代司法机构的创立与完善

中国传统社会行政与司法不分,司法机关是政府的组成部分,皇帝享有最高的司法权,中央司法机关是为皇权服务的国家管理机构;地方上行政兼理司法,审判权由各级行政机关行使。既无专门的司法机构,也没有专业的司法审判人员。这种司法权对行政权力的依附性质,极不利于公正裁判。满清王朝沿袭了古代司法与行政不分的传统,中央的三法司为专门的审判机构,刑部掌审判,大理寺掌管复核,都察院掌监督,对于死刑等重大案件,则需实施"秋审"、"朝审"等会审制度。该种"规制"显然与仿行宪政的要求不相适应,因此,从清末新政开始,创制现代司法设施,完善司法机构就成为各类政权法治建设的一项任务。

(一) 清末官制改革与近代司法机构的创制

1906 年 11 月,清廷按照立宪国制,以立法、行政、司法三权分立为原则,颁布中央官制改革上谕,"刑部著改为法部,专任司法","大理寺著改为大理院,专掌审判。"①大理院正卿沈家本上奏朝廷,详论设置全国最高审判机构的意义,建议借鉴西方法院体制,次第兴革:"欲进文明之治,统中外而纳于大同,则大理院之设,诚为改良裁判,收回治外法权之要领。""东西各国皆以大审院为全国最高之裁判所,而另立高等裁判所、地方裁判所,层累递上,以为辅翼,条理完密,秩序整齐。其大审院法庭,规模严肃,制度崇闳;监狱精良,管理有方。""今欲仿而行之,则法庭宜先设也,监狱学宜讲求也,高等裁判所及地方裁判所与谳局,宜次第分立也,裁判人才宜豫为储备也。"②在朝廷准奏后,沈家本又上《审判权限厘定办法折》,"中国行政司法二权向合为一,今者仰承明诏,以臣院专司审判,自应将裁判之权限、等级区划分明,次第建设,与法部截然分离,方合各国宪政之制度。"③为明确大理院权限、编制及权责,确认司法体制改革的成果,清廷于1906年12月颁布了《大理院审判编制法》,明确各级审判机构的设置和权限,该法共分五节45条,第一节《总纲》,第二节《大理院》,第三节《京师高等审判厅》,第四节《城内外地方审判厅》,第五节《城谳局》。④《大理院审判编制法》以法律的形式确立了司法独立的原则;首次将审判案件区分为民事与刑事案件并分别审理,"自大理院以下各审判厅、局,均分民事、刑事二类为审判事";在各审判厅内设置各级检察庭,建立了检察制度;实行四级三审制,区分大理院、京师高级审判厅、城内外地方审判厅及城谳局四级;审判厅审判采合议制;等等。

在各地设立各级审判厅的基础上,清廷于1907年12月颁布了《各

---

① 《清末筹备立宪档案史料》上,中华书局1979年版,第471—472页。
② 朱寿朋编:《光绪朝东华录》,(光绪三十二年十月),中华书局1984年版,第5586页。
③ 怀效锋主编:《清末法制变革史料·上卷·宪法/行政法/诉讼法编》,中国政法大学出版社2010年版,第389页。
④ 《大清新法令》(第一卷),商务印书馆2010年版,第380—385页。

级审判厅试办章程》,共五章120条。第一章"总纲";第二章"审判通则",分为审级、管辖、回避、厅票、豫审、公判、判决之执行、协助八节;第三章"诉讼",分为起诉、上诉、证人鉴定人、管收、保释、讼费共六节;第四章"各级检察厅通则";第五章"附则"。该《章程》对刑事、民事案件做了明确界分,"刑事案件:凡因诉讼而审定罪之有无者,属刑事案件","民事案件:凡因诉讼而审定理之曲直者,属民事案件"。审判厅分为初级审判厅、地方审判厅、高等审判厅及大理院四级,实行四级三审制。

1907年,修订法律馆为适应各地方推行四级审判制的需要,聘请日本法律顾问冈田朝太郎,以日本《裁判所构成法》[①],在原暂定施行于京师地区的《大理院审判编制法》的基础上,编成《法院编制法》草案,交宪政编查馆审核。历经两年多的核议,于1910年2月7日,清廷正式颁行《法院编制法》。同时发布《颁行法院编制法谕》,晓谕天下:"立宪政体必使司法行政各官权限分明,责任乃无诿卸,亦不得互越范围。自此次颁布《法院编制法》后,所有司法之行政事务,著法部认真督理,审判事务着大理院以下审判各衙门,各按国家法律审理。""应钦遵逐年筹备事宜清单筹办各级审判厅,并责成法部会同各省督抚,督率提法司切实筹设。""嗣后各审判衙门,朝廷既予以独立执法之权,行政各官即不准违法干涉。"[②]

《法院编制法》是一部内容较为系统完整的审判机关组织法。该法共16章,164条,分为审判衙门通则、初级审判厅、地方审判厅、高等审判厅、大理院、司法年度及分配事务、法庭之开闭及秩序、审判衙门之用语、判断之评议及决议、庭丁、检察厅、推事及检察官之任用、书记官及翻译官、承发吏、法律上之辅助、司法行政之职务及监督权等。编制法

---

① 《新译日本法规大全》(第一卷),商务印书馆2007年版,第193—204页。

② 怀效锋主编:《清末法制变革史料·上卷·宪法/行政法/诉讼法编》,中国政法大学出版社2010年版,第376页。

规定审判机关分为初级审判厅、地方审判厅、高等审判厅及大理院四级,实行三审终审制。初级审判厅为第一审的案件,至高等审判厅为终审,地方审判厅为第一审的案件,至大理院为终审。除初级审判厅和地方审判厅的一审案件采取独任审判外,其余各级审判衙门均实行合议制。各级审判厅均附设检察厅,检察厅独立行使职务;在刑事诉讼中,检察官有根据刑事诉讼律及其他法令实行搜查处分、提起公诉、监督判决执行之权;在民事诉讼中,有根据民事诉讼律及其他法令,为诉讼当事人或公益代表人解决特定事项的权力。此外,该法还对各级审判衙门的组织结构和工作制度,以及人员的编制和任用等作了规定。在审判制度上,该法规定实行辩护制、陪审制、回避、公开审判及复判等西方国家通行的制度。《法院编制法》颁行后,根据行政不准干预司法等原则,沈家本等于1910年4月上书清廷,废除了固有的三法司会审及九卿会审、秋审、朝审、热审等审判制度。

在司法体制转型过程中,为适应建立新审判机构的需要,《法院编制法》第106条规定,"推事及检察官,应照法官考试任用章程,经二次考试合格者,始准任用。"由此开启了近代中国新式法官选用方式的大门。清廷在颁行《法院编制法》的同一天,还颁布了《法官考试任用暂行章程》。规定了考生报考资格、笔试和口试的考试方式、考试内容等。清廷于1910年进行了第一次法官考试,报考总人数在3600人左右,共有560人通过考试,被分发到京师和各地审判厅,以正七品学习推事和学习检察官的资格实习。

(二) 民国时期司法机构的发展与完善

民国时期司法机构在清末初创的基础上,经过发展演变而日臻完善。大致可分为三个阶段:南京临时政府时期、北京政府时期及南京国民政府时期。

1. 南京临时政府的司法机构及其制度

中华民国南京临时政府虽然存续时间甚短,仍按照三权分立原则提出了创制司法机构的设想,出台了若干涉及司法机关及相关制度改革的法律法规。在《临时政府组织大纲》中,规定"临时大总统得临时参议院同意,有设立临时中央审判所之权。"也即设计中的最高司法审判机关为临时中央裁判所,不过,后来形势的发展变化,使得该机构没有机会成立。另外,临时政府拟在地方设立的高等审判厅、地方审判厅及检察厅等,也没有完全建立。临时政府设立司法部为最高司法行政机关,根据临时政府法制局制定的《司法部官职令草案》的规定,司法部总长管理的事务为:"关于刑事、民事诉讼事件,户籍,监狱,保护出狱人事务,并其他一切司法行政事务,监督法官。"司法部设总长、次长,内设承政厅、法务司及狱务司。

1912年3月11日公布的《中华民国临时约法》中,第48条规定:"法院以临时大总统及司法总长分别任命之法官组织之,法院之编制及法官之资格,以法律定之。"法院是独立于立法与行政的专门的审判机关,法官任职须符合法律规定的资格,另外,根据第41条的规定,"临时大总统受参议院弹劾后,由最高法院全院审判官互选九人组织特别法庭审判之。"赋予法官审判受到弹劾的临时大总统的权力。《临时约法》还确立了司法独立原则,"法官独立审判,不受上级官厅之干涉。"并采用法官常任制、薪俸保障制等配套制度,以保障司法独立原则的贯彻和落实。

2. 北洋政府的司法机构

军阀统治下的北洋政府时期,政局动荡,立法频繁却少成熟完备的法典,新兴的司法机构在社会的艰难转型中创榛辟莽,在夹缝中顽强地生存,为新生的共和国谋求公平和正义。这一时期的司法制度,从法律层面上看,为确保法院法官的独立审判,北洋政府极为重视法官队伍的建设,建立了法官考试制度,确立了律师制度,在法律不健全不完善的情况下,大理院通过判例解释例,承担了部分立法功能,为解决纷争,维护社会秩序发挥了积极的作用。此时的司法,比其他时期显得更为独立,司法者也更为敬业。

(1)法院组织

一为普通法院组织。清末司法改制时,新式法院的建设已初见成效。据统计,当时中央设有大理院,下设高等审判厅22所,高等审判厅分厅3所,地方审判厅56所,地方审判厅分厅5所,初级审判厅88所。辛亥革命期间,局势混乱,这些新设机构大多处于停顿或陷入废弃状态。北京政府成立后沿袭清末旧制,按照前清《法院编制法》所确立的审判体制,设立大理院、高等审判厅、地方审判厅、初级审判厅及相应的四级检察厅,实行四级三审终审制,审检合署。大理院为最高审判机关,置民事、刑事审判厅若干,审判采用合议制。检察系统设总检察厅、高等检察厅、地方检察厅和初等检察厅,分别设置于各该级审判厅官署内,对刑事案件负责行使侦察、提起公诉与监督判决执行等检察权。

二是兼理司法法院。民国初期,全国有县制行政区域1700余处,若遍设法院,略计需法官15000人,岁费则在5000万元以上,任务虽很艰巨,从事司法建设的中央地方各界,均努力精进,根据法院编制法的要求,在前清新式法院建设的基础上,继续发展完善。由于新建法院较多,"又系初办,弊病自不能免,遂贻旧派人口实,攻击甚烈。"[①]于是有裁撤新式法院之议。经政治会议讨论,议决裁并各地审检厅,只保留省城及通商大埠之高等地方审检厅,1913年设地方审检所,县知事负责检察,帮审员负责审判。1914年4月5日,袁世凯以大总统教令形式,

---

① 丁文江、赵丰田编:《梁启超年谱长编》,上海人民出版社1983年版,第683页。

公布《县知事建立司法事务暂行条例》和《县知事审理诉讼暂行章程》，规定未设审检厅之地方各县，第一审应属初级或地方审判厅管辖的民刑诉讼，均由县知事审理。这一制度受到社会人士的批评。为体现司法与行政分离，北京政府于1917年5月，再次以大总统教令公布《县司法公署组织章程》，规定凡未设法院各县皆应设立县司法公署，署内设审判官专管民刑案件的审判，检察事务仍由知事负责。这种制度也未能普遍实行。到1926年，全国两千多个县中，只有46个县设有司法公署，多数县仍由知事兼理司法审判。这样一来，北京政府时期中央与省一级由新式司法机关办理案件，独立行使审判等司法权，县一级则仍然实行行政兼理司法旧制。

三是平政院。在1906年清廷的官制方案中，有行政裁判院的设置，并曾拟订了《行政裁判院官制草案》。进入民国后，《中华民国临时约法》规定以平政院作为审理行政诉讼的机关。1914年3月，北京政府颁布《平政院编制令》，同年8月，又颁布《平政院处分规则》，对平政院的职能及隶属关系、内部结构、人员编制和任用、内部管理和工作制度等做了规定。1914年7月颁布《行政诉讼法》与《诉愿法》，建立了中国最早的行政诉讼制度。平政院主管行政诉讼，直隶大总统，其管辖的案件有两类，一类是中央或地方最高行政机关的违法处分致使人民权利受到损害，有关当事人起诉的案件；另一类是中央或地方行政机关的违法处分致使人民权利受到损害，当事人诉愿至最高行政机关并不服其决定而向平政院起诉的案件。平政院对行政案件可以作出取消或变更原行政行为的决定，但须呈报大总统，由大总统批令主管官署执行。

四是特别法院。北京政府特别法院分军事审判机关和地方特别审判机关两类。军事审判机关平时仅限于审理军人案件，但在战时或戒严时可对非军人进行军事审判。

五是"上海公共租界临时法院"。会审公廨是清廷在租界内设立的特殊审判机关,是外国在华领事裁判权的延伸。1864年,上海道会同英国领事馆组织"洋泾浜北首理事衙门",由中国地方官会同英国副领事审理以中国人为被告的各种案件。1868年,上海道与英、美领事颁行《上海洋泾浜设官会审章程》,正式确立会审公廨制度。继上海之后,武汉、厦门等地也先后设立了会审公廨。上海会审公廨审理的最著名的案件,当属1903年的上海"苏报案",涉及的被告人为章炳麟与邹容。[①] 民国北京政府为收回会审公廨司法主权,与西方各国断断续续经历了长达15年的谈判。经过多次的讨价还价后,1926年8月31日,由江苏省地方政府与各国驻沪领事团达成协议,签订了《收回上海会审公廨暂行章程》,宣告自1927年1月1日起,上海公共租界会审公廨由中国政府接管,更名为"上海公共租界临时法院"。

(2)大理院的职能及其贡献

北京政府的司法组织,最应该着重介绍的是其时的大理院。民国成立后,北洋政府虽在"有条件地援用清末法律"的同时,积极修订编纂新法律,然而,法律的创制非仓促可成,而每日发生的纠纷又不能不解决,因之,大理院的判例、司法部及大理院发布的解释例,也就成为重要的法律渊源。1915年6月,《修正暂行法院编制法》颁布,第五章规定了大理院的组织及其职掌,"大理院为最高审判机关,设院长一人,特任,总理全院事务,监督行政事务。院长有权对于统一解释法令做出相应的处置,但不得指挥审判官所掌理各案件审判。"综合而言,大理院享有审判职权,一方面是"依法属于大理院特别权限的案件"的第一审并终审,另一方面是"不服高等审判厅第二审的判决而上告的案件,或不服高等审判厅的决定或命令按照法令而抗告的案件"的终审。大理院

---

① 有关该案审理始末,参见蔡斐:"1903年:上海苏报案与清末司法转型",载徐昕主编《近代司法专号》,厦门大学出版社2012年版,第1—188页。

的判决对个案来说属于终局裁决,这一点自不待言,主要是大理院的判决,是否属于具有先例的拘束力?"申言之,即最高法院的判决,可以为先例,足资下级法院之援引者是。"从理论上看,当时法律并没有规定大理院的判决具有"判例的效力",不过,"从民初大理院的实际运作面观察,该时期的法典多未编订,不啻不成文法系,有'判例'作为准则,法律与人民均有所依据,不致受下无法守之苦,为一时之补苴计,'判例'之重要性乃特为显著。"大理院的统一解释法令权,主要是以法令无明文规定的事项或关于法令中有疑义者为限,具体事件不在解释范围之内,这就使大理院的解释例具有拘束的效力,"当时全国各级法院无不奉其解释例为圭臬,用作准绳。"①大理院编制的判例要旨汇览、解释例要旨汇览,在北洋政府时期不尽如人意的政局中,发挥了重要作用,为民国的司法史写下了光彩的一页。

(3) 司法官的考选与任用

南京临时政府成立后,临时大总统孙中山强调"所有司法人员,必须应司法官考试,合格人员方能任用",临时政府法制局拟制了《法官考试委员职令草案》、《法官考试令草案》等法规,提出了一系列法官的考选和任用办法,这些法规虽未及审议,但为北洋政府的司法官考试制度奠定了基础。

北京政府司法部于1913年11月颁行《甄拔司法人员准则》,以选拔司法人员。1915年9月30日,袁世凯签署大总统令,颁布《司法官考试令》和《关于司法官考试令第三条甄录规则》,规定法官选任"自此次各教令施行之后,均以考试或甄用合格者为进身之正规。"1917年10月18日,政府重新公布实施了《司法官考试令》,11月14日,司法部公

---

① 黄源盛:《民初大理院与裁判》,元照出版有限公司2011年版,第44页。关于民初大理院,台湾国立政治大学法律系黄源盛教授有深入的研究,读者可参考其《民初大理院裁判》及《中国法史导论》相关部分。

布《司法官再试典试委员会审议面试规则》,1919年5月15日,北京政府又颁布《修改司法官考试令各条》,由此而形成了较为完善的司法官考选及任用规则。通过这些法律法规的适用,将司法官与行政官员得以有效区分,使司法官具备比行政官员更高的素质,"公务员之最清苦者,莫如司法官;而各种公务员能勤于任事,严于律己,比较无玷于官箴官常者,亦惟司法官。此无他,惟司法官之进退有序,且能厉行考试制度。"①

3.南京国民政府的司法体制

南京国民政府根据孙中山的五权宪法思想,建立了训政时期的五院制政府,其中司法院为最高司法机关,掌理司法审判、司法行政、官吏惩戒及行政审判之职权。根据这一设计,南京国民政府建立了一套现代化的司法机构,以司法院为最高司法机关,统一行使司法权。

(1)中央司法体制

1928年10月,南京国民政府司法院正式成立。依照《国民政府组织法》、《司法院组织法》的规定,司法院为最高司法机关,掌理民事、刑事、行政诉讼及公务员惩戒之权,并负责统一解释国家法律、命令。

最高法院是全国最高的普通审判机关,执掌民刑诉讼案件的最高审判权。1932年,国民政府公布《法院组织法》,改原四级三审制为三级三审制,从1935年7月1日起施行。最高法院设检察署,检察官的职权为实施侦查、提起公诉、实行公诉、协助自诉、担当自诉及指挥刑事裁判之执行;检察官独立于法院行使其职权。

---

① 平平:"卷头语——第六次司法官考试揭晓感言",载《法律评论》1930年第8卷10号。转引自毕连芳:"北洋政府对司法官考试的制度设计",《史学月刊》2006年第10期,第40页。

行政法院负责行政诉讼案件的审判。1931年12月,修正的《国民政府组织法》第36条规定,"司法院设最高法院、行政法院及公务员惩戒委员会",第一次使用"行政法院"这一名称。1932年11月,颁布《行政法院组织法》及《行政诉讼法》,具体规定行政法院的组织和职权。1945年公布新的《行政法院组织法》,对行政法院审判官——评事的任职资格、行政审判组织规定极为详细。行政法院仅设于国民政府所在地,各地既无行政法院,也无分院。

司法院所属另一重要机构是公务员惩戒委员会,掌理公务员惩戒事宜,分为中央公务员惩戒委员会与地方公务员惩戒委员会两个机构,负责文官、法官等官员违法行为的惩戒。国民党政府将官吏分为政务官与事务官两类,属于公务员惩戒委员会职权范围的为事务官。政务官的惩戒机关则因级别不同,分别为国民党中央监察委员会和直属于国民政府主席的政务官惩戒委员会。

司法行政部为中央司法行政机关,1943年后脱离司法院管辖,划入行政院下属系统。

1947年,根据国民政府公布的行宪后新的《司法院组织法》,增设"大法官会议",行使解释宪法并同意解释法律命令之权。

(2) 地方司法体制

南京国民政府实行三级三审制后,规定地方分别设立高等法院和地方法院。但由于地方财政拮据,司法人才短缺,全国多数县级地方法院并未建立起来,1933年,在全国1700多个县中,"未设法院的地方比已设法院的多至十一倍"[①]。1945年后,县级政权设立法院的仅有600余所,尚有1300多个县未设立正式的法院,只能沿用北京政府时期的

---

① 阮毅成:"中国法治前途的几个问题",载《东方杂志》1933年第30卷第13号。

兼理司法制度。自1936年起,国民政府先后公布《县司法处组织条例》、《县司法处办理诉讼补充条例》、《县司法处刑事案件复判条例》等,对司法处进行了规范。县司法处审判官须法科3年毕业经高等考试及格者或办理司法业务多年者,方可出任,具有任职资格者由高等法院院长呈请司法行政部核定任命。审判官独立行使审判职务,受高等法院院长监督。县司法处检察职务及行政职务,由县长兼理。

二、近现代刑事诉讼制度的确立与发展

在古代,实体法与程序法混一是中国传统法律的特征之一。在刑事程序分方面,虽有较为完整的规定,但并没有单独的刑事诉讼法典。从清末变法修律开始,在引进西方诉讼原则和制度的基础上,制定独立的刑事诉讼法与民事诉讼法,建立新的诉讼法体系,成为变革的主题之一。清末以来刑事诉讼制度的确立与发展,主要经历了以下几个阶段。

(一) 清末刑事诉讼制度的确立

1905年,清廷在实施新政的过程中,修律大臣沈家本、伍廷芳等就废除刑讯问题与御史刘彭年发生过争论。刘彭年反对禁止刑讯,理由是因为中国没有完备的诉讼法,存在着刑事、民事不分等问题,建议先行编订刑法、民法及诉讼法。沈家本、伍廷芳肯定了刘彭年制定诉讼法的主张,并向清廷提出拟制定诉讼法的建议,"现在改章伊始,一切未能详备,必得诉讼法相辅而行,方能推行无阻",可先行编辑"简明诉讼章程"①。

1.《刑事民事诉讼法》草案

1906年,沈家本等拟定完成了《刑事民事诉讼法》草案。在《奏进

---

① 《奏停止刑讯请加详慎折》,《伍廷芳集》上册,中华书局1993年版,第268—271页。

呈诉讼法拟请先行试办折》中，修律大臣称："窃惟法律一道，因时制宜。大致以刑法为体，以诉讼法为用。体不全无以标立法之宗旨，用不备无以收行法之实功，二者相因，不容偏废。……查中国诉讼、断狱，附见刑律，沿用唐明旧制，用意重在简括。揆诸今日情形，亟应扩充，以期详备。泰西各国诉讼之法，均系另辑专书，复析为民事、刑事二项。凡关于钱债、房屋、地亩、契约及索取、赔偿者，隶诸民事裁判。关于叛逆、伪造货币官印、谋杀、故杀、强劫、窃盗、诈欺、恐吓取财及他项应遵刑律定拟者，隶诸刑事裁判。以故断弊之制，秩叙井然；平理之功，如执符契。"①

这部《刑事民事诉讼法》草案共五章260条。第一章"总纲"，规定了刑事民事之别、诉讼时限、公堂、各类惩罚；第二章为"刑事规则"，涉及逮捕、拘票搜查票及传票、关提、拘留及取保、审讯、裁判、执行各刑及开释；第三章为"民事规则"，分别为传票、讼件之值未逾五百圆、讼件之值逾五百圆者、审讯、拘提图匿被告、判案后查封产物、判案后监禁被告、查封在逃被告之产物、减成偿债及破产、和解、各票及讼费等；第四章为"刑事、民事通用规则"，规定了律师、陪审员、证人、上控等内容；第五章为"中外交涉案件"，规定涉外案件依当时的条约审讯。该草案首次打破了中华法系两千多年来诸法合体的编纂体例，使程序法从实体法中独立了出来。为挽回法权，草案采用了律师制、陪审制、公开审判制等西方的审判制度。

新法上奏后，清廷谕令将军、督抚、副都统等讨论新法"究竟于现在民情风俗能否通行"，要求他们"体察情形，悉心研究，其中有无扞格之处，即行缕析条分，据实具奏"。② 张之洞具折上奏，对新法签出60余

---

① "修订法律大臣沈家本等奏进呈诉讼法拟请先行试办折"，《大清新法令》（第一卷），商务印书馆2010年版，第418页。

② 同上书，第42页。

条逐条驳议,以有违中国礼教、难挽治外法权、不合立法次序为由,认为该法"似有碍难通行之处",该法最终被搁置,未予颁行。

2.《大清刑事诉讼律草案》的制定

清廷宣布预备立宪后,出于仿行宪政的需要,诉讼法方面仿照大陆法系体例,分民事诉讼和刑事诉讼,重新单独制订。1908年,修订法律馆聘请日本法学家为顾问,在冈田朝太郎的协助下,起草刑事诉讼律,至1911年,完成了清末最完整的一部《大清刑事诉讼律草案》。在草案告成后,修律大臣奏呈朝廷,阐明刑事诉讼律的重要性,"查诸律中,以刑事诉讼律尤为切要。西人有言曰:'刑律不善,不足以害良民,刑事诉讼律不备,即良民亦罹其害。'盖刑律为体,而刑诉为用,二者相为维系,固不容偏废也。"

《大清刑事诉讼律草案》(简称《刑诉草案》)是在借鉴各国通例,仿照日本1890年《刑事诉讼法》的基础上编制而成[①],共六编515条。第一编"总纲",下设审判衙门、当事人、诉讼行为三章;第二编为"第一审",下设公诉、公判二章;第三编"上诉",下设通则、控告、上告、抗告四章;第四编为"再理",分为再诉、再审、非常上告三章;第五编为"特别诉讼程序",设大理院特别权限之诉讼程序、感化教育及监禁处分程序二章;第六编为"裁判之执行"。

该《刑诉草案》采"告劾式"程序,可使"审判官超然屹立于原告、被告之外,权衡两至,以听其成,最为得情法之平。"规定提起公诉之权应专属于代表国家之检察官,因为犯罪行为与私法上之不法行为有别,不法行为只不过害及私人之私益,而犯罪行为无不害国家之公安,故对刑事案件应实行公诉,"公诉即实行刑罚权以维持国家之公安者也,非如

[①] 见《新译日本法规大全》点校本(第二卷),商务印书馆2007年版,第581—726页。

私诉之仅为私人而设。"为达到"摘发真实"的目的,《刑诉草案》还确立了"自由心证"、"直接审理"与"言词辩论"原则。草案赋予原被两造同等待遇,即给诉讼中攻击防御提供同等便利,允许被告人除自行辩护外,许其请辩护人及辅佐人代为辩护,因为原告之起诉为谙习法律的检察官,被告若无学识经验,则无法应对,这就为律师的辩护提供了正当性。草案还实行审判公开原则,"宪政国之第一要件",在于"公开法庭,许无关系之人旁听,具瞻所在,直道自彰,并可杜吏员营私舞法诸弊。"总体而言,《大清刑诉律草案》的制定,系统采用当时各法治国家先进的立法通例,是一部内容完整的刑事诉讼法典。修律大臣上奏后,清廷即发交宪政编查馆复核,只是未及审议颁行,清廷即告覆亡。

(二) 北洋政府刑事诉讼律的纂修

北洋政府时期,与其他部门法的编纂一样,新的刑事诉讼法也未颁布,只能通过援用清末法律及颁布新规的渠道来应对社会对诉讼的需求。

对于清末旧律的沿用,一是前述的《各级审判厅试办章程》。1913年10月,北京政府将章程中有关上诉的规定修改后予以公布,作为司法中程序方面适用的基本法律。后又多次对该章程进行修改,以适应社会变革的需要,直到1922年北京政府颁布施行新的民刑诉讼法规后,该章程方退出历史舞台。另外,1912年5月,司法部还呈准临时政府暂行援用《大清刑事诉讼律草案》第一编关于事物管辖、土地管辖、管辖指定及转移的相关规定。1915年8月,草案第四编再理、1918年5月,草案执行编、1919年4月,草案第一编中关于审判衙门职员回避拒却及引避等规定,被核准援用。

在援用清末相关法律的同时,北京政府还进行了新法的起草工作。1921年,修订法律馆拟成《刑事诉讼法草案》,后更名为《刑事诉讼条例》,并制定《刑事诉讼条例施行条例》,于1922年7月1日起在全国施行。《刑事诉讼条例》共514条,分总则、第一审、上诉、抗告、非常上诉、再审、诉讼费用、执行共八编。这是我国历史上第一部正式颁行的刑事诉讼法。

(三) 南京国民政府刑事诉讼法

南京国民政府先后颁行两部刑事诉讼法典。第一部于1928年7月颁布,9月1日起施行,该法以北洋政府的《刑事诉讼条例》为基础,共九编513条。1933年,在公布实施了新的《法院组织法》,司法体制发生变化的情况下,南京国民政府决定重新修订刑事诉讼法。同年6月,司法部在"参酌近今世界立法之趋势,及二十年来法院办理刑事案件之经验"的基础上,拟出《修正刑事诉讼法草案》,呈请行政院转送立法院审议。经立法院修改通过后,由国民政府于1935年1月1日公布,同年7月1日起施行,即《中华民国刑事诉讼法》。

《中华民国刑事诉讼法》共九编516条。第一编"总则",分为法例、法院之管辖、法院职员之回避、辩护人辅佐人及代理人、文书、送达、期日及期间、被告之传唤及拘提、被告之讯问、被告之羁押、搜索及扣押、勘验、人证、鉴定及通译、裁判共十五章;第二编为"第一审",分为公诉、自诉二章;第三编"上诉",分为通则、第二审、第三审三章;第四编"抗告";第五编"再审";第六编"非常上诉";第七编是"简易程序";第八编为"执行";第九编"附带民事诉讼"。

《刑事诉讼法》规定实行三级三审制,除内乱罪、外患罪和妨害国交罪由高等法院管辖第一审外,其余均以地方法院为第一审法院。该法进一步完善了公设辩护人制度,规定应制定公设辩护人的案件,如当事人选任了辩护人而该辩护人无故不到庭,允许法院指定公设辩护人为其辩护。诉讼法规定了审判中延长羁押的次数及期限,降低了声请停职羁押的条件,进一步限制司法警察的权力,这些规定,均有利于对被告人人权的保障。

三、近现代民事诉讼制度的确立与发展

近现代以来民事诉讼法律制度的确立与发展,几乎与刑事诉讼法律制度同步,分述如下。

(一)《大清民事诉讼律草案》

清末修律大臣适应时势的需要,制定的第一部与民事程序相关的法律为1906年的《刑事民事诉讼法》草案,其内容及结果已如前述。清廷在宣布仿行宪政后,着手单独制定民事诉讼法。1907年10月,修订法律馆聘请日本法律顾问松冈义正负责起草民事诉讼法律,历时三年,于1910年年底告成,这就是《大清民事诉讼律草案》。修律大臣沈家本、俞廉三(1841—1912)在奏折中称:"中国民刑不分,由来已久。刑事诉讼虽无专书,然其规程尚互见于刑律。独至民事诉讼,因无整齐划一之规,易为百弊丛生之府。若不速定专律曲防事制,政平讼理未必可期,司法前途不无阻碍。"臣等"博访周咨,考列国之成规,采最新之学理,复斟酌中国民俗逐一研求。"① 由此而制定此民事诉讼律。

《大清民事诉讼律草案》共四编,800条。第一编"审判衙门",分事物管辖、土地管辖、指定管辖、合意管辖、审判衙门职员之回避拒却及引避共五章;第二编为"当事人",分为能力、多数当事人、诉讼代理、诉讼辅佐人、诉讼费用、诉讼担保、诉讼救济等共七章;第三编为"普通诉讼程序",分为总则、地方审判厅第一审诉讼程序、初级审判厅之程序、上诉程序、再审程序共五章;第四编"特别诉讼程序",分为督促程序、证书诉讼、保全诉讼、公示催告程序、人事诉讼等五章。

这部草案与清末其他诸多法律的命运相同,未及颁行,清廷覆亡。

---

① 怀效锋主编:《清末法制变革史料·上卷·宪法/行政法/诉讼法编》,中国政法大学出版社2010年版,第542页。

不过,这部民事诉讼律草案既符合中国既有的传统,也较符合诉讼法制自身发展的历史规律,在价值理念上,"体现出时代发展的精神风貌与法律准则。它不仅明确了民事诉讼制度在国家社会中的地位和作用,还贯穿了西方法制关于保护私权的精神。同时,它又融合本土传统与外来资源,既有采撷,又有变通,展现了法案草拟者良苦用心。"①因此,该草案在清末虽未付诸实践,但被民国初期的北洋政府所沿用,为后世民诉法的发展奠定了基础。

(二) 北洋政府民事诉讼法律

北洋政府在对《各级审判厅试办章程》及《法院编制法》进行部分删修后,继续援用。1912年5月,司法部呈准临时政府暂时援用《民事诉讼律草案》第一编关于管辖各章;1919年4月,北京政府又将《民事诉讼律草案》第五章关于审判衙门职员回避拒却及引避的规定公布使用。

1921年,修订法律馆拟成《民事诉讼法草案》,因未完成立法程序,后改名为《民事诉讼条例》,并制定《民事诉讼施行条例》,于1922年7月1日起在全国施行。《民事诉讼条例》共六编755条。第一编"总则",分为法院、当事人、诉讼程序三章;第二编为"第一审程序",分为地方审判厅诉讼程序、初级审判厅诉讼程序二章;第三编"上诉审程序",分为第二审程序、第三审程序二章;第四编为"抗告程序";第五编为"再审程序";第六编"特别诉讼程序",分为证书诉讼程序、督促程序、保全程序、公示催告程序、人事诉讼程序五章。

为适应司法实践的需要,北洋政府还于1920年11月公布了《民事简易程序暂行条例》22条,规定某些标的小或情节较为简单的案件可适用简易程序,由简易庭处理。适用简易程序的案件,可以言辞起诉,

---

① 陈刚主编:《中国民事诉讼法制百年进程》(卷一),中国法制出版社2004年版,第132—138页。

当事人可不待传唤,自行到案;言词辩论一次即可终结。

值得一提的是,北洋政府还制定了历史上最早的民事执行法规。1920年8月公布了《民事诉讼执行规则》,共138条,分为总则、动产执行、不动产执行、其他执行、假扣押假处分及假执行、附则共六章。地方审判厅设民事执行处,负责民事案件的执行,按厅长的指挥命令督同承发吏实施强制执行事务。强制执行可由当事人声请提起,也可以由法院依职权进行。债务人无财产或财产不够执行时,经债权人同意,可令债务人写定书据,待有能力时偿还。执行处关于执行事件应于开始执行后3个月内结束,有特殊情况者可延期。动产的执行以查封、拍卖的方式进行;不动产的执行以查封、拍卖或管理的方式进行,对于行为不履行的执行,则以债务人的费用,命第三人代为履行的方式进行。从"执行规则"的这些规定来看,民事案件的执行在民国时期也是一个难题,其解决的思路,或对今天解决执行难的问题有所启发。

(三) 南京国民政府民事诉讼法

南京国民政府时期的民事诉讼法也有两部。1930年9月,国民政府立法院三读通过了《民事诉讼法》第一编至第五编第三章,同年12月由国民政府公布。在民法的亲属、继承两编通过后,立法院又审议通过了《民事诉讼法》第五编第四章中的"人事诉讼程序",由国民政府1931年2月公布。1932年5月,《民事诉讼法施行法》颁行。这部《民事诉讼法》共五编600条,由总则、第一审程序、上诉审程序、再审程序、特别诉讼程序组成。

《民事诉讼法》实行两年后,司法部拟出修正草案,于1934年呈请行政院转咨立法院审议。经立法院修改通过后,由国民政府于1935年2月公布,并于同年5月公布了新的施行法,于7月1日起施行。新颁《民事诉讼法》共九编,636条。第一编"总则",分为法院、当事人、诉讼费用、诉讼程序四章;第二编为"第一审程序",分为通常诉讼程序、简易诉讼程序二章;第三编"上诉审程序",分为第二审程序、第三审程序二章;第四编"抗告程序";第五编"再审程序";第六编"督促程序";第七编"保全程序";第八编"公示催告程序";第九编"人事诉讼程序",分为婚姻事件程序、亲子关系事件程序、禁治产事件程序、宣告死亡事件程序。《民事诉讼法》采用当时最先进的诉讼原则,言辞审理与书状审理相结合、自由心证与法定程序证据相结合、公开审理与秘密审理相结合的原则,尤其在诉讼程序上,采不干涉主义原则,即在民事活动中,完全以当事人的意愿为准,法院一般不作主动干涉,符合世界各国民事诉讼的普遍发展趋势。

此外,南京国民政府时期的民事诉讼,还注重对传统制度的继承,这就是被称之为"东方法治经验"的调解制度。民国北洋政府时期,曾制定过《民事公断暂行条例》,南京国民政府成立后,立法院长胡汉民曾向国民党中央政治会议提议起草《民事调解条例》,"查民事诉讼本以保护私权,而一经起诉之后,审理程序异常繁重,往往经年累月始能结案,甚非所以息事宁人之旨。……我国夙重礼让,以涉讼公庭为耻,牙角细故,辄就乡里耆老,评其曲直,片言解纷,流为美谈。今者遗风渐息,稍稍好讼,胜负所系,息争为难,斯宜远师古意,近采欧美良规,略予变通,以推事主持其事,正名为调解,并确定其效力,著之法令,推行全国。庶几闾阎无缠累之苦,讼庭有清简之观。"[①]1930年1月11日,《民事调解法》16条通过,1月20日公布,1931年1月1日起实行。根据此法,第一审法院设民事调解处,民事调解作为对民事诉讼事件和初级管辖面试时间的处理方式,为法定必经程序,不经调解程序,不得提起诉讼。强制调解事件包括房屋租赁、雇佣契约、离婚及夫妻同居、终止收养关

---

① 转引自谢振民著:《中华民国立法史》(下册),中国政法大学出版社2000年版,第1033页。

系等。其他诉讼事件，当事人也可请求履行调解程序。法定民事调解由第一审法院民事调解处主持，调解结果的效力与法院判决相同。由于1935年实行的《民事诉讼法》包含了《民事调解条例》的主要内容，因此，在新《民事诉讼法施行法》中明确规定，自民事诉讼法生效以后，废止执行单独的民事调解法。

参 考 书 目

第一章

1. 马克垚:《古代专制制度考察》,北京大学出版社2017年版。
2. 刘静贞:《北宋前期皇帝和他们的权力》,稻乡出版社1996年版。
3. 韦庆远、柏桦编著:《中国政治制度史》,中国人民大学出版社2005年版。
4. 郭建:《执法王——中国古代帝王与法官》,当代中国出版社2008年版。
5. 徐连达、朱子彦:《中国皇帝制度》,广东教育出版社1996年版。
6. 黄源盛:《中国法史导论》,元照出版有限公司2012年版。
7. 李启成:《中国法律史讲义》,北京大学出版社2018年版。
8. 陈俊强:《皇恩浩荡——皇帝统治的另一面》,五南图书出版股份有限公司2005年版。
9. 〔美〕络德睦:《法律东方主义:中国、美国与现代法》,魏磊杰译,中国政法大学出版社2016年版。
10. 科大卫:《皇帝和祖宗》,卜永坚译,江苏人民出版社2010年版。

第二章

1. 王亚南:《中国官僚政治研究》,中国社会科学出版社2009年版。
2. 钱穆:《中国历代政治得失》,三联书店2017年版。
3. 瞿同祖:《清代地方政府》,法律出版社2011年版。
4. 张晋藩:《中国监察法制史稿》,商务印书馆2007年版。
5. 韦庆远、柏桦:《中国官制史》,东方出版中心2001年版。
6. 阎步克:《察举制度变迁史稿》,中国人民大学出版社2009年版。
7. 苏力:《大国宪制》,北京大学出版社2018年版。
8. 〔日〕宫崎市定:《科举》,宋宇航译,浙江大学出版社2019年版。

第三章

1. 李显冬:《从〈大清律例〉到〈民国民法典〉的转型》,中国政法大学出版社2003年版。
2. 梅仲协:《民法要义》,中国政法大学出版社2004年版。
3. 叶孝信:《中国民法史》,上海人民出版社1993年版。
4. 杨鸿烈:《中国法律思想史》,商务印书馆2017年版。
5. 俞江:《近代中国民法学中的私权理论》,北京大学出版社2003年版。
6. 张晋藩:《中国民法通史》,福建人民出版社2003年版。
7. 张生:《中国近代民法法典化研究》,中国政法大学出版社2004年版。
8. 〔美〕费正清:《中国:传统与变迁》,张沛译,世界知识出版社2002年版。
9. 〔美〕黄宗智:《清代以来民事法律的表达与实践》,法律出版社2014年版。
10. 〔日〕滋贺秀三等:《明清时期的民事审判与民间契约》,王亚新、范愉、陈少峰译,法律出版社1998年版。

第四章

1. 睡虎地秦墓竹简整理小组:《睡虎地秦墓竹简》,文物出版社1978年版。
2. 张家山二四七号汉墓竹简整理小组:《张家山汉墓竹简[二四七号墓]》,文物出版社2006年版。
3. 程树德:《九朝律考》,商务印书馆2010年版。
4. 沈家本:《历代刑法考》(上、下),商务印书馆2011年版。
5. 沈家本:《寄簃文存》,商务印书馆2015年版。
6. 王宏治:《中国刑法史讲义 先秦至清代》,商务印书馆2019年版。

第五章

1. 徐朝阳:《刑事诉讼法通义》,商务印书馆2016年版。
2. 陈玺:《唐代诉讼制度研究》,商务印书馆2012年版。
3. 张晋藩:《中国古代民事诉讼制度》,中国法制出版社2018年版。
4. 瞿同祖:《中国法律与中国社会》,商务印书馆2011年版。
5. 陈光中:《中国古代司法制度》,北京大学出版社2017年版。
6. 胡旭晟主编:《狱与讼:中国传统诉讼文化研究》,曾宪义总主编《中国传统法律文化研究》(第五卷),中国人民大学出版社2011年版。
7. 李文玲:《中国古代刑事诉讼法史》,法律出版社2011年版。
8. 李交发:《中国诉讼法史》,检察出版社2002年版。

9.张兆凯主编:《中国古代司法制度史》,岳麓书社2005年版。
10.高浣月:《清代刑名幕友研究》,中国政法大学出版社2000年版。

第六章

1.怀效锋主编:《清末法制变革史料》(上下卷),中国政法大学出版社2010年版。
2.上海商务印书馆编译所编纂:《大清新法令》(一至十一卷)(点校本),商务印书馆2010年版。
3.谢振民编著,张知本校订:《中华民国立法史》(上下册),中国政法大学出版社2000年版。
4.郭卫编:《大理院判决例全书》,中国政法大学出版社2013年版。
5.黄源盛:《民初大理院与裁判》,元照出版有限公司2011年版。
6.李启成点校:《资政院议场会议速记录——晚清预备国会论辩实录》,上海三联书店2011年版。
7.高汉成主编:《〈大清新刑律〉立法资料汇编》,社会科学文献出版社2013年版。
8.周少元:《中国近代刑法的肇端——〈钦定大清刑律〉》,商务印书馆2012年版。
9.曹全来:《中国近代法制史教程》,商务印书馆2012年版。

人 名 表

第一章

1. 夏禹(约前 21 世纪)
2. 商汤(约前 1670—前 1587 年)
3. 盘庚(商中兴帝王,生卒年不详)
4. 商纣王(？—前 1046 年)
5. 周文王(约前 1152—前 1056 年)
6. 周武王(？—前 1043 年)
7. 周公(？—前 1090 年)
8. 子产(？—前 522 年)
9. 孔子(前 551—前 479 年)
10. 孟子(约前 372—前 289 年)
11. 墨子(约前 468—前 376 年)
12. 老子(生卒年不详)
13. 邹衍(约前 305—前 240 年)
14. 韩非子(前 280—前 233 年)
15. 秦始皇(前 259—前 210 年)
15. 董仲舒(前 179—前 104 年)
16. 王充(27—97 年)
17. 唐太宗(598—649 年)
18. 黄宗羲(1610—1695 年)

第二章

1. 荀子(约前 313—前 238 年)
2. 商鞅(约前 390—前 338 年)
3. 汉武帝(前 156—前 87 年)

4.汉高祖(前256年,或前247—前195年)

5.王安石(1021—1086年)

6.宋仁宗(1010—1063年)

7.康熙(1654—1722年)

8.雍正(1678—1735年)

9.乾隆(1711—1799年)

10.陈宏谋(1696—1771年)

11.唐玄宗(685—762年)

12.明太祖(1328—1398年)

13.唐文宗(809—840年)

第三章

1.陈顾远(1895—1981年)

2.蔡元培(1868—1940年)

3.董康(1867—1947年)

4.戴炎辉(1909—1992年)

5.傅秉常(1896—1965年)

6.胡长清(1900—1988年)

7.黄右昌(1885—1970年)

8.江庸(1878—1960年)

9.康有为(1858—1927年)

10.刘承汉(1901—1992年)

11.沈家本(1840—1913年)

12.史尚宽(1899—1970年)

13.佟柔(1921—1990年)

14.伍廷芳(1842—1922年)

15.吴经熊(1899—1986年)

16.王宠惠(1881—1958年)

17.王伯琦(1909—1961年)

18.英瑞(? —1840年)

19.俞廉三(1841—1912年)

20.杨鸿烈(1903—1977年)

21.杨幼炯(1902—1973年)

22.朱献文(1876—1949 年)

23.张知本(1881—1976 年)

24.张镜影(1901—1979 年)

25.张大同(1905—1955 年)

26.胡汉民(1879—1936 年)

27.林森(1867—1943 年)

28.孙中山(1866—1925 年)

29.苏轼(1037—1101 年)

30.汪辉祖(1731—1807 年)

31.朱熹(1130—1200 年)

第四章

1.子产(? —前 522 年)

2.李悝(约公元前 455—前 395 年)

3.萧何(前 257—前 193 年)

4.张汤(? —前 116 年)

5.赵禹(? —约前 100 年)

6.孔融(153—208 年)

7.贾充(217—282 年)

8.杜预(222—284 年)

9.刘颂(? —约 300 年)

10.长孙无忌(594—659 年)

11.陈子昂(659—700 年)

12.韩愈(768—824 年)

13.柳宗元(773—819 年)

14.窦仪(914—966 年)

15.曾布(1036—1107 年)

16.程树德(1877—1944 年)

第五章

1.皋陶(约前 2275—约前 2170 年)

2.邓析(前 545—前 501 年)

3.刘邦(前 256—前 195 年)

4. 来俊臣(651—697年)

5. 狄仁杰(630—700年)

6. 徐有功(640—702年)

7. 寇准(961—1023年)

8. 包拯(999—1062年)

9. 宋慈(1286—1249年)

10. 海瑞(1514—1587年)

11. 于成龙(1617—1684年)

12. 汪辉祖(1730—1807年)

13. 陈梦吉(1820—1888年)

14. 曹汝霖(1877—1966年)

第六章

1. 魏源(1794—1857年)

2. 冯桂芬(1809—1874年)

3. 龚自珍(1792—1841年)

4. 梁启超(1873—1929年)

5. 郑观应(1842—1921年)

6. 王韬(1828—1897年)

7. 胡礼垣(1847—1916年)

8. 黄遵宪(1848—1905年)

9. 薛福成(1838—1894年)

10. 康有为(1858—1927年)

11. 严复(1854—1921年)

12. 谭嗣同(1865—1898年)

13. 章太炎(1869—1936年)

14. 刘坤一(1830—1902年)

15. 张之洞(1837—1909年)

16. 伍廷芳(1842—1922年)

17. 劳乃宣(1843—1921年)